住房和城乡建设部"十四五"规划教材

"十三五"江苏省高等学校重点教材（编号：2020-2-184）

高等学校工程管理专业应用型系列教材

建设法规

CONSTRUCTION LAW

李启明　总主编

孙　剑　主　编

张友志　刘宏伟　副主编

中国建筑工业出版社

图书在版编目（CIP）数据

建设法规 = CONSTRUCTION LAW / 孙剑主编；张友志，刘宏伟副主编. —北京：中国建筑工业出版社，2023.2（2023.12重印）

住房和城乡建设部"十四五"规划教材 "十三五"江苏省高等学校重点教材 高等学校工程管理专业应用型系列教材

ISBN 978-7-112-28217-3

Ⅰ.①建… Ⅱ.①孙… ②张… ③刘… Ⅲ.①建筑法—中国—高等学校—教材 Ⅳ.①D922.297

中国版本图书馆 CIP 数据核字（2022）第 227062 号

本书以基本建设程序为脉络，对建设工程法律法规和合同法律制度进行了全面阐述，主要内容包括建设法规概述及建筑许可、城乡规划、建设用地、建设工程咨询、建设工程交易、建设工程合同、建设工程安全生产、建设工程质量等法律制度以及建设工程相关法律制度、建设工程纠纷解决法律制度。本书获评住房和城乡建设部"十四五"规划教材与"十三五"江苏省高等学校重点教材。

本书内容全面更新，吸收最新的法律法规精神，体现建设领域最新发展成果和政策导向，注重加强与注册建造师、监理工程师、造价工程师等执业资格考试内容的衔接，使学生通过本课程的学习可以为今后执业资格考试打下良好基础。本书应用性和可读性强，编写工程案例阐明法条原理，既表述严谨准确，又通俗易懂，增加读者兴趣。

本书可作为普通高等学校工程管理和工程造价专业以及土木工程类其他专业本科教材，也可作为工程技术和管理人员的学习和参考用书。

为更好地支持相应课程的教学，我们向采用本书作为教材的教师提供教学课件，有需要者可与出版社联系，邮箱：jckj@cabp.com.cn，电话：（010）58337285，建工书院 http://edu.cabplink.com。

责任编辑：张　晶　冯之倩
责任校对：张辰双

住房和城乡建设部"十四五"规划教材
"十三五"江苏省高等学校重点教材（编号：2020-2-184）
高等学校工程管理专业应用型系列教材

建设法规
CONSTRUCTION LAW
李启明　总主编
孙　剑　主　编
张友志　刘宏伟　副主编
*
中国建筑工业出版社出版、发行（北京海淀三里河路 9 号）
各地新华书店、建筑书店经销
北京雅盈中佳图文设计公司制版
廊坊市海涛印刷有限公司印刷
*
开本：787 毫米 × 1092 毫米　1/16　印张：22　字数：477 千字
2023 年 1 月第一版　2023 年 12 月第二次印刷
定价：**58.00** 元（赠教师课件）
ISBN 978-7-112-28217-3
　　　（40607）

教材编审委员会名单

主　任：李启明

副主任：高延伟　杨　宇

委　员：（按姓氏笔画排序）

王延树　叶晓甦　冯东梅　刘广忠　祁神军　孙　剑　严　玲

杜亚丽　李　静　李公产　李玲燕　何　梅　何培玲　汪振双

张　炜　张　晶　张　聪　张大文　张静晓　陆　莹　陈　坚

欧晓星　周建亮　赵世平　姜　慧　徐广翔　彭开丽

出版说明

党和国家高度重视教材建设。2016年，中办国办印发了《关于加强和改进新形势下大中小学教材建设的意见》，提出要健全国家教材制度。2019年12月，教育部牵头制定了《普通高等学校教材管理办法》和《职业院校教材管理办法》，旨在全面加强党的领导，切实提高教材建设的科学化水平，打造精品教材。住房和城乡建设部历来重视土建类学科专业教材建设，从"九五"开始组织部级规划教材立项工作，经过近30年的不断建设，规划教材提升了住房和城乡建设行业教材质量和认可度，出版了一系列精品教材，有效促进了行业部门引导专业教育，推动了行业高质量发展。

为进一步加强高等教育、职业教育住房和城乡建设领域学科专业教材建设工作，提高住房和城乡建设行业人才培养质量，2020年12月，住房和城乡建设部办公厅印发《关于申报高等教育职业教育住房和城乡建设领域学科专业"十四五"规划教材的通知》（建办人函〔2020〕656号），开展了住房和城乡建设部"十四五"规划教材选题的申报工作。经过专家评审和部人事司审核，512项选题列入住房和城乡建设领域学科专业"十四五"规划教材（简称规划教材）。2021年9月，住房和城乡建设部印发了《高等教育职业教育住房和城乡建设领域学科专业"十四五"规划教材选题的通知》（建人函〔2021〕36号）。为做好"十四五"规划教材的编写、审核、出版等工作，《通知》要求：（1）规划教材的编著者应依据《住房和城乡建设领域学科专业"十四五"规划教材申请书》（简称《申请书》）中的立项目标、申报依据、工作安排及进度，按时编写出高质量的教材；（2）规划教材编著者所在单位应履行《申请书》中的学校保证计划实施的主要条件，支持编著者按计划完成书稿编写工作；（3）高等学校土建类专业课程教材与教学资源专家委员会、全国住房和城乡建设职业教育教学指导委员会、住房和城乡建设部中等职业教育专业指导委员会应做好规划教材的指导、协调和审稿等工作，保证编写质量；（4）规划教材出版单位应积极配合，做好编辑、出版、发行等工作；（5）规划教材封面和书脊应标注"住房和城乡建设部'十四五'规划教材"字样和统一标识；（6）规划教材应在"十四五"期间完成出版，逾期不能完成的，不再作为《住房和城乡建设领域学科专业"十四五"规划教材》。

住房和城乡建设领域学科专业"十四五"规划教材的特点，一是重点以修订教育部、住房和城乡建设部"十二五""十三五"规划教材为主；二是严格按照专业标准规范要求编写，体现新发展理念；三是系列教材具有明显特点，满足不同层次和类型的学校专业教学要求；四是配备了数字资源，适应现代化教学的要求。规划教材的出版凝聚了作者、主审及编辑的心血，得到了有关院校、出版单位的大力支持，教材建设管理过程有严格保障。希望广大院校及各专业师生在选用、使用过程中，对规划教材的编写、出版质量进行反馈，以促进规划教材建设质量不断提高。

住房和城乡建设部"十四五"规划教材办公室

2021 年 11 月

序　言

近年来，我国建筑业迎来转型升级、快速发展，新模式、新业态、新技术、新产品不断涌现；全行业加快向质量效益、集成创新、绿色低碳转型升级。新时期蓬勃发展的建筑行业也对高等院校专业建设、应用型人才培养提出了更高的要求。与此同时，国家大力推动的"双一流"建设与"金课"建设也为广大高等院校发展指明了方向、提供了新的契机。高等院校工程管理类专业也应紧跟国家、行业发展形势，大力推进专业建设、深化教学改革，培养复合型、应用型工程管理专业人才。

为进一步促进高校工程管理专业教育教学发展，推进工程管理专业应用型教材建设，中国建筑出版传媒有限公司（中国建筑工业出版社）在深入调研、广泛听取全国各地高等院校工程管理专业实际需求的基础上，组织相关院校知名教师成立教材编审委员会，启动了高等学校工程管理专业应用型系列教材编写、出版工作。2018年、2019年，教材编审委员会召开两次编写工作会议，研究、确定了工程管理专业应用型系列教材的课程名单，并在全国高校相关专业教师中遴选教材的主编和参编人员。会议对各位主编提交的教材编写大纲进行了充分讨论，力求使教材内容既相互独立，又相互协调，兼具科学性、规范性、普适性、实用性和适度超前性。教材内容与行业结合，为行业服务；教材形式上把握时代发展动态，注重知识呈现方式多样化，包括慕课教材、数字化教材、二维码增值服务等。本系列教材共有16册，其中有12册入选住房和城乡建设部"十四五"规划教材，教材的出版受到住房和城乡建设领域相关部门、专家的高度重视。对此，出版单位将与院校共同努力，致力于将本系列教材打造成为高质量、高水准的教材，为广大院校师生提供最新、最好的专业知识。

本系列教材的编写出版，是高等学校工程管理类专业教学内容变革、创新与教材建设领域的一次全新尝试和有益拓展，是推进专业教学改革、助力专业教学的重要成果，将为工程管理一流课程和一流专业建设作出新的贡献。我们期待与广大兄弟院校一道，团结协作、携手共进，通过教材建设为高等学校工程管理专业的不断发展作出贡献！

高等学校工程管理专业应用型系列教材编审委员会

中国建筑出版传媒有限公司

2021年9月

前　言

随着依法治国理念的深入，国家法治建设工作不断向前推进。2020年5月，《中华人民共和国民法典》颁布，随后《中华人民共和国民事诉讼法》《中华人民共和国安全生产法》等一大批法律法规进行了修正。《国务院办公厅关于促进建筑业持续健康发展的意见》（国办发〔2017〕19号）也指出，"加快推动修订建筑法、招标投标法等法律，完善相关法律法规"。

近年来，我国建设领域改革明显加速，一些新的改革措施、管理制度不断提出，工程总承包、全过程工程咨询、绿色建筑和装配式建筑等成为当前热点，"放、管、服"改革的深入和监管方式的转变，使行业管理发生重要变化，企业资质和个人执业资格管理制度等一些行政许可被简化或淡化，强制招标和监理的范围不断缩小。这些政策和改革措施在工程建设领域产生了较大影响，建设法规也呈现出不断创新的时代特色。伴随着建筑业高质量发展的要求，建设工程领域的法律法规也将不断完善。

"建设法规"是工程管理和工程造价专业本科生非常重要的一门专业课程，也是大多数土木工程类专业的一门重要课程。近几年建设工程领域法律法规变化很大，需要在教学中予以补充更新，基于此，我们编写了这部《建设法规》教材。本教材的编写思路是：在保证教材体系完整的基础上，适时补充和更新最新的法规文件，突出重点，结合注册建造师、监理工程师、造价工程师等执业资格考试，以基本建设程序为脉络，对建设工程法律法规和合同法律制度进行全面阐述，帮助学生学习掌握工程法律的相关知识。非常荣幸地，本教材获评住房和城乡建设部"十四五"规划教材与"十三五"江苏省高等学校重点教材。

本教材由孙剑担任主编，张友志、刘宏伟担任副主编，东南大学于立深教授主审。全书由孙剑统一修改、定稿。具体编写分工如下：第1章、第2章、第5章由南京工业大学孙剑编写；第3章、第4章由江苏建筑职业技术学院年立辉编写；第6章、第7章由江苏科技大学张友志编写；第8章、第9章由盐城工学院刘宏伟编写；第10章由邵阳职业技术学院杨修飞编写；第11章由洛阳理工学院乔晓辉编写。

本教材除可作为工程管理、工程造价专业教材使用之外，还可供土木工程类其他专业开设建设法规课程时选用，也可作为工程技术和管理人员的学习和参考用书。

本教材在编写过程中参考了很多文献资料，虽尽可能列于书中，但仍难免有所疏漏。在此，对前人所做的工作表示感谢！

限于作者的水平和经验，书中难免有不妥之处，衷心期待同行专家、法律界人士以及广大读者提出宝贵意见，以便今后不断修订和完善。

2022年7月

目　录

第1章　建设法规概述

1.1　建设法和建设法律关系

1.1.1　建设法

1. 法的概念和基本特征

法是由国家制定或认可，以权利、义务为主要内容，由国家强制力保证实施的社会行为规范及其相应的规范性文件的总称。法作为一种特殊的社会规范，是人类社会发展的产物。法具有如下基本特征：

（1）法是调整人的行为的社会规范。

（2）法是由国家制定、认可并具有普遍约束力的社会规范。

（3）法是规定权利和义务的社会规范。

（4）法是由国家强制力保证实施的社会规范。

2. 建设法的概念

建设法是指国家权力机关或其授权的行政机关制定的，旨在调整国家及有关部门、企事业单位、社会团体、公民之间在建设活动中或建设行政管理活动中发生的各种社会关系的法律、法规的统称。

建设法的调整对象是在建设活动中所发生的各种社会关系。它包括建设活动中发生的行政管理关系及民事关系。

（1）建设活动中的行政管理关系

建设活动中的行政管理关系是指国家及有关主管部门对各建设主体、建设活动的监督管理关系。

（2）建设活动中的民事关系

1）主要以《民法典》中合同编为依据的建设经济协作关系，如建设单位与勘察、设计、施工、监理单位的关系，以及与材料、设备采购、联合体承包、总包和分包单位的关系等。

2）主要以《民法典》为依据的一般民事关系，如物权保护，人格权和知识产权保护，房地产交易中的买卖、租赁、抵押关系以及拆迁、补偿、安置关系等。

另外，根据承担法律责任的不同，建设法律规范还可以分为建设行政法律规范、建设民事法律规范和建设刑事法律规范。

3. 建设法的主要特征

（1）行政强制性

行政强制性是建设法的主要特征，这是由于建设法中建设行政法占有很大比例。建设法调整方式的特点主要体现为行政强制性，具体包括授权、命令、禁止、许可、免除、撤销等。

（2）经济性

建筑业和房地产业是国家重要的经济领域，为社会创造财富。建设法的经济性既包括财产性，也包括其与生产、分配、交换、消费的联系性。如《中华人民共和国建筑法》《中华人民共和国招标投标法》《中华人民共和国城市房地产管理法》等就具有一定的经济法属性。

（3）技术性

很多建设法以各种技术规范、标准、规程、定额等形式表达，具有很强的技术性。

4. 建设法律和建设法规

建设法律的概念有狭义和广义之分。狭义的建设法律是指全国人民代表大会及其常务委员会制定的规范性文件，如《中华人民共和国建筑法》《中华人民共和国招标投标法》等。广义的建设法律泛指各种建设法律规范，除包括狭义的建设法律外，还包括行政法规、地方性法规、行政规章等。

建设法规的概念也有狭义和广义之分。狭义的建设法规通常是指建设行政法规和地方性法规。广义的建设法规是指各类建设法律规范的总和。

因此，广义的建设法律与广义的建设法规基本具有相同的内涵。

1.1.2 建设法律关系

1. 建设法律关系的概念

法律关系是受法律规范调整的一定的社会关系而形成的权利与义务关系。法律关系是以法律规范为前提，是法律规范调整社会关系的结果。

建设法律关系则是指由建设法律规范所确认的，在建设管理和建设活动中所产生的权利、义务关系。

任何法律关系都是由法律关系主体、法律关系客体和法律关系内容三个要素构成。建设法律关系则是由建设法律关系主体、建设法律关系客体和建设法律关系内容构成。

2. 建设法律关系主体

建设法律关系主体是指管理和参加建设活动，受建设法律规范调整，在法律上享有权利、承担义务的当事人，也就是建设活动的管理者和参与者。

建设法律关系主体通常包括国家机关（包含发展改革部门、住房城乡建设主管部门、监督部门、相关业务部门）、社会组织（包含建设单位、勘察设计单位、施工单位、监理单位、中介、咨询服务单位等）和公民个人。

3. 建设法律关系客体

建设法律关系客体是指建设法律关系主体享有权利和承担义务所共同指向的对象。合同法律关系中的客体习惯上也称之为标的。建设法律关系客体分为以下四种类型：

（1）物，如钢材、水泥、建筑物、设备等。

（2）财，指资金及各种有价证券。

（3）行为，指人的有意识的活动，包括作为和不作为。在建设法律关系中，行为多表现为完成一定的工作，如勘察设计、施工安装、检查验收等活动。

（4）非物质财富，指脑力方面的成果或智力方面的创作，也称为智力成果，通常属于知识产权的客体。如设计单位对设计成果享有著作权，软件公司对自己开发的项目管理软件拥有版权（著作权）等。

4. 建设法律关系内容

建设法律关系内容即建设法律关系主体享有的权利和应当承担的义务。

5. 建设法律关系的产生、变更和终止

建设法律关系的产生是指建设法律关系主体之间形成了一定的权利、义务关系。

建设法律关系的变更是指建设法律关系三要素的任一要素发生变化。

建设法律关系的终止是指主体之间的权利、义务关系不复存在，彼此丧失了约束力，包括自然终止、协议终止和违约终止。

法律事实是建设法律关系产生、变更和终止的原因。所谓法律事实是指能够引起法律关系产生、变更和终止的客观现象和事实。法律事实是一种客观事实，但又不同于客观事实，它还需要被充分证明。在司法实践中，只有被充分证明的客观事实才能被认定为法律事实。

法律事实按是否包含当事人的意志分为两类：

（1）事件：包括自然事件和社会事件。自然事件如地震、台风等；社会事件如战争、暴乱等。

（2）行为：民事法律行为、违法行为、行政行为、立法行为。所谓民事法律行为，是指"公民或者法人设立、变更、终止民事权利和民事义务的合法行为"，如签约行为、投标行为等；违法行为包括违约行为和侵权行为；行政行为是指国家授权机关依法行使行政管理权而发生法律后果的行为；立法行为是指国家机关在法定权限内通过规定的程序，制定、修改、废止建设法律规范性文件的活动。

需要注意的是，行为包括积极的作为和消极的不作为。

【案例1-1】

背景：某建筑公司与某学校签订一教学楼施工合同，并明确约定施工单位要保质、保量、保工期完成学校的教学楼施工任务。工程竣工后，建筑公司向学校提交了竣工报告。学校为了不影响学生上课，还没组织竣工验收就直接投入使用。使用过程中，校方发现

教学楼存在质量问题，要求施工单位修理。施工单位认为工程未经验收，学校提前使用出现质量问题，施工单位不应再承担责任。

问题：

（1）本案中建设法律关系三要素分别是什么？

（2）应如何具体分析该工程质量问题的责任及责任的承担方式，为什么？

【评析】

（1）本案中建设法律关系主体是某建筑公司和某学校；客体是施工的教学楼。本案法律关系的内容是主体双方各自应当享受的权利和应当承担的义务。具体而言，某学校应按照合同约定承担按时、足额支付工程款的义务，在按合同约定支付工程款后，该学校就有权要求建筑公司按时交付质量合格的教学楼。建筑公司的权利是获取学校的工程款，在享受该项权利后，就应当承担义务，即按时交付质量合格的教学楼给学校，并承担保修义务。

（2）因为校方在未组织竣工验收的情况下就直接投入使用，违反了工程竣工验收相关法律法规，所以一般质量问题应由校方承担责任。但是，若涉及主体结构等方面的质量问题，根据《建设工程质量管理条例》的规定，房屋建筑的地基基础和主体结构工程的保修期为工程的合理使用年限，即"终身保修"。因此，施工单位应当承担保修责任，负责维修并承担相关费用。

1.2 建设法的形式与法规体系

1.2.1 法的形式和效力层级

法的形式是指法的创制方式和外部表现形式。它包括四层含义：①法律规范创制机关的性质和级别；②法律规范的外部表现形式；③法律规范的效力等级；④法律规范的地域效力。法的形式取决于法的本质。在世界历史上存在过的法律形式主要有习惯法、宗教法、判例、规范性法律文件、国际惯例、国际条约等。在我国，习惯法、宗教法、判例不是法的形式。

我国法的形式是制定法形式，具体可以分为以下七类。

1. 宪法

宪法是由全国人民代表大会依照特别程序制定的根本法，具有最高的法律地位和法律效力，是我国最高的法律形式，任何法律、行政法规和地方性法规不得与宪法相抵触。

2. 法律

法律是指由全国人民代表大会及其常务委员会制定颁布的规范性法律文件，即狭义的法律。按照制定机关及调整对象范围的不同，分为基本法律和一般法律（也称专门法）两种。

（1）基本法律

基本法律调整范围宽泛，涉及社会、经济、生活的各个方面，具有基础性行为规范的性质，由全国人民代表大会制定和修改，如《中华人民共和国民法典》《中华人民共和国民事诉讼法》等。

（2）一般法律

调整某一行业或者某一专门领域的行为规范，由全国人民代表大会常务委员会制定和修改，如《中华人民共和国建筑法》《中华人民共和国招标投标法》《中华人民共和国安全生产法》《中华人民共和国城乡规划法》等。

法律的效力低于宪法，但高于其他的法。

3. 行政法规

行政法规是由最高国家行政机关——国务院，根据宪法和法律就有关执行法律和履行行政管理职权的问题，以及依据全国人民代表大会及其常务委员会特别授权所制定的规范性文件的总称，由国务院总理签署国务院令颁布。现行的建设行政法规主要有《建设工程质量管理条例》《建设工程勘察设计管理条例》《建设工程安全生产管理条例》《安全生产许可证条例》《建设项目环境保护管理条例》等。

行政法规的效力低于宪法和法律，高于其他的法。

4. 地方性法规

省、自治区、直辖市的人民代表大会及其常务委员会，根据本行政区域的具体情况和实际需要，在不同宪法、法律、行政法规相抵触的前提下可以制定地方性法规。设区的市的人民代表大会及其常务委员会也可以在一定范围内制定地方性法规，但需要报省、自治区的人民代表大会常务委员会批准后施行。

地方性法规只在本辖区内有效，其效力低于法律和行政法规。

5. 部门规章

国务院各部、委员会等和具有行政管理职能的直属机构所制定的规范性文件统称部门规章。涉及两个以上国务院部门职权范围的事项，可以由国务院有关部门联合制定规章。部门规章由部门首长签署命令予以颁布。

部门规章规定的事项应当属于执行法律或者国务院的行政法规、决定、命令的事项，其名称可以是"规定""办法"和"实施细则"等。

大量的建设法规是以部门规章的方式发布，如《房屋建筑和市政基础设施项目工程总承包管理办法》（2019年发布）、《房屋建筑和市政基础设施工程施工招标投标管理办法》（2018年修改）、《建筑业企业资质管理规定》（2018年修改）等。

部门规章的效力低于法律、行政法规，地域上通常在全国范围内有效。

6. 地方政府规章

省、自治区、直辖市和设区的市、自治州的人民政府可以根据法律、行政法规和本省、自治区、直辖市的地方性法规制定地方政府规章。地方政府规章由省长或者自治区主席或者市长签署命令予以颁布。

地方政府规章的效力低于法律、行政法规，低于同级或上级地方性法规。

2015 年修订的《中华人民共和国立法法》第九十五条规定：地方性法规、规章之间不一致时，由有关机关依照下列规定的权限作出裁决：

（1）地方性法规与部门规章之间对同一事项的规定不一致，不能确定如何适用时，由国务院提出意见，国务院认为应当适用地方性法规的，应当决定在该地方适用地方性法规的规定；认为应当适用部门规章的，应当提请全国人民代表大会常务委员会裁决。

（2）部门规章之间、部门规章与地方政府规章之间对同一事项的规定不一致时，由国务院裁决。

7. 国际条约

国际条约是指我国与外国缔结、参加、签订、加入、承认的双边、多边条约、协议和其他具有条约性质的文件。国际条约是我国法的一种形式，具有法律效力。例如，我国加入 WTO 后，WTO 中与工程建设有关的协定也对我国的建设活动产生约束力。

1.2.2 建设法规体系

1. 法规体系的概念

法规体系也称为法律体系，是指一个国家全部现行法律规范按照一定的标准和原则划分为不同的法律部门以及级别效力，从而形成的纵横交错、相互联系、相互补充、相互协调，多层次的、完整统一的有机整体。法规体系的理解可以从纵横两个方面来看。

（1）从横向上看，是由不同法律部门构成的。在我国法规体系中，根据所调整的社会关系不同，可以划分为不同的部门法，也称为不同的法律部门。我国法规体系的基本框架是由宪法及宪法相关法、民商法、行政法、经济法、社会法、刑法、诉讼与非诉讼程序法等构成。

（2）从纵向上看，是由不同级别和效力的法律规范所构成的。从高到低依次为宪法、法律（包括基本法律和一般法律）、行政法规、地方法规、规章。

2. 建设法规体系

建设法规体系是指把已经制定的和需要制定的建设法律、建设行政法规、地方性法规与建设部门规章和地方政府规章等衔接起来，形成一个相互联系、相互补充、相互协调的完整统一的体系。建设法规体系是国家法规体系的重要组成部分。

建设法规具有综合性的特点，虽然主要是经济法的组成部分，但还包括行政法、民商法以及社会法等内容。建设法规同时又具有一定的独立性和完整性，构成自己完整的法规体系。我国的建设法规体系主要是以建设法律为龙头，以建设行政法规为主干，以建设部门规章和地方性法规规章为枝干构成的。

1.3　基本建设程序

1.3.1　基本建设程序的概念和意义

1. 基本建设程序的概念

基本建设程序也称为工程项目建设程序，是指工程项目从策划、选择、评估、决策、设计、施工到竣工验收、投入生产或交付使用的整个建设过程中，各项工作必须遵循的先后次序。它是工程建设活动自然规律和经济规律的客观反映，也是人们在长期工程建设实践过程中技术和管理活动经验的总结。只有遵循建设程序，项目建设活动才能达到预期的目的和效果。

2. 坚持建设程序的意义

建设程序反映了工程建设过程的客观规律。坚持建设程序具有重要意义：

（1）依法管理工程建设，保证正常建设秩序；

（2）科学决策，保证投资效果；

（3）顺利实施建设工程，保证工程质量。

因此，国家对基本建设程序有明确的规定。《建设工程质量管理条例》第五条规定："从事建设工程活动，必须严格执行基本建设程序，坚持先勘察、后设计、再施工的原则"。可以说，按建设程序办事是每一个参与工程建设活动的单位和个人都应遵守的基本准则。

1.3.2　我国现行的基本建设程序

工程建设活动投资大、时间长、涉及面广，特别是在我国，政府投资工程占有较高的比例，工程建设活动涉及社会公众利益，国家必须对工程建设活动进行监督管理。世界各国在工程项目建设程序上可能存在某些差异，这体现了不同国家政治制度和经济管理方式的不同。即使在同一国家，不同时期、不同发展阶段的建设程序也可能不尽相同。例如，我国自1949年成立以来，基本建设程序的有关规定也作过多次调整。

我国现行的基本建设程序总体可以划分为投资决策和建设实施两大阶段。这两大阶段还可以细分为若干个具体阶段，各阶段之间存在严格的先后次序，可以进行合理的交叉，但不能任意颠倒。按照我国现行法律法规的相关规定，结合国家对基本建设活动的监督管理制度，我国的基本建设程序如图1-1所示。

1. 项目建议书阶段

项目建议书是项目发起人向权力部门提出建设某一工程项目的建议文件，是对建设项目的轮廓设想，论证拟建项目的必要性、可行性以及兴建的目的、要求、计划等。它实际上是一份机会研究和初步可行性研究。

项目建议书根据项目规模大小由不同级别的计划管理部门审批：大中型项目由国家计划管理部门审批；投资在2亿元以上的重大项目由国家计划管理部门审核以后报国务院审批；中小型项目按隶属关系由各主管部门或地方计划管理部门审批。项目建议书经

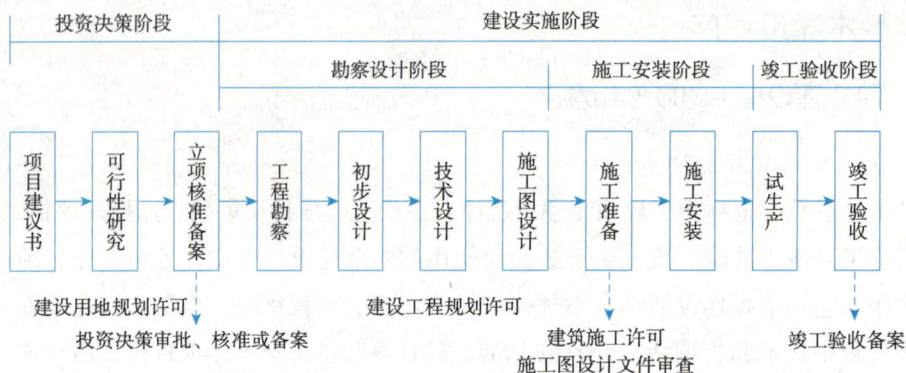

图 1-1　我国的基本建设程序

批准后，方可进行可行性研究。

2. 可行性研究阶段

可行性研究是对工程项目在技术上、经济上是否可行，进行科学分析和论证，是技术经济的深入论证阶段，为项目决策提供依据。可行性研究的主要任务是通过多方案比较，提出评价意见，推荐最佳方案。可行性研究的内容可概括为市场研究、技术研究和经济研究三项，其中市场研究是前提，技术研究是基础，经济研究是核心。

可行性研究的最终成果是可行性研究报告。可行性研究报告需要审批，其审批权限与项目建议书的审批权限相同。可行性研究报告被批准，标志着工程项目正式"立项"，同时作为初步设计的依据，不得随意修改或变更。

3. 勘察设计工作阶段

项目确立后，建设单位可以委托勘察单位进行工程勘察。取得相关勘察成果后，建设单位可委托设计单位编制设计文件。设计文件是安排建设项目和组织工程施工的主要依据。一般建设项目进行两阶段设计，即初步设计和施工图设计。技术上复杂而缺乏设计经验的项目，进行三阶段设计，即初步设计、技术设计和施工图设计。

初步设计是为了阐明在指定地点、时间和投产限额内，拟建项目在技术上的可行性、经济上的合理性，并对建设项目作出基本技术经济规定，编制建设项目总概算。

技术设计是进一步解决初步设计的重大技术问题，如工艺流程、建筑结构、设备选型及数量确定等，同时对初步设计进行补充和修正，然后编制修正概算。

施工图设计在初步设计或技术设计的基础上进行，需完整地表现建筑物外形、内部空间尺寸、结构体系、构造状况以及建筑群的组成和周围环境的配合，还包括各种运输、通信、管道系统、建筑设备的设计。施工图设计完成后应编制施工图预算。国家规定，施工图设计文件应当经有关部门审查批准后，方可使用。

4. 施工准备阶段

为了保证施工的顺利进行，必须做好各项建设前的准备工作。建设前期准备工作主要包括：办理报建手续，征地、拆迁，取得用地规划许可证和土地使用权证等依法建设的法律凭证；完成施工用水、电、路等工程，进行场地平整，即"三通一平"；组织项目所需设备、材料的采购和订货工作；准备必要的施工图纸；组织监理招标和施工招标，择优选择监理单位和施工单位；申请领取施工许可证等。

5. 施工安装阶段

工程项目经批准开工建设或取得施工许可证后，便进入施工安装阶段。这是一个实现决策意图、建成投产、发挥投资效益的关键环节。在整个建设程序中，施工阶段持续时间最长，资金和各类资源的投入量最大，项目管理工作也最为复杂。施工活动应按设计要求、合同条款、预算投资、施工程序和顺序、施工组织设计，在保证质量、工期、造价等目标实现的前提下进行，达到竣工标准要求，经过验收后移交给建设单位。

对于工业项目，在施工阶段后期还要进行生产准备。生产准备是衔接建设和生产的桥梁，是建设阶段转入生产阶段的必要条件。一般包括组建管理机构，制定管理制度，招收并培训生产人员，组织设备的安装、调试和工程验收，签订原材料、燃料等供应和运输协议，进行工器具、备品、备件等的制造或订货等。

6. 竣工验收阶段

竣工验收是建设过程的最后一个阶段，是全面考核建设成果、检查是否符合设计要求和工程质量的重要环节。施工单位按合同和设计文件的规定完成全部施工内容以后可向建设单位提出工程竣工报告，建设单位组织竣工验收并编制竣工决算。通过竣工验收，移交工程项目产品，总结经验，进行竣工结算，提交工程档案资料，结束工程建设活动和过程。建设工程竣工验收合格，方可交付使用。

另外，我国建设工程实行质量保修制度，国家规定了质量保修范围和最低保修期限。自竣工验收合格之日起，项目开始进入工程质量保修期。

7. 项目后评价

项目后评价是指项目投入生产运营一段时间后，对项目的建设和运营情况进行全面的科学评价。通过项目后评价可以总结经验、找出不足，为今后类似工程项目的建设提供参考。

1.4 建设法律责任

1.4.1 法律责任的概念和种类

1. 法律责任的概念

法律责任有广义和狭义两种。广义的法律责任是指任何组织和个人所负有的遵守法律、自觉维护法律尊严的义务。狭义的法律责任是指违法者对违法行为所应承担的具有强制性的不利的法律后果。

法律责任同违法行为紧密相连，是违反法律上的义务而造成的法律后果，其以法律义务存在为前提，而这在法律上有明确具体的规定；另外，法律责任的实现由国家强制力作保证，由国家授权的机关依法追究法律责任、实施法律制裁，其他组织和个人无权行使此项权力。

2. 法律责任的种类

（1）根据违法的性质和危害程度，可以将法律责任分为刑事责任、民事责任、行政责任和违宪责任。

（2）根据承担责任者主观上有无过错，可以将法律责任分为过错责任、无过错责任和公平责任。过错责任是指以承担责任者存在主观过错为必要条件的法律责任。如在刑法中，构成犯罪并承担刑事责任的要件包括犯罪人主观上必须故意或有过失。又如在民法中，在大多数情况下也实行过错责任原则。无过错责任是指不以承担责任者存在主观过错为必要条件的法律责任。准确地说应该是，法律不问行为人有无过错，只要行为人给他人造成损失都应当承担责任。无过错责任是法律为了解决合法行为造成的损害而采取的责任原则。公平责任是指法律没有明文规定适用无过错责任，但适用过错责任又显失公平，因此不以行为人有过错为前提并由当事人合理分担的一种特殊责任。

（3）根据行为人实施违法行为时身份和名义的不同，可以将法律责任分为职务责任和个人责任。职务责任是指行为人以公务的身份或名义进行活动而违法时，由其所属的机关和组织来承担的法律责任，如国家机关工作人员在执行公务时所引起的损害赔偿责任。个人责任是指行为人以个人的身份或名义进行活动而违法时，由其个人来承担的法律责任，如国家机关工作人员从事非公务活动时所引起的损害赔偿责任。

（4）根据承担责任内容的不同，可以将法律责任分为财产责任和非财产责任。财产责任是指以财产性的惩罚为内容的法律责任，如民法中的支付违约金。非财产责任是指以人身、人格、行为等惩罚为内容的法律责任，如民法中的赔礼道歉。

1.4.2 建设民事法律责任的种类和承担方式

民法调整平等主体的自然人、法人和非法人组织之间的人身关系和财产关系。民事法律责任，也简称为民事责任，是指民事主体在民事活动中，因实施了民事违法行为，根据民法所承担的对其不利的民事法律后果或者基于法律特别规定而应承担的民事法律责任。民事责任属于法律责任的一种，是保障民事权利和民事义务实现的重要措施，是民事主体因违反民事义务所应承担的民事法律后果，它主要是一种民事救济手段，旨在使受害人被侵犯的权益得以恢复或补偿。

1. 民事法律责任的种类和承担方式

民事法律责任可以分为违约责任和侵权责任两类。违约责任是指合同当事人不履行合同义务或者履行的合同义务不符合合同约定而依法应当承担的民事责任。侵权责任是指行为人侵害他人民事权益造成损害的，依法应当承担的责任包括过错责任和无过错责任。违约责任和侵权责任的主要区别在于，违约责任是以一个合法有效的合同存在为前提，而侵权责任不需要。

因当事人一方的违约行为，损害对方人身权益、财产权益的，受损害方有权选择请求其承担违约责任或者侵权责任。

二人以上共同承担民事责任的，可以承担按份责任或者连带责任。《中华人民共和国民法典》（以下简称《民法典》）规定："二人以上依法承担按份责任，能够确定责任大小的，各自承担相应的责任；难以确定责任大小的，平均承担责任"，同时还规定："二人以上依法承担连带责任的，权利人有权请求部分或者全部连带责任人承担责任。连带责任人的责任份额根据各自责任大小确定；难以确定责任大小的，平均承担责任。实际承担责任超过自己责任份额的连带责任人，有权向其他连带责任人追偿。"

根据《民法典》，民事责任的承担方式主要有：① 停止侵害；② 排除妨碍；③ 消除危险；④ 返还财产；⑤ 恢复原状；⑥ 修理、重做、更换；⑦ 继续履行；⑧ 赔偿损失；⑨ 支付违约金；⑩ 消除影响、恢复名誉；⑪ 赔礼道歉。法律规定惩罚性赔偿的，依照其规定。以上承担民事责任的方式可以单独适用，也可以合并适用。

2. 建设工程常见侵权责任的承担

（1）在公共场所或者道路上挖掘、修缮、安装地下设施等造成他人损害，施工人不能证明已经设置明显标志和采取安全措施的，应当承担侵权责任。窨井等地下设施造成他人损害，管理人不能证明尽到管理职责的，应当承担侵权责任。

（2）建筑物、构筑物或者其他设施倒塌、塌陷造成他人损害的，由建设单位与施工单位承担连带责任，但是建设单位与施工单位能够证明不存在质量缺陷的除外。建设单位、施工单位赔偿后，有其他责任人的，有权向其他责任人追偿。

因所有人、管理人、使用人或者第三人的原因，建筑物、构筑物或者其他设施倒塌、塌陷造成他人损害的，由所有人、管理人、使用人或者第三人承担侵权责任。

（3）建筑物、构筑物或者其他设施及其搁置物、悬挂物发生脱落、坠落造成他人损害，所有人、管理人或者使用人不能证明自己没有过错的，应当承担侵权责任。所有人、管理人或者使用人赔偿后，有其他责任人的，有权向其他责任人追偿。

（4）堆放物倒塌、滚落或者滑落造成他人损害，堆放人不能证明自己没有过错的，应当承担侵权责任。

在公共道路上堆放、倾倒、遗撒妨碍通行的物品造成他人损害的，由行为人承担侵权责任。公共道路管理人不能证明已经尽到清理、防护、警示等义务的，应当承担相应的责任。

（5）禁止从建筑物中抛掷物品。从建筑物中抛掷物品或者从建筑物上坠落的物品造成他人损害的，由侵权人依法承担侵权责任；经调查难以确定具体侵权人的，除能够证明自己不是侵权人的外，由可能加害的建筑物使用人给予补偿。可能加害的建筑物使用人补偿后，有权向侵权人追偿。

物业服务企业等建筑物管理人应当采取必要的安全保障措施防止前款规定情形的发生；未采取必要安全保障措施的，应当依法承担未履行安全保障义务的侵权责任。

1.4.3　建设行政法律责任的种类和承担方式

行政法律责任简称行政责任，是指违反有关行政管理法律、法规的规定，但尚未构成犯罪的行为依法应当承担的法律后果，分为行政处罚和行政处分。

1. 行政处罚

行政处罚是指国家行政机关及其他依法可以实施行政处罚权的组织，对违反行政法律、法规、规章，尚不构成犯罪的公民、法人及其他组织实施的一种制裁行为。

根据 2021 年修订的《中华人民共和国行政处罚法》的规定，行政处罚的种类有：① 警告、通报批评；② 罚款、没收违法所得、没收非法财物；③ 暂扣许可证件、降低资质等级、吊销许可证件；④ 限制开展生产经营活动、责令停产停业、责令关闭、限制从业；⑤ 行政拘留；⑥ 法律、行政法规规定的其他行政处罚。

在建设工程领域，法律、行政法规所设定的行政处罚主要有：警告、罚款、没收违法所得、责令限期改正、责令停业整顿、取消一定期限内参加依法必须进行招标的项目的投标资格、责令停止施工、降低资质等级、吊销资质证书（同时吊销营业执照）、责令停止执业、吊销执业资格证书或者其他许可证等。

2. 行政处分

行政处分是指国家行政机关依照行政隶属关系给予有违法失职行为、尚不构成犯罪的国家机关公务人员的一种惩罚措施，是行政制裁的一种形式，由国家机关、企事业单位依照有关法律和规章，对在工作中违法失职的公务员实行惩处和制裁。

行政处分的种类主要包括：警告、记过、记大过、降级、撤职、开除等。

1.4.4　建设刑事法律责任的种类和承担方式

1. 刑事责任的概念和种类

刑事责任是指犯罪主体因实施犯罪行为，按刑事法律的规定应当承担的法律责任。刑事责任是法律责任中最强烈的一种，其承担方式主要是刑罚，也包括一些非刑罚的处罚方法。

刑罚包括主刑和附加刑。主刑是对犯罪分子适用的主要刑罚，它只能独立适用，不能相互附加适用。主刑包括：① 管制；② 拘役；③ 有期徒刑；④ 无期徒刑；⑤ 死刑。附加刑包括：① 罚金；② 剥夺政治权利；③ 没收财产。附加刑可以附加适用，也可以独立适用。此外，对犯罪的外国人，可以独立或附加适用驱逐出境。

2. 建设领域常见刑事法律责任

（1）重大责任事故罪、强令违章冒险作业罪

《中华人民共和国刑法》（以下简称《刑法》）第一百三十四条规定，在生产、作业中违反有关安全管理的规定，因而发生重大伤亡事故或者造成其他严重后果的，处 3 年以下有期徒刑或者拘役；情节特别恶劣的，处 3 年以上 7 年以下有期徒刑。

强令他人违章冒险作业，因而发生重大伤亡事故或者造成其他严重后果的，处 5 年以下有期徒刑或者拘役；情节特别恶劣的，处 5 年以上有期徒刑。

（2）重大劳动安全事故罪

《刑法》第一百三十五条规定，安全生产设施或者安全生产条件不符合国家规定，因而发生重大伤亡事故或者造成其他严重后果的，对直接负责的主管人员和其他直接责任人员，处 3 年以下有期徒刑或者拘役；情节特别恶劣的，处 3 年以上 7 年以下有期徒刑。

（3）工程重大安全事故罪

《刑法》第一百三十七条规定，建设单位、设计单位、施工单位、工程监理单位违反国家规定，降低工程质量标准，造成重大安全事故的，对直接责任人员，处 5 年以下有期徒刑或者拘役，并处罚金；后果特别严重的，处 5 年以上 10 年以下有期徒刑，并处罚金。

（4）串通投标罪

《刑法》第二百二十三条规定，投标人相互串通投标报价，损害招标人或者其他投标人利益，情节严重的，处 3 年以下有期徒刑或者拘役，并处或者单处罚金。投标人与招标人串通投标，损害国家、集体、公民的合法利益的，依照前款的规定处罚。

【案例1-2】

背景：某市一栋在建住宅楼发生楼体倒覆事故，造成 1 名工人身亡。经调查分析，事故调查组认定是一起重大责任事故。其直接原因是：紧贴该楼北侧，在短时间内堆土过高，最高处达 10m 左右；紧邻该楼南侧的地下车库基坑正在开挖，开挖深度 4.6m。大楼两侧的压力差使土体产生水平位移，过大的水平力超过了桩基的抗侧压能力，导致房屋倾倒。此外，还主要存在六个方面的间接原因：一是土方堆放不当。在未对天然地基进行承载力计算的情况下，开挖前随意指定将开挖土方短时间内集中堆放于该楼北侧。二是开挖基坑违反相关规定。土方开挖单位在未经监理方同意、未进行有效监测并不具备相应资质的情况下，没有按照相关技术要求开挖基坑。三是监理不到位。监理方对开发商、施工方的违法违规行为未进行有效处置，对施工现场的事故隐患未及时报告。四是管理不到位。开发商管理混乱，违章指挥，违法指定施工单位，不合理压缩施工工期。五是安全措施不到位。施工方对基坑开挖及土方处置未采取专项防护措施。六是围护桩施工不规范。施工方未严格按照相关要求组织施工，施工速度快于规定的技术标准要求。

事故发生后，该楼所在地的副区长和镇长、副镇长等公职人员因对辖区内的建设工程安全生产工作负有领导责任，分别被给予行政警告、行政记过、行政记大过处分；开发商、总包单位对事故发生负有主要责任，土方开挖单位对事故发生负有直接责任，基坑围护及桩基工程施工单位对事故发生负有一定责任，分别给予经济罚款，其中对开发商、总包单位均处以法定最高限额罚款 50 万元，并吊销总包单位的建筑施工企业资质证书及安全生产许可证，待事故善后工作处理完成后吊销开发商的房地产开发企业资质证书；监理单位对事故发生负有重要责任，吊销其工程监理资质证书；工程监测单位对事故发生负有一定责任，予以通报批评。监理单位、土方开挖单位的法定代表人等8名责任人员，对事故发生负有相关责任，被处以吊销执业资格证书、罚款、解除劳动合同等处罚。秦某、张某、夏某、陆某、张某、乔某等6人，犯重大责任事故罪，被追究刑事责任，分别被判处有期徒刑3~5年。

该楼的21户购房户，有11户业主退房，10户置换，分别获得相应的赔偿费。

问题：

（1）本案中的民事责任有哪些？

（2）本案中的行政责任有哪些？

（3）本案中的刑事责任有哪些？

【评析】

本案所涉及的法律关系复杂，产生了多个法律责任：

（1）本案中存在多个合同关系。这些合同关系都会产生民事责任。首先是开发商与购房者存在商品房买卖合同，由于发生楼体倒覆事故，开发商无法交付房屋，应当承担违约责任。在本案中，违约责任最主要的就是赔偿损失。开发商与其他责任主体也有合同关系，也会出现违约责任问题，但这些单位之间没有产生民事诉讼。

（2）本案中的行政责任包括行政处分和行政处罚。副区长和镇长、副镇长等公职人员对辖区内的建设工程安全生产工作负有领导责任，分别被给予行政警告、行政记过、行政记大过处分，即属于行政处分。对开发商、总包单位等处以罚款、吊销资质证书等，对责任人处以吊销执业资格证书、罚款等，都属于行政处罚。

（3）本案中的被告人秦某、张某、夏某、陆某、张某、乔某在该工程项目中，分别作为建设方、施工方、监理方的工作人员以及土方施工的具体实施者，在工程施工的不同岗位和环节，本应上下衔接、互相制约，但却违反安全管理规定，不履行或者不能正确履行或者消极履行各自的职责与义务，最终导致该楼房整体倾倒的重大工程安全事故，致1人死亡，并造成重大经济损失。6名被告人均已构成重大责任事故罪，且属情节特别恶劣，依法应予惩处，承担相应的刑事责任。

复习思考题

1. 建设法的特征有哪些？调整的社会关系是什么？

2. 建设法律关系的主体、客体和内容是什么？

3. 根据效力层级的不同，法有哪几种形式？分别由何部门发布？

4. 简述我国的基本建设程序。

5. 建设法律责任有哪些种类？责任承担方式有哪些？

第2章 建筑许可法律制度

2.1 企业资质管理制度

2.1.1 概述

1. 资质管理制度的概念

从事建设活动的企业资质管理制度，是指建设行政主管部门对从事建设活动有关企业的人员素质、管理水平、资金数量、业务能力等进行审查，以确定其承担任务的范围，并发给相应的资质证书的一种制度。而企业资质管理的内容，主要是对企业的设立、定级、升级、降级、变更、终止等的资质审查或批准以及资质证书管理等。

《中华人民共和国建筑法》对进入建筑市场有关单位的资质管理作出了明确规定："从事建筑活动的建筑施工企业、勘察单位、设计单位和工程监理单位，按照其拥有的注册资本、专业技术人员、技术装备和已完的建筑工程业绩等资质条件，划分为不同的资质等级，经资质审查合格，取得相应等级的资质证书后，方可在其资质等级许可的范围内从事建筑活动"。

资质管理制度也称为从业资格许可制度、市场准入制度。

2. 资质管理制度的意义

资质管理制度是根据建设活动特点确立的一项重要从业资格许可制度。建设活动不同于一般的经济活动，其耗资巨大，建设周期较长，涉及专业多，技术要求高，社会影响广泛，与人民生命财产关系密切。从业单位素质的高低直接影响建设工程质量和安全。因此，从事建设活动的单位必须具备相应的条件，符合一定的资质要求。企业资质等级反映了企业从事某项工作的资格和能力，是国家对建设市场准入管理的重要手段。因此，国家对从事建设活动的单位实行资质管理制度。

在我国实行企业资质管理制度，对规范建筑市场、保证建筑工程质量和安全以及提高经济效益都具有重要意义。

同时，也应看到资质管理制度存在一定弊端，如资质等级和标准划分不科学、不合理，根据资质等级设定经营范围人为限制了竞争和一些企业的发展，资质申报审批程序复杂，产生租借资质和"挂靠"现象等。随着《中华人民共和国行政许可法》的实施，为了更好地激发市场主体积极性，简化行政审批流程，提高行政监管效率，近些年国家大力推进"放管服"改革，取消了一些行政许可事项，逐渐淡化、弱化实行多年的企业资质管理制度和从业人员资格管理制度。

3. 资质管理制度的历史沿革

我国工程建设相关企业的资质管理制度起始于 20 世纪 80 年代初期。城乡建设环境保护部于 1984 年颁发了《建筑企业营业管理条例》，对建筑企业的登记、变更、等级和营业范围作出了明确规定，并设立了许可程序和监督管理办法。该条例按照专业性质的不同，将建筑业许可范围划分为：房屋建筑、土木工程、设备安装、机械化施工等类型；按照企业技术资质和规模，又划分为不同的等级，并规定各等级企业必须按规定范围营业，不得越级承担任务。我国勘察设计行业资质管理起始于 1983 年国家计委颁布的《基本建设设计工作管理暂行办法》，该办法明确了工程设计实行市场准入制度。

随着我国社会主义市场经济体制的逐步完善和建设行业体制改革的深入，与之相适应的各类资质管理制度和资质标准经历了 1991 年、1997 年、2001 年和 2007 年四次较大的调整修订，对企业资质条件的准入设置和级别标准经历了从严格、复杂到放宽、简化的转变。

目前，我国已经建立的工程建设类企业资质管理制度，主要通过部门规章对资质管理作出具体的规定，这些部门规章主要包括《建设工程勘察设计资质管理规定》（2007 年6 月 26 日建设部令第 160 号发布，根据 2015 年 5 月 4 日住房和城乡建设部令第 24 号、2016 年 9 月 13 日住房和城乡建设部令第 32 号、2018 年 12 月 22 日住房和城乡建设部令第 45 号修正）、《建筑业企业资质管理规定》（2015 年 1 月 22 日住房和城乡建设部令第22 号发布，根据 2016 年 9 月 13 日住房和城乡建设部令第 32 号、2018 年 12 月 22 日住房和城乡建设部令第 45 号修正）、《工程监理企业资质管理规定》（2007 年 6 月 26 日建设部令第 158 号发布，根据 2015 年 5 月 4 日住房和城乡建设部令第 24 号、2016 年 9 月 13日住房和城乡建设部令第 32 号、2018 年 12 月 22 日住房和城乡建设部令第 45 号修正）《城乡规划编制单位资质管理规定》（2012 年 7 月 2 日住房和城乡建设部令第 12 号发布，根据 2016 年 1 月 11 日住房和城乡建设部令第 28 号修正）、《房地产开发企业资质管理规定》（2000 年 3 月 29 日建设部令第 77 号发布，根据 2015 年 5 月 4 日住房和城乡建设部令第24 号、2018 年 12 月 22 日住房和城乡建设部令第 45 号修正）、《工程造价咨询企业管理办法》（2006 年 3 月 22 日建设部令第 149 号发布，根据 2015 年 5 月 4 日住房和城乡建设部令第 24 号，2016 年 9 月 13 日住房和城乡建设部令第 32 号，2020 年 2 月 19 日住房和城乡建设部令第 50 号修正）等。

为进一步深化"放管服"改革，放宽建筑市场准入限制，优化审批服务，激发市场主体活力，2020 年 11 月 30 日住房和城乡建设部印发《建设工程企业资质管理制度改革方案》，对资质类别进行了精简，归并了等级设置。

2.1.2 勘察设计资质管理制度

为了加强对建设工程勘察、设计活动的监督管理，保证建设工程勘察、设计质量，根据《中华人民共和国行政许可法》《中华人民共和国建筑法》《建设工程质量管理条例》和《建设工程勘察设计管理条例》等法律、行政法规，住房和城乡建设部颁布《建设工程勘察设计资质管理规定》（2007年6月26日建设部令第160号，根据2015年5月4日住房和城乡建设部令第24号、2016年9月13日住房和城乡建设部令第32号、2018年12月22日住房和城乡建设部令第45号修正），对在我国境内申请建设工程勘察、工程设计资质，实施对建设工程勘察、工程设计资质的监督管理进行了明确规定。

该规定所称建设工程勘察包括建设工程项目的岩土工程、水文地质、工程测量、海洋工程勘察等。该规定所称建设工程设计是指：① 建设工程项目的主体工程和配套工程（含厂（矿）区内的自备电站、道路、专用铁路、通信、各种管网管线和配套的建筑物等全部配套工程）以及与主体工程、配套工程相关的工艺、土木、建筑、环境保护、水土保持、消防、安全、卫生、节能、防雷、抗震、照明工程等的设计；② 建筑工程建设用地规划许可证范围内的室外工程设计、建（构）筑物设计、民用建筑修建的地下工程设计及住宅小区、工厂厂前区、工厂生活区、小区规划设计及单体设计等，以及上述建筑工程所包含的相关专业的设计内容（包括总平面布置、竖向设计、各类管网管线设计、景观设计、室内外环境设计及建筑装饰、道路、消防、安保、通信、防雷、人防、供配电、照明、废水治理、空调设施、抗震加固等）。

1. 勘察资质

（1）资质分类和分级

根据《建设工程企业资质管理制度改革方案》，工程勘察资质分为综合资质和专业资质两种类型，保留原综合资质，将原来的4类专业资质及劳务资质整合为岩土工程、工程测量、勘探测试3类专业资质。

综合资质不分等级，专业资质等级压减为甲、乙两级。

（2）承接业务范围

取得工程勘察综合资质的企业，可以承接各专业（海洋工程勘察除外）、各等级工程勘察业务；取得工程勘察专业资质的企业，可以承接相应等级、相应专业的工程勘察业务。

2. 设计资质

（1）资质分类和分级

根据《建设工程企业资质管理制度改革方案》，设计资质分为综合资质、行业资质、专业资质和事务所资质4种类型。设计资质保留原综合资质，将原来的21类行业资质整合为14类行业资质；将原来的151类专业资质、8类专项资质、3类事务所资质整合为70类专业和事务所资质。

综合资质、事务所资质不分等级；行业资质、专业资质等级原则上压减为甲、乙两级（部分资质只设甲级）。

（2）承接业务范围

取得工程设计综合资质的企业，可以承接各行业、各等级的建设工程设计业务；取得工程设计行业资质的企业，可以承接相应行业、相应等级的工程设计业务及本行业范围内同级别的相应专业、专项（设计施工一体化资质除外）工程设计业务。

建设工程勘察、工程设计资质标准和各资质类别、级别企业承担工程的具体范围，由国务院住房城乡建设主管部门商国务院有关部门确定。

2.1.3　建筑业企业资质管理制度

为了加强对建筑活动的监督管理，维护公共利益和建筑市场秩序，保证建设工程质量安全，根据《中华人民共和国建筑法》《中华人民共和国行政许可法》《建设工程质量管理条例》《建设工程安全生产管理条例》等法律、行政法规，住房和城乡建设部颁布了《建筑业企业资质管理规定》（2015年1月22日住房和城乡建设部令第22号，根据2016年9月13日住房和城乡建设部令第32号、2018年12月22日住房和城乡建设部令第45号修正）。该规定所称建筑业企业，是指从事土木工程、建筑工程、线路管道设备安装工程的新建、扩建、改建等施工活动的企业。企业应当按照其拥有的资产、主要人员、已完成的工程业绩和技术装备等条件申请建筑业企业资质，经审查合格，取得建筑业企业资质证书后，方可在资质许可范围内从事建筑施工活动。

1. 资质分类和分级

根据《建设工程企业资质管理制度改革方案》规定，建筑企业资质分为施工综合资质、施工总承包资质、专业承包资质和专业作业资质4种类型。将原来的10类施工总承包企业特级资质调整为施工综合资质，可承担各行业、各等级施工总承包业务；保留12类施工总承包资质，将民航工程的专业承包资质整合为施工总承包资质；将原来的36类专业承包资质整合为18类；将施工劳务企业资质改为专业作业资质，由审批制改为备案制。

综合资质和专业作业资质不分等级；施工总承包资质、专业承包资质等级原则上压减为甲、乙两级（部分专业承包资质不分等级），其中，施工总承包甲级资质在本行业内承揽业务规模不受限制。

建筑业企业资质标准和取得相应资质的企业可以承担工程的具体范围，由国务院住房和城乡建设主管部门会同国务院有关部门确定。

2. 承接业务范围

一般来说，取得施工总承包资质的企业（以下简称施工总承包企业），可以承接施工总承包工程。施工总承包企业可以对所承接的施工总承包工程内各专业工程全部自行施工，也可以将专业工程或劳务作业依法分包给具有专业承包资质的企业或施工劳务资质企业。取得专业承包资质的企业（以下简称专业承包企业），可以承接施工总承包企业分包的专业工程和建设单位依法发包的专业工程。专业承包企业可以对所承接的专业工程全部自行施工，也可以将劳务作业依法分包给施工劳务资质企业。取得施工劳务资质的企业，可以承接施工总承包企业或专业承包企业分包的劳务作业。

2.1.4 监理企业资质管理制度

为了加强工程监理企业资质管理，规范建设工程监理活动，维护建筑市场秩序，住房和城乡建设部颁布《工程监理企业资质管理规定》（2007年6月26日建设部令第158号，根据2015年5月4日住房和城乡建设部令第24号、2016年9月13日住房和城乡建设部令第32号、2018年12月22日住房和城乡建设部令第45号修正），在中华人民共和国境内从事建设工程监理活动，申请工程监理企业资质，实施对工程监理企业资质监督管理，适用该规定。从事建设工程监理活动的企业，应当按照该规定取得工程监理企业资质，并在工程监理企业资质证书（以下简称资质证书）许可的范围内从事工程监理活动。

1. 监理企业资质等级及业务范围

（1）资质分类和分级

根据《建设工程企业资质管理制度改革方案》，工程监理资质分为综合资质和专业资质两大类，保留原综合资质；取消专业资质中的水利水电工程、公路工程、港口与航道工程、农林工程资质，保留其余10类专业资质（包括建筑工程、铁路工程、市政公用工程、电力工程、矿山工程、冶金工程、石油化工工程、通信工程、机电工程、民航工程）；取消事务所资质。

综合资质不分等级，专业资质等级压减为甲、乙两级。

（2）资质等级标准

根据《工程监理企业资质管理规定》，监理企业资质标准如下：

1）综合资质标准：①具有独立法人资格且具有符合国家有关规定的资产；②企业技术负责人应为注册监理工程师，并具有15年以上从事工程建设工作的经历或者具有工程类高级职称；③具有5个以上工程类别的专业甲级工程监理资质；④注册监理工程师不少于60人，注册造价工程师不少于5人，一级注册建造师、一级注册建筑师、一级注册结构工程师或者其他勘察设计注册工程师合计不少于15人次；⑤企业具有完善的组织结构和质量管理体系，有健全的技术、档案等管理制度；⑥企业具有必要的工程试验检测设备；⑦申请工程监理资质之日前1年内没有本规定第十六条禁止的行为；⑧申请工程监理资质之日前1年内没有因本企业监理责任造成重大质量事故；⑨申请工程监理资质之日前1年内没有因本企业监理责任发生三级以上工程建设重大安全事故或者发生两起以上四级工程建设安全事故。

2）专业资质标准：①具有独立法人资格且有符合国家有关规定的资产；②企业技术负责人应为注册监理工程师，并具有一定年限（甲级15年，乙级10年）以上从事工程建设工作的经历或者具有工程类高级职称；③注册监理工程师、注册造价工程师、一级注册建造师、一级注册建筑师、一级注册结构工程师或者其他勘察设计注册工程师合计不少于相应规定数量（甲级25人次，乙级15人次）；其中，相应专业注册监理工程师不少于《专业资质注册监理工程师人数配备表》中要求配备的人数，甲级和乙级注册造价工程师分别不少于2人和1人；④企业近2年内独立监理过3个以上相应专业的二级工程项目，但是具有甲级设计资质或一级及以上施工总承包资质的企业申请本专业工程类别甲级资质的除外（此标准是只针对甲级资质的要求）；⑤甲级企业应具有完善的组织结构和质量管理体系，有健全的技术、档案等管理制度；乙级企业应有较完善的组织结构和质量管理体系，有技术、档案等管理制度；⑥企业具有必要的工程试验检测设备；⑦申请工程监理资质之日前1年内没有本规定第十六条禁止的行为（此标准是针对甲级、乙级资质的要求）；⑧申请工程监理资质之日前1年内没有因本企业监理责任造成重大质量事故（此标准是针对甲级、乙级资质的要求）；⑨申请工程监理资质之日前1年内没有因本企业监理责任发生三级以上工程建设重大安全事故或者发生两起以上四级工程建设安全事故（此标准是针对甲级、乙级资质的要求）。

（3）业务范围

1）综合资质：可以承担所有专业工程类别建设工程项目的工程监理业务。

2）专业资质：①专业甲级资质：可承担相应专业工程类别建设工程项目的工程监理业务；②专业乙级资质：可承担相应专业工程类别二级以下（含二级）建设工程项目的工程监理业务。

工程监理企业可以开展相应类别建设工程的项目管理、技术咨询等业务。以房屋建筑工程为例，专业工程类别和等级见表2-1。

专业工程类别和等级表　　　　　　　　　　　　表2-1

工程类别		一级	二级	三级
房屋建筑工程	一般公共建筑	28层以上；36m跨度以上（轻钢结构除外）；单项工程建筑面积3万m²以上	14~28层；24~36m跨度（轻钢结构除外）；单项工程建筑面积1万~3万m²	14层以下；24m跨度以下（轻钢结构除外）；单项工程建筑面积1万m²以下
	高耸构筑工程	高度120m以上	高度70~120m	高度70m以下
	住宅工程	小区建筑面积12万m²以上；单项工程28层以上	建筑面积6万~12万m²；单项工程14~28层	建筑面积6万m²以下；单项工程14层以下

2.1.5　其他企业资质管理制度

建设领域实行资质管理的范围非常广泛，除前述企业类型的资质管理制度外，房地产开发企业、城市规划编制单位以及造价咨询企业等都实行资质管理制度。

1. 房地产开发企业资质管理

（1）资质等级与审批权限

房地产开发企业资质分为一级、二级、三级和四级。各资质等级企业从开发经营年限、累计竣工面积或者累计完成投资额、专业管理人员数量、质量保证等方面设置若干条件。

房地产开发企业资质等级实行分级审批。一级资质由省、自治区、直辖市人民政府建设行政主管部门初审，报国务院建设行政主管部门审批。二级资质及二级资质以下企业的审批办法由省、自治区、直辖市人民政府建设行政主管部门制定。经资质审查合格的企业，由资质审批部门发给相应等级的资质证书。

（2）业务范围

一级资质的房地产开发企业承担房地产项目的建设规模不受限制，可以在全国范围从事房地产开发项目。二级资质及二级资质以下的房地产开发企业可以承担建筑面积25万 m² 以下的开发建设项目，承担业务的具体范围由省、自治区、直辖市人民政府建设行政主管部门确定。各资质等级企业应当在规定的业务范围内从事房地产开发经营业务，不得越级承担业务。

2. 城乡规划编制单位资质管理

（1）资质等级与标准

城乡规划编制单位资质分为甲、乙、丙三级。

1）甲级城乡规划编制单位标准：① 有法人资格；② 注册资本金不少于 100 万元人民币；③ 专业技术人员不少于 40 人，其中具有城乡规划专业高级技术职称的不少于 4 人，具有其他专业高级技术职称的不少于 4 人（建筑、道路交通、给水排水专业各不少于 1 人）；具有城乡规划专业中级技术职称的不少于 8 人，具有其他专业中级技术职称的不少于 15 人；④ 注册规划师不少于 10 人；⑤ 具备符合业务要求的计算机图形输入输出设备及软件；⑥ 有 400m² 以上的固定工作场所，以及完善的技术、质量、财务管理制度。

2）乙级城乡规划编制单位资质标准：① 有法人资格；② 注册资本金不少于 50 万元人民币；③ 专业技术人员不少于 25 人，其中具有城乡规划专业高级技术职称的不少于 2 人，具有高级建筑师不少于 1 人、具有高级工程师不少于 1 人；具有城乡规划专业中级技术职称的不少于 5 人，具有其他专业中级技术职称的不少于 10 人；④ 注册规划师不少于 4 人；⑤ 具备符合业务要求的计算机图形输入输出设备；⑥ 有 200m² 以上的固定工作场所，以及完善的技术、质量、财务管理制度。

3）丙级城乡规划编制单位资质标准：① 有法人资格；② 注册资本金不少于 20 万元人民币；③ 专业技术人员不少于 15 人，其中具有城乡规划专业中级技术职称的不少于 2 人，具有其他专业中级技术职称的不少于 4 人；④ 注册规划师不少于 1 人；⑤ 专业技术人员配备计算机达 80%；⑥ 有 100m² 以上的固定工作场所，以及完善的技术、质量、财务管理制度。

（2）业务范围

1）甲级城乡规划编制单位承担城乡规划编制任务的范围不受限制。

2）乙级城乡规划编制单位可以在全国承担下列业务：① 镇、20 万现状人口以下城市总体规划的编制；② 镇、登记注册所在地城市和 100 万现状人口以下城市相关专项规划的编制；③ 详细规划的编制；④ 乡、村庄规划的编制；⑤ 建设工程项目规划选址的可行性研究。

3）丙级城乡规划编制单位可以在全国承担下列业务：① 镇总体规划（县人民政府所在地镇除外）的编制；② 镇、登记注册所在地城市和 20 万现状人口以下城市的相关专项规划及控制性详细规划的编制；③ 修建性详细规划的编制；④ 乡、村庄规划的编制；⑤ 中、小型建设工程项目规划选址的可行性研究。

3. 工程造价咨询企业资质管理

为了加强对工程造价咨询企业的管理，提高工程造价咨询工作质量，维护建筑市场秩序和社会公共利益，根据《中华人民共和国行政许可法》《国务院对确需保留的行政审批项目设定行政许可的决定》，住房和城乡建设部颁布了《工程造价咨询企业管理办法》（2006 年 3 月 22 日建设部令第 149 号发布，根据 2015 年 5 月 4 日住房和城乡建设部令第 24 号，2016 年 9 月 13 日住房和城乡建设部令第 32 号，2020 年 2 月 19 日住房和城乡建设部令第 50 号修正）。在中华人民共和国境内从事工程造价咨询活动，实施对工程造价咨询企业的监督管理，应当遵守该办法。该办法所称工程造价咨询企业，是指接受委托对建设项目投资、工程造价的确定与控制提供专业咨询服务的企业。

工程造价咨询企业应当依法取得工程造价咨询企业资质，并在其资质等级许可的范围内从事工程造价咨询活动。工程造价咨询企业从事工程造价咨询活动，应当遵循独立、客观、公正、诚实信用的原则，不得损害社会公共利益和他人的合法权益。任何单位和个人不得非法干预依法进行的工程造价咨询活动。

（1）资质等级与标准

工程造价咨询企业资质等级分为甲级、乙级。

甲级和乙级工程造价咨询企业资质标准详见 5.4 节。

（2）业务范围

1）工程造价咨询业务范围包括：① 建设项目建议书及可行性研究投资估算、项目经济评价报告的编制和审核；② 建设项目概预算的编制与审核，并配合设计方案比选、优化设计、限额设计等工作进行工程造价分析与控制；③ 建设项目合同价款的确定（包括招标工程工程量清单和标底、投标报价的编制和审核）；合同价款的签订与调整（包括工程变更、工程洽商和索赔费用的计算）及工程款支付，工程结算及竣工结（决）算报告的编制与审核等；④ 工程造价经济纠纷的鉴定和仲裁的咨询；⑤ 提供工程造价信息服务等。

工程造价咨询企业可以对建设项目的组织实施进行全过程或者若干阶段的管理和服务。

2）工程造价咨询企业依法从事工程造价咨询活动，不受行政区域限制。

甲级工程造价咨询企业可以从事各类建设项目的工程造价咨询业务。

乙级工程造价咨询企业可以从事工程造价 2 亿元人民币以下各类建设项目的工程造价咨询业务。

2.2　从业人员职业资格制度

2.2.1　概述

职业资格是国家按照有利于经济发展、社会公认、国际可比、事关公共利益的原则，在涉及国家、人民生命财产安全的专业技术领域，实行的一种专业技术人员管理制度。专业技术人员职业资格制度是对从事某一职业所必备的学识、技术和能力的基本要求。

职业资格包括从业资格和执业资格。从业资格是政府规定技术人员从事某种专业技术性工作的学识、技术和能力的起点标准。从业资格可通过学历认定或考试取得。

执业资格是政府对某些责任较大、社会通用性强、关系公共利益的专业技术工作实行的准入控制，是专业技术人员依法独立开业或独立从事某种专业技术工作的学识、技术和能力的必备标准。执业资格通过考试方法取得，执业资格考试由国家定期举行，考试实行全国统一大纲、统一组织、统一时间。

经职业资格考试合格的人员，由国家授予相应的职业资格证书。职业资格证书是持有证书的专业技术人员的专业水平能力的证明，可以作为求职、就业的凭证和从事特定专业的法定注册凭证。职业资格证书又分为《从业资格证书》和《执业资格证书》两种。

执业资格实行注册登记制度，取得《执业资格证书》后，要在规定的期限内到指定的注册管理机构办理注册登记手续。所取得的执业资格经注册后，全国范围有效。超过规定的期限或不进行注册登记，《执业资格证书》及考试成绩就不再有效。

当前我国在建设领域已实行的执业资格考试及注册制度有：建筑师、结构工程师、岩土工程师、监理工程师、造价工程师、建造师、城市规划师、房地产估价师等。各类注册执业人员都有相应的管理制度来规范。

2.2.2　执业资格考试

1. 实行执业资格考试的意义

（1）促进专业技术人员努力钻研业务，提高业务水平。

（2）统一专业技术人员的业务能力标准。

（3）有利于公正地确定专业技术人员是否具备相应的执业资格。

（4）合理建立专业技术人才库。

（5）便于同国际接轨，开拓国际工程市场。

2. 执业资格考试的条件

执业资格考试的条件主要体现在两个方面：一是要具有一定的专业学历；二是要具有一定年限的工程建设实践经验。

3.执业资格考试的内容

根据不同执业资格的工作性质和执业范围，分别设置相关的考试科目和考试内容，力求反映考生的专业理论和实务技能水平。

4.执业资格考试的方式

各类执业资格考试是一种水平考试，是对考生掌握相应的专业理论和实务技能的抽检。为了体现公开、公平、公正原则，考试实行统一时间、分科记分，一般每年举行一次。

同工程管理联系比较密切的执业资格是监理工程师、造价工程师、建造师，目前均分为一级、二级两个等级，一级执业资格考试实行全国统一大纲、统一命题、统一组织，二级执业资格考试实行全国统一大纲，各省、自治区、直辖市命题并组织考试，报考条件和考试难度通常低于一级执业资格。以一级监理工程师、造价工程师、建造师执业资格为例，相关的报考条件和考试科目见表2-2。

监理工程师、造价工程师、建造师执业资格考试情况　　　　表2-2

	一级监理工程师	一级造价工程师	一级建造师
报考条件	（1）具有工程管理、土木建筑、交通运输、水利大类专业的： ①大学专科学历（或高等职业教育）从事工程监理业务工作满5年； ②大学本科学历或学位从事工程监理业务工作满4年； ③硕士学位或第二学士学位从事工程监理业务工作满3年； ④博士学位从事工程监理业务工作满1年。 （2）具有工学、管理学门类其他专业相应学历或者学位的人员，从事工程监理业务工作年限相应增加1年	（1）具有工程造价专业大学专科（或高职）学历，从事工程造价业务工作满5年； （2）具有通过工程教育专业评估（认证）的工程管理、工程造价专业大学本科学历或学位，从事工程造价业务工作满4年； （3）具有工学、管理学、经济学门类的本科、硕士、博士学历或学位的，从事工程造价业务工作分别满5年、3年和1年； （4）具有其他专业相应学历或者学位的人员，从事工程造价业务工作年限相应增加1年	取得工程类或工程经济类相应学历的： （1）大学专科学历，工作满6年，其中从事工程项目施工管理工作满4年； （2）大学本科学历，工作满4年，其中从事工程项目施工管理工作满3年； （3）硕士学位，工作满2年，其中从事建设工程项目施工管理工作满1年。双学士学位或研究生班毕业，工作满3年，其中从事工程项目施工管理工作满2年； （4）博士学位，从事建设工程项目施工管理工作满1年
考试科目	基础科目：《建设工程监理基本理论和相关法规》《建设工程合同管理》。 专业科目：《建设工程目标控制》《建设工程监理案例分析》。 该科目分土木建筑工程、交通运输工程和水利工程3个专业	基础科目：《建设工程造价管理》《建设工程计价》。 专业科目：《建设工程技术与计量》《建设工程造价案例分析》。 该科目分土建工程、安装工程、水利工程和交通运输工程4个专业	基础科目：《建设工程经济》《建设工程项目管理》《建设工程法规及相关知识》。 专业科目：《专业工程管理与实务》。 该科目分建筑工程、公路工程、市政公用工程、水利水电工程等10个专业

2.2.3　执业资格注册

执业资格注册制度是政府对专业从业人员实行市场准入控制的有效手段。各类专业人员经注册，即表明获得了政府对其以相应执业资格名义从业的行政许可，因而具有相应工作岗位的责任和权力。

目前，各类通过执业资格考试的人员，应通过聘用单位向省、自治区、直辖市建设主管部门提出注册申请。省、自治区、直辖市建设主管部门受理后提出初审意见，并将初审意见和全部申报材料报国务院建设主管部门审批。符合条件的，由国务院建设主管部门核发注册证书，并核定执业印章编号。

未经注册，不得以"××师"名义从事相应专业技术活动。

1. 注册申请

（1）初始注册

申请初始注册时应当具备以下条件：

1）经考核认定或考试合格取得资格证书；

2）受聘于一个相关单位；

3）达到继续教育要求；

4）没有明确规定不予注册的情形。

初始注册者可自资格证书签发之日起3年内提出申请。逾期未申请者，须符合本专业继续教育的要求后方可申请初始注册。

（2）延续注册

初始注册有效期一般为3年，注册有效期满需继续执业的，应当在注册有效期届满前3个月，按照有关规定申请延续注册。延续注册有效期也为3年。

（3）变更注册

注册内容（注册单位、注册专业等）发生变更时，应及时办理变更注册。

2. 受理

对申请初始注册的，省、自治区、直辖市人民政府建设主管部门应当自受理申请之日起，20日内审查完毕，并将申请材料和初审意见报国务院建设主管部门。国务院建设主管部门应当自收到省、自治区、直辖市人民政府建设主管部门上报材料之日起，20日内审批完毕并作出书面决定。

对申请变更注册、延续注册的，省、自治区、直辖市人民政府建设主管部门应当自受理申请之日起，5日内审查完毕。国务院建设主管部门应当自收到省、自治区、直辖市人民政府建设主管部门上报材料之日起，10日内审批完毕并作出书面决定。

2.2.4　注册执业人员的继续教育

注册执业人员的继续教育制度，是指注册执业人员在执业过程中，每年要参加一定学时的继续教育，学习新理论、新技术、新方法，掌握相关法律法规、标准规范，了解行业发展方向和政策。注册执业人员接受继续教育，既是其应当享有的权利，也是其应当履行的义务。接受继续教育，有利于提高注册执业人员职业素质，加强学习，更新知识，不断提高业务水平。因此，继续教育是我国工程类注册执业资格制度的重要组成部分，也是一种国际惯例。

根据《注册监理工程师继续教育暂行办法》（建市监函〔2006〕62号）、《注册造价工程师继续教育实施暂行办法》（中价协〔2007〕025号）、《注册建造师继续教育管理暂行办法》（建市〔2010〕192号）等一系列继续教育办法，对有关注册执业人员继续教育相关管理规定介绍如下。

1. 监理工程师的继续教育

注册监理工程师在每一注册有效期内应接受96学时的继续教育，其中必修课和选修课各为48学时。必修课48学时每年可安排16学时。选修课48学时按注册专业安排学时，只注册一个专业的，每年接受该注册专业选修课16学时的继续教育；注册两个专业的，每年接受相应两个注册专业选修课各8学时的继续教育。在一个注册有效期内，注册监理工程师根据工作需要可集中安排或分年度安排继续教育的学时。

继续教育分为必修课和选修课。必修课内容包括：

（1）国家近期颁布的与工程监理有关的法律法规、标准规范和政策。

（2）工程监理与工程项目管理的新理论、新方法。

（3）工程监理案例分析。

（4）注册监理工程师职业道德。

选修课内容包括：

（1）地方及行业近期颁布的与工程监理有关的法规、标准规范和政策。

（2）工程建设新技术、新材料、新设备及新工艺。

（3）专业工程监理案例分析。

（4）需要补充的其他与工程监理业务有关的知识。

注册监理工程师继续教育采取集中面授和网络教学的方式进行。

2. 造价工程师的继续教育

中国建设工程造价管理协会（以下简称"中价协"）负责组织开展全国注册造价工程师继续教育工作，并对各省、自治区、直辖市及部门注册造价工程师继续教育管理机构（以下简称各省级和部门管理机构）继续教育工作进行检查和指导。各省级和部门管理机构应在中价协的组织下，负责开展本地区和本部门注册造价工程师继续教育工作。

注册造价工程师在每一注册有效期内应接受必修课和选修课各为60学时的继续教育。各省级和部门管理机构应按照每两年完成30学时必修课和30学时选修课的要求，组织注册造价工程师参加规定形式的继续教育学习。继续教育必修课以中价协确定的学习内容和编制的培训教材为主，各省级和部门管理机构可适当补充学习内容；选修课学习内容及培训教材由各省级和部门管理机构自行确定，并提前报送中价协备案。

注册造价工程师继续教育学习的形式有：

（1）参加中价协或各省级和部门管理机构组织的注册造价工程师网络继续教育学习和集中面授培训。

（2）参加中价协或各省级和部门管理机构举办的各种类型的注册造价工程师培训班、研讨会。

（3）中价协认可的其他形式。

注册造价工程师继续教育学习内容主要是：与工程造价有关的方针政策、法律法规和标准规范，工程造价管理的新理论、新方法、新技术等。

3. 建造师的继续教育

国务院住房和城乡建设主管部门对全国注册建造师的继续教育工作实施统一监督管理，国务院有关部门负责本专业注册建造师继续教育工作的监督管理，省级住房和城乡建设主管部门负责本地区注册建造师继续教育工作的监督管理。注册建造师参加继续教育的组织工作采取分级与分专业相结合的原则。国务院住房和城乡建设、铁路、交通、水利、工业信息化、民航等部门或其委托的行业协会（以下统称为专业牵头部门），组织本专业一级注册建造师参加继续教育，各省级住房和城乡建设主管部门组织二级注册建造师参加继续教育。

注册建造师应在企业注册所在地选择中国建造师网公布的培训单位接受继续教育。在企业注册所在地外担任项目负责人的一级注册建造师，报专业牵头部门备案后可在工程所在地接受继续教育。个别专业的一级注册建造师可在专业牵头部门的统一安排下，跨地区参加继续教育。注册建造师在每一注册有效期内可根据工作需要集中或分年度安排继续教育的学时。

注册一个专业的建造师在每一注册有效期内应参加继续教育不少于120学时，其中必修课60学时，选修课60学时。注册两个及以上专业的，每增加一个专业还应参加所增加专业60学时的继续教育，其中必修课30学时，选修课30学时。

必修课包括以下内容：

（1）工程建设相关的法律法规和有关政策。

（2）注册建造师职业道德和诚信制度。

（3）建设工程项目管理的新理论、新方法、新技术和新工艺。

（4）建设工程项目管理案例分析。

选修课内容为：各专业牵头部门认为一级建造师需要补充的与建设工程项目管理有关的知识；各省级住房和城乡建设主管部门认为二级建造师需要补充的与建设工程项目管理有关的知识。

注册建造师继续教育以集中面授为主。同时探索网络教育方式，拟采取网络教育的专业牵头部门或省级住房和城乡建设主管部门，应将管理办法和工作方案报国务院住房和城乡建设主管部门审核，并对网络教育的培训质量负责。

2.3 施工许可法律制度

2.3.1 施工许可证制度

施工许可证制度，是指由国家授权有关建设主管部门在建筑工程开始施工前，按照建设单位申请对该项工程是否符合法定的开工条件进行审查，对符合条件的工程发给施工许可证，允许建设单位开工建设的制度。未领取施工许可证的，不得开工建设。

《中华人民共和国建筑法》（以下简称《建筑法》）第七条规定："建筑工程开工前，建设单位应当按照国家有关规定向工程所在地县级以上人民政府建设行政主管部门申请领取施工许可证；但是，国务院建设行政主管部门确定的限额以下的小型工程除外。按照国务院规定的权限和程序批准开工报告的建筑工程，不再领取施工许可证"。

我国实行建筑工程施工许可制度，一方面，有利于确保建筑工程在开工前符合法定条件，进而为其开工后顺利实施奠定基础；另一方面，也有利于有关行政主管部门全面掌握建筑工程的基本情况，依法及时有效地实施监督和指导，保证建筑活动依法进行。

根据《建筑法》，住房和城乡建设部发布了《建筑工程施工许可管理办法》（2014年6月25日住房和城乡建设部令第18号发布，根据2018年9月28日住房和城乡建设部令第42号、2021年3月30日住房和城乡建设部令第52号修改），对施工许可进行了更为具体的规定。

根据《建筑工程施工许可管理办法》的规定，在中华人民共和国境内从事各类房屋建筑及其附属设施的建造、装修装饰和与其配套的线路、管道、设备的安装，以及城镇市政基础设施工程的施工，建设单位在开工前应当依照本办法的规定，向工程所在地的县级以上地方人民政府住房和城乡建设主管部门（以下简称发证机关）申请领取施工许可证。

工程投资额在30万元以下或者建筑面积在300m²以下的建筑工程，可以不申请办理施工许可证。省、自治区、直辖市人民政府住房和城乡建设主管部门可以根据当地的实际情况，对限额进行调整，并报国务院住房和城乡建设主管部门备案。

按照国务院规定的权限和程序批准开工报告的建筑工程，不再领取施工许可证。

2.3.2 领取施工许可证应具备的条件

根据《建筑法》第八条、《建筑工程施工许可管理办法》（2021年修正）以及其他相关法律法规的规定，申请领取施工许可证，应当具备下列条件：

（1）依法应当办理用地批准手续的，已经办理该建筑工程用地批准手续。

根据《中华人民共和国土地管理法》《中华人民共和国城市房地产管理法》等法律规定，任何单位和个人进行建设的，必须依法申请使用国有土地，可以通过出让或者划拨方式取得。建设单位依法以出让或者划拨方式取得土地使用权，应当向县级以上人民政府土地管理部门申请登记，经核准后获取土地使用权证书。土地使用权证书表明已经办理了用地批准手续。

（2）依法应当办理建设工程规划许可证的，已经取得建设工程规划许可证。

根据《中华人民共和国城乡规划法》的有关规定，在规划区内进行建设需要申请使用土地的，建设单位在依法办理用地批准手续前，必须先取得该工程的建设用地规划许可证；建设单位在申请办理开工手续前，还必须取得建设工程规划许可证。

（3）施工场地已经基本具备施工条件，需要征收房屋的，其进度符合施工要求。

施工场地状况直接影响建筑工程能否顺利进行，一般需要满足基本的"三通一平"才具备开工条件。如果需要征收房屋，在建筑工程开始施工时，征收进度必须符合工程施工要求，这是保证该工程正常施工的基本条件。

（4）已经确定建筑施工企业。

建设单位确定建筑施工企业，必须依据《中华人民共和国建筑法》《中华人民共和国招标投标法》及其相关规定进行。《建筑工程施工许可管理办法》规定，发生以下几种情形，所确定的施工企业无效：

1）按照规定应该招标的工程没有招标；

2）应该公开招标的工程没有公开招标；

3）肢解发包工程；

4）将工程发包给不具备相应资质条件的企业。

（5）有满足施工需要的资金安排、施工图纸及技术资料，建设单位提供建设资金已经落实承诺书，施工图设计文件已按规定审查合格。

建筑活动需要较多的资金投入，建设单位在建筑工程施工过程中必须拥有足够的建设资金，提供资金落实的承诺书。施工图设计文件是进行施工作业的技术依据，是在施工过程中保证建筑工程质量的关键因素。因此，在开工前必须有满足施工需要的施工图纸和技术资料。鉴于施工图设计文件对工程质量的重要性，《建设工程质量管理条例》第十一条规定，"施工图设计文件未经审查批准的，不得使用"。据此，《建筑工程施工许可管理办法》进一步规定，建设单位在申请领取施工许可证时，除了应当"有满足施工需要的施工图纸和技术资料"，还应满足"施工图设计文件已按规定进行了审查"。

（6）有保证工程质量和安全的具体措施。

施工企业编制的施工组织设计中应当有根据建筑工程特点制定的相应质量、安全技术措施。建立工程质量安全责任制并落实到人。专业性较强的工程项目应当编制专项质量、安全施工组织设计，并按照规定办理了工程质量、安全监督手续。

《建设工程质量管理条例》第十三条进一步规定："建设单位在开工前，应当按照国家有关规定办理工程质量监督手续，工程质量监督手续可以与施工许可证或者开工报告合并办理。"《建设工程安全生产管理条例》第十条第一款也规定："建设单位在领取施工许可证时，应当提供建设工程有关安全施工措施的资料"；第四十二条第一款规定："建设行政主管部门在审核发放施工许可证时，应当对建设工程是否有安全措施进行审查，对没有安全施工措施的，不得颁发施工许可证"。

上述条件是建设单位申请领取施工许可证应同时具备的必要条件，缺一不可。同时，《建筑工程施工许可管理办法》规定；"县级以上地方人民政府住房城乡建设主管部门不得违反法律法规规定，增设办理施工许可证的其他条件"。

【案例 2-1】

背景：某镇为改善当地的经济环境，大力发展果品产业。某果品加工厂决定投资 800 万元建设果汁生产分厂，计划用地 30 亩，用于水果储存加工。经镇政府土地管理科批准，果品加工厂获批了该项目 30 亩农用地的《建设用地规划许可证》和《建设工程规划许可证》，并于 3 个月之后开工建设。但在开工不久，县建设局便发现此项工程未申请办理施工许可证，随即责令立即停工，限期补办施工许可证，并要处以罚款。

问题：本案中果品加工厂有何违法行为，应如何处理？

【评析】

《建筑法》第七条规定："建筑工程开工前，建设单位应当按照国家有关规定向工程所在地县级以上人民政府建设行政主管部门申请领取施工许可证。"该果品加工厂未取得施工许可证，就擅自开工建设厂房和果品库，违反了施工许可法律规定。对于此类违法行为，《建筑法》第六十四条规定："违反本法规定，未取得施工许可证或者开工报告未经批准擅自施工的，责令改正，对不符合开工条件的责令停止施工，限期改正，处工程合同价款 1% 以上 2% 以下的罚款。"据此，县建设局有权要求建设单位限期补办施工许可证。至于是否要责令停止施工，主要还看该工程是否符合开工条件，也即是否满足领取施工许可证应具备的条件。如果符合开工条件，主要的法律责任是责令改正，也即限期补办；如果不符合开工条件，应当责令停止施工，还可以根据具体情况处以工程合同价款 1% 以上 2% 以下的罚款。

此外，该果品加工厂开工建设所依据的《建设用地规划许可证》和《建设工程规划许可证》均为镇政府的土地管理科颁发，超越了《中华人民共和国城乡规划法》第三十七、三十八、四十条所规定的核发权限，还应当依法追究有关机构和责任人的法律责任。

2.3.3 申请办理施工许可证的程序

根据《建筑工程施工许可管理办法》第五条，申请办理施工许可证，应当按照下列程序进行：

（1）建设单位向发证机关领取《建筑工程施工许可证申请表》。

（2）建设单位持加盖单位及法定代表人印鉴的《建筑工程施工许可证申请表》，并附本办法第四条规定的证明文件，向发证机关提出申请。

（3）发证机关在收到建设单位报送的《建筑工程施工许可证申请表》和所附证明文件后，对于符合条件的，应当自收到申请之日起7日内颁发施工许可证；对于证明文件不齐全或者失效的，应当当场或者5日内一次性告知建设单位需要补正的全部内容，审批时间可以自证明文件补正齐全后作相应顺延；对于不符合条件的，应当自收到申请之日起7日内书面通知建设单位，并说明理由。

建设单位申请领取施工许可证的工程名称、地点、规模，应当符合依法签订的施工承包合同。施工许可证应当放置在施工现场备查，并按规定在施工现场公开。

2.3.4　施工许可证或开工报告的管理

1. 施工许可证的有效期限

《建筑法》和《建筑工程施工许可管理办法》均规定，建设单位应当自领取施工许可证之日起3个月内开工。因故不能按期开工的，应当在期满前向发证机关申请延期，并说明理由；延期以两次为限，每次不超过3个月。既不开工又不申请延期或者超过延期次数、时限的，施工许可证自行废止。

2. 施工许可证的核验

《建筑法》和《建筑工程施工许可管理办法》均规定，在建的建筑工程因故中止施工的，建设单位应当自中止施工之日起1个月内向发证机关报告；并按照规定做好建筑工程的维护管理工作。建筑工程恢复施工时，应当向发证机关报告；中止施工满1年的工程恢复施工前，建设单位应当报发证机关核验施工许可证。

《建筑工程施工许可管理办法》还规定，建筑工程在施工过程中，建设单位或者施工单位发生变更的，应当重新申请领取施工许可证。

3. 开工报告的重新办理

对于需要办理开工报告手续的工程，《建筑法》规定，按照国务院有关规定批准开工报告的建筑工程，因故不能按期开工或者中止施工的，应当及时向批准机关报告情况。因故不能按期开工超过6个月的，应当重新办理开工报告的批准手续。

4. 未取得施工许可证擅自开工的法律后果

《建筑法》第六十四条规定："违反本法规定，未取得施工许可证或者开工报告未经批准擅自施工的，责令改正，对不符合开工条件的责令停止施工，可以处以罚款。"

《建筑工程施工许可管理办法》第十二条进一步规定："对于未取得施工许可证或者为规避办理施工许可证将工程项目分解后擅自施工的，由有管辖权的发证机关责令停止施工，限期改正，对建设单位处工程合同价款1%以上2%以下罚款；对施工单位处3万元以下罚款。"

【案例 2-2】

背景：某市一服装厂为扩大生产规模需要建设一栋综合楼，10 层框架结构，建筑面积 2 万 m²。通过工程监理招标，该市某建设监理有限公司中标并与该服装厂签订了委托监理合同，合同价款 34 万元；通过施工招标，该市某建筑公司中标，并与服装厂签订了建设工程施工合同，合同价款 4200 万元。合同签订后，建筑公司进入现场施工。在施工过程中，服装厂发现建筑公司工程进度拖延并出现质量问题，为此双方出现纠纷，并告到当地政府主管部门。当地政府主管部门在了解情况时，发现该服装厂的综合楼工程项目未办理规划许可、施工许可手续。

问题：本案中该服装厂有何违法行为，应该如何处理？

【评析】

（1）该服装厂综合楼工程项目未办理规划许可、施工许可手续，属违法建设项目。根据《建筑法》第七条规定："建筑工程开工前，建设单位应当按照国家有关规定向工程所在地县级以上人民政府建设行政主管部门申请领取施工许可证"。该服装厂未申请领取施工许可证就让建筑公司开工建设，属于违法擅自施工。

（2）该服装厂不具备申请领取施工许可证的条件。根据《建筑法》第八条规定，申请领取施工许可证应具备"在城市规划区的建筑工程，已经取得规划许可证"。该服装厂未办理该项工程的规划许可证，不具备申请领取施工许可证的条件。所以，该服装厂即使申请也不可能获得施工许可证。

（3）该服装厂应该承担法律责任。根据《建筑法》第六十四条规定，"未取得施工许可证或者开工报告未经批准擅自施工的，责令改正，对不符合开工条件的责令停止施工，可以处以罚款。"《建设工程质量管理条例》第五十七条规定："建设单位未取得施工许可证或者开工报告未经批准，擅自施工的，责令停止施工，限期改正，处工程合同价款 1% 以上 2% 以下的罚款。"结合本案情况，对该工程应该责令停止施工，限期改正，对建设单位处以罚款，其额度在 42 万 ~84 万元之间。

此外，依据《建筑工程施工许可管理办法》第十二条规定："对于未取得施工许可证或者为规避办理施工许可证将工程项目分解后擅自施工的，由有管辖权的发证机关责令停止施工，限期改正，对建设单位处工程合同价款 1% 以上 2% 以下罚款；对施工单位处 3 万元以下罚款。"因此，对施工单位也可处以罚款。

（4）对该服装公司违法不办理规划许可的问题，由城乡规划主管部门依据《中华人民共和国城乡规划法》给予相应处罚。至于施工进度、质量等纠纷，应当依据合同的约定，选择和解、调解、仲裁或诉讼等法律途径解决。

复习思考题

1. 简述资质管理制度的作用和弊端。

2. 简述一级监理工程师、造价工程师和建造师执业资格的考试条件。

3. 注册执业人员的继续教育一般有哪些方面的要求？

4. 简述申请领取施工许可证的条件。

5. 哪些工程不需要领取施工许可证？

6. 领取施工许可证后还有哪些管理措施？

第3章 城乡规划法律制度

3.1 概述

在《中华人民共和国城乡规划法》出台以前，我国有关城市和乡村规划管理的法律法规有《中华人民共和国城市规划法》（1989年12月26日第七届全国人民代表大会常务委员会第十一次会议通过，1990年4月1日起施行）和《村庄和集镇规划建设管理条例》（1993年5月7日国务院令第116号公布，1993年11月1日起实施），简称"一法一条例"。"一法一条例"实施多年以来，对于加强城市、村庄和集镇的规划、建设和管理，遏制城市和乡村的无序建设、生态环境破坏，促进城乡健康协调发展发挥了重要作用。但是，随着近年来城镇化进程的加快和社会主义市场经济体制的逐步建立，原有的以"一法一条例"为基础的城乡规划管理体制、机制遇到了一些新的问题。

（1）城乡之间的联系越来越紧密，城市的经济社会发展对其周边乡村的发展起到了积极的带动作用，乡村也为城市的发展提供了有力的支持，城市和乡村的发展日益交融。但"一法一条例"所确定的规划管理制度是建立在城乡二元结构基础上的，《中华人民共和国城市规划法》不涉及乡村规划和管理，《村庄和集镇规划建设管理条例》不涉及建制镇以上的城市规划和管理。这种就城市论城市、就乡村论乡村的规划制度与实施模式使得城市和乡村规划之间缺乏统筹考虑和协调，影响城乡协调发展，已经不适应城乡统筹的需要。

（2）一些地方在城市建设中脱离实际，不顾环境资源承载能力和经济条件，擅自变更规划，批准开发建设，盲目扩大城市建设规模，浪费了有限的土地资源，加剧了用地矛盾，造成了不良的社会影响。

（3）规划的编制和实施过程缺乏充分的专家论证和广泛的社会参与程序，使得行政权力失去了必要的制约，规划的科学性和严肃性有待进一步提高。

（4）《村庄和集镇规划建设管理条例》虽然对乡、村庄规划作了一定的规范，但乡和村庄规划管理仍然薄弱。有的乡、村庄没有规划，无序建设；有的乡规划、村庄规划盲目模仿城市规划，未能体现农村特点，难以满足农民的生产和生活需要。

（5）原有的城市规划仅从城市自身发展的需要出发，难免导致区域性的基础设施重复建设和资源浪费，也会产生城镇体系布局不当的问题。

（6）"一法一条例"规定的法律责任过于原则，迫切需要针对城乡建设活动中发生的违法行为的新情况、新特点对原有的法律责任规定予以修改和完善，如增加对有关主管部门违法行为的法律责任规定，进一步提高对违法建设行为的处罚力度等。

随着全面深化改革不断推进，为城镇化发展服务的城乡规划法律制度也应当与时俱进。2007年10月28日第十届全国人民代表大会常务委员会第三十次会议审议通过了《中华人民共和国城乡规划法》（以下简称《城乡规划法》），自2008年1月1日起施行，原《中华人民共和国城市规划法》同时废止。《城乡规划法》分别于2018年和2019年进行了修订。

3.1.1 《城乡规划法》的立法目的与相关概念

1. 《城乡规划法》的立法目的与适用范围

（1）立法目的。《城乡规划法》第一条规定："为了加强城乡规划管理，协调城乡空间布局，改善人居环境，促进城乡经济社会全面协调可持续发展，制定本法。"

（2）适用范围。《城乡规划法》第二条第一款规定："制定和实施城乡规划，在规划区内进行建设活动，必须遵守本法。"。

2. 城乡规划的相关概念

（1）城乡规划，是政府对一定时期内城市、镇、乡、村庄的建设布局、土地利用以及经济和社会发展有关事项的总体安排和实施措施，是政府指导和调控城乡建设和发展的基本手段之一。城乡规划包括城镇体系规划、城市规划、镇规划、乡规划和村庄规划。

（2）城乡规划管理，就是要组织编制和审批城乡规划，并对城市、镇、乡、村庄的土地使用和各项建设的安排实施规划控制、指导和监督检查。城乡规划工作具有全局性、综合性的特点，只有依法加强对城乡规划的管理，才能使依法批准的各类城乡规划得以落实，并使各项城乡建设活动规范有序进行。

（3）规划区，是指城市、镇和村庄的建成区以及因城乡建设和发展需要，必须实行规划控制的区域。规划区的具体范围由有关人民政府在组织编制城市总体规划、镇总体规划、乡规划和村庄规划的过程中，根据城乡经济社会发展水平和统筹城乡发展的需要划定。

（4）城镇体系规划，是指一定地域范围内，以区域生产力合理布局和城镇职能分工为依据，确定不同人口规模等级和职能分工的城镇的分布和发展规划。城镇体系规划是政府综合协调辖区内城镇发展和空间资源配置的依据和手段。《城乡规划法》不要求省、市、县三级政府都编制独立的城镇体系规划，仅要求编制全国和省域两级城镇体系规划。

（5）城市规划，是指对一定时期内城市的经济和社会发展、土地利用、空间布局以及各项建设的综合部署、具体安排和实施措施。城市规划在指导城市有序发展、提高建设和管理水平等方面发挥着重要的先导和统筹作用。城市规划分为总体规划和详细规划。详细规划又分为控制性详细规划和修建性详细规划。

（6）城市总体规划，是对一定时期内城市的性质、发展目标、发展规模、土地利用、空间布局以及各项建设的综合部署、具体安排和实施措施，是引导和调控城市建设、保护和管理城市空间资源的重要依据和手段。经法定程序批准的城市总体规划是编制近期建设规划、详细规划、专项规划和实施城市规划行政管理的法定依据。

（7）城市详细规划，是指以城市的总体规划为依据，对一定时期内城市局部地区的土地利用、空间布局和建设用地所作的具体安排和设计。

（8）城市控制性详细规划，是指以城市总体规划为依据，确定城市建设地区的土地使用性质和使用强度的控制指标、道路和工程管线控制性位置以及空间环境控制的规划要求。

（9）镇规划，分为总体规划和详细规划，镇的详细规划分为控制性详细规划和修建性详细规划。镇的总体规划，是指对一定时期内镇的性质、发展目标、发展规模、土地利用、空间布局以及各项建设的综合部署、具体安排和实施措施。镇的详细规划，是指以镇的总体规划为依据，对一定时期内镇局部地区的土地利用、空间布局和建设用地所作的具体安排和设计。

（10）乡规划、村庄规划，分别是指对一定时期内乡、村庄的经济和社会发展、土地利用、空间布局以及各项建设的综合部署、具体安排和实施措施。

3.1.2　城乡规划的基本原则和管理

1.城乡规划的基本原则

（1）城乡统筹原则。城乡统筹是制定和实施城乡规划应当遵循的首要原则。

（2）合理布局原则。规划是对一定区域空间利用如何布局作出安排。制定和实施城乡规划应当遵循合理布局原则，优化空间资源的配置，维护空间资源利用的公平性，促进资源的节约和利用，保持地方特色、民族特色和传统风貌，防止污染和其他公害，并符合区域人口发展、国防建设、防灾减灾和公共卫生、公共安全的需要。保障城市运行安全和效率，促进大中小城镇协调发展，促进城市、镇、乡和村庄的有序健康发展。省域城镇体系规划中的城镇空间布局和规模控制，城市和镇总体规划中的城市、镇的发展布局、功能分区、用地布局都要遵循合理布局原则。

（3）节约土地原则。制定和实施城乡规划，进行城乡建设活动，要改变铺张浪费的用地观念和用地结构不合理的状况，必须始终把节约和集约利用土地、依法严格保护耕地、促进资源、能源节约和综合利用作为城乡规划制定与实施的重要目标，做到合理规划用地，提高土地利用效益。

（4）集约发展原则。集约发展是珍惜和合理利用土地资源的最佳选择。编制城乡规划必须充分认识我国长期面临的土地资源缺乏和环境容量压力大的基本国情，认真分析城镇发展的资源环境条件，推进城镇发展方式从粗放型向集约型转变，建设资源节约、环境友好型城镇，促进城乡经济社会全面协调可持续发展。

（5）先规划后建设原则。先规划后建设是《城乡规划法》确定的实施规划管理的基本原则。这一原则要求城市和镇必须依法制定城市规划和镇规划，区域内的乡和村庄必须依法制定乡规划和村庄规划。

2. 城乡规划的管理

（1）国务院城乡规划主管部门负责全国的城乡规划管理工作。县级以上地方人民政府城乡规划主管部门负责本行政区域的城乡规划管理工作。城乡规划的编制和管理经费是城乡规划编制、审批、实施以及监督检查各个环节的财力保障。城乡规划的编制和管理经费应当纳入各级人民政府的财政预算，切实予以保障。不仅要把城市、镇规划的编制和管理经费纳入财政预算，还要把乡规划、村庄规划的编制和管理经费纳入本级财政预算，以改变目前乡、村庄没有财力编制规划、不能适应农村发展需要的状况。

（2）国家鼓励采用先进的科学技术，增强城乡规划的科学性，并提高城乡规划实施及监督管理的效能。

（3）城市总体规划、镇总体规划以及乡规划和村庄规划的编制，应当依据国民经济和社会发展规划。城乡规划不是一个孤立和封闭的体系，城乡规划的编制要以其他专业规划为基础，其中涉及很多基础性数据和资料，如人口规模、建设用地规模、产业发展方向、交通布局等都来源于各个专业管理部门。同时，由于城乡规划确定了将来城乡的空间发展方向，提出了建设活动的总体要求，这些反过来都会影响专业规划的制定。因此，城乡规划应当与各个专业规划相协调。《城乡规划法》明确规定，城市总体规划、镇总体规划以及乡规划和村庄规划的编制，应当依据国民经济和社会发展规划，并与土地利用总体规划相衔接。

3.2　城乡规划的制定

3.2.1　城镇体系规划的编制、内容和审批

1. 全国城镇体系规划的编制、内容和审批

国务院城乡规划主管部门会同国务院有关部门组织编制全国城镇体系规划，用于指导省域城镇体系规划、城市总体规划的编制。这有利于在规划编制过程中统筹城镇发展与资源环境保护、基础设施建设的关系。充分协调相关部门的意见，使全国城镇体系规划与其他国家级相关规划衔接，在部门间建立政策配合、行动协调的机制，强化国家对城镇化和城镇发展的宏观调控。全国城镇体系规划由国务院城乡规划主管部门报国务院审批，以保证全国城镇体系规划的严肃性和权威性。全国城镇体系规划是统筹安排全国城镇发展和城镇发展布局的宏观性、战略性的法定规划，是引导城镇化健康发展的重要依据，对省域城镇体系规划、城市总体规划的编制起指导作用，主要体现在：通过综合评价全国城镇发展条件，明确全国城镇化发展方针、城镇化道路、城镇化发展目标；制定各区域城镇发展战略，引导和控制各区域城镇的合理发展，做好各省、自治区间和重

点地区间的协调；统筹城乡建设和发展；明确全国城镇化的可持续发展，包括生态环境的保护和优化、水资源的合理利用和保护、土地资源的协调利用和保护等。目前，全国城镇体系规划正在编制过程中。

2. 省域城镇体系规划的编制、内容和审批

省域城镇体系规划是合理配置和保护利用空间资源、统筹省域城镇空间布局、综合安排基础设施和公共设施建设、促进省域内各级各类城镇协调发展的综合性规划，是落实省域的经济社会发展目标和发展战略、引导城镇化健康发展的重要依据和手段。

省域城镇体系规划由省、自治区人民政府组织编制。省域城镇体系规划涉及政治、经济、文化和社会等各个领域，内容比较综合。省域城镇体系规划的内容应当包括：城镇空间布局和规模控制；重大基础设施的布局；为保护生态环境、资源等需要严格控制的区域。具体而言，省域内必须控制开发的区域，包括自然保护区、退耕还林（草）地区、大型湖泊、水源保护区、蓄滞洪区以及其他生态敏感区；省域内的区域性重大基础设施的布局，包括高速公路、干线公路、铁路、港口、机场、区域性电厂和高压输电网、天然气主干管与门站、区域性防洪与滞洪骨干工程、水利枢纽工程、区域引水工程等；省域内涉及相邻城市的重大基础设施的布局，包括城市取水口、城市污水排放口、城市垃圾处理场等。

省域城镇体系规划须报国务院审批。省、自治区人民政府组织编制省域城镇体系规划，在报国务院审批前，必须先经本级人民代表大会常务委员会审议，并且应当将省域城镇体系规划草案予以公告，采取论证会、听证会或者其他方式征求专家和公众的意见，将本级人民代表大会常务委员会的审议意见和根据审议意见修改省域城镇体系规划的情况以及公众意见的采纳情况及理由一并报送国务院。国务院应当组织专家和有关部门进行审查。

3.2.2 城市总体规划的编制、内容和审批

城市人民政府组织编制城市总体规划。城市总体规划是一定时期内城市发展目标、发展规模、土地利用、空间布局以及各项建设的综合部署和实施措施，是引导和调控城市建设、保护和管理城市空间资源的重要依据和手段，是一项全局性、综合性、战略性的工作。

1. 城市总体规划的主要任务

城市总体规划的主要任务是：根据城市经济社会发展需求、人口资源情况和环境承载能力，合理确定城市的性质、规模；综合确定土地、水、能源等各类资源的使用标准和控制指标，节约和集约利用资源；划定禁止建设区、限制建设区和适宜建设区，统筹安排城乡各类建设用地；合理配置城乡各项基础设施和公共服务设施，完善城市功能；贯彻公交优先的原则，提升城市综合交通服务水平；健全城市综合防灾体系，保证城市安全；保护自然生态环境和整体景观风貌，突出城市特色；保护历史文化资

源，延续城市历史文脉；合理确定分阶段发展方向、目标、重点和时序，促进城市健康有序发展。

2. 城市总体规划的两个层次

城市总体规划一般分为市域城镇体系规划和中心城区规划两个层次。

（1）市域城镇体系规划的主要内容包括：提出市域城乡统筹发展战略；确定生态环境、土地和水资源、能源、自然和历史文化遗产等方面保护与利用的综合目标和要求，提出空间管制原则和措施；确定市域交通发展策略及原则；确定市域交通、通信、能源、供水、排水、防洪、垃圾处理等重大基础设施、重要社会服务设施的布局；根据城市建设、发展和资源管理的需要划定城市规划区，提出实施规划的措施和有关建议。

（2）中心城区规划的主要内容包括：分析确定城市性质、职能和发展目标，预测城市人口规模；划定禁建区、限建区、适建区，并制定空间管制措施；确定建设用地规模，划定建设用地范围，确定建设用地的空间布局；提出主要公共服务设施的布局；确定住房建设标准和居住用地布局，重点确定经济适用房、普通商品住房等满足中低收入人群住房需求的居住用地布局及标准；确定绿地系统的发展目标及总体布局中绿地的保护范围（绿线），划定河湖水面的保护范围（蓝线）；确定历史文化保护及地方传统特色保护的内容和要求；确定交通发展战略和城市公共交通的总体布局，落实公交优先政策，确定主要对外交通设施和主要道路交通设施布局；确定供水、排水、供电、电信、燃气、供热、环卫发展目标及重大设施总体布局；确定生态环境保护与建设目标，提出污染控制与治理措施；确定综合防灾与公共安全保障体系，提出防洪、消防、人防、抗震、地质灾害防护等规划原则和建设方针；提出地下空间开发利用的原则和建设方针；确定城市空间发展时序，提出规划实施步骤、措施和政策建议。

3. 城市总体规划的内容

城市总体规划的内容包括：城市的发展布局，功能分区，用地布局，综合交通体系，禁止、限制和适宜建设的地域范围，各类专项规划等。

规划区范围、规划区内建设用地规模、基础设施和公共服务设施用地、水源地和水系、基本农田和绿化用地、环境保护、自然与历史文化遗产保护以及防灾减灾等内容，应当作为城市总体规划的强制性内容。

城市总体规划的规划期限一般为20年。城市总体规划还应当对城市更长远的发展作出预测性安排。

4. 城市总体规划的审批

城市总体规划采取分级审批制度。城市总体规划由国务院审批的城市包括：直辖市；省、自治区人民政府所在地的城市，即省会城市；国务院确定的城市。其他所有城市的总体规划都由省、自治区人民政府审批。

县人民政府组织编制县人民政府所在地镇的总体规划，报上一级人民政府审批。其他镇的总体规划由镇人民政府组织编制，报上一级人民政府审批。

省、自治区人民政府组织编制的省域城镇体系规划，城市、县人民政府组织编制的总体规划，在报上一级人民政府审批前，应当先经本级人民代表大会常务委员会审议，常务委员会组成人员的审议意见交由本级人民政府研究处理。

镇人民政府组织编制的镇总体规划，在报上一级人民政府审批前，应当先经镇人民代表大会审议，代表的审议意见交由本级人民政府研究处理。

规划的组织编制机关报送审批省域城镇体系规划、城市总体规划或者镇总体规划时，应当将本级人民代表大会常务委员会组成人员或者镇人民代表大会代表的审议意见和根据审议意见修改规划的情况一并报送。

3.2.3　乡、村庄规划的编制内容和审批

1. 乡、村庄规划的编制原则和内容

乡、村庄规划应当从农村实际出发，尊重村民意愿，体现地方和农村特色。

乡、村庄规划的内容应当包括：规划区范围内，住宅、道路、供水、排水、供电、垃圾收集、畜禽养殖场所等农村生产、生活服务设施、公益事业等各项建设的用地布局、建设要求，以及对耕地等自然资源和历史文化遗产保护、防灾减灾等的具体安排。乡、村庄规划还应当包括本行政区域内的村庄发展布局。

（1）乡规划

乡规划包括乡域规划和乡驻地规划。

1）乡域规划的主要内容包括：提出乡产业发展目标，确定相关生产设施、生活服务设施以及公益事业等各项建设的空间布局；预测规划期内各阶段人口规模与人口分布情况；确定乡的职能及规模，明确乡政府驻地的规划建设用地标准与规划区范围，确定中心村、基层村的层次与等级，提出村庄集约建设的分阶段目标及实施方案；统筹配置公共设施、道路和公用工程设施，制定各专项规划，并提出自然和历史文化保护、防灾减灾等要求；提出实施规划的措施和有关建议，明确规划的强制性内容。

2）乡驻地规划的主要内容包括：确定规划区内各类用地布局，提出道路网络建设与控制要求；建立环境卫生系统和综合防灾减灾系统；确定规划区内生态环境保护与优化目标，划定主要水体保护和控制范围；确定历史文化保护与地方传统特色保护的内容及要求；规划建设容量，确定公用工程管线位置、管径和工程设施的用地界线等。

（2）村庄规划

村庄规划的主要内容包括：安排村庄内的农业生产用地布局及为其配套服务的各项设施；确定村庄居住、公共设施、道路、工程设施等用地布局及畜禽养殖场所等农村生产建设的用地布局；确定村庄内的给水、排水、供电等工程设施及其管线走向、敷设方式；确定垃圾分类及转运方式，明确垃圾收集点、公厕等环境卫生设施的分布和规模；确定防灾减灾设施的分布和规模；对村庄分期建设时序进行安排，并对近期建设的工程投资

等进行估算和分析。

2. 乡、村庄规划的审批

乡、镇人民政府组织编制乡、村庄规划，报上一级人民政府审批。乡、村庄规划在报送审批前，应当经村民会议或者村民代表会议讨论同意。

3.2.4　控制性详细规划和修建性详细规划

1. 控制性详细规划

（1）城市人民政府规划主管部门根据城市总体规划的要求，组织编制城市的控制性详细规划，经本级人民政府批准后，报本级人民代表大会常务委员会和上一级人民政府备案。

（2）镇人民政府根据镇总体规划的要求，组织编制镇的控制性详细规划，报上一级人民政府审批。县人民政府所在地镇的控制性详细规划，由县人民政府城乡规划主管部门根据镇总体规划的要求组织编制，经县人民政府批准后，报本级人民代表大会常务委员会和上一级人民政府备案。

2. 修建性详细规划

城市、县人民政府规划主管部门和镇人民政府可以组织编制重要地块的修建性详细规划。修建性详细规划应当符合控制性详细规划。

3.2.5　城乡规划编制单位的资质条件

城乡规划组织编制机关应当委托具有相应资质等级的单位承担城乡规划的具体编制工作。从事城乡规划编制工作应当具备下列条件，并经国务院城乡规划主管部门或者省、自治区、直辖市人民政府城乡规划主管部门依法审查合格，取得相应等级的资质证书后，方可在资质等级许可的范围内从事城乡规划编制工作：

（1）有法人资格；

（2）有规定数量的经相关行业协会注册的规划师；

（3）有规定数量的相关专业技术人员；

（4）有相应的技术装备；

（5）有健全的技术、质量、财务管理制度。

城乡规划编制单位具体的资质等级与标准详见 2.1.5 节。

3.3　城乡规划的实施

3.3.1　城乡规划实施的原则和要求

在实施城乡规划的过程中，地方各级人民政府要根据本地实际情况，明确近期建设和远期发展的目标，有计划、分步骤地组织好城乡规划的实施。

1. 实施城市、镇、乡、村庄规划的指导原则

（1）城市的建设和发展应当优先安排基础设施以及公共服务设施的建设，妥善处理新区开发与旧区改建的关系，统筹兼顾进城务工人员生活和周边农村经济社会发展、村民生产与生活的需要。

（2）镇的建设和发展应当结合农村经济社会发展和产业结构调整，优先安排供水、排水、供电、供气、道路、通信、广播电视等基础设施和学校、卫生院、文化站、幼儿园、福利院等公共服务设施的建设，为周边农村提供服务。

（3）乡、村庄的建设和发展应当因地制宜、节约用地，发挥村民自治组织的作用，引导村民合理进行建设，改善农村生产、生活条件。

2. 城市新区开发和建设要求

城市新区的开发和建设应当合理确定建设规模和时序，充分利用现有市政基础设施和公共服务设施，严格保护自然资源和生态环境，体现地方特色。在城市总体规划、镇总体规划确定的建设用地范围以外，不得设立各类开发区和城市新区。

3. 旧城改造和历史文化名城、名镇、名村的保护要求

旧城区的改建应当注重保护历史文化遗产和传统风貌，合理确定拆迁和建设规模，有计划地对危房集中、基础设施落后等地段进行改建。历史文化名城、名镇、名村的保护以及受保护建筑物的维护和使用，应当遵守有关法律、行政法规和国务院的规定。

4. 风景名胜区规划管理

城乡建设和发展应当依法保护和合理利用风景名胜资源，统筹安排风景名胜区及周边乡、镇、村庄的建设。风景名胜区的规划、建设和管理应当遵守有关法律、行政法规和国务院的规定。

5. 城市地下空间开发和利用原则

城市地下空间的开发和利用应当与经济和技术发展水平相适应，遵循统筹安排、综合开发、合理利用的原则，充分考虑防灾减灾、人民防空和通信等需要，并符合城市规划，履行规划审批手续。

3.3.2　城市和镇近期建设规划的制定

1. 城市和镇近期建设规划的基本任务

近期建设规划是城市总体规划、镇总体规划的分阶段实施安排和行动计划，是落实城市、镇总体规划的重要步骤。近期建设规划的基本任务是：根据城市总体规划、镇总体规划、土地利用总体规划和年度计划、国民经济和社会发展规划以及城镇的规划条件、自然环境、历史情况、现状特点，明确城镇建设的时序、发展方向和空间布局、自然资源、生态环境与历史文化遗产的保护目标，提出城镇近期内重要基础设施、公共服务设施的建设时序和选址方案、廉租住房和经济适用房的布局和用地、城镇生态环境建设安排等。

2. 城市和镇近期建设规划的制定程序

（1）近期建设规划制定的依据。近期建设规划制定的依据包括：按照法定程序批准的总体规划；国民经济和社会发展五年规划和土地利用总体规划；国家有关方针政策等。

（2）近期建设规划的制定程序。近期建设规划是总体规划的重要组成部分，如果城镇总体规划处于修编过程中，则近期建设规划应作为城镇总体规划的一部分，纳入总体规划的文本、图纸和说明书。在其他情况下，则按国民经济与社会发展五年规划的编制周期同步滚动编制，但也必须依据经法定程序批准的总体规划进行。

3. 城市和镇近期建设规划的内容

近期建设规划以重要基础设施、公共服务设施和中低收入居民住房建设以及生态环境保护为重点内容，明确近期建设的时序、发展方向和空间布局。近期建设规划的规划期限为5年。其具体内容是：依据总体规划，遵循优化功能布局、促进经济社会协调发展的原则，确定城市近期建设用地的空间布局，重点安排城市基础设施、公共服务设施用地和中低收入居民住房建设用地以及涉及生态环境保护的用地，确定经营性用地的区位和空间布局；确定近期建设的重要对外交通设施、道路广场设施、市政公用设施、公共服务设施、公园绿地等项目的选址、规模，以及投资估算与实施时序；对历史文化遗产保护、环境保护、防灾等方面，提出规划要求和相应措施；依据近期建设规划的目标，确定城市近期建设用地总量，明确新增建设用地和可利用存量土地的数量。

4. 近期建设规划的审批

近期建设规划由城乡规划主管部门组织编制，经专家论证后报城市人民政府审批。城市人民政府批准近期建设规划前，必须征求同级人民代表大会常务委员会的意见。

另外，城乡规划确定的铁路、公路、港口、机场、道路、绿地、输配电设施及输电线路走廊、通信设施、广播电视设施、管道设施、河道、水库、水源地、自然保护区、防汛通道、消防通道、核电站、垃圾填埋场及焚烧厂、污水处理厂和公共服务设施的用地以及其他需要依法保护的用地，禁止擅自改变用途。

3.3.3　城乡规划许可证制度

1. 选址意见书的核发

按照国家规定需要有关部门批准或者核准的建设项目，以划拨方式提供国有土地使用权的，建设单位在报送有关部门批准或者核准前，应当向城乡规划主管部门申请核发选址意见书。上述规定以外的建设项目不需要申请选址意见书。

我国建设单位的土地使用权获得方式有两种：土地使用权划拨和土地使用权出让。按照我国《城市房地产管理法》的有关规定，土地使用权划拨是指县级以上人民政府依法批准，在土地使用者缴纳补偿、安置等费用后将该幅土地交付其使用，或者将土地使用权无偿交付给土地使用者使用的行为。选址意见书作为法定项目审批和划拨土地的前置条件，建设单位在报送有关部门批准或者核准前，应当向城乡规划主管部门申请核发选址意见书。其他建设项目则不需要申请选址意见书。这主要是因为，随着国有土地使用权有偿出让制度的全面推行，除划拨使用土地的项目（主要是公益事业项目）外，都将实行土地使用有偿出让。对于建设单位或个人通过出让方式取得土地使用权的，按照《城乡规划法》规定，出让地块必须附具城乡规划主管部门提出的规划条件，规划条件要明确规定出让地块的面积、使用性质、建设强度、基础设施、公共设施的配置原则等相关要求。由此可见，通过出让方式取得土地使用权的建设项目本身就具有与城乡规划相符的明确的建设地点和建设条件，不再需要城乡规划主管部门进行建设用地选址的审批。

2. 建设用地规划许可证

（1）以划拨方式取得国有土地使用权的建设项目用地规划许可证的核发。在城市、镇规划区内以划拨方式取得国有土地使用权的建设项目，经有关部门批准、核准、备案后，建设单位应当向城市、县人民政府城乡规划主管部门提出建设用地规划许可申请，由城市、县人民政府城乡规划主管部门依据控制性详细规划核定建设用地的位置、面积、允许建设的范围，核发建设用地规划许可证。建设单位在取得建设用地规划许可证后，方可向县级以上地方人民政府土地主管部门申请用地，经县级以上人民政府审批后，由土地主管部门划拨土地。

（2）以出让方式取得国有土地使用权的建设项目用地规划许可证的核发。在城市、镇规划区内以出让方式取得国有土地使用权的，在国有土地使用权出让前，城市、县人民政府城乡规划主管部门应当依据控制性详细规划，提出出让地块的位置、使用性质、开发强度等规划条件，作为国有土地使用权出让合同的组成部分。未确定规划条件的地块，不得出让国有土地使用权。

以出让方式取得国有土地使用权的建设项目，建设单位在取得建设项目的批准、核准、备案文件和签订国有土地使用权出让合同后，向城市、县人民政府城乡规划主管部门领取建设用地规划许可证。

城市、县人民政府城乡规划主管部门不得在建设用地规划许可证中，擅自改变作为国有土地使用权出让合同组成部分的规划条件。

规划条件未纳入国有土地使用权出让合同的，该国有土地使用权出让合同无效；对未取得建设用地规划许可证的建设单位批准用地的，由县级以上人民政府撤销有关批准文件；占用土地的，应当及时退回；给当事人造成损失的，应当依法给予赔偿。

3. 建设工程规划许可证

（1）城市、镇建设工程规划许可证的核发。在城市、镇规划区内进行建筑物、构筑物、道路、管线和其他工程建设的，建设单位或者个人应当向城市、县人民政府城乡规划主管部门或者省、自治区、直辖市人民政府确定的镇人民政府申请办理建设工程规划许可证。申请办理建设工程规划许可证，应当提交使用土地的有关证明文件、建设工程设计方案等材料。需要建设单位编制修建性详细规划的建设项目，还应当提交修建性详细规划。对符合控制性详细规划和规划条件的建设项目，由城市、县人民政府城乡规划主管部门或者省、自治区、直辖市人民政府确定的镇人民政府核发建设工程规划许可证。

城市、县人民政府城乡规划主管部门或者省、自治区、直辖市人民政府确定的镇人民政府应当依法将经审定的修建性详细规划、建设工程设计方案的总平面图予以公布。

（2）乡、村庄建设工程规划许可证的核发。在乡、村庄规划区内进行乡镇企业、乡村公共设施和公益事业建设的，建设单位或者个人应当向乡、镇人民政府提出申请，由乡、镇人民政府报城市、县人民政府城乡规划主管部门核发乡村建设规划许可证。在乡、村庄规划区内使用原有宅基地进行农村村民住宅建设的规划管理办法，由省、自治区、直辖市制定。

在乡、村庄规划区内进行乡镇企业、乡村公共设施和公益事业建设以及农村村民住宅建设，不得占用农用地；确需占用农用地的，应当依照《中华人民共和国土地管理法》有关规定办理农用地转用审批手续后，由城市、县人民政府城乡规划主管部门核发乡村建设规划许可证。

建设单位或者个人在取得乡村建设规划许可证后，方可办理用地审批手续。

（3）临时建设工程规划许可。在城市、镇规划区内进行临时建设的，应当经城市、县人民政府城乡规划主管部门批准。临时建设影响近期建设规划或者控制性详细规划的实施以及交通、市容、安全等的，不得批准。临时建设应当在批准的使用期限内自行拆除。

临时建设和临时用地规划管理的具体办法，由省、自治区、直辖市人民政府制定。

4. 变更规划条件应当遵循的原则和程序

建设单位应当按照规划条件进行建设；确需变更的，必须向城市、县人民政府城乡规划主管部门提出申请。变更内容不符合控制性详细规划的，城乡规划主管部门不得批准。城市、县人民政府城乡规划主管部门应当及时将依法变更后的规划条件通报同级土地主管部门并公示。

建设单位应当及时将依法变更后的规划条件报有关人民政府土地主管部门备案。禁止城乡规划主管部门在建设用地范围以外作出规划许可。

5. 竣工工程的验收管理

县级以上地方人民政府城乡规划主管部门按照国务院规定对建设工程是否符合规划条件予以核实。未经核实或者经核实不符合规划条件的，建设单位不得组织竣工验收。建设单位应当在竣工验收后6个月内向城乡规划主管部门报送有关竣工验收资料。

需要说明的是，对建设单位是否严格按照《城乡规划法》规定以及规划许可要求进行建设，有关城乡规划主管部门的监督检查应当贯穿建设工程的整个建设过程，而不应简单地只进行开工前的规划许可以及开工后的规划核实。从建设工程开工至竣工的任何时段，只要有关城乡规划主管部门发现建设单位有违反《城乡规划法》规定未取得规划许可或者未按照有关规划许可的规定进行建设的，都应该予以纠正，并可以依照有关规定给予其相应的行政处罚。

3.3.4 城乡规划的修改

1. 省域城镇体系规划、城市总体规划、镇总体规划的修改

省域城镇体系规划、城市总体规划、镇总体规划的组织编制机关，应当组织有关部门和专家定期对规划实施情况进行评估，并通过论证会、听证会或者其他方式征求公众意见。组织编制机关应当向本级人民代表大会常务委员会、镇人民代表大会和原审批机关提出评估报告并附具征求意见的情况。

省域城镇体系规划、城市总体规划、镇总体规划的规划期限一般为 20 年，是政府指导和调控城乡建设发展的基本手段和重要依据。城乡规划一经批准，即具有法律效力，必须严格遵守和执行。在城乡规划实施期间，结合当地经济社会发展状况，应当定期对规划目标实现的情况进行跟踪评估，及时监督规划的执行情况，提高规划实施的严肃性。对城乡规划进行全面、科学的评估，有利于及时研究城乡规划实施中出现的新问题，及时总结和发现城乡规划存在的优点和不足，为继续贯彻实施规划或者对其进行修改提供可靠的依据，提高规划实施的科学性，从而避免有的地方政府及其领导人违反程序，随意干预和变更规划。对省域城镇体系规划、城市总体规划、镇总体规划实施情况的评估，应当全面分析、客观评价，既要总结成功的经验，也要查找存在的问题，分析问题形成的原因，还应当提出解决问题、改进工作的方案。

有下列情形之一的，组织编制机关方可按照规定的权限和程序，修改省域城镇体系规划、城市总体规划、镇总体规划：

（1）上级人民政府制定的城乡规划发生变更，提出修改规划要求的；

（2）行政区划调整确需修改规划的；

（3）因国务院批准重大建设工程确需修改规划的；

（4）经评估确需修改规划的；

（5）城乡规划的审批机关认为应当修改规划的其他情形。

修改省域城镇体系规划、城市总体规划、镇总体规划前，组织编制机关应当对原规划的实施情况进行总结，并向原审批机关报告；修改涉及城市总体规划、镇总体规划强制性内容的，应当先向原审批机关提出专题报告，经同意后方可编制修改方案。

修改后的省域城镇体系规划、城市总体规划、镇总体规划应当依照规定的审批程序报批。

2. 控制性详细规划、乡规划、村庄规划和近期建设规划的修改

修改控制性详细规划的，组织编制机关应当对修改的必要性进行论证，征求规划地段内利害关系人的意见，并向原审批机关提出专题报告，经原审批机关同意后，方可编制修改方案。修改后的控制性详细规划，应当依照《城乡规划法》规定的审批程序报批。控制性详细规划修改涉及城市总体规划、镇总体规划强制性内容的，应当先修改总体规划。修改乡规划、村庄规划的，应当依照《城乡规划法》规定的审批程序报批。城市、县、镇人民政府修改近期建设规划的，应当将修改后的近期建设规划报总体规划审批机关备案。

3.3.5 监督检查

1. 城乡规划监督检查的责任主体和内容

县级以上人民政府及其城乡规划主管部门应当加强对城乡规划编制、审批、实施修改的监督检查。

（1）我国宪法规定，国务院领导和管理"城乡建设"，县级以上地方各级人民政府依照法律规定的权限，管理本行政区域内的"城乡建设事业"。

（2）国务院城乡规划主管部门负责全国的城乡规划管理工作；县级以上地方人民政府城乡规划主管部门负责本行政区域内的城乡规划管理工作。同时，在有关城乡规划的编制、实施等方面规定了城乡规划主管部门的一些具体职责。城乡规划主管部门应当严格依照《城乡规划法》的规定，认真履行有关城乡规划编制、实施、修改中的职责。

（3）地方各级人民政府应当向本级人民代表大会常务委员会或者乡、镇人民代表大会报告城乡规划的实施情况，并接受监督。

2. 城乡规划主管部门履行监督检查职责时有权采取的措施

（1）县级以上人民政府城乡规划主管部门对城乡规划的实施情况进行监督检查，有权采取以下措施：

1）要求有关单位和人员提供与监督事项有关的文件、资料，并进行复制；

2）要求有关单位和人员就监督事项涉及的问题作出解释和说明，并根据需要进入现场进行勘测；

3）责令有关单位和人员停止违反有关城乡规划法律、法规的行为。

城乡规划主管部门的工作人员履行规定的监督检查职责，应当出示执法证件。被监督检查的单位和人员应当予以配合，不得妨碍和阻挠依法进行的监督检查活动。监督检查情况和处理结果应当依法公开，供公众查阅和监督。

（2）城乡规划主管部门在查处违反《城乡规划法》规定的行为时，发现国家机关工作人员依法应当给予行政处分的，应当向其任免机关或者监察机关提出处分建议。

（3）城乡规划主管部门依法给予行政处罚的情形。城乡规划主管部门在对城乡规划的编制、审批、实施、修改进行监督检查的过程中，发现违法行为的，应当依法及时处理。有下列行为之一的，应当由城乡规划主管部门依法给予行政处罚：

1）超越资质等级许可的范围承揽城乡规划编制工作的；违反国家有关标准编制城乡规划的；未依法取得资质证书承揽城乡规划编制工作的；以欺骗手段取得资质证书承揽城乡规划编制工作的；

2）城乡规划编制单位取得资质证书后，不再符合相应的资质条件的；

3）未取得建设工程规划许可证或者未按照建设工程规划许可证的规定进行建设的；

4）未经批准进行临时建设的；未按照批准内容进行临时建设的；临时建筑物、构筑物超过批准期限不拆除的；

5）建设单位在建设工程竣工验收后 6 个月内未向城乡规划主管部门报送有关竣工验收资料的。

城乡规划主管部门在履行监督检查职责时，发现上述违法行为后，主管部门不依法给予行政处罚的，上级城乡规划主管部门有权责令作出行政处罚决定或者建议有关人民政府责令其给予行政处罚。

3. 城乡规划主管部门违法作出行政许可的处理

城乡规划主管部门违反《城乡规划法》规定作出行政许可的，上级人民政府城乡规划主管部门有权责令其撤销或者直接撤销该行政许可。因撤销行政许可给当事人的合法权益造成损失的，应当依法给予赔偿。

根据《中华人民共和国行政许可法》的有关规定，有下列情形之一的，作出行政许可决定的行政机关或者其上级行政机关，根据利害关系人的请求或者依据职权，可以撤销行政许可决定：

（1）行政机关工作人员滥用职权、玩忽职守作出准予行政许可决定的；

（2）超越法定职权作出准予行政许可决定的；

（3）违反法定程序作出准予行政许可决定的；

（4）对不具备申请资格或者不符合法定条件的申请人准予行政许可的；

（5）依法可以撤销行政许可的其他情形。

需要注意的是，撤销行政许可不仅会给被许可人造成损失，在某些特定情况下还有可能损害其他利害关系人的合法权益。因此，《城乡规划法》规定的范围较宽，是"当事人"，并不仅指"被许可人"。其他利害关系人既包括直接利害关系人，还包括间接利害关系人。直接利害关系人与城乡规划主管部门之间存在行政法律关系，同时与行政许可申请人之间还可能存在民事上的法律关系。该利害关系人因为城乡规划主管部门违法实施行政许可而受到的损失，也应当由城乡规划主管部门依法予以赔偿。间接利害关系人不直接与城乡规划主管部门存在行政法律关系，对于城乡规划主管部门违法实施行政许可，给该利害关系人的合法权益造成损失的，可根据具体情况依法处理。

3.3.6　法律责任

1. 有关人民政府的法律责任

对依法应当编制城乡规划而未组织编制，或者未按法定程序编制、审批、修改城乡规划的，由上级人民政府责令改正，通报批评；对有关人民政府负责人和其他直接责任人员依法给予处分。

2. 规划主管部门的法律责任

镇人民政府或者县级以上人民政府城乡规划主管部门有下列行为之一的，由本级人民政府、上级人民政府城乡规划主管部门或者监察机关依据职权责令改正，通报批评；对直接负责的主管人员和其他直接责任人员依法给予处分：

（1）未依法组织编制城市的控制性详细规划、县人民政府所在地镇的控制性详细规划的；

（2）超越职权或者对不符合法定条件的申请人核发选址意见书、建设用地规划许可证、建设工程规划许可证、乡村建设规划许可证的；

（3）对符合法定条件的申请人未在法定期限内核发选址意见书、建设用地规划许可证、建设工程规划许可证、乡村建设规划许可证的；

（4）未依法对经审定的修建性详细规划、建设工程设计方案的总平面图予以公布的；

（5）同意修改修建性详细规划、建设工程设计方案的总平面图前未采取听证会等形式听取利害关系人的意见的；

（6）发现未依法取得规划许可或者违反规划许可的规定在规划区内进行建设的行为，而不予查处或者接到举报后不依法处理的。

3. 其他有关行政部门违反《城乡规划法》所应承担的法律责任

县级以上人民政府有关部门有下列行为之一的，由本级人民政府或者上级人民政府有关部门责令改正，通报批评；对直接负责的主管人员和其他直接责任人员依法给予处分：

（1）对未依法取得选址意见书的建设项目核发建设项目批准文件的；

（2）未依法在国有土地使用权出让合同中确定规划条件或者改变国有土地使用权出让合同中依法确定的规划条件的；

（3）对未依法取得建设用地规划许可证的建设单位划拨国有土地使用权的。

4. 城乡规划编制单位的法律责任

城乡规划编制单位有下列行为之一的，由所在地城市、县人民政府城乡规划主管部门责令限期改正，处合同约定的规划编制费1倍以上2倍以下的罚款；情节严重的，责令停业整顿，由原发证机关降低资质等级或者吊销资质证书；造成损失的，依法承担赔偿责任：

（1）超越资质等级许可的范围承揽城乡规划编制工作的；

（2）违反国家有关标准编制城乡规划的。未依法取得资质证书承揽城乡规划编制工作的，由县级以上地方人民政府城乡规划主管部门责令停止违法行为，依照相关规定处以罚款；造成损失的，依法承担赔偿责任。以欺骗手段取得资质证书承揽城乡规划编制工作的，由原发证机关吊销资质证书，依照规定处以罚款；造成损失的，依法承担赔偿责任；

（3）城乡规划编制单位取得资质证书后，不再符合相应的资质条件的，由原发证机关责令限期改正；逾期不改正的，降低资质等级或者吊销资质证书。

5. 建设单位或个人的法律责任

（1）未取得建设工程规划许可证或者未按照建设工程规划许可证的规定进行建设的，由县级以上地方人民政府城乡规划主管部门责令停止建设；尚可采取改正措施消除对规划实施的影响的，限期改正，处建设工程造价5%以上10%以下的罚款；无法采取改正措施消除影响的，限期拆除，不能拆除的，没收实物或者违法收入，可以并处建设工程造价10%以下的罚款。

（2）在乡、村庄规划区内未依法取得乡村建设规划许可证或者未按照乡村建设规划许可证的规定进行建设的，由乡、镇人民政府责令停止建设、限期改正；逾期不改正的，可以拆除。

（3）建设单位或者个人有下列行为之一的，由所在地城市、县人民政府城乡规划主管部门责令限期拆除，可以并处临时建设工程造价1倍以下的罚款：

1）未经批准进行临时建设的；

2）未按照批准内容进行临时建设的；

3）临时建筑物、构筑物超过批准期限不拆除的；

4）建设单位未在建设工程竣工验收后6个月内向城乡规划主管部门报送有关竣工验收资料的，由所在地城市、县人民政府城乡规划主管部门责令限期补报；逾期不补报的，处1万元以上5万元以下的罚款。

城乡规划主管部门作出责令停止建设或者限期拆除的决定后，当事人不停止建设或者逾期不拆除的，建设工程所在地县级以上地方人民政府可以责成有关部门采取查封施工现场、强制拆除等措施。需要说明的是，采取查封施工现场、强制拆除措施对当事人的影响很大，应当十分慎重。地方人民政府行使行政强制执行权违反法律有关规定，侵害当事人合法权益的，也要承担相应的法律责任。

6. 刑事责任

违反《城乡规划法》规定，构成犯罪的，依法追究刑事责任。刑事法律责任，是指具有刑事责任能力的人实施了刑事法律所禁止的行为(犯罪行为)所必须承担的法律后果。刑事法律责任是最严厉的法律责任。有关人民政府的负责人和其他直接责任人员、城乡规划主管部门等有关部门负责的主管人员和其他直接责任人员、城乡规划编制单位、建设单位，如果有《城乡规划法》规定的违法行为，且其行为符合我国刑法所规定的犯罪的构成要件的，就要依据刑法有关条款的规定承担相应的刑事责任。

3.4　历史文化名城保护

历史文化名城、名镇、名村是我国历史文化遗产的重要组成部分。切实保护好这些历史文化遗产，是保持民族文化传承、增强民族凝聚力的重要文化基础。随着国民经济和社会的发展，各地城镇化进程明显加快，建设与保护的矛盾日益突出，历史文化名城、名镇、名村保护工作面临着一些亟待解决的问题：① 由于一些地方的过度开发和不合理利用，许多重要历史文化遗产正在消失，传统格局和历史风貌遭到严重破坏；② 保护规划的编制、修改工作滞后，忽视对历史文化名城、名镇、名村的整体保护，保护规划的科学性和严肃性需要提高；③ 保护措施不力，管理不到位，一些地方重开发、轻保护，不注重保护真实的历史遗存，新建"假古董"，造成许多历史建筑被损毁；④ 保护范围内的道路、供水、排水、供电等市政基础设施落后，历史建筑年久失修，居住环境差，不能满足人们日常生活的需要，甚至存在很大的安全隐患；⑤ 对于破坏传统格局、历史风貌和历史建筑的违法行为，缺乏相应的法律责任。

党中央、国务院历来高度重视历史文化名城、名镇、名村的保护工作。《中华人民共和国文物保护法》（以下简称《文物保护法》）、《城乡规划法》确立了历史文化名城、名镇、名村保护制度，并明确规定由国务院制定保护办法。为此，国务院制定了《历史文化名城名镇名村保护条例》（以下简称《保护条例》）。《保护条例》的实施将进一步加强对历史文化名城、名镇、名村的保护，有利于保持和延续传统格局和历史风貌，维护历史文化遗产的真实性和完整性。

3.4.1 历史文化名城、名镇、名村的申报和批准

为了规范历史文化名城、名镇、名村的申报与批准，科学、合理地确定历史文化名城、名镇、名村，《保护条例》作了以下规定：

（1）明确历史文化名城、名镇、名村的申报条件，并规定了申报时应当提交的材料。

（2）明确历史文化名城、名镇、名村的审批程序和权限。历史文化名城由省、自治区、直辖市人民政府提出申请，报国务院批准公布；历史文化名镇、名村由所在地县级人民政府提出申请，省、自治区、直辖市人民政府批准公布。

（3）督促有关地方人民政府及时申报。对符合条件而没有申报历史文化名城、名镇、名村的，上级人民政府有关部门可以向当地人民政府提出申报建议；仍不申报的，可以直接向批准机关提出确定该城市、镇、村庄为历史文化名城、名镇、名村的建议。

（4）加强有关地方人民政府对历史文化名城、名镇、名村的保护责任。已批准公布的历史文化名城、名镇、名村，因保护不力使其历史文化价值受到严重影响的，批准机关应当将其列入濒危名单予以公布，并责成所在地城市、县人民政府限期采取补救措施，防止情况继续恶化，完善保护制度，加强保护工作。

3.4.2 保护规划的编制、审批和修改

为了规范保护规划的编制、审批和修改，保障制定保护规划的科学、民主和公开，《保护条例》具体作了以下规定：

（1）明确保护规划的编制主体、编制时限和审批主体。历史文化名城保护规划由历史文化名城人民政府组织编制，历史文化名镇、名村保护规划由历史文化名镇、名

村所在地县级人民政府组织编制。保护规划的组织编制机关应当自历史文化名城、名镇、名村批准公布之日起1年内编制完成保护规划，并报省、自治区、直辖市人民政府审批。

（2）明确保护规划的内容、期限和编制程序。保护规划报送审批前，保护规划的组织编制机关应当广泛征求有关部门、专家和公众的意见；必要时，可以举行听证。

（3）强调保护规划的权威性。保护规划的组织编制机关应当将经批准的保护规划予以公布，经依法批准的保护规划不得擅自修改，并规定了严格的修改程序。

（4）国务院有关部门和县级以上地方人民政府应当加强对保护规划实施情况的监督检查。对发现的问题，应当及时纠正、处理。

3.4.3 保护措施

为了加强对历史文化名城、名镇、名村的保护，《保护条例》确立了对历史文化名城、名镇、名村实行整体保护的原则，强化了政府的保护责任，规定了严格的保护措施，明确了在保护范围内禁止从事的活动，重点加强了对历史建筑的保护。《保护条例》具体作了以下规定：

（1）明确历史文化名城、名镇、名村应当整体保护，保持传统格局、历史风貌和空间尺度，不得改变与其相互依存的自然景观和环境。

（2）强化政府的保护责任。历史文化名城、名镇、名村所在地县级以上地方人民政府应当根据当地经济社会发展水平，按照保护规划控制人口数量，改善历史文化名城、名镇、名村的基础设施、公共服务设施和居住环境。

（3）在保护范围内的建设活动应当符合保护规划，不得损害历史文化遗产的真实性和完整性，不得对其传统格局和历史风貌构成破坏性影响。

（4）禁止在保护范围内进行开山、采石、开矿等活动；进行其他影响传统格局、历史风貌和历史建筑活动的，应当制定保护方案，经城市、县人民政府城乡规划主管部门会同同级文物主管部门批准，并依法办理相关手续。

（5）明确对核心保护范围的保护要求。对核心保护范围内的建筑物、构筑物，区分不同情况采取相应措施、实行分类保护，并要求核心保护范围内的历史建筑应当保持原有的高度、体量、外观形象及色彩等。同时，对核心保护范围内的建设活动明确了审批程序，要求审批机关组织专家论证，并将审批事项予以公示，征求公众意见。

（6）强化对历史建筑的保护措施。城市、县人民政府应当对历史建筑设置保护标志，建立档案。历史建筑的所有权人负责历史建筑的维护和修缮，县级以上地方人民政府可以给予补助。历史建筑有损毁危险，所有权人不具备维护和修缮能力的，当地人民政府应当采取措施进行保护。对历史建筑原则上实施原址保护，必须迁移异地保护或者拆除的，应当经省、自治区、直辖市人民政府确定的保护主管部门会同同级文物主管部门批准。对历史建筑进行外部修缮装饰、添加设施以及改变历史建筑的结构或者使用性质的，应当经城市、县人民政府城乡规划主管部门会同同级文物主管部门批准。

3.4.4　法律责任

为了切实加强对历史文化名城、名镇、名村的保护，有效遏制破坏历史文化遗产的违法行为，《保护条例》明确规定了政府及有关主管部门的法律责任，对破坏传统格局和历史风貌的行为设定了严格的法律责任，并注重行政处罚种类和法律责任的多样化。

（1）明确政府及有关主管部门不履行监督管理职责，发现违法行为不予查处、违法审批以及其他渎职行为应当承担的法律责任。

（2）对在保护范围内开山、采石、开矿等破坏传统格局和历史风貌的行为，未经批准擅自改变园林绿地、河湖水系等自然状态以及损坏或者擅自迁移、拆除历史建筑等行为，责令停止违法行为，限期恢复原状或者采取其他补救措施；有违法所得的，没收违法所得；逾期不恢复原状或者不采取其他补救措施的，城乡规划主管部门可以指定有能力的单位代为恢复原状或者采取其他补救措施，所需费用由违法者承担；造成严重后果的，处以罚款。

（3）区分违法行为的不同主体，对单位违法行为和个人违法行为分别规定了法律责任。

（4）将行政处罚与承担民事责任相结合。在对有关违法行为规定行政处罚的同时，明确违法者要承担的民事责任，以增加其违法成本。

此外，《保护条例》规定，对历史文化名城、名镇、名村中的文物造成损毁的，依照文物保护法律、法规的规定给予处罚；构成犯罪的，依法追究刑事责任。

【案例3-1】

背景：某市的市区南部有一段古城墙，为省级文物保护单位，并在古城墙内外两侧各划定了100m的保护区，只准绿化，不准建设，由园林绿化队负责管理。有一投资者看中了这块风水宝地，与绿化队签订了协议，投资者每年支付给绿化队100万元租金，绿化队同意投资者在距古城墙50m处建设5栋2层青瓦灰砖的别墅，投资者刚开始施工，即被该市城乡规划行政主管部门规划监督执法队发现，责令立即停工。

问题：该工程被责令停工的原因是什么？应如何处理？

【评析】

（1）该工程为违法建筑。根据《城乡规划法》第三十九条、第四十条的规定，该工程未取得建设用地规划许可证和建设工程规划许可证，所以该工程为违法建设。

（2）该工程侵占了文物保护用地，违反了《城乡规划法》和《文物保护法》，严重影响城市规划和文物保护。

（3）按照《城乡规划法》的规定，应对投资者处以罚款，并责成投资者立即拆除违法建筑，恢复地形地貌；同时，建议园林绿化队的上级主管部门追究绿化队有关责任人的行政责任并给予处分，没收绿化队所收租金。

复习思考题

1.《城乡规划法》的适用范围是什么？

2. 全国城镇体系规划的内容有哪些？

3. 什么是国家中心城市？

4. 建设用地规划审批程序是什么？

5. 城乡规划修改的条件和程序是什么？

6. 什么是建设工程规划许可证？取得该证需要的程序有哪些？

7. 简述《城乡规划法》对城市总体规划和镇总体规划内容及期限的规定。

8. 简述《城乡规划法》对规划行政主管部门法律责任的规定。

9. 简述我国的历史文化名城申报条件。

第4章 建设用地法律制度

4.1 我国基本土地制度

土地是人类赖以生存和发展的基本生产要素，不同国家的土地制度由于政治体制、经济体制、历史发展历程的不同而不同。我国土地制度也经历了从封建土地制度到社会主义土地制度的巨大变化。基本土地制度是指一国通过立法来规定土地所有制的性质、形式和不同形式土地所有制的适用范围，以及土地的使用和管理制度。

我国确立基本土地制度以及土地使用和管理制度的主要法律法规包括：《中华人民共和国宪法》（1982年通过，1988年、1993年、1999年、2004年、2018年分别修订，以下简称《宪法》）、《中华人民共和国民法典》（2020年通过，以下简称《民法典》）、《中华人民共和国土地管理法》（1986年通过，1988年、1998年、2004年、2019年分别修正，以下简称《土地管理法》）、《中华人民共和国城市房地产管理法》（1994年通过，2007年、2009年和2019年分别修正，以下简称《城市房地产管理法》）以及《中华人民共和国土地管理法实施条例》（1998年国务院令第256号发布，2011年、2014年和2021年分别修订，以下简称《土地管理法实施条例》）、《中华人民共和国城镇国有土地使用权出让和转让暂行条例》（1990年国务院令第55号发布，2020年修订，以下简称《城镇国有土地使用权出让和转让暂行条例》）。

4.1.1 土地所有权和使用权

1. 土地所有权

《土地管理法》规定，中华人民共和国实行土地的社会主义公有制，即全民所有制和劳动群众集体所有制。任何组织或者个人不得侵占、买卖或者以其他形式非法转让土地。土地使用权可以依照法律规定转让。由此可见，我国土地的所有权实行国家所有和集体所有两种制度。

（1）国家所有土地

全民所有的土地被称为国家所有土地，简称国有土地，其所有权由国务院代表国家行使。《宪法》《民法典》都规定，城市的土地属于国家所有。矿藏、水流、森林、山岭、草原、荒地、滩涂等自然资源，都属于国家所有，即全民所有；由法律规定属于集体所有的森林和山岭、草原、荒地、滩涂除外。《土地管理法》第九条第一款更为明确地规定：

"城市市区的土地属于国家所有。"

这里所说的城市是指国家设立市建制的城市，不同于其他法律法规中城市的含义。对于城市市区，我国现行的法律还没有给予一个确切的定义，但在实践中，一般理解为城市的建成区。除了城市市区的土地属于国家所有，在城市市区之外也有属于国家所有的土地。因此《土地管理法》第九条第二款规定："农村和城市郊区的土地，除由法律规定属于国家所有的以外，属于农民集体所有。"

（2）集体所有土地

劳动群众集体所有的土地，简称集体土地。《土地管理法》规定，农民集体所有的土地依法属于村农民集体所有的，由村集体经济组织或者村民委员会经营、管理；已经分别属于村内两个以上农村集体经济组织的农民集体所有的，由村内各该农村集体经济组织或者村民小组经营、管理；已经属于乡（镇）农民集体所有的，由乡（镇）农村集体经济组织经营、管理。

《宪法》规定，农村和城市郊区的土地，除由法律规定属于国家所有的以外，属于集体所有；宅基地和自留地、自留山，也属于集体所有。

2. 土地使用权

《土地管理法》规定，国有土地和农民集体所有的土地，可以依法确定给单位或者个人使用。使用土地的单位和个人，有保护、管理和合理利用土地的义务。国有土地和农民集体所有的土地可以依法确定给单位或者个人使用，体现了土地所有权和土地使用权可以分离的基本原则。

所谓土地使用权，是指使用土地的单位和个人在法律所允许的范围内对依法交由其使用的国有土地和农民集体所有土地的占有、使用、收益以及依法处分的权利。土地使用权是基于法律的规定而产生的，是在国有土地和农民集体土地所有权的基础之上派生出来的一种权利，目的是获得土地的使用价值，从土地利用活动中获得经济利益和为其他活动提供空间场所，通常具有一定的稳定性，使用期限较长。比如根据《土地管理法》规定，农民集体所有的土地由本集体经济组织的成员承包经营从事种植业、林业、畜牧业、渔业生产的，土地承包经营期限为30年。

土地使用权分为国有土地使用权和农民集体所有土地使用权。其中：国有土地使用权包括单位和个人的使用权，比如全民和集体所有制单位对国有土地的使用权、社会团体对国有土地的使用权、外商投资企业对国有土地的使用权、境内外个人对国有土地的使用权等。农民集体所有土地使用权包括全民所有制单位、建设单位对农村集体所有土地的临时使用权、农民对宅基地的使用权、乡镇企业对农民集体土地的使用权、乡（镇）和村公共设施、公益事业建设对农民集体所有土地的使用权等。

为进一步健全农村土地产权制度，推动新型工业化、信息化、城镇化、农业现代化同步发展，中共中央办公厅、国务院办公厅于2016年10月30日印发《关于完善农村土地所有权承包权经营权分置办法的意见》，就完善农村土地所有权、承包权、经营权分置办法提出意见。改革开放之初，在农村实行家庭联产承包责任制，将土地所有权和承包经营权分设，所有权归集体，承包经营权归农户，极大地调动了亿万农民的积极性，有效解决了温饱问题，农村改革取得重大成果。现阶段深化农村土地制度改革，顺应农民保留土地承包权、流转土地经营权的意愿，将土地承包经营权分为承包权和经营权，实行所有权、承包权、经营权（以下简称"三权"）分置并行，着力推进农业现代化，是继家庭联产承包责任制后农村改革又一重大制度创新。"三权分置"是农村基本经营制度的自我完善，符合生产关系适应生产力发展的客观规律，展现了农村基本经营制度的持久活力，有利于明晰土地产权关系，更好地维护农民集体、承包农户、经营主体的权益；有利于促进土地资源合理利用，构建新型农业经营体系，发展多种形式适度规模经营，提高土地产出率、劳动生产率和资源利用率，推动现代农业发展。

4.1.2　土地管理基本制度

1. 土地有偿使用制度

《土地管理法》规定，国家依法实行国有土地有偿使用制度。但是，国家在法律规定的范围内划拨国有土地使用权的除外。《土地管理法实施条例》进一步规定，建设单位使用国有土地，应当以有偿使用方式取得；但是，法律、行政法规规定可以以划拨方式取得的除外。国有土地有偿使用的方式包括：① 国有土地使用权出让；② 国有土地租赁；③ 国有土地使用权作价出资或者入股。

计划经济时期，我国土地管理采用行政管理方式，计划使用。土地使用采用划拨方式，无偿使用。这种方式存在很大弊端，主要表现在：

（1）土地利用率低，使用效果差，造成土地浪费。由于土地可以无偿使用，促使用地单位倾向于扩大征用面积，多征少用、征而不用等乱占、滥用土地现象普遍存在。

（2）削弱了国家对土地的管理，不利于国家土地所有权的实现。一些单位用国有土地换房换物；一些单位的多余土地国家调拨不动，土地余缺无法调剂；一些外迁和撤销单位的国有土地无法收回，土地国有制变成了部门或者单位所有制。

（3）容易滋生腐败。一些权力部门和人员在土地管理工作中手握大权，又缺乏公开透明机制和有效的权利监督，容易产生不正之风，甚至滋生腐败行为。

（4）妨碍了企业素质提高，不利于企业的平等竞争。企业所占土地位置如何，对企业经营效果有着重要影响，特别是商业企业更是如此。

十一届三中全会以后，我国开始了土地有偿使用制度的改革。1987年11月25日、12月1日，深圳市在全国率先公开招标、公开拍卖出让国有土地使用权，开创了我国国有土地使用权招标拍卖的先河。1988年4月，第七届全国人民代表大会根据我国改革开放的形势及深圳特区的实践，修改了《宪法》有关条款，规定"土地使用权可以依照法律的规定转让"，同年12月依照《宪法》修正案修改了《土地管理法》，规定"国家依法实行国有土地有偿使用制度"，"国有土地和集体所有的土地使用权可以依法转让"。1990年5月，国务院发布第55号令《城镇国有土地使用权出让和转让暂行条例》，明确规定土地使用权出让可以采用协议、招标、拍卖三种方式，并由土地部门代表政府组织实施，从而确立了招标拍卖出让国有土地使用权的法律地位。1995年1月1日起施行的《城市房地产管理法》也对土地使用权出让方式作出了规定和要求。2002年国土资源部发布第11号令《招标拍卖挂牌出让国有土地使用权规定》，明确要求商业、旅游、娱乐和商品住宅用地等各类经营性用地，必须以招标、拍卖或者挂牌方式出让。

2. 耕地保护制度

《土地管理法》规定，十分珍惜、合理利用土地和切实保护耕地是我国的基本国策。各级人民政府应当采取措施，全面规划，严格管理，保护、开发土地资源，制止非法占用土地的行为。国家保护耕地，严格控制耕地转为非耕地。耕地保护的具体制度如下：

（1）占用耕地补偿制度

《土地管理法》规定，国家实行占用耕地补偿制度。非农业建设经批准占用耕地的，按照"占多少，垦多少"的原则，由占用耕地的单位负责开垦与所占用耕地的数量和质量相当的耕地；没有条件开垦或者开垦的耕地不符合要求的，应当按照省、自治区、直辖市的规定缴纳耕地开垦费，专款用于开垦新的耕地。

《土地管理法实施条例》进一步规定，在国土空间规划确定的城市和村庄、集镇建设用地范围内经依法批准占用耕地，以及在国土空间规划确定的城市和村庄、集镇建设用地范围外的能源、交通、水利、矿山、军事设施等建设项目经依法批准占用耕地的，分别由县级人民政府、农村集体经济组织和建设单位负责开垦与所占用耕地的数量和质量相当的耕地；没有条件开垦或者开垦的耕地不符合要求的，应当按照省、自治区、直辖市的规定缴纳耕地开垦费，专款用于开垦新的耕地。

（2）永久基本农田保护制度

《土地管理法》规定，国家实行永久基本农田保护制度。下列耕地应当根据土地利用总体规划划为永久基本农田，实行严格保护：① 经国务院农业农村主管部门或者县级以上地方人民政府批准确定的粮、棉、油、糖等重要农产品生产基地内的耕地；② 有良好的水利与水土保持设施的耕地，正在实施改造计划以及可以改造的中、低产田和已建成的高标准农田；③ 蔬菜生产基地；④ 农业科研、教学试验田；⑤ 国务院规定应当划为永久基本农田的其他耕地。

各省、自治区、直辖市划定的永久基本农田一般应当占本行政区域内耕地的80%以上，具体比例由国务院根据各省、自治区、直辖市耕地实际情况规定。永久基本农田划定以乡（镇）为单位进行，由县级人民政府自然资源主管部门会同同级农业农村主管部门组织实施。永久基本农田经依法划定后，任何单位和个人不得擅自占用或者改变其用途。国家能源、交通、水利、军事设施等重点建设项目选址确实难以避让永久基本农田，涉及农用地转用或者土地征收的，必须经国务院批准。

（3）耕地保护补偿制度

《土地管理法实施条例》规定，国家对耕地实行特殊保护，严守耕地保护红线，严格控制耕地转为林地、草地、园地等其他农用地，并建立耕地保护补偿制度，具体办法和耕地保护补偿实施步骤由国务院自然资源主管部门会同有关部门规定。

非农业建设必须节约使用土地，可以利用荒地的，不得占用耕地；可以利用劣地的，不得占用好地。禁止占用耕地建窑、建坟或者擅自在耕地上建房、挖砂、采石、采矿、取土等。禁止占用永久基本农田发展林果业和挖塘养鱼。耕地应当优先用于粮食和棉、油、糖、蔬菜等农产品生产。按照国家有关规定需要将耕地转为林地、草地、园地等其他农用地的，应当优先使用难以长期稳定利用的耕地。

（4）黑土地保护制度

2022年6月24日，第十三届全国人民代表大会常务委员会第三十五次会议通过了《中华人民共和国黑土地保护法》（以下简称《黑土地保护法》），自2022年8月1日起施行，确立了黑土地保护制度。

《黑土地保护法》规定，本法所称黑土地，是指黑龙江省、吉林省、辽宁省、内蒙古自治区（以下简称四省区）的相关区域范围内具有黑色或者暗黑色腐殖质表土层，性状好、肥力高的耕地。国家实行科学、有效的黑土地保护政策，保障黑土地保护财政投入，综合采取工程、农艺、农机、生物等措施，保护黑土地的优良生产能力，确保黑土地总量不减少、功能不退化、质量有提升、产能可持续。

3. 土地用途管制制度

《土地管理法》规定，国家实行土地用途管制制度。使用土地的单位和个人必须严格按照土地利用总体规划确定的用途使用土地。

国家编制土地利用总体规划，规定土地用途，将土地分为农用地、建设用地和未利用地。严格限制农用地转为建设用地，控制建设用地总量，对耕地实行特殊保护。农用地是指直接用于农业生产的土地，包括耕地、林地、草地、农田水利用地、养殖水面等；建设用地是指建造建筑物、构筑物的土地，包括城乡住宅和公共设施用地、工矿用地、交通水利设施用地、旅游用地、军事设施用地等；未利用地是指农用地和建设用地以外的土地。

建设占用土地，涉及农用地转为建设用地的，应当办理农用地转用审批手续。永久基本农田转为建设用地的，由国务院批准。在土地利用总体规划确定的城市和村庄、集镇建设用地规模范围内，为实施该规划而将永久基本农田以外的农用地转为建设用地的，按土地利用年度计划分批次按照国务院规定由原批准土地利用总体规划的机关或者其授权的机关批准。在已批准的农用地转用范围内，具体建设项目用地可以由市、县人民政府批准。在土地利用总体规划确定的城市和村庄、集镇建设用地规模范围外，将永久基本农田以外的农用地转为建设用地的，由国务院或者国务院授权的省、自治区、直辖市人民政府批准。

4. 土地征收补偿制度

《土地管理法》规定，国家为了公共利益的需要，可以依法对土地实行征收或者征用并给予补偿。征收土地应当给予公平、合理的补偿，保障被征地农民原有生活水平不降低、长远生计有保障。征收土地应当依法及时足额支付土地补偿费、安置补助费以及农村村民住宅、其他地上附着物和青苗等的补偿费用，并安排被征地农民的社会保障费用。

5. 土地调查制度

《土地管理法》规定，国家建立土地调查制度。县级以上人民政府自然资源主管部门会同同级有关部门进行土地调查。土地所有者或者使用者应当配合调查，并提供有关资料。县级以上人民政府自然资源主管部门会同同级有关部门根据土地调查成果、规划土地用途和国家制定的统一标准，评定土地等级。

《土地管理法实施条例》进一步规定，土地调查应当包括下列内容：① 土地权属以及变化情况；② 土地利用现状以及变化情况；③ 土地条件。全国土地调查成果，报国务院批准后向社会公布。地方土地调查成果，经本级人民政府审核，报上一级人民政府批准后向社会公布。全国土地调查成果公布后，县级以上地方人民政府方可自上而下逐级依次公布本行政区域的土地调查成果。

4.1.3 土地规划管理

1. 土地利用总体规划

《土地管理法》规定，各级人民政府应当依据国民经济和社会发展规划、国土整治和资源环境保护的要求、土地供给能力以及各项建设对土地的需求，组织编制土地利用总体规划。土地利用总体规划的规划期限由国务院规定。下级土地利用总体规划应当依据上一级土地利用总体规划编制。

地方各级人民政府编制的土地利用总体规划中的建设用地总量不得超过上一级土地利用总体规划确定的控制指标，耕地保有量不得低于上一级土地利用总体规划确定的控制指标。省、自治区、直辖市人民政府编制的土地利用总体规划，应当确保本行政区域内耕地总量不减少。

土地利用总体规划按照下列原则编制：

（1）落实国土空间开发保护要求，严格土地用途管制；

（2）严格保护永久基本农田，严格控制非农业建设占用农用地；

（3）提高土地节约集约利用水平；

（4）统筹安排城乡生产、生活、生态用地，满足乡村产业和基础设施用地合理需求，促进城乡融合发展；

（5）保护和改善生态环境，保障土地的可持续利用；

（6）占用耕地与开发复垦耕地数量平衡、质量相当。

土地利用总体规划实行分级审批。省、自治区、直辖市的土地利用总体规划，报国务院批准。省、自治区人民政府所在地的市、人口在 100 万以上的城市以及国务院指定的城市的土地利用总体规划，经省、自治区人民政府审查同意后，报国务院批准。其他土地利用总体规划，逐级上报省、自治区、直辖市人民政府批准；其中，乡（镇）土地利用总体规划可以由省级人民政府授权的设区的市、自治州人民政府批准。

土地利用总体规划一经批准，必须严格执行。城市建设用地规模应当符合国家规定的标准，充分利用现有建设用地，不占或者尽量少占农用地。城市总体规划、村庄和集镇规划，应当与土地利用总体规划相衔接，城市总体规划、村庄和集镇规划中建设用地规模不得超过土地利用总体规划确定的城市和村庄、集镇建设用地规模。在城市规划区内、村庄和集镇规划区内，城市和村庄、集镇建设用地应当符合城市规划、村庄和集镇规划。

2. 国土空间规划

改革开放以来，我国社会经济快速发展并取得了巨大成就，但扩张型、粗放式的发展方式造成了资源能源紧张、环境污染严重、生态系统退化等严峻局面，直接关系到国家未来的生存和发展。同时，我国各级各类规划众多，存在内容重叠冲突、审批流程复杂、规划之间衔接不够等问题。

2019 年 5 月 23 日，中共中央国务院发布的《关于建立国土空间规划体系并监督实施的若干意见》（以下简称《意见》）明确提出，建立全国统一、责权清晰、科学高效的国土空间规划体系，整体谋划新时代国土空间开发保护格局，综合考虑人口分布、经济布局、国土利用、生态环境保护等因素，科学布局生产空间、生活空间、生态空间。

国土空间规划是国家空间发展的指南、可持续发展的空间蓝图，是各类开发保护建设活动的基本依据。建立国土空间规划体系并监督实施，将主体功能区规划、土地利用规划、城乡规划等空间规划融合为统一的国土空间规划，实现"多规合一"。

目前，国家正在完善国土空间规划法规政策体系，研究制定国土空间开发保护法，加快国土空间规划相关法律法规建设。《土地管理法》和《土地管理法实施条例》对国土空间规划体系作出了原则性的规定。

《土地管理法》规定，国家建立国土空间规划体系。编制国土空间规划应当坚持生态优先，绿色、可持续发展，科学有序统筹安排生态、农业、城镇等功能空间，优化国土空间结构和布局，提升国土空间开发、保护的质量和效率。经依法批准的国土空间规划是各类开发、保护、建设活动的基本依据。已经编制国土空间规划的，不再编制土地利用总体规划和城乡规划。

《土地管理法实施条例》规定，国家建立国土空间规划体系。土地开发、保护、建设活动应当坚持规划先行。经依法批准的国土空间规划是各类开发、保护、建设活动的基本依据。已经编制国土空间规划的，不再编制土地利用总体规划和城乡规划。在编制国土空间规划前，经依法批准的土地利用总体规划和城乡规划继续执行。

《土地管理法实施条例》还规定，国土空间规划应当细化落实国家发展规划提出的国土空间开发保护要求，统筹布局农业、生态、城镇等功能空间，划定落实永久基本农田、生态保护红线和城镇开发边界。国土空间规划应当包括国土空间开发保护格局和规划用地布局、结构、用途管制要求等内容，明确耕地保有量、建设用地规模、禁止开垦的范围等要求，统筹基础设施和公共设施用地布局，综合利用地上地下空间，合理确定并严格控制新增建设用地规模，提高土地节约集约利用水平，保障土地的可持续利用。

4.2 建设用地的土地使用权

4.2.1 建设用地使用权划拨

1. 建设用地使用权划拨的含义

建设用地使用权划拨是指县级以上人民政府依法批准，在用地者缴纳补偿、安置等费用后将该幅土地交付其使用，或者将建设用地使用权无偿交给土地使用者使用的行为。划拨土地使用权有以下含义：

（1）划拨土地使用权包括土地使用者缴纳拆迁安置、补偿费用（如城市的存量土地或集体土地）和无偿取得（如国有的荒山、沙漠、滩涂等）两种形式。

（2）除法律、法规另有规定外，划拨土地没有使用期限的限制，但未经许可不得进行转让、出租、抵押等经营活动。

（3）取得划拨土地使用权，必须经有批准权的人民政府核准，并按法定的程序办理手续。

（4）在国家没有法律规定之前，在城市范围内的土地和城市范围以外的国有土地，除出让土地以外的土地，均按划拨土地进行管理。

2. 建设用地使用权划拨的适用范围

《国务院关于深化改革严格土地管理的决定》提出，严格控制划拨用地范围，推进土地资源的市场化配置。经营性基础设施用地要逐步实行有偿使用。运用价格机制限制多占、滥占和浪费土地。《土地管理法》和《城市房地产管理法》均规定，建设单位使用国有土地，应当以出让等有偿使用方式取得；但是，下列建设用地（共4大类），经县级以上人民政府依法批准，可以以划拨方式取得。2001年国土资源部发布《划拨用地目录》（国土资源部令第9号），把法律规定的4大类划拨用地细分为19小类，每小类列出了具体目录。因此，当前采用划拨方式设立建设用地使用权的适用范围如下：

（1）国家机关用地和军事用地：①党政机关和人民团体用地；②军事用地。

（2）城市基础设施用地和公益事业用地：①城市基础设施用地；②非营利性邮政设施用地；③非营利性教育设施用地；④公益性科研机构用地；⑤非营利性体育设施用地；⑥非营利性公共文化设施用地；⑦非营利性医疗卫生设施用地；⑧非营利性社会福利设施用地。

（3）国家重点扶持的能源、交通、水利等项目用地：①石油、天然气设施用地；②煤炭设施用地；③电力设施用地；④水利设施用地；⑤铁路交通设施用地；⑥公路交通设施用地；⑦水路交通设施用地；⑧民用机场设施用地。

（4）法律、行政法规规定的其他用地：特殊用地。具体包括：①监狱；②劳教所；③戒毒所、看守所、治安拘留所、收容教育所。

3. 建设用地使用权划拨的管理

《城市房地产管理法》和《城镇国有土地使用权出让和转让暂行条例》对划拨土地使用权的管理有以下规定：

（1）划拨土地的转让。划拨土地的转让有两种方式：一是报有批准权的人民政府审批准予转让的，应当由受让方办理土地使用权出让手续，并依照国家有关规定缴纳土地使用权出让金；二是可不办理出让手续，但转让方应将所获得的收益中的土地收益上缴国家。

经依法批准利用原有划拨土地进行经营性开发建设的，应当按照市场价补缴土地出让金。经依法批准转让原划拨土地使用权的，应当在土地有形市场公开交易，按照市场价补缴土地出让金；低于市场价交易的，政府应当行使优先购买权。

（2）划拨土地使用权的出租。对划拨土地使用权的出租有如下规定：①房产所有权人以营利为目的，将划拨土地使用权的地上建筑物出租的，应当将租金中所含土地收益上缴国家；②用地单位因发生转让、出租、企业改制和改变土地用途等不宜办理土地出让的，可实行租赁；③租赁时间超过6个月的，应签订租赁合同。

（3）划拨土地使用权的抵押。划拨土地使用权抵押时，其抵押价值应当为划拨土地使用权下的市场价值。因抵押划拨土地使用权造成土地使用权转移的，应办理土地出让手续，并向国家缴纳出让金才能变更土地权属。

（4）对未经批准擅自转让、出租、抵押划拨土地使用权的单位和个人，县级以上人民政府土地管理部门应当没收其非法收入，并根据情节处以罚款。

（5）国有企业改制中的划拨土地。对国有企业改革中涉及的划拨土地使用权，可分别采取国有土地出让、租赁、作价出资（入股）和保留划拨土地使用权等方式予以处置。

下列情况应采取土地出让或出租方式处置：①国有企业改造或改组为有限责任或股份有限公司以及组建企业集团的；②国有企业改组为股份合作制的；③国有企业租赁经营的；④非国有企业兼并国有企业的。

下列情况经批准可保留划拨土地使用权：①继续作为城市基础设施用地、公益事业用地和国有重点扶持的能源、交通、水利等项目用地，原土地用途不发生改变，但改造或改组为公司制企业除外；②国有企业兼并国有企业、非国有企业及国有企业合并后的企业是国有工业企业的；③在国有企业兼并、合并中，一方属于濒临破产企业的；④国有企业改造或改组为国有独资公司的。

②、③、④项保留划拨土地方式的期限不超过5年。

（6）凡上缴土地收益的土地，仍按划拨土地进行管理。

（7）划拨土地使用权的收回。国家无偿收回划拨土地使用权有多种原因，主要有以下 7 种：① 土地使用者因迁移、解散、撤销、破产或其他原因而停止使用土地的；② 国家为了公共利益需要和城市规划的要求收回土地使用权；③ 各级司法部门没收其所有财产而收回土地使用权；④ 土地使用者自动放弃土地使用权；⑤ 未经原批准机关同意，连续 2 年未使用；⑥ 不按批准用途使用土地；⑦ 公路、铁路、机场、矿场等核准报废的土地。国家无偿收回划拨土地使用权时，对其地上建筑物、其他附着物，应当依法给予补偿。

4.2.2　建设用地使用权出让

1. 建设用地使用权出让的概念

建设用地使用权出让简称土地使用权出让，是指国家将国有土地使用权在一定年限内出让给土地使用者，由土地使用者向国家支付土地使用权出让金的行为。土地使用权出让金是指通过有偿有期限出让方式取得土地使用权的受让者，按照合同规定的期限，一次或分次提前支付整个使用期间的地租。出让的含义一般包括以下内容：

（1）土地使用权出让是国家以土地所有者的身份与土地使用者之间关于权利义务的经济关系，具有平等、自愿、有偿、有期限的特点。

（2）土地使用权出让，也称批租或土地一级市场，出让了只能是国家，具体由各级人民政府代表国家行使相应职能。

（3）经出让取得土地使用权的单位和个人只有使用权，在使用土地期限内对土地拥有占有、使用、收益、处分权；土地使用权可以进入市场，可以进行转让、出租、抵押等经营活动，但地下埋藏物归国家所有。

（4）土地使用者只有向国家支付了全部土地使用权出让金后才能领取土地使用权证书。

2. 建设用地使用权出让计划、方式和年限

（1）建设用地使用权出让计划的拟定和批准权限

土地使用权出让必须符合土地利用总体规划、城市规划和年度建设用地计划，根据省级人民政府下达的控制指标，拟定年度出让国有土地总面积方案，并且有计划、有步骤地进行。出让的每幅地块、面积、年限和其他条件，由市、县人民政府土地管理部门会同城市规划、建设、房产管理部门共同拟定，按照国务院的规定，报经有批准权的人民政府批准后，由市、县人民政府土地管理部门实施。

（2）建设用地使用权的出让方式

《民法典》规定，设立建设用地使用权，可以采取出让或者划拨等方式。工业、商业、旅游、娱乐和商品住宅等经营性用地以及同一土地有两个以上意向用地者的，应当采取招标、拍卖等公开竞价的方式出让。严格限制以划拨方式设立建设用地使用权。

《城镇国有土地使用权出让和转让暂行条例》规定，国有土地使用权出让可以采取拍卖、招标或者双方协议的方式。2007 年国土资源部发布《招标拍卖挂牌出让国有建设用地使用权规定》（国土资源部令第 39 号），规定工业、商业、旅游、娱乐和商品住宅等经

营性用地以及同一宗地有两个以上意向用地者的，应当以招标、拍卖或者挂牌方式出让。由此，国有土地使用权出让包括招标、拍卖、挂牌（简称"招拍挂"）和协议4种方式。

招标、拍卖或者挂牌出让国有建设用地使用权，应当遵循公开、公平、公正和诚信的原则。中华人民共和国境内外的自然人、法人和其他组织，除法律、法规另有规定外，均可申请参加国有建设用地使用权招标、拍卖、挂牌出让活动。

1）招标出让方式

招标出让是指市、县人民政府国土资源行政主管部门（以下简称出让人）发布土地使用权招标公告和招标文件，土地使用者通过递交投标文件以竞争方式获得土地使用权的方式。土地使用权出让招标与工程招标程序类似，通常不以报价优劣作为确定中标人的唯一标准，而是还要考虑土地使用规划设计方案及企业业绩等方面进行综合评价，并且投标报价以高为优。

土地使用权出让投标、开标、评标、定标依照下列程序进行：

① 投标人在投标截止时间前将标书投入标箱。招标公告允许邮寄标书的，投标人可以邮寄，但出让人在投标截止时间前收到的方为有效。标书投入标箱后，不可撤回。投标人应当对标书和有关书面承诺承担责任。

② 出让人按照招标公告规定的时间、地点开标，邀请所有投标人参加。由投标人或者其推选的代表检查标箱的密封情况，当众开启标箱，点算标书。投标人少于3人的，出让人应当终止招标活动。投标人不少于3人的，应当逐一宣布投标人名称、投标价格和投标文件的主要内容。

③ 评标小组进行评标。评标小组由出让人代表、有关专家组成，成员人数为5人以上的单数。评标小组可以要求投标人对投标文件作出必要的澄清或者说明，但是澄清或者说明不得超出投标文件的范围或者改变投标文件的实质性内容。评标小组应当按照招标文件确定的评标标准和方法，对投标文件进行评审。

④ 招标人根据评标结果，确定中标人。按照价高者得的原则确定中标人的，可以不成立评标小组，由招标主持人根据开标结果，确定中标人。对能够最大限度地满足招标文件中规定的各项综合评价标准，或者能够满足招标文件的实质性要求且价格最高的投标人，应当确定为中标人。

2）拍卖出让方式

拍卖出让是指出让人发布拍卖公告，由竞买人在指定时间、地点进行公开竞价，根据出价结果确定建设用地使用权人的方式。与招标出让方式相比，拍卖出让以"价高者得"为原则，出价高低作为唯一衡量标准，竞争更为激烈，要求竞买人在短时间内必须作出决策。拍卖出让是按规定时间、地点，利用公开场合由政府的代表者土地行政主管部门主持拍卖（指定）地块的土地使用权（也可以委托拍卖行拍卖），由拍卖主持人首先报出底价，诸多竞拍者轮番报价，最后一般出最高价者取得土地使用权。拍卖出让方式的特点是有利于公平竞争，它适用于区位条件好、交通便利的繁华市区、土地利用上有较大灵活性的地块的出让。竞买人不足 3 人，或者竞买人的最高应价未达到底价时，应当终止拍卖。

拍卖会依照下列程序进行：

① 主持人点算竞买人；

② 主持人介绍拍卖宗地的面积、界址、空间范围、现状、用途、使用年期、规划指标要求、开工和竣工时间以及其他有关事项；

③ 主持人宣布起叫价和增价规则及增价幅度。没有底价的，应当明确提示；

④ 主持人报出起叫价；

⑤ 竞买人举牌应价或者报价；

⑥ 主持人确认该应价或者报价后继续竞价；

⑦ 主持人连续三次宣布同一应价或者报价而没有再应价或者报价的，主持人落槌表示拍卖成交；

⑧ 主持人宣布最高应价或者报价者为竞得人。

3）挂牌出让方式

挂牌出让是指出让人发布挂牌公告，按公告规定的期限将拟出让宗地的交易条件在指定的土地交易场所挂牌公布，接受竞买人的报价申请并更新挂牌价格，根据挂牌期限截止时的出价结果或者现场竞价结果确定建设用地使用权人的方式。挂牌时间不少于 10 个工作日，挂牌期间土地管理部门可以根据竞买人竞价情况调整增价幅度。挂牌出让也是以"价高者得"为原则，但不像拍卖出让那样紧张、激烈，容许有一定的思考时间，然后提出挂牌价格。

挂牌依照下列程序进行：

① 在挂牌公告规定的挂牌起始日，出让人将挂牌宗地的面积、界址、空间范围、现状、用途、使用年期、规划指标要求、开工时间和竣工时间、起始价、增价规则及增价幅度等，在挂牌公告规定的土地交易场所挂牌公布；

② 符合条件的竞买人填写报价单报价；

③ 挂牌主持人确认该报价后，更新显示挂牌价格；

④ 挂牌主持人在挂牌公告规定的挂牌截止时间确定竞得人。

挂牌截止应当由挂牌主持人主持确定。挂牌期限届满，挂牌主持人现场宣布最高报价及其报价者，并询问竞买人是否愿意继续竞价。有竞买人表示愿意继续竞价的，挂牌出让转入现场竞价，通过现场竞价确定竞得人。挂牌主持人连续三次报出最高挂牌价格，没有竞买人表示愿意继续竞价的，按照下列规定确定是否成交：在挂牌期限内只有一个竞买人报价，且报价不低于底价，并符合其他条件的，挂牌成交；在挂牌期限内有两个或者两个以上的竞买人报价的，出价最高者为竞得人；报价相同的，先提交报价单者为竞得人，但报价低于底价者除外；在挂牌期限内无应价者或者竞买人的报价均低于底价或者均不符合其他条件的，挂牌不成交。

4）协议出让方式

协议出让是指政府作为土地所有者（出让人）与土地使用者（受让方）磋商用地条件及价款，达成协议并签订土地使用权出让合同，有偿出让土地使用权的行为。协议出让方式的特点是自由度大，缺乏竞争，容易滋生腐败和导致国有资产流失，因此法律上作了很多限制，现在已较少使用。但对一些缺乏竞争的行业仍然是土地使用权出让的方式之一。这种方式适用于非营利性的某些特殊用地。

以招标、拍卖或者挂牌方式确定中标人、竞得人后，中标人、竞得人支付的投标、竞买保证金，转作受让地块的定金。出让人应当向中标人发出中标通知书或者与竞得人签订成交确认书。中标通知书或者成交确认书应当包括出让人和中标人或者竞得人的名称，出让标的，成交时间、地点、价款以及签订国有建设用地使用权出让合同的时间、地点等内容。中标通知书或者成交确认书对出让人和中标人或者竞得人具有法律效力。出让人改变竞得结果，或者中标人、竞得人放弃中标宗地、竞得宗地的，应当依法承担责任。中标人、竞得人应当按照中标通知书或者成交确认书约定的时间，与出让人签订国有建设用地使用权出让合同。中标人、竞得人支付的投标、竞买保证金抵作土地出让价款；其他投标人、竞买人支付的投标、竞买保证金，出让人必须在招标、拍卖、挂牌活动结束后5个工作日内予以退还，不计利息。招标拍卖挂牌活动结束后，出让人应在10个工作日内将招标、拍卖、挂牌出让结果在土地有形市场或者指定的场所、媒介公布。出让人公布出让结果，不得向受让人收取费用。

受让人依照国有建设用地使用权出让合同的约定付清全部土地出让价款后，方可申请办理土地登记，领取国有建设用地使用权证书。未按出让合同约定缴清全部土地出让价款的，不得发放国有建设用地使用权证书，也不得按出让价款缴纳比例分割发放国有建设用地使用权证书。

中标人、竞得人有下列行为之一的，中标、竞得结果无效；造成损失的，应当依法承担赔偿责任：提供虚假文件隐瞒事实的；采取行贿、恶意串通等非法手段中标或者竞得的。国土资源行政主管部门的工作人员在招标、拍卖、挂牌出让活动中玩忽职守、滥用职权、徇私舞弊的，依法给予处分；构成犯罪的，依法追究刑事责任。

（3）建设用地使用权的出让年限

《城镇国有土地使用权出让和转让暂行条例》规定不同用途土地出让的最高年限如下：

1）居住用地70年；

2）工业用地50年；

3）教育、科技、文化卫生、体育用地50年；

4）商业、旅游、娱乐用地40年；

5）综合或其他用地50年。

出让土地使用权的最高年限不是唯一年限，具体出让项目的实际年限由国家根据产业特点和用地项目情况确定或与用地者商定。土地使用权出让的实际年限不得高于法律规定的最高年限。

（4）建设用地使用权的收回

国家收回土地使用权有多种原因，如使用权期限届满、提前收回、没收等。

1）土地使用权期间届满处理。依据《民法典》规定，住宅建设用地使用权期间届满的，自动续期。非住宅建设用地使用权期间届满，土地使用者需要继续使用土地的，应当至迟于届满前1年申请续期，除根据社会公共利益需要收回该幅土地的，应当予以批准。经批准准予续期的，应当重新签订土地使用权出让合同，依照规定支付土地使用权出让金。《城市房地产管理法》规定，土地使用权出让合同约定的使用年限届满，土地使用者未申请续期或者虽申请续期但依照前款规定未获批准的，土地使用权由国家无偿收回。该土地上的房屋及其他不动产的归属，有约定的，按照约定办理；没有约定或者约定不明确的，依照法律、行政法规的规定办理。

2）建设用地使用权期间届满前，因公共利益需要提前收回该土地的，应当依法对该土地上的房屋及其他不动产给予补偿，并退还相应的出让金。

3）因土地使用者不履行土地使用权出让合同而收回土地使用权。土地使用者不履行土地使用权出让合同而收回土地使用权有两种情况：一是土地使用者未如期支付出让金。土地使用者在签约时应缴出让金的一定比例作为定金，60日内应支付全部出让金，逾期未全部支付出让金的，出让方依照法律和合同约定，收回土地使用权。二是土地使用者未按合同约定的期限和条件开发和利用土地，由县级以上人民政府土地管理部门予以纠正，并根据情节可以给予警告、罚款，直至无偿收回土地使用权，这是对不履行合同的义务人，采取的无条件取消其土地使用权的处罚形式。

4）司法机关决定收回土地使用权。因土地使用者触犯国家法律，不能继续履行合同或司法机关决定没收其全部财产，收回土地使用权。

（5）建设用地使用权的终止

1）建设用地使用权因土地灭失而终止

土地使用权要以土地的存在或土地能满足某种需要为前提，因土地灭失而导致使用人实际上不能继续使用土地，使用权自然终止。土地灭失是指由于自然原因造成原土地性质的彻底改变或原土地面貌的彻底改变，诸如地震、水患、塌陷等自然灾害引起的不能使用土地而终止。

2）建设用地使用权因土地使用者的抛弃而终止

由于政治、经济、行政等原因，土地使用者抛弃使用土地，致使土地使用合同失去意义或无法履行时终止土地使用权。

3. 建设用地使用权出让合同及其管理

建设用地使用权出让，应当签订书面出让合同。建设用地使用权出让合同由市、县人民政府土地管理部门与土地使用者签订，有成片土地使用权出让合同，项目用地（宗地）

土地使用权出让合同，划拨土地使用权和地上建筑物、其他附着物所有权因转让、出租、抵押而补办的土地使用权出让合同三类。2008年，国土资源部、国家工商行政管理总局制定了新的《国有建设用地使用权出让合同》示范文本（GF—2008—2601），于2008年7月1日起执行。

（1）合同的主要内容

1）合同书

合同书的主要内容包括：当事人的名称和住所；土地界址、面积等；建筑物、构筑物及其附属设施占用的空间；土地用途；土地条件；本地使用期限；出让金等费用及其支付方式；开发投资强度；规划条件；配套；转让、出租、抵押条件；期限届满的处理；不可抗力的处理；违约责任；解决争议的方法。

2）合同附件

合同附件的主要内容有：宗地平面界址图；出让宗地竖向界限；市县政府规划管理部门确定的宗地规划条件等。

（2）合同的履行

以出让方式取得土地使用权进行房地产开发的，必须按照建设用地使用权出让合同约定的动工开发期限、土地用途、固定资产投资规模和强度开发土地。

1）超过出让合同约定的动工开发日期满1年未动工开发的，可以征收相当于土地使用权出让金20%以下的土地闲置费；满2年未动工开发的，可以无偿收回土地使用权；但是，因不可抗力或者政府、政府有关部门的行为，或者动工开发必需的前期工作造成动工开发迟延的除外。

2）用地单位改变土地利用条件及用途，必须取得出让方和市、县人民政府城市规划行政管理部门的同意，变更或重新签订出让合同并相应调整出让金。

3）项目固定资产总投资、投资强度和开发投资总额应达到合同约定标准。未达到约定的标准，出让人可以按照实际差额部分占约定投资总额和投资强度指标的比例，要求用地单位支付相当于同比例国有建设用地使用权出让价款的违约金，并可要求用地单位继续履约。

（3）合同的解除

1）在签订出让合同后，受让人应缴纳定金并按约定期限支付出让金，受让人延期付款超过60日，经土地管理部门催交后仍不能支付国有建设用地使用权出让价款的，土地管理部门有权解除合同，并可以请求违约赔偿。

2）土地管理部门延期交付土地超过60日，经受让人催交后仍不能交付土地的，受让人有权解除合同，由土地管理部门双倍返还定金，并退还已经支付国有建设用地使用权出让价款的其余部分。受让人可请求土地管理部门赔偿损失。

4. 集体经营性建设用地使用权出让

我国农村集体土地分为两类，一类是农用地，包括耕地和其他可用于农业的"四荒地"；另一类是建设用地，包括乡镇、村企业用地和乡镇、村公共设施、社会公益事业用地以及住宅用地。虽然我国农村集体土地使用权是集体土地所有权派生出来的用益物权，但该用益物权却受到了很大程度的法律限制，与国有土地有很大的不同。随着社会主义市场经济体制的日益完善，国家在改变集体经营性土地的管理方式、促进城乡统一的土地市场、提高集体土地利用效率等方面，作了很多尝试与探索。2019年第三次修正的《土地管理法》在促进集体土地流转方面作出了重大改革，对集体经营性建设用地使用权出让作了规定。随后，2021年最新修订的《土地管理法实施条例》也进一步作了相应规定。

《土地管理法》第六十三条规定，土地利用总体规划、城乡规划确定为工业、商业等经营性用途，并经依法登记的集体经营性建设用地，土地所有权人可以通过出让、出租等方式交由单位或者个人使用，并应当签订书面合同，载明土地界址、面积、动工期限、使用期限、土地用途、规划条件和双方其他权利义务。上述规定的集体经营性建设用地出让、出租等，应当经本集体经济组织成员的村民会议2/3以上成员或者2/3以上村民代表的同意。

通过出让等方式取得的集体经营性建设用地使用权可以转让、互换、出资、赠与或者抵押，但法律、行政法规另有规定或者土地所有权人、土地使用权人签订的书面合同另有约定的除外。集体经营性建设用地的出租，集体建设用地使用权的出让及其最高年限、转让、互换、出资、赠与、抵押等，参照同类用途的国有建设用地执行。具体办法由国务院制定。

集体建设用地的使用者应当严格按照土地利用总体规划、城乡规划确定的用途使用土地。有下列情形之一的，农村集体经济组织报经原批准用地的人民政府批准，可以收回土地使用权：

（1）为乡（镇）村公共设施和公益事业建设，需要使用土地的；

（2）不按照批准的用途使用土地的；

（3）因撤销、迁移等原因而停止使用土地的。

依照上述第（1）项规定收回农民集体所有的土地的，对土地使用权人应当给予适当补偿。收回集体经营性建设用地使用权，依照双方签订的书面合同办理，法律、行政法规另有规定的除外。

《土地管理法实施条例》规定，国土空间规划应当统筹并合理安排集体经营性建设用地布局和用途，依法控制集体经营性建设用地规模，促进集体经营性建设用地的节约集约利用。鼓励乡村重点产业和项目使用集体经营性建设用地。土地所有权人拟出让、出租集体经营性建设用地的，市、县人民政府自然资源主管部门应当依据国土空间规划提出拟出让、出租的集体经营性建设用地的规划条件，明确土地界址、面积、用途和开发建设强度等。市、县人民政府自然资源主管部门应当会同有关部门提出产业准入和生态环境保护要求。

土地所有权人应当依据规划条件、产业准入和生态环境保护要求等，编制集体经营性建设用地出让、出租等方案，并依照《土地管理法》第六十三条的规定，由本集体经济组织形成书面意见，在出让、出租前不少于 10 个工作日报市、县人民政府。市、县人民政府认为该方案不符合规划条件或者产业准入和生态环境保护要求等的，应当在收到方案后 5 个工作日内提出修改意见。土地所有权人应当按照市、县人民政府的意见进行修改。

集体经营性建设用地出让、出租等方案应当载明宗地的土地界址、面积、用途、规划条件、产业准入和生态环境保护要求、使用期限、交易方式、入市价格、集体收益分配安排等内容。土地所有权人应当依据集体经营性建设用地出让、出租等方案，以招标、拍卖、挂牌或者协议等方式确定土地使用者，双方应当签订书面合同，载明土地界址、面积、用途、规划条件、使用期限、交易价款支付、交地时间和开工竣工期限、产业准入和生态环境保护要求，约定提前收回的条件、补偿方式、土地使用权届满续期和地上建筑物、构筑物等附着物处理方式，以及违约责任和解决争议的方法等，并报市、县人民政府自然资源主管部门备案。未依法将规划条件、产业准入和生态环境保护要求纳入合同的，合同无效；造成损失的，依法承担民事责任。合同示范文本由国务院自然资源主管部门制定。

4.2.3　建设用地使用权转让

1. 土地使用权转让的概念

土地使用权转让是指获得土地使用权的土地使用者，通过出售、交换或赠与的方式将土地使用权转移给他人的行为。土地使用权转让是土地使用权在土地使用者之间的横向流动。这种土地使用权的横向流动属于土地交易的二级市场。

2. 土地使用权转让的特征

（1）不改变土地用途和使用条件

土地使用者获得土地使用权后，就享有对该土地的占有、使用、收益和部分的处分权，可以对土地使用权全部或部分进行合法转让。但是，土地使用权转让不得擅自改变土地用途和土地使用条件。以出让方式取得土地使用权的，原出让合同载明的权利和义务也随之转移，土地使用年限为出让合同规定的使用年限减去已经使用年限的剩余年限。

（2）需要具备一定的条件

为了防止"炒地"和"圈地"等非法行为，保障土地市场良好运转，世界各国都对土地转让进行了附加条件的限制，也是对土地市场进行调节和控制的基本方法。《城镇国有土地使用权出让和转让暂行条例》第十九条规定，未按土地使用权出让合同规定的期限和条件投资开发、利用土地的，土地使用权不得转让。

（3）是平等民事主体之间的一种民事法律行为

土地使用权转让是土地使用者之间的横向流动，是当事人之间进行的民事活动，遵循平等、自愿、诚实、信用及不损害社会公共利益等民事活动的基本原则。因此，它与行政行为有显著差别，转让的双方当事人都是民事主体，他们的法律地位是完全平等的，这使得土地使用权转让的方式多种多样，可以是双方的行为，如土地使用权转让买卖行为；也可以是单方的行为，如赠与行为。这使得土地使用权转让行为可以是有偿的，也可以是无偿的。

（4）土地使用权转让的同步性

所谓转让的同步性，是指土地使用权与其地上建筑物、附着物在转让时不可分离，若土地使用权发生转让，则其地上建筑物及附着物必须同时转让；若建筑物及附着物发生转让，则其土地使用权也必须同时转让，但地上建筑物和其他附着物作为动产转让时，其土地使用权无须同时转让，不过需要办理相关的过户手续。

3. 土地使用权转让的条件

允许土地使用权转让，可以提高土地利用率、发挥土地最佳效益，但也容易产生土地投机、炒卖地皮、牟取暴利、扰乱土地市场的现象，因此必须加以约束和规范。《城市房地产管理法》分别就以出让方式和划拨方式取得土地使用权，转让房地产时应符合的条件作出如下规定：

（1）以出让方式取得土地使用权的，转让房地产时，应当符合下列条件：① 按照出让合同约定已经支付全部土地使用权出让金，并取得土地使用权证书；② 按照出让合同约定进行投资开发，属于房屋建设工程的，完成开发投资总额的 25% 以上，属于成片开发土地的，形成工业用地或者其他建设用地条件；③ 转让房地产时房屋已经建成的，还应当持有房屋所有权证书。

（2）以划拨方式取得土地使用权的，转让房地产时应当按照国务院规定，报有批准权的人民政府审批。有批准权的人民政府准予转让的，应当由受让方办理土地使用权出让手续，并依照国家有关规定缴纳土地使用权出让金。

以划拨方式取得土地使用权的，转让房地产报批时，有批准权的人民政府按照国务院规定决定可以不办理土地使用权出让手续的，转让方应当按照国务院规定将转让房地产所获收益中的土地收益上缴国家或者作其他处理。

4. 土地使用权转让的方式

《城镇国有土地使用权出让和转让暂行条例》规定，土地使用权转让是指土地使用者将土地使用权再转让的行为，包括出售、交换和赠与三种方式。在实际经济活动中，土地使用权转让还存在其他转让方式，如土地使用权作价入股，企业被收购、兼并或合并等经营性土地使用权转让方式，这些方式的实质都是土地使用权的有偿转移。这里主要介绍出售、交换和赠与三种转让方式。

（1）土地使用权出售

土地使用权出售是指现有土地使用者将其土地使用权依法转移给受让人，并由受让人向其支付地价款的行为。土地使用权出售是土地使用权转让最常见的形式，也是土地使用权转让的主要方式。土地使用权出售除具有土地使用权转让的一般法律特征以外，还具有自身的一些特殊法律特点，主要有以下三点：

1）土地使用权出售是买卖双方当事人的等价有偿行为。这也是土地使用权出售与土地使用权转让其他方式的显著差别，买卖双方应遵循平等自愿、等价有偿和诚实信用原则。

2）合同的标的是国有土地使用权。土地使用权是一种限制性的标的，与其他买卖的标的有显著差别，城镇土地的所有权是国家所有。此外，转让合同的标的必须清楚用途等详细情况，另外附带转让的地上建筑物、附着物也是合同标的的组成部分。

3）土地使用权的转移以登记为要件。土地使用权买卖是诺成合同行为，这点与一般买卖合同相同，所不同的是土地使用权买卖合同除经过双方当事人意愿的真实表达以外，还需要经过土地使用权登记为要件，未经登记的土地使用权买卖不具有法律效力。

（2）土地使用权交换

土地使用权交换是指双方当事人约定相互转移土地使用权，其本质是一种权利交易。多数情况下，交换的双方都是为了更好地满足自己的经济需要。其法律特点主要表现为以下三点：

1）本质是权利交易。土地使用权交换其本质是以权利交换权利，这与出售显然不同，出售是以货币形式转让使用权，而交换是双方权利的交易，无须货币这个中介。

2）标的的双重性。土地使用权交换权利交易的本质，决定了合同标的的双重性，即为交易的土地使用权，这与土地使用权出售也有所差别，出售合同的标的为原土地使用者的土地使用权，而交换的标的是双方的土地使用权。

3）双方的权利和义务具有相同性。交换并登记生效后，双方当事人都有交付土地使用权的义务，以及享有获得对方土地使用权的权利。因此，交换中当事人的权利和义务具有相同性。

（3）土地使用权赠与

土地使用权赠与是指土地使用权人自愿将土地使用权无偿转移给受赠人的行为。土地使用权赠与是土地使用权转让的方式之一，因而在赠与转移土地使用权的过程中，其地上建筑物和附着物必须同时赠与转移。赠与行为与出售和交换行为的显著差别在于，赠与是一种无偿、单方的行为，它不需要货币补偿或是权利补偿，它是赠与人无条件对受赠人的转移。当然赠与人可以对赠送的土地使用权设置附加条件，指明受赠人享有土地使用权的目的和范围等。

4.3　土地房屋征收与补偿法律制度

4.3.1　集体土地征收与补偿

征收集体土地是国家为了公共利益的需要，依法将集体所有土地转变为国有土地并给予补偿的行为。

在很长一段时期，我国没有区分征收和征用两种不同的情形，统称为"征用"。2004

年 3 月,全国人大对《宪法》作了修改,将《宪法》原第十条"国家为了公共利益的需要,可以依照法律规定对土地实行征用。"改为"国家为了公共利益的需要,可以依照法律规定对土地实行征收或者征用并给予补偿"。2004 年 8 月,全国人大常委会第十一次会议通过了关于修改《土地管理法》的决定,也区分了土地的征收和征用。征收和征用既有共同之处,又有不同之处。共同之处是,它们都有一定的强制性,都要经过法定程序,都要依法给予补偿。不同之处在于,征收主要是所有权的改变,是国家为了公共利益需要而强制取得所有权的行为,其结果是权利发生转移;征用是在土地所有权不变的前提下,有条件的使用权的改变,是因抢险救灾等紧急需要而强制使用的行为,一旦紧急需要结束,被征用的土地应当如数返还给原权利人。

1. 征收集体土地的特点

征收集体土地具有以下三个明显的特点:一是具有一定的强制性,征收土地是国家的特有行为,被征地单位和人员要服从国家的需要;二是要妥善安置被征地单位和人员的生产和生活,用地单位向被征地单位给予经济补偿,保证被征地农民的生活水平不因征收土地而降低;三是被征收后的土地所有权发生转移,即集体土地转变为国有土地。

2. 征收集体土地应遵守的原则

（1）珍惜耕地,合理利用土地的原则

土地是人类赖以生存和生活的基础,具有有限性和不可再生性的特点,因此,它是最珍贵的自然资源,最宝贵的物质财富。威廉·配第说"土地是财富之母"。但是,随着城市建设的发展和建立社会主义市场经济的需要,以及人民生活水平的不断提高,必然还要占用一部分耕地。中国近年来每年大约要征收 350 万至 750 万亩耕地,这将使土地的供求矛盾日益加剧。因此,在征收土地时,必须坚持"一要吃饭、二要建设"的方针,必须坚持"十分珍惜、合理利用土地和切实保护耕地"的基本国策。单位和个人必须坚持精打细算,能少占土地就不多占。坚决反对征而不用、多征少用、浪费土地的行为。

（2）保证国家建设用地原则

征收土地特别是占用耕地,必然会给被征地单位和农民带来一定的困难,但为了国家的整体和长远利益,就要求被征地单位和农民从全局出发,克服暂时的局部困难,保证国家建设用地。在征收土地时,应反对两种做法:一是以节约土地为理由,拒绝国家征收;二是大幅度提高征地费用,以限制非农业部门占用土地。因此,既要贯彻节约用地的原则,又要保证国家建设项目所必需的土地。

（3）妥善安置被征地单位和农民的原则

征收土地会给被征地单位和农民的生产、生活带来困难和不便,用地单位应根据国家和当地政府的规定,妥善安排被征地范围内的单位和农民的生产、生活,这是必须坚持的原则。没有这个原则就不能保证征地工作的顺利进行。

妥善安置主要包括:① 对征收的土地要合理补偿;② 对因征地给农民造成的损失要合理补助;③ 对征地造成的剩余农民劳动力要适当安排。由于中国土地辽阔,各地情况差异较大，补偿、补助标准不应简单地统一，但补偿、补助不能因为征收土地而降低被征地农民的生活水平。

（4）依法征地的原则

因城市建设、工业项目等需要征收土地，建设单位必须根据国家有关规定和要求，持有国家主管部门或者县级以上人民政府批准的证书或文件，并按照征收土地的程序和法定的审批权限，依法办理征收手续后，才能合法用地。凡无征地手续，或无权批准使用土地的单位批准使用的土地，或超权限批准使用的土地，均属非法征地，不受法律保护。近年来，征地违法违规形式有一个新变化，其中最主要的形式就是"以租代征"。所谓"以租代征"，即通过租用集体土地进行非农业建设，擅自扩大建设用地规模。其实质是规避法定的农用地转用和土地征收审批，在规划计划之外扩大建设用地规模，同时逃避缴纳有关税费、履行耕地占补平衡法定义务。其结果必然会严重冲击用途管制等土地管理的基本制度，影响国家宏观调控政策的落实和耕地保护目标的实现。此外，违反土地利用总体规划、扩大开发区用地规模、未批先征等行为都是当前违法征地的主要表现形式。因此，有必要采取坚决行动，遏制土地违法的行为，保证国家土地调控政策的落实。

3. 征收集体土地的法律规定

（1）农用地转用审批

《土地管理法》规定，建设占用土地，涉及农用地转为建设用地的，应当办理农用地转用审批手续。审批权限如下：

1）永久基本农田转为建设用地的，由国务院批准。

2）在土地利用总体规划确定的城市和村庄、集镇建设用地规模范围内，为实施该规划而将永久基本农田以外的农用地转为建设用地的，按土地利用年度计划分批次按照国务院规定由原批准土地利用总体规划的机关或者其授权的机关批准。在已批准的农用地转用范围内，具体建设项目用地可以由市、县人民政府批准。

3）在土地利用总体规划确定的城市和村庄、集镇建设用地规模范围外，将永久基本农田以外的农用地转为建设用地的，由国务院或者国务院授权的省、自治区、直辖市人民政府批准。

（2）征收土地的范围

《土地管理法》规定，为了公共利益的需要，有下列情形之一，确需征收农民集体所有的土地的，可以依法实施征收：

1）军事和外交需要用地的；

2）由政府组织实施的能源、交通、水利、通信、邮政等基础设施建设需要用地的；

3）由政府组织实施的科技、教育、文化、卫生、体育、生态环境和资源保护、防灾减灾、文物保护、社区综合服务、社会福利、市政公用、优抚安置、英烈保护等公共事业需要用地的；

4）由政府组织实施的扶贫搬迁、保障性安居工程建设需要用地的；

5）在土地利用总体规划确定的城镇建设用地范围内，经省级以上人民政府批准由县级以上地方人民政府组织实施的成片开发建设需要用地的；

6）法律规定为公共利益需要可以征收农民集体所有的土地的其他情形。

上述规定的建设活动，应当符合国民经济和社会发展规划、土地利用总体规划、城乡规划和专项规划；第4项、第5项规定的建设活动，还应当纳入国民经济和社会发展年度计划；第5项规定的成片开发并应当符合国务院自然资源主管部门规定的标准。

（3）征收土地的批准权限

《土地管理法》第四十六条规定，征收下列土地的，由国务院批准：

1）永久基本农田；

2）永久基本农田以外的耕地超过35公顷的；

3）其他土地超过70公顷的。

征收上述规定以外的土地的，由省、自治区、直辖市人民政府批准。

征收农用地的，应当依照《土地管理法》第四十四条的规定先行办理农用地转用审批。其中，经国务院批准农用地转用的，同时办理征地审批手续，不再另行办理征地审批；经省、自治区、直辖市人民政府在征地批准权限内批准农用地转用的，同时办理征地审批手续，不再另行办理征地审批，超过征地批准权限的，应当依照本条第一款的规定另行办理征地审批。

（4）征收土地的实施

《土地管理法》规定，国家征收土地的，依照法定程序批准后，由县级以上地方人民政府予以公告并组织实施。

县级以上地方人民政府拟申请征收土地的，应当开展拟征收土地现状调查和社会稳定风险评估，并将征收范围、土地现状、征收目的、补偿标准、安置方式和社会保障等在拟征收土地所在的乡（镇）和村、村民小组范围内公告至少30日，听取被征地的农村集体经济组织及其成员、村民委员会和其他利害关系人的意见。

多数被征地的农村集体经济组织成员认为征地补偿安置方案不符合法律、法规规定的，县级以上地方人民政府应当组织召开听证会，并根据法律、法规的规定和听证会情况修改方案。拟征收土地的所有权人、使用权人应当在公告规定期限内，持不动产权属证明材料办理补偿登记。县级以上地方人民政府应当组织有关部门测算并落实有关费用，保证足额到位，与拟征收土地的所有权人、使用权人就补偿、安置等签订协议；个别确实难以达成协议的，应当在申请征收土地时如实说明。

相关前期工作完成后，县级以上地方人民政府方可申请征收土地。

《土地管理法实施条例》进一步规定，需要征收土地，县级以上地方人民政府认为符合《土地管理法》第四十五条规定的，应当发布征收土地预公告，并开展拟征收土地现状调查和社会稳定风险评估。

征收土地预公告应当包括征收范围、征收目的、开展土地现状调查的安排等内容。

征收土地预公告应当采用有利于社会公众知晓的方式,在拟征收土地所在的乡(镇)和村、村民小组范围内发布,预公告时间不少于10个工作日。自征收土地预公告发布之日起,任何单位和个人不得在拟征收范围内抢栽抢建;违反规定抢栽抢建的,对抢栽抢建部分不予补偿。

土地现状调查应当查明土地的位置、权属、地类、面积,以及农村村民住宅、其他地上附着物和青苗等的权属、种类、数量等情况。

社会稳定风险评估应当对征收土地的社会稳定风险状况进行综合研判,确定风险点,提出风险防范措施和处置预案。社会稳定风险评估应当有被征地的农村集体经济组织及其成员、村民委员会和其他利害关系人参加,评估结果是申请征收土地的重要依据。

县级以上地方人民政府完成《土地管理法实施条例》规定的征地前期工作后,方可提出征收土地申请,依照《土地管理法》第四十六条的规定报有批准权的人民政府批准。有批准权的人民政府应当对征收土地的必要性、合理性、是否符合《土地管理法》第四十五条规定的为了公共利益确需征收土地的情形以及是否符合法定程序进行审查。

征收土地申请经依法批准后,县级以上地方人民政府应当自收到批准文件之日起15个工作日内在拟征收土地所在的乡(镇)和村、村民小组范围内发布征收土地公告,公布征收范围、征收时间等具体工作安排,对个别未达成征地补偿安置协议的应当作出征地补偿安置决定,并依法组织实施。

4. 征收集体土地的补偿安置

土地的补偿范围和补偿、补助标准的确定,是征地工作的主要内容,也是一项难度较大的工作,涉及国家、集体、个人的利益。

《土地管理法》规定,征收土地应当给予公平、合理的补偿,保障被征地农民原有生活水平不降低、长远生计有保障。征收土地应当依法及时足额支付土地补偿费、安置补助费以及农村村民住宅、其他地上附着物和青苗等的补偿费用,并安排被征地农民的社会保障费用。

征收农用地的土地补偿费、安置补助费标准由省、自治区、直辖市通过制定公布区片综合地价确定。制定区片综合地价应当综合考虑土地原用途、土地资源条件、土地产值、土地区位、土地供求关系、人口以及经济社会发展水平等因素,并至少每3年调整或者重新公布一次。

征收农用地以外的其他土地、地上附着物和青苗等的补偿标准,由省、自治区、直辖市制定。对其中的农村村民住宅,应当按照先补偿后搬迁、居住条件有改善的原则,尊重农村村民意愿,采取重新安排宅基地建房、提供安置房或者货币补偿等方式给予公平、合理的补偿,并对因征收造成的搬迁、临时安置等费用予以补偿,保障农村村民居住的权利和合法的住房财产权益。

县级以上地方人民政府应当将被征地农民纳入相应的养老等社会保障体系。被征地农民的社会保障费用主要用于符合条件的被征地农民的养老保险等社会保险缴费补贴。

被征地农民社会保障费用的筹集、管理和使用办法，由省、自治区、直辖市制定。

大中型水利、水电工程建设征收土地的补偿费标准和移民安置办法，由国务院另行规定。

《土地管理法实施条例》进一步规定，县级以上地方人民政府应当依据社会稳定风险评估结果，结合土地现状调查情况，组织自然资源、财政、农业农村、人力资源和社会保障等有关部门拟定征地补偿安置方案。征地补偿安置方案应当包括征收范围、土地现状、征收目的、补偿方式和标准、安置对象、安置方式、社会保障等内容。

征地补偿安置方案拟定后，县级以上地方人民政府应当在拟征收土地所在的乡（镇）和村、村民小组范围内公告，公告时间不少于30日。征地补偿安置公告应当同时载明办理补偿登记的方式和期限、异议反馈渠道等内容。多数被征地的农村集体经济组织成员认为拟定的征地补偿安置方案不符合法律、法规规定的，县级以上地方人民政府应当组织听证。

县级以上地方人民政府根据法律、法规规定和听证会等情况确定征地补偿安置方案后，应当组织有关部门与拟征收土地的所有权人、使用权人签订征地补偿安置协议。征地补偿安置协议示范文本由省、自治区、直辖市人民政府制定。对个别确实难以达成征地补偿安置协议的，县级以上地方人民政府应当在申请征收土地时如实说明。

省、自治区、直辖市应当制定公布区片综合地价，确定征收农用地的土地补偿费、安置补助费标准，并制定土地补偿费、安置补助费分配办法。地上附着物和青苗等的补偿费用，归其所有权人所有。社会保障费用主要用于符合条件的被征地农民的养老保险等社会保险缴费补贴，按照省、自治区、直辖市的规定单独列支。申请征收土地的县级以上地方人民政府应当及时落实土地补偿费、安置补助费、农村村民住宅以及其他地上附着物和青苗等的补偿费用、社会保障费用等，并保证足额到位，专款专用。有关费用未足额到位的，不得批准征收土地。

5. 征收集体土地的工作程序

根据《土地管理法实施条例》和《建设用地审查报批管理办法》（国土资源部令第3号），征收土地利用总体规划确定的城市建设用地范围外的土地一般按照下列工作程序办理：

（1）申请用地

建设单位持经批准的设计任务书或初步设计、年度基本建设计划以及地方政府规定需提交的相应材料、证明和图件，向土地所在地的县级以上地方人民政府土地管理部门申请建设用地，同时填写《建设用地申请表》，并附下列材料：① 建设单位有关资质证明；② 项目可行性研究报告批复或其他有关批准文件；③ 土地行政主管部门出具的建设项目用地预审报告；④ 初步设计或者其他有关材料；⑤ 建设项目总平面布置图；⑥ 占用耕地的，提出补充耕地方案；⑦ 建设项目位于地质灾害地区的，应提供地质灾害危险性评估报告；⑧ 地价评估报告。

（2）受理申请并审查有关文件

县级以上人民政府土地行政管理部门负责建设用地的申请、审查、报批工作，对应受理的建设项目在30日内拟定农用地转用方案、补充耕地方案、征地方案和供地方案，编制建设项目用地呈报说明书，经同级人民政府审核同意后报上一级土地管理部门审查。

（3）审批用地

有批准权的人民政府土地行政管理部门收到上报土地审批文件，按规定征求有关部门意见后，实行土地管理部门内部会审制度审批土地。

（4）征地实施

经批准的建设用地，由被征收土地所在地的市县人民政府组织实施。

1）征地公告。公告的内容包括：批准征地的机关、文号、土地用途、范围、面积、征地补偿标准、农业人口安置办法和办理补偿的期限等。

2）支付土地补偿费、地上附着物和青苗补偿费。

3）安置农业人口。

4）协调征地争议。

5）签发用地证书。① 有偿使用土地的，应签订土地使用权出让合同；② 以划拨方式使用土地的，向用地单位签发《国有土地划拨决定书》和《建设用地批准书》；③ 用地单位持土地使用权出让合同或相关材料办理不动产登记手续。

6）征地批准后的实施管理。建设用地批准后直至颁发不动产权证之前，应进行跟踪和管理，其主要任务是：① 会同有关部门落实安置措施；② 督促被征地单位按期移交土地；③ 处理征地过程中的各种争议；④ 填写征地结案报告。

7）建立征收土地档案。建立征收土地档案的基本要求：① 整理和收集征收土地过程中形成的各种文件；② 收集存档的文件一律要原件；③ 市、县范围内的土地档案应统一格式。

征收土地利用总体规划确定的城市建设用地范围内的土地，由市、县人民政府土地行政主管部门拟订农用地转用方案、补充耕地方案和征收土地方案，编制建设项目用地呈报说明书，经同级人民政府审核同意后，报上一级土地行政主管部门审查。只征收农民集体所有建设用地的，市、县人民政府土地行政主管部门只需拟订征收土地方案和供地方案。

4.3.2　房屋征收与补偿

1. 房屋征收的概念

房屋征收是指国家为了公共利益的需要，依照法律规定的权限和程序强制取得国有土地上单位、个人的房屋及其他不动产的行为。房屋征收是物权变动的一种特殊的情形，是国家取得房屋所有权的一种方式。房屋征收的主体是国家，通常是政府代表国家以行政命令的方式执行。《民法典》规定："为了公共利益的需要，依照法律规定的权限和程序可以征收集体所有的土地和组织、个人的房屋及其他不动产。"

2011年1月21日国务院公布了《国有土地上房屋征收与补偿条例》(国务院令第590号，以下简称《房屋征收条例》)，同时废止了2001年6月13日国务院公布的《城市房屋拆迁管理条例》。房屋征收通常处于建设项目的前期工作阶段，是城市建设的重要组成部分。在实践中，国有土地上房屋被依法征收的，同时收回国有土地使用权。

2. 国有土地上房屋征收的管理体制

国有土地上房屋征收管理体制是指由房屋征收主体、房屋征收部门及其管理职责、管理程序、相互关系等组成的有机整体。《房屋征收条例》规定的房屋征收管理的分工如下：

（1）房屋征收主体。房屋征收的主体是市、县级人民政府。市、县级人民政府负责本行政区域的房屋征收与补偿工作。

（2）房屋征收部门。房屋征收部门是市、县级人民政府确定的房屋征收部门。房屋征收部门组织实施本行政区域的房屋征收与补偿工作。市、县级人民政府有关部门应当依据相应的职责分工互相配合，保障房屋征收与补偿工作的顺利进行。

（3）房屋征收实施单位。房屋征收部门可以委托房屋征收实施单位，承担房屋征收与补偿的具体工作，并对其在委托范围内实施的房屋征收与补偿行为负责监督，对其行为后果承担法律责任。房屋征收实施单位不得以营利为目的。

（4）房屋征收的监督与指导部门。上级人民政府应当加强对下级人民政府房屋征收与补偿工作的监督。国务院住房和城乡建设主管部门和省、自治区、直辖市人民政府住房和城乡建设主管部门应当会同同级财政、国土资源、发展和改革等有关部门，加强对房屋征收与补偿实施工作的指导。任何组织和个人对违反《房屋征收条例》规定的行为，都有权向有关人民政府、房屋征收部门和其他有关部门举报。接到举报的有关人民政府、房屋征收部门和其他有关部门对举报应当及时核实、处理。监察机关应当加强对参与房屋征收与补偿工作的政府和有关部门或者单位及其工作人员的监察。

3. 国有土地上房屋征收的程序

（1）拟定征收补偿方案

房屋征收部门拟定征收补偿方案，报市、县级人民政府。征收补偿方案的内容包括房屋征收目的、房屋征收范围、实施时间、补偿方式、补偿金额、补助和奖励、安置用房面积和安置地点、搬迁期限、搬迁过渡方式和过渡期限等事项。

（2）组织有关部门论证

收到房屋征收部门上报的征收补偿方案后，市、县级人民政府应当组织发展和改革、城乡规划、国土资源、环境资源保护、文物保护、财政、住房城乡建设等有关部门对征收补偿方案进行论证。主要论证内容包括建设项目是否符合国民经济和社会发展规划、土地利用总体规划、城乡规划和专项规划，房屋征收目的是否符合房屋征收的条件，房屋征收范围是否科学合理，补偿方案是否公平等。

（3）征求公众意见

对征收补偿方案进行论证、修改后，市、县级人民政府应当予以公布，征求公众意见，期限不得少于 30 日。征收补偿方案征求公众意见结束后，市、县级人民政府应当将征求意见情况进行汇总，根据公众意见反馈情况对征收补偿方案进行修改，并将征求意见情况和根据公众意见修改情况及时公布。因旧城区改建需要征收房屋的，如果多数被征收人认为征收补偿方案不符合《房屋征收条例》的规定，市、县级人民政府应当组织召开听证会进一步听取意见。参加听证会的代表应当包括被征收人代表和社会各界公众代表。市、县级人民政府应当听取公众意见，就房屋征收补偿方案等群众关心的问题进行说明。根据听证情况，市、县级人民政府应当对征收补偿方案进行修改完善，对合理意见和建议要充分吸收采纳。

（4）房屋征收决定

市、县级人民政府作出房屋征收决定前，应当按照有关规定进行社会稳定风险评估；房屋征收决定涉及被征收人数量较多的，应当经政府常务会议讨论决定。市、县级人民政府作出房屋征收决定后应当及时公告。公告应当载明征收补偿方案和行政复议、行政诉讼权利等事项。市、县级人民政府及房屋征收部门应当做好房屋征收与补偿的宣传、解释工作。房屋被依法征收的，国有土地使用权同时收回。

（5）与房屋征收相关的几项工作

1）组织调查登记。调查登记一般应当在房屋征收决定前进行，调查登记应当全面深入，以满足拟定征收补偿方案和进行评估的需要。调查登记事项一般包括被征收房屋的权属、区位、用途、建筑面积等。上述因素是评估确定被征收房屋价值的主要依据，对其他可能影响房屋价值评估的因素，在调查过程中也应予以查明。调查结果应当在征收范围内向被征收人公布。

2）对未进行登记的建筑物先行调查、认定和处理。为了避免在房屋征收时矛盾过分集中，市、县级人民政府应当依法加强建设活动管理，对违反城乡规划进行建设的，依法予以处理；另外，市、县级人民政府作出房屋征收决定前，应当组织有关部门依法对征收范围内未经登记的建筑进行调查、认定和处理。当事人对有关部门的认定和处理结果不服的，可以依法提起行政复议或者诉讼。

3）暂停办理相关手续。在房屋征收范围确定后，不得在房屋征收范围内实施新建、扩建、改建房屋和改变房屋用途等不当增加补偿费用的行为；违反规定实施上述行为的，不予补偿。房屋征收部门应当将暂停办理事项书面通知有关部门。暂停办理相关手续的书面通知应当载明暂停期限。暂停期限最长不得超过 1 年。

4）作出房屋征收决定前，征收补偿费用应当足额到位、专户存储、专款专用。足额到位是指用于征收补偿的货币、实物的数量应当符合征收补偿方案的要求，能够保证全部被征收人得到依法补偿和妥善安置。专户存储、专款专用是保证补偿费用不被挤占、挪用的重要措施。专款专用是指征收补偿费用只能用于发放征收补偿，不得挪作他用。

4. 国有土地上房屋征收的补偿

为了公共利益的需要，征收国有土地上单位、个人的房屋，应当对被征收房屋所有权人给予公平补偿。

（1）房屋征收补偿的内容

对被征收人给予的补偿内容包括：

1）被征收房屋价值的补偿。对被征收房屋价值的补偿，不得低于房屋征收决定公告之日被征收房屋类似房地产的市场价格。

2）因征收房屋造成的搬迁、临时安置的补偿。因征收房屋造成搬迁的，房屋征收部门应当向被征收人支付搬迁费。选择房屋产权调换的，产权调换房屋交付前，房屋征收部门应当向被征收人支付临时安置费或者提供周转用房。

3）因征收房屋造成的停产停业损失的补偿。对因征收房屋造成停产停业损失的补偿，根据房屋被征收前的效益、停产停业期限等因素确定。具体办法由省、自治区、直辖市制定。

此外，市、县级人民政府应当制定补助和奖励办法，对被征收人给予补助和奖励。征收个人住宅，被征收人符合住房保障条件的，作出房屋征收决定的市、县级人民政府还应当优先给予住房保障。具体办法由省、自治区、直辖市制定。

（2）房屋征收补偿的方式

房屋征收补偿的方式有货币补偿和房屋产权调换两种，由被征收人选择。

选择房屋产权调换的，市、县级人民政府应当提供用于产权调换的房屋，并与被征收人计算、结清被征收房屋价值与用于产权调换房屋价值的差价。

因旧城区改建征收个人住宅，被征收人选择在改建地段进行房屋产权调换的，作出房屋征收决定的市、县级人民政府应当提供改建地段或者就近地段的房屋。

（3）被征收房屋价值的评估

被征收房屋的价值由具有相应资质的房地产价格评估机构按照《国有土地上房屋征收评估办法》评估确定。

房地产价格评估机构由被征收人协商选定。协商不成的，通过多数决定、随机选定等方式确定，具体办法由省、自治区、直辖市制定。房地产价格评估机构应当独立、客观、公正地开展房屋征收评估工作，任何单位和个人不得干预。

对评估确定的被征收房屋价值有异议的，可以向房地产价格评估机构申请复核评估。对复核结果有异议的，可以向房地产价格评估专家委员会申请鉴定。

（4）订立补偿协议或作出补偿决定

房屋征收部门与被征收人就补偿方式、补偿金额和支付期限、用于产权调换房屋的地点和面积、搬迁费、临时安置费或者周转用房、停产停业损失、搬迁期限、过渡方式和过渡期限等事项，订立补偿协议。

补偿协议订立后，一方当事人不履行补偿协议约定的义务的，另一方当事人可以依法提起诉讼。

　　房屋征收部门与被征收人在征收补偿方案确定的签约期限内达不成补偿协议，或者被征收房屋所有权人不明确的，由房屋征收部门报请作出房屋征收决定的市、县级人民政府依照《房屋征收条例》的规定，按照征收补偿方案作出补偿决定，并在房屋征收范围内予以公告。

　　被征收人对补偿决定不服的，可以依法申请行政复议，也可以依法提起行政诉讼。

　　（5）公布补偿情况和审计结果

　　房屋征收部门应当依法建立房屋征收补偿档案，并将分户补偿情况在房屋征收范围内向被征收人公布。

　　审计机关应当加强对征收补偿费用管理和使用情况的监督，并公布审计结果。

5. 国有土地上房屋征收与补偿的法律责任

　　为了维护公共利益，保障被征收人的合法权益，保障房屋征收与补偿工作依法顺利进行，《房屋征收条例》明确规定了房屋征收与补偿的主体、主管部门和有关单位、个人的法律责任。承担法律责任的种类有行政责任、民事责任和刑事责任。

　　（1）市、县级人民政府及房屋征收部门工作人员的法律责任

　　市、县级人民政府及房屋征收部门的工作人员承担法律责任的情形既有不作为，又有乱作为。市、县级人民政府及房屋征收部门的工作人员在房屋征收与补偿工作中不履行《房屋征收条例》规定的职责，或者滥用职权、玩忽职守、徇私舞弊的，由上级人民政府或者本级人民政府责令改正，通报批评；造成损失的，依法承担赔偿责任；对直接负责的主管人员和其他直接责任人员，依法给予处分；构成犯罪的，依法追究刑事责任。

　　（2）暴力野蛮搬迁的法律责任

　　《房屋征收条例》明确规定，暴力野蛮搬迁的相关单位及其直接负责的主管人员和其他直接责任人员需要根据情节严重程度不同承担民事责任、行政责任或刑事责任。

　　采取暴力、威胁或者违反规定中断供水、供热、供气、供电和道路通行等非法方式迫使被征收人搬迁，造成损失的，依法承担赔偿责任；对直接负责的主管人员和其他直接责任人员，构成犯罪的，依法追究刑事责任；尚不构成犯罪的，依法给予处分；构成违反治安管理行为的，依法给予治安管理处罚。

　　（3）非法阻碍依法征收与补偿的法律责任

　　在实践中，一些人采取暴力、威胁等方式阻挠依法进行的征收，按照《房屋征收条例》规定，根据情节严重程度不同应依法追究其民事责任或刑事责任。采取暴力、威胁等方法阻碍依法进行的房屋征收与补偿工作，构成犯罪的，依法追究刑事责任；构成违反治安管理行为的，依法给予治安管理处罚。

　　（4）涉及征收补偿费用的法律责任

　　征收补偿费用关系被征收人的切身利益，因此有必要加强管理，明确法律责任。贪污、挪用、私分、稽留、拖欠征收补偿费用的，责令改正，追回有关款项，限期退还违法所得，

对有关责任单位通报批评、给予警告；造成损失的，依法承担赔偿责任；对直接负责的主管人员和其他直接责任人员，构成犯罪的，依法追究刑事责任；尚不构成犯罪的，依法给予处分。

（5）出具虚假或有重大差错的评估报告的法律责任

房地产价格评估机构或者房地产估价师出具虚假或者有重大差错的评估报告的，可以给予警告、罚款、吊销证书等行政处罚，并将有关处罚记录记入信用档案；造成损失的，依法承担赔偿责任；构成犯罪的，依法追究刑事责任。

【案例 4-1】

背景：深圳市某小区居民诉深圳市规划国土局用地行政纠纷案

原告：深圳市某小区居民

被告：深圳市规划国土局

某住宅小区是经被告深圳市规划国土局批准，由深圳某公司负责规划开发的住宅区。按该公司 1990 年制定的小区规划，现某变电站的用地准备留作绿地。被告根据城市建设发展需要和城市规划要求，收回该公司尚未建设的 $38804.9m^2$ 土地使用权，并与该公司就征地补偿问题达成协议。此后，被告经深圳市人民政府批准，将其位于新安路以西、春风路以南、文星楼以北的 $2900m^2$ 用地，交由深圳市供电局建设 11 万 V 变电站，该站的选址先后经深圳市环保局和深圳市公安局消防支队审核同意。经广东省电力实验研究所对类似变电站的实际检测，认为此类变电站的电磁场强度对周围环境的影响几乎为零。但原告向法院起诉称深圳市规划国土局将该住宅小区原绿化用地改为变电站用地，侵犯了原告的土地使用权；高压变电站危害居民的生命安全。被告认为变电站电磁波对周围环境的影响为零，没有科学和法律依据，请求法院依法判令被告停止侵权并赔偿损失。

处理结果：

此案呈深圳市中级人民法院，一审判决认为，深圳市规划国土局根据城市发展的需要，依照法律、法规，将原属于深圳市某公司使用的土地有偿收回并重新规划建设，是合法行政行为。在规划建设变电站时，经过严格科学论证，并对该小区居民担心的问题给予充分的注意和解决。变电站的建设通过了环境保护部门和消防部门以及城市规划部门的评定，符合国家法定标准。依照《中华人民共和国行政诉讼法》第六十九条的规定，驳回原告起诉，判决维持深圳市规划国土局规划建设变电站的行政行为。原告不服一审判决，上诉至广东省高级人民法院。广东省高级人民法院驳回上诉，维持原判。

问题：试对本案进行分析。

【评析】本案关键有以下几点：

（1）原告对本案中规划建设变电站的土地有没有使用权？

根据《深圳经济特区房地产登记条例》第六条规定："房地产登记以一宗土地为单位

进行登记。"一宗土地是指以权属界限组成的封闭地块。根据本案中原告所持有的"房地产证"，该变电站用地不在原告共有使用权的宗地范围内，原告主张拥有该土地的使用权，缺乏事实和法律依据。

（2）被告将该土地使用权收回并重新规划是不是合法行政行为？

根据《中华人民共和国城镇国有土地使用权出让和转让暂行条例》第四十七条规定："对划拨土地使用权，市、县人民政府根据城市建设发展需要和城市规划的要求，可以无偿收回……无偿收回划拨土地使用权时，对其地上建筑物、其他附着物，市、县人民政府应当根据实际情况给予适当补偿。"在本案中，该地使用权属深圳某公司，被告根据城市发展需要，经深圳市人民政府同意，收回该地使用权，并对该公司给予补偿，完全符合上述条例规定，是合法行政行为，因此被告胜诉。

（3）变电站是否危害居民的生命安全？

案中被告在批准变电站规划时得到了环保、消防部门的同意，并经科学测试电磁波影响并不存在，较好地处理了公共利益关系和相邻关系。在行政方面，程序合法。

复习思考题

1. 土地管理的基本制度有哪些？
2. 获得土地使用权的方式有哪些？
3. 简述土地使用权出让年限的规定。
4. 国有土地使用权出让合同包含的主要内容以及双方当事人的权利和义务有哪些？
5. 土地使用权转让需要具备哪些条件？
6. 简述农村集体土地征收的范围。
7. 简述《土地管理法》关于农用地转用审批和征收土地的批准权限。
8. 试论述集体经营性建设用地使用权出让的法律规定。

第 5 章　建设工程咨询法律制度

5.1　建设工程咨询概述

5.1.1　建设工程咨询的概念和特点

1. 建设工程咨询的概念

建设工程咨询是指遵循独立、科学、公正的原则，运用工程技术、科学技术、经济管理和法律法规等多学科知识和经验，为政府部门、项目业主及其他各类客户的工程建设项目决策和实施提供技术、经济、管理、法律等方面咨询的智力服务，包括工程前期决策咨询、规划设计咨询、项目建设实施咨询、运营维护咨询等工作。

工程咨询在国际上已有一百多年的历史，而在我国则是改革开放之后才出现的新事物。伴随着市场经济体制的发展，工程咨询在经济社会发展中起到越来越重要的作用，我国对工程咨询的认识也经历了一系列变化。

20 世纪 80 年代初期，国家开始对建设项目决策实行咨询评估制度，把可行性研究列入基本建设程序，重大项目的可行性研究报告要由国家计委委托中国国际工程咨询公司进行评估，评估通过后再研究是否列入建设计划。加强对前期研究工作的开展，一定程度上提高了投资决策水平。1987 年《建设项目经济评价方法与参数》正式发布，为项目评估提供了依据和指南。1992 年，中国工程咨询协会（CNAEC）正式成立。1993 年 4 月《建设项目经济评价方法与参数》（第二版）发布。1994 年国家计委发布《工程咨询业管理暂行办法》（国家计划委员会令第 2 号）。从此，中国工程咨询业的发展和管理逐步走向规范化、制度化。但此时的工程咨询，大多局限在工程前期决策咨询，即主要从事编制项目建议书、可行性研究报告和项目评估报告等方面的工作。

2001 年国家出台《工程咨询单位资格认定实施办法》，对咨询单位的资质等级、咨询专业、服务范围和认定程序等作出详细规定，促进了工程咨询行业的进一步发展。2004 年《国务院关于投资体制改革的决定》出台，彻底改革不分投资主体、不分资金来源、不分项目性质一律审批的投资管理办法，对于企业不使用政府投资建设的项目，不再实行审批制，而是区别不同情况实行核准制和备案制。国务院 2012 年印发《服务业发展"十二五"规划》，首次将工程咨询服务业列为其中一项专项规划，要求完善市场机制，鼓励工程咨询单位深化体制机制创新，形成以企业为主体的工程咨询服务体系。这时的工程咨询业务范围有了一定的扩大，但由于管理体制的原因，各阶段和各业务的咨询工作之间仍没有打通融合，基本上工程咨询公司主要从事的还是前期咨询工作，由住房和城乡建设部门主管的勘察设计、工程监理、造价咨询也基本是相对独立的业务。

2017年2月21日，《国务院办公厅关于促进建筑业持续健康发展的意见》（国办发〔2017〕19号）在完善工程建设组织模式中提出培育全过程工程咨询，"鼓励投资咨询、勘察、设计、监理、招标代理、造价等企业采取联合经营、并购重组等方式发展全过程工程咨询，培育一批具有国际水平的全过程工程咨询企业。制定全过程工程咨询服务技术标准和合同范本。政府投资工程应带头推行全过程工程咨询，鼓励非政府投资工程委托全过程工程咨询服务。在民用建筑项目中，充分发挥建筑师的主导作用，鼓励提供全过程工程咨询服务。"2017年11月6日，国家发展改革委发布《工程咨询行业管理办法》，对工程咨询的概念和原则、咨询单位和人员管理、行业自律和监督管理等方面的问题进行了明确规定。2019年国家发展改革委、住房和城乡建设部联合发布《关于推进全过程工程咨询服务发展的指导意见》，提出以工程建设环节为重点推进全过程咨询。在房屋建筑、市政基础设施等工程建设中，鼓励建设单位委托咨询单位提供招标代理、勘察、设计、监理、造价、项目管理等全过程咨询服务，满足建设单位一体化服务需求，增强工程建设过程的协同性。此时工程咨询概念的内涵得到了极大扩充，形成了广义的"工程咨询"概念。

2. 建设工程咨询的特点

（1）建设工程咨询业务弹性很大，可以是宏观的、整体的、全过程咨询，也可以是具体的某个阶段、某项内容、某个问题的咨询。

（2）建设工程咨询的服务对象广泛，可以是政府部门、金融机构、企事业单位、社会团体等单位，他们可能是项目的投资方、业主方、承包方、运营方等不同角色，而且每一项咨询任务都是一次性、单独的任务，只有类似性而无重复性。从我国目前的工程咨询实际来看，大多以为投资方和业主方提供咨询服务为主。

（3）建设工程咨询提供智力服务，咨询成果属于非物质产品，如咨询报告、评估报告、技术方案等。工程咨询的成果带有预测性、前瞻性，咨询成果的质量水平除了咨询单位自我评价外，还要接受委托方或外部的验收评价，要经受时间和历史的考验。

（4）建设工程咨询是高度智能化服务，需要多学科知识、技术、经验、方法和信息的集成及创新。工程咨询牵涉面广，包括政治、经济、技术、社会、文化等领域，需要协调和处理各个方面的关系，考虑各种复杂多变的因素。

（5）建设投资项目受相关条件的约束性较强，咨询结果是充分分析、研究各方面约束条件和风险的结果，可以是肯定结论，也可以是否定结论。结论为"项目不可行"的评估报告，也可以是质量优秀的咨询报告。

5.1.2　工程咨询单位和从业人员管理

1. 工程咨询单位管理

根据《工程咨询行业管理办法》（国家发展改革委令第9号），对工程咨询单位实行告知性备案管理。工程咨询单位应当通过全国投资项目在线审批监管平台备案以下信息：

（1）基本情况，包括企业营业执照（事业单位法人证书）、在岗人员及技术力量、从事工程咨询业务年限、联系方式等；

（2）从事的工程咨询专业和服务范围；

（3）备案专业领域的专业技术人员配备情况；

（4）非涉密的咨询成果简介。

工程咨询单位应当保证所备案信息真实、准确、完整。备案信息有变化的，工程咨询单位应及时通过在线平台告知。工程咨询单位基本信息由国家发展改革委通过在线平台向社会公布。

工程咨询业务按照以下专业划分：① 农业、林业；② 水利水电；③ 电力（包含火电、水电、核电、新能源）；④ 煤炭；⑤ 石油、天然气；⑥ 公路；⑦ 铁路、城市轨道交通；⑧ 民航；⑨ 水运（包含港口河海工程）；⑩ 电子、信息工程（包含通信、广电、信息化）；⑪ 冶金（包含钢铁、有色金属）；⑫ 石化、化工、医药；⑬ 核工业；⑭ 机械（包含智能制造）；⑮ 轻工、纺织；⑯ 建材；⑰ 建筑；⑱ 市政公用工程；⑲ 生态建设和环境工程；⑳ 水文地质、工程测量、岩土工程；㉑ 其他（以实际专业为准）。

工程咨询单位订立服务合同和开展相应的咨询业务，应当与备案的专业和服务范围一致。工程咨询单位应当建立健全咨询质量管理制度，建立和实行咨询成果质量、成果文件审核等岗位人员责任制。

工程咨询单位应当和委托方订立书面合同，约定各方权利义务并共同遵守。合同中应明确咨询活动形成的知识产权归属。工程咨询实行有偿服务。工程咨询服务价格由双方协商确定，促进优质优价，禁止价格垄断和恶意低价竞争。

编写咨询成果文件应当依据法律法规、有关发展建设规划、技术标准、产业政策以及政府部门发布的标准规范等。咨询成果文件上应当加盖工程咨询单位公章和咨询工程师（投资）执业专用章。

工程咨询单位对咨询质量负总责。主持该咨询业务的人员对咨询成果文件质量负主要直接责任，参与人员对其编写的篇章内容负责。实行咨询成果质量终身负责制。

承担编制任务的工程咨询单位，不得承担同一事项的评估咨询任务。承担评估咨询任务的工程咨询单位，与同一事项的编制单位、项目业主单位之间不得存在控股、管理关系或者负责人为同一人的重大关联关系。

2. 咨询从业人员管理

（1）国家设立工程咨询（投资）专业技术人员水平评价类执业资格制度。通过咨询工程师（投资）执业资格考试并取得执业资格证书的人员，表明其已具备从事工程咨询（投资）专业技术岗位工作的职业能力和水平。

（2）取得咨询工程师（投资）执业资格证书的人员从事工程咨询工作的，应当选择且仅能同时选择一个工程咨询单位作为其执业单位，进行执业登记并取得登记证书。

（3）咨询工程师（投资）是工程咨询行业的核心技术力量。工程咨询单位应当配备一定数量的咨询工程师（投资）。

（4）国家发展改革委、人力资源和社会保障部按职责分工负责工程咨询（投资）专业技术人员执业资格制度实施的指导、监督、检查工作。中国工程咨询协会具体承担咨询工程师（投资）的管理工作，开展考试、执业登记、继续教育、执业检查等管理事务。

（5）执业登记分为初始登记、变更登记、继续登记和注销登记四类。申请登记的人员，应当选择已通过在线平台备案的工程咨询单位，按照《咨询行业管理办法》划分的专业申请登记。申请人最多可以申请两个专业登记。

（6）申请人登记合格取得《中华人民共和国咨询工程师（投资）登记证书》和执业专用章，登记证书和执业专用章是咨询工程师（投资）的执业证明。登记证书的有效期为3年。

5.1.3　工程咨询服务的范围

根据《工程咨询行业管理办法》（国家发展改革委令第9号），工程咨询服务的范围如下：

（1）规划咨询：包括总体规划、专项规划、区域规划及行业规划的编制。

（2）项目咨询：包括项目投资机会研究、投融资策划，项目建议书（预可行性研究）、项目可行性研究报告、项目申请报告、资金申请报告的编制，政府和社会资本合作（PPP）项目咨询等。

（3）评估咨询：各级政府及有关部门委托的对规划、项目建议书、可行性研究报告、项目申请报告、资金申请报告、PPP项目实施方案、初步设计的评估，规划和项目中期评价、后评价，项目概预决算审查，以及其他履行投资管理职能所需的专业技术服务。

（4）全过程工程咨询：采用多种服务方式组合，为项目决策、实施和运营持续提供局部或整体解决方案以及管理服务。有关工程设计、工程造价、工程监理等资格，由国务院有关主管部门认定。

5.1.4　全过程工程咨询

2017年2月21日，《国务院办公厅关于促进建筑业持续健康发展的意见》（国办发〔2017〕19号）在完善工程建设组织模式中提出了培育全过程工程咨询，这也是在建筑工程的全产业链中首次明确"全过程工程咨询"这一理念。同年5月2日，住房和城乡建设部发布了《关于开展全过程工程咨询试点工作的通知》（建市〔2017〕101号），选择8省市和40家企业开展为期两年的全过程工程咨询试点工作。2019年国家发展改革委、住房和城乡建设部联合发布《关于推进全过程工程咨询服务发展的指导意见》，提出以工程建设环节为重点推进全过程咨询。

1. 全过程工程咨询的概念

《工程咨询行业管理办法》明确，全过程工程咨询是采用多种服务方式组合，为项目决策、实施和运营持续提供局部或整体解决方案以及管理服务。

住房和城乡建设部建筑市场监管司《关于推进全过程工程咨询服务发展的指导意见（征求意见稿）》（建市监函〔2018〕9号）提出，全过程工程咨询服务是对工程建设项目前期研究和决策以及工程项目实施和运行（或称运营）的全生命周期提供包含设计和规划在内的涉及组织、管理、经济和技术等各有关方面的工程咨询服务。全过程工程咨询服务可采用多种组织模式，为项目决策、实施和运营持续提供局部或整体解决方案。

由此可见，全过程工程咨询，涉及建设工程全生命周期内的策划咨询、前期可研、工程设计、招标代理、造价咨询、工程监理、施工前期准备、施工过程管理、竣工验收及运营保修等各个阶段的管理服务。全过程工程咨询具有如下特点：

（1）全过程。围绕项目全生命周期持续提供工程咨询服务，从时间上看涵盖了项目前期研究和决策、项目实施、项目运营三大阶段。

（2）集成化。体现在组织集成和业务集成，整合投资咨询、招标代理、勘察、设计、监理、造价、项目管理等业务资源和专业能力，实现项目组织、管理、经济、技术等全方位一体化。

（3）多方案。采用多种组织模式，为项目提供局部或整体的多种解决方案。

2. 全过程工程咨询的实施方式和要求

根据国家发展改革委、住房和城乡建设部联合发布的《关于推进全过程工程咨询服务发展的指导意见》，工程建设全过程咨询服务应当由一家具有综合能力的咨询单位实施，也可由多家具有招标代理、勘察、设计、监理、造价、项目管理等不同能力的咨询单位联合实施。由多家咨询单位联合实施的，应当明确牵头单位及各单位的权利、义务和责任。要充分发挥政府投资项目和国有企业投资项目的示范引领作用，引导一批有影响力、有示范作用的政府投资项目和国有企业投资项目带头推行工程建设全过程咨询。

全过程咨询单位提供勘察、设计、监理或造价咨询服务时，应当具有与工程规模及委托内容相适应的资质条件。全过程咨询服务单位应当自行完成自有资质证书许可范围内的业务，在保证整个工程项目完整性的前提下，按照合同约定或经建设单位同意，可将自有资质证书许可范围外的咨询业务依法依规择优委托给具有相应资质或能力的单位，全过程咨询服务单位应对被委托单位的委托业务负总责。建设单位选择具有相应工程勘察、设计、监理或造价咨询资质的单位开展全过程咨询服务的，除法律法规另有规定外，可不再另行委托勘察、设计、监理或造价咨询单位。

工程建设全过程咨询项目负责人应当取得工程建设类注册执业资格且具有工程类、工程经济类高级职称，并具有类似工程经验。对于工程建设全过程咨询服务中承担工程勘察、设计、监理或造价咨询业务的负责人，应具有法律法规规定的相应执业资格。全过程咨询服务单位应根据项目管理需要配备具有相应执业能力的专业技术人员和管理人员。设计单位在民用建筑中实施全过程咨询的，要充分发挥建筑师的主导作用。

3. 发展全过程工程咨询的意义

改革开放以来,我国工程咨询服务市场化快速发展,形成了投资咨询、招标代理、勘察、设计、监理、造价、项目管理等专业化的咨询服务业态,部分专业咨询服务建立了执业准入制度,促进了我国工程咨询服务专业化水平的提升。随着我国固定资产投资项目建设水平逐步提高,为更好地实现投资建设意图,投资者或建设单位在固定资产投资项目决策、工程建设、项目运营过程中,对综合性、跨阶段、一体化的咨询服务需求日益增强。

为深化工程领域咨询服务供给侧结构性改革,破解工程咨询市场供需矛盾,必须完善政策措施,创新咨询服务组织实施方式,大力发展以市场需求为导向、满足委托方多样化需求的全过程工程咨询服务模式。特别是要遵循项目周期规律和建设程序的客观要求,在项目决策和建设实施两个阶段,着力破除制度性障碍,重点培育发展投资决策综合性咨询和工程建设全过程咨询,为固定资产投资及工程建设活动提供高质量智力技术服务,全面提升投资效益、工程建设质量和运营效率,推动高质量发展。

传统的建设模式是将建筑项目中的设计、施工、监理等阶段分隔开来,各单位分别负责不同环节和不同专业的工作,这不仅增加了成本,也分割了建设工程的内在联系,在这个过程中由于缺少对全产业链的整体把控,信息流被切断,很容易导致建筑项目管理过程中各种问题的出现以及带来安全和质量隐患,使得业主难以得到完整的建筑产品和服务。实行全过程工程咨询,其高度整合的服务内容在节约投资成本的同时也有助于缩短项目工期,提高服务质量和项目品质,有效地规避了风险,这是政策导向也是行业进步的体现。

5.2 建设工程前期咨询制度

建设工程前期咨询主要是指工程前期决策咨询。我国的建设工程咨询最早起始于前期决策咨询,包括项目建议书、工程可行性研究和工程决策审批等阶段的咨询。

5.2.1 项目建议书制度

1. 项目建议书的概念

项目建议书又称初步可行性研究报告、预可行性研究报告,由项目筹建单位或项目法人根据国民经济的发展、国家和地方中长期规划、产业政策、生产力布局、国内外市场、所在地的内外部条件,就某一具体新建、扩建项目提出的项目建议文件。项目建议书是对拟建项目提出的框架性的总体设想,它要从宏观上论述项目设立的必要性和可能性,把项目投资的设想变为概略的投资建议。项目建议书一般处于投资机会研究之后、可行性研究之前。

项目建议书是由项目投资方向其主管部门上报的文件,主要应用于项目的立项审批工作中。它要从宏观上论述项目建设的必要性和可能性,主要论证项目建设的必要性,初步提出的建设方案和投资估算也比较粗略,投资误差为 20% 左右。项目建议书可以供项目审批机关作出初步决策,它可以减少项目选择的盲目性,为下一步可行性研究打下基础。

另外,对于大中型项目和一些工艺技术复杂、涉及面广、协调量大的项目,以及同时涉及利用外资的项目,只有在项目建议书批准后,才可以开展对外工作。

因此,可以说项目建议书是项目发展周期初始阶段基本情况的汇总,是选择和审批项目的依据,也是编制可行性研究报告的依据。

2. 项目建议书的内容

项目建议书的研究内容包括进行市场调研、对项目建设的必要性和可行性进行研究,对项目产品的市场、项目建设内容、生产技术和设备及重要技术经济指标等进行分析,并对主要原材料的需求量、投资估算、投资方式、资金来源、经济效益等进行初步估算。其主要内容包括:

(1)工程项目提出的必要性和依据

1)阐明拟建项目提出的背景、拟建地点,提出或出具与项目有关的长远规划或行业、地区规划资料,说明项目建设的必要性;

2)对改扩建项目要说明现有企业的情况;

3)对于技术引进和设备进口的项目,还要说明国内外技术及设备的差距与概况以及引进与进口的理由、工艺流程和生产条件的概要等。

(2)关于产品方案、拟建项目规模和建设地点的初步设想

1)产品的市场预测,包括国内外同类产品的生产能力、销售情况分析和预测、产品销售方向和销售价格的初步分析等;

2)说明(初步确定)产品的年产值、一次建成规模和分期建设的设想(改扩建项目还需说明原有生产情况及条件),以及对拟建项目规模经济合理性的评价;

3)产品方案设想,包括主要产品和副产品的规模、质量标准等;

4)建设地点论证,分析项目拟建地点的自然条件和社会条件,论证建设地点是否符合地区布局的要求。

(3)关于资源、交通运输以及其他建设条件和协作关系的初步分析

1)拟利用资源供应的可行性和可靠性;

2)主要协作条件情况、项目拟建地点水电及其他公用设施、地方材料的供应情况分析;

3)对于技术引进和设备进口项目应说明主要原材料、电力、燃料、交通运输、协作配套等方面的要求,以及已具备的条件和资源落实情况。

(4)关于主要工艺技术方案的设想

1)主要生产技术和工艺。如拟引进国外技术,应说明引进的国别以及国内技术与之相比存在的差距,技术来源、技术鉴定及转让等情况;

2）主要专用设备来源。如拟采用国外设备，应说明引进理由以及拟引进设备国外厂商的概况。

（5）关于投资估算和资金筹措的设想

对于投资估算，根据掌握数据的情况可进行详细估算，也可以按单位生产能力或类似企业情况进行估算或匡算。投资估算中应包括建设期利息、投资方向调节税和考虑一定时期内的涨价影响因素确定的涨价预备金，流动资金可参考同类企业条件及利率，说明偿还方式、测算偿还能力。对于技术引进和设备进口项目应估算项目的用汇额度以及其用途，外汇的资金来源与偿还方式，以及国内费用的估算和来源。

（6）关于项目建设进度的安排

1）建设前期工作的安排，应包括涉外项目的询价、考察、谈判、设计等；

2）项目建设需要的时间和生产经营时间。

（7）关于经济效益和社会效益的初步估算

1）计算项目全部投资的内部收益率、贷款偿还期等指标以及其他必要的指标，进行盈利能力、偿还能力初步分析；

2）项目的社会效益和社会影响的初步分析。

（8）有关的初步结论和建议

对于技术引进和设备进口的项目建议书，还应有邀请外国厂商来华进行技术交流的计划、出国考察计划以及可行性分析工作的计划（如聘请外国专家指导或委托咨询的计划）等附件。

3. 项目建议书的编制和审批

受项目所在细分行业、资金规模、建设地区、投资方式等不同影响，项目建议书均有不同侧重。为了保证项目顺利通过地区或者国家发展改革委批准完成立项备案，项目建议书的编制必须由有经验的专业咨询机构协助完成，一些大型项目立项所提交的项目建议书及可行性研究报告必须有注册咨询工程师签字和具有相应资质的咨询单位盖章。

项目建议书要按现行的管理体制、隶属关系，分级审批。原则上，按隶属关系，经主管部门提出意见，再由主管部门上报，或与综合部门联合上报，或分别上报。审批权限如下：

（1）大中型基本建设项目、限额以上更新改造项目

该类项目应委托有资质的工程咨询、设计单位初评后，经省、自治区、直辖市、计划单列市发展改革委及行业归口主管部门初审后，报国家发展改革委审批，其中特大型项目（总投资4亿元以上的交通、能源、原材料项目，2亿元以上的其他项目）由国家发展改革委审核后报国务院审批。总投资在限额以上的外商投资项目，项目建议书分别由省发展改革委、行业主管部门初审后，报国家发展改革委会同对外经贸部等有关部门审批；超过1亿美元的重大项目，上报国务院审批。

（2）小型基本建设项目、限额以下更新改造项目

1）小型项目中总投资额在1000万元以上的内资项目，总投资额在500万美元以上的生产性外资项目、300万美元以上的非生产性利用外资项目，项目建议书由地方或国务院有关部门审批。

2）总投资额在1000万元以下的内资项目、总投资额在500万美元以下的非生产性利用外资项目，本着简化程序的原则，若项目建设内容比较简单，也可直接编报可行性研究报告。

5.2.2 工程可行性研究制度

1. 可行性研究的概念

可行性研究是在项目建议书被批准后，对项目在技术上和经济上是否可行所进行的科学分析和论证。可行性研究是建立在调查研究的基础上，以预测为前提，以投资效果为目的，从技术上、经济上、管理上进行全面综合分析研究的方法，通过市场分析、技术分析、财务分析和国民经济分析，对各种投资项目的技术可行性与经济合理性进行综合评价。

可行性研究的基本任务是对新建或改建项目的主要问题，从技术、经济角度进行全面的分析研究，并对其投产后的经济效果进行预测，在既定范围内进行方案论证，以便最合理地利用资源，达到预定的社会效益和经济效益。可行性研究必须从系统总体出发，对技术、经济、财务、商业以至环境保护、法律等多个方面进行分析和论证，以确定建设项目是否可行，为正确进行投资决策提供科学依据。

可行性研究自20世纪30年代美国开发田纳西河流域开始采用以后，已逐步形成一套较为完整的理论、程序和方法。1978年联合国工业发展组织编制了《工业可行性研究编制手册》。1980年，该组织与阿拉伯国家工业发展中心共同编制了《工业项目评价手册》。中国从1982年开始，已将可行性研究列为基本建设中的一项重要程序。

2. 可行性研究的依据、阶段和作用

（1）可行性研究的依据

可行性研究的主要依据包括：① 项目建议书（或初步可行性研究报告）及其批复文件；② 国家和地方的经济和社会发展规划、行业部门的发展规划；③ 有关法律、法规和政策；④ 有关机构发布的工程建设方面的标准、规范、定额；⑤ 拟建厂（场）址的自然、经济、社会概况等基础资料；⑥ 合资、合作项目各方签订的协议书或意向书；⑦ 与拟建项目有关的各种市场信息资料或社会公众要求等。

（2）可行性研究的阶段

可行性研究过程是一个逐步深入的过程，一般要经过机会研究、初步可行性研究和可行性研究三个阶段。机会研究的任务主要是为建设项目投资提出建议，寻找最有利的投资机会。有许多工程项目在机会研究之后，还不能决定取舍，需要进行比较详细的可

行性研究，然而这是一项既费时又费钱的工作。所以在决定要不要开展正式可行性研究之前，往往需要进行初步可行性研究，它是机会研究和正式可行性研究的中间环节。初步可行性研究可能出现四种结果，即：① 肯定，项目可以确立；② 转入正式可行性研究，进行更深入、更详细的分析研究；③ 展开专题研究，如市场考察、实验室试验、中间工厂试验等；④ 否定，项目应该放弃。

（3）可行性研究的主要作用

可行性研究的主要作用表现在：① 是项目投资决策的依据；② 是筹措资金和申请贷款的依据；③ 是编制初步设计文件和工程概算的依据；④ 是与建设项目承包商、供应商签订合同、协议的依据。

3. 可行性研究的内容

可行性研究是建设项目决策阶段最重要的工作。可行性研究的过程是深入调查研究的过程，也是多方案比较选择的过程，应体现预见性、客观公正性、可靠性和科学性的原则。

工业项目可行性研究报告一般包括如下内容：

（1）总论：项目的投资背景、投资的必要性和经济意义、研究工作的依据和范围；

（2）需求预测和拟建规模；

（3）资源、原材料、燃料和公用设施情况；

（4）建厂条件和厂址方案；

（5）设计方案；

（6）环境保护；

（7）企业组织、劳动定员和人员培训估算；

（8）实施进度的建议；

（9）投资估算和资金筹措；

（10）社会及经济效果评价。

4. 可行性研究的实施与项目评估

（1）可行性研究的实施

由于可行性研究内容广泛、涉及面宽、专业技术水平要求高，研究方法灵活多样，需要多学科专业人员的配合，一般需要委托给具有相应资质的工程咨询单位进行。

从工程咨询单位的角度来看，可行性研究的实施程序一般包括：接受委托书；组建研究小组；事前调查；编制研究计划；签订合同或协议；正式调查；分析研究、优化和选择方案；编制可行性研究报告。

（2）项目评估

项目评估就是在直接投资活动中，在对投资项目进行可行性研究的基础上，从企业整体角度对拟投资建设项目的计划、设计、实施方案进行全面的技术经济论证和评价，从而确定投资项目未来发展的前景。简单地说，项目评估就是在项目决策之前对项目的可行性研究报告及其所选方案进行的系统评估。

（3）可行性研究与项目评估的异同

项目评估与可行性研究既有相同点，也有不同。相同之处是二者的评估目的相同、评估基础相同、评估基本方法与主要指标的计算方法类同。二者的不同之处主要表现在：

1）承担的主体不同。可行性研究通常由项目投资者或项目主管部门来主持，通常委托给专业设计或咨询单位进行，受托单位只对项目投资者负责；项目评估一般由项目投资决策机构或项目贷款银行主持和负责。主持评估的机构既可自行组织评估，也可委托专门咨询单位进行。

2）评价的角度不同。可行性研究一般要从企业（微观）角度去考察项目的盈利能力，着重讲求投资项目的微观效益；而国家投资决策部门主持的项目评估，主要从宏观经济和社会的角度去评价项目的经济和社会效益，侧重于项目的宏观评价。贷款银行则主要从项目还贷能力的角度，评价项目融资主体的信用状况及还贷能力。

3）评估的目的不同。可行性研究除了对项目的合理性、可行性、必要性进行分析、论证外，还必须为建设项目规划多种方案，并从工程、技术经济方面对这些方案进行比较和选择，从中选出最佳方案作为投资决策方案；而项目评估一般则可以借助可行性研究的成果，并且不必为项目设计多个实施方案，其主要任务是对项目可行性研究报告的全部内容，包括所选择的各种方案进行系统的审查、核实，并提出评估结论和建议。

5.2.3　建设工程投资决策审批制度

1. 建设工程投资决策的分类管理

根据《国务院关于投资体制改革的决定》（国发〔2004〕20号），政府投资项目和非政府投资项目分别实行审批制、核准制或登记备案制。政府投资项目实行审批制；非政府投资项目实行核准或登记备案制。

（1）政府投资项目。对于采用直接投资和资本金注入方式的政府投资项目，政府需要从投资决策的角度审批项目建议书和可行性研究报告，除特殊情况外不再审批开工报告，同时还要严格审批其初步设计和概算，对于采用投资补助、转贷和贷款贴息方式的政府投资项目，则只审批资金申请报告。

（2）非政府投资项目。对于企业不使用政府资金投资建设的项目，政府不再进行投资决策性质的审批，区别不同情况实行核准制或登记备案制，不需要政府审批可行性研究报告，但这并不意味着企业不需要编制可行性研究报告。在企业自主决策、自担风险的情况下，可行性研究是项目决策的重要依据，仍要十分重视。

2. 政府投资项目的决策审批管理制度

为了充分发挥政府投资作用，提高政府投资效益，规范政府投资行为，激发社会投资活力，2018年12月国务院颁布了《政府投资条例》（国务院令第712号），自2019年7月1日起实施。

《政府投资条例》规定，政府采取直接投资方式、资本金注入方式投资的项目（以下统称"政府投资项目"），项目单位应当编制项目建议书、可行性研究报告、初步设计，按照政府投资管理权限和规定的程序，报投资主管部门或者其他有关部门审批。项目单位应当加强政府投资项目的前期工作，保证前期工作的深度达到规定的要求，并对项目建议书、可行性研究报告、初步设计以及依法应当附具的其他文件的真实性负责。

除涉及国家秘密的项目外，投资主管部门和其他有关部门应当通过投资项目在线审批监管平台（以下简称"在线平台"），使用在线平台生成的项目代码办理政府投资项目审批手续。投资主管部门和其他有关部门应当通过在线平台列明与政府投资有关的规划、产业政策等，公开政府投资项目审批的办理流程、办理时限等，并为项目单位提供相关咨询服务。

投资主管部门或者其他有关部门应当根据国民经济和社会发展规划、相关领域专项规划、产业政策等，从下列方面对政府投资项目进行审查，作出是否批准的决定：

（1）项目建议书提出的项目建设的必要性；

（2）可行性研究报告分析的项目的技术经济可行性、社会效益以及项目资金等主要建设条件的落实情况；

（3）初步设计及其提出的投资概算是否符合可行性研究报告批复以及国家有关标准和规范的要求；

（4）依照法律、行政法规和国家有关规定应当审查的其他事项。

投资主管部门或者其他有关部门对政府投资项目不予批准的，应当书面通知项目单位并说明理由。

对经济社会发展、社会公众利益有重大影响或者投资规模较大的政府投资项目，投资主管部门或者其他有关部门应当在中介服务机构评估、公众参与、专家评议、风险评估的基础上作出是否批准的决定。

经投资主管部门或者其他有关部门核定的投资概算是控制政府投资项目总投资的依据。初步设计提出的投资概算超过经批准的可行性研究报告提出的投资估算10%的，项目单位应当向投资主管部门或者其他有关部门报告，投资主管部门或者其他有关部门可以要求项目单位重新报送可行性研究报告。

对下列政府投资项目，可以按照国家有关规定简化需要报批的文件和审批程序：

（1）相关规划中已经明确的项目；

（2）部分扩建、改建项目；

（3）建设内容单一、投资规模较小、技术方案简单的项目；

（4）为应对自然灾害、事故灾难、公共卫生事件、社会安全事件等突发事件需要紧急建设的项目。

3. 企业投资项目的核准和备案管理制度

2016年10月国务院颁布了《企业投资项目核准和备案管理条例》（国务院令第673号），

自 2017 年 2 月 1 日起施行。其中规定"对关系国家安全、涉及全国重大生产力布局、战略性资源开发和重大公共利益等项目，实行核准管理。具体项目范围以及核准机关、核准权限依照政府核准的投资项目目录执行。政府核准的投资项目目录由国务院投资主管部门会同国务院有关部门提出，报国务院批准后实施，并适时调整。国务院另有规定的，依照其规定。对前款规定以外的项目，实行备案管理。除国务院另有规定的，实行备案管理的项目按照属地原则备案，备案机关及其权限由省、自治区、直辖市和计划单列市人民政府规定。"

企业办理项目核准手续，应当向核准机关提交项目申请书；由国务院核准的项目，向国务院投资主管部门提交项目申请书。项目申请书应当包括下列内容：

（1）企业基本情况；

（2）项目情况，包括项目名称、建设地点、建设规模、建设内容等；

（3）项目利用资源情况分析以及对生态环境的影响分析；

（4）项目对经济和社会的影响分析。

企业应当对项目申请书内容的真实性负责。法律、行政法规规定办理相关手续作为项目核准前置条件的，企业应当提交已经办理相关手续的证明文件。

核准机关应当从下列方面对项目进行审查：① 是否危害经济安全、社会安全、生态安全等国家安全；② 是否符合相关发展建设规划、技术标准和产业政策；③ 是否合理开发并有效利用资源；④ 是否对重大公共利益产生不利影响。项目涉及有关部门或者项目所在地地方人民政府职责的，核准机关应当书面征求其意见，被征求意见单位应当及时书面回复。

核准机关应当自受理申请之日起 20 个工作日内，作出是否予以核准的决定；项目情况复杂或者需要征求有关单位意见的，经本机关主要负责人批准，可以延长核准期限，但延长的期限不得超过 40 个工作日。核准机关委托中介服务机构对项目进行评估的，评估时间不计入核准期限。

核准机关对项目予以核准的，应当向企业出具核准文件；不予核准的，应当书面通知企业并说明理由。由国务院核准的项目，由国务院投资主管部门根据国务院的决定向企业出具核准文件或者不予核准的书面通知。

实行备案管理的项目，企业应当在开工建设前通过在线平台将下列信息告知备案机关：

（1）企业基本情况；

（2）项目名称、建设地点、建设规模、建设内容；

（3）项目总投资额；

（4）项目符合产业政策的声明。

企业应当对备案项目信息的真实性负责。备案机关收到本条第一款规定的全部信息即为备案；企业告知的信息不齐全的，备案机关应当指导企业补正。

5.3　建设工程勘察设计制度

根据《国民经济行业分类》GB/T 4754—2017，建设工程勘察、设计、监理、工程项目管理服务等均属于第三产业的专业技术与服务业，而不属于第二产业的建筑业。因为它们不是物质生产部门，而是为相关方提供以智力成果为特征的咨询管理服务。从国际惯例上来看，建筑工程勘察设计也都归属于咨询服务的范畴。但从具体的行业管理工作上来看，建设工程勘察、设计、监理等主要还是由建设行政主管部门进行监督管理。

从工程项目建设的全过程来看，建设工程的勘察设计是一个重要阶段，是对项目进行充分策划和设计的过程，决定了项目的功能和使用价值，明确项目建设的具体内容，对项目的很多方面具有重要的影响。而从勘察设计的立法上来看，目前还没有专门的国家法律，层级效力最高的是行政法规——《建设工程勘察设计管理条例》（2000年9月25日中华人民共和国国务院令第293号公布，2015年6月12日修订）。此外，部分其他法律法规也有一些对勘察设计活动的规定。本节主要介绍《建设工程勘察设计管理条例》。

5.3.1　建设工程勘察设计基本规定

1. 建设工程勘察设计的概念

根据《建设工程勘察设计管理条例》的规定，从事建设工程勘察、设计活动，必须遵守本条例。

本条例所称建设工程勘察，是指根据建设工程的要求，查明、分析、评价建设场地的地质地理环境特征和岩土工程条件，编制建设工程勘察文件的活动。

本条例所称建设工程设计，是指根据建设工程的要求，对建设工程所需的技术、经济、资源、环境等条件进行综合分析、论证，编制建设工程设计文件的活动。

2. 建设工程勘察设计的原则

建设工程勘察、设计应当与社会、经济发展水平相适应，做到经济效益、社会效益和环境效益相统一。

从事建设工程勘察、设计活动，应当坚持先勘察、后设计、再施工的原则。

国家鼓励在建设工程勘察、设计活动中采用先进技术、先进工艺、先进设备、新型材料和现代管理方法。

3. 资质资格管理

国家对从事建设工程勘察、设计活动的单位，实行资质管理制度。具体办法由国务院建设行政主管部门商国务院有关部门制定。建设工程勘察、设计单位应当在其资质等级许可的范围内承揽建设工程勘察、设计业务。禁止建设工程勘察、设计单位超越其资质等级许可的范围或者以其他建设工程勘察、设计单位的名义承揽建设工程勘察、设计业务。禁止建设工程勘察、设计单位允许其他单位或者个人以本单位的名义承揽建设工程勘察、设计业务。

国家对从事建设工程勘察、设计活动的专业技术人员，实行执业资格注册管理制度。未经注册的建设工程勘察、设计人员，不得以注册执业人员的名义从事建设工程勘察、设计活动。建设工程勘察、设计注册执业人员和其他专业技术人员只能受聘于一个建设工程勘察、设计单位；未受聘于建设工程勘察、设计单位的，不得从事建设工程的勘察、设计活动。

4. 监督管理

国务院建设行政主管部门对全国的建设工程勘察、设计活动实施统一监督管理。国务院铁路、交通、水利等有关部门按照国务院规定的职责分工，负责对全国的有关专业建设工程勘察、设计活动的监督管理。县级以上地方人民政府建设行政主管部门对本行政区域内的建设工程勘察、设计活动实施监督管理。县级以上地方人民政府交通、水利等有关部门在各自的职责范围内，负责对本行政区域内的有关专业建设工程勘察、设计活动的监督管理。

建设工程勘察、设计单位在建设工程勘察、设计资质证书规定的业务范围内跨部门、跨地区承揽勘察、设计业务的，有关地方人民政府及其所属部门不得设置障碍，不得违反国家规定收取任何费用。

县级以上人民政府建设行政主管部门或者交通、水利等有关部门应当对施工图设计文件中涉及公共利益、公众安全、工程建设强制性标准的内容进行审查。施工图设计文件未经审查批准的，不得使用。

5.3.2　建设工程勘察设计发包与承包

1. 发包规定

建设工程勘察、设计发包依法实行招标发包或者直接发包。建设工程勘察、设计应当依照《中华人民共和国招标投标法》的规定，实行招标发包。

下列建设工程的勘察、设计，经有关主管部门批准，可以直接发包：

（1）采用特定的专利或者专有技术的；

（2）建筑艺术造型有特殊要求的；

（3）国务院规定的其他建设工程的勘察、设计。

发包方不得将建设工程勘察、设计业务发包给不具有相应勘察、设计资质等级的建设工程勘察、设计单位。

发包方可以将整个建设工程的勘察、设计发包给一个勘察、设计单位；也可以将建设工程的勘察、设计分别发包给几个勘察、设计单位。

2. 承包规定

除建设工程主体部分的勘察、设计外，经发包方书面同意，承包方可以将建设工程其他部分的勘察、设计再分包给其他具有相应资质等级的建设工程勘察、设计单位。

建设工程勘察、设计单位不得将所承揽的建设工程勘察、设计转包。

承包方必须在建设工程勘察、设计资质证书规定的资质等级和业务范围内承揽建设工程的勘察、设计业务。

3. 建设工程勘察、设计方案评标

建设工程勘察、设计方案评标，应当以投标人的业绩、信誉和勘察、设计人员的能力以及勘察、设计方案的优劣为依据，进行综合评定。

建设工程勘察、设计的招标人应当在评标委员会推荐的候选方案中确定中标方案。但是，建设工程勘察、设计的招标人认为评标委员会推荐的候选方案不能最大限度满足招标文件规定的要求的，应当依法重新招标。

4. 其他规定

建设工程勘察、设计的发包方与承包方，应当执行国家规定的建设工程勘察、设计程序。

建设工程勘察、设计的发包方与承包方应当签订建设工程勘察、设计合同。

建设工程勘察、设计的发包方与承包方应当执行国家有关建设工程勘察费、设计费的管理规定。

【案例 5-1】

背景：在某房地产开发项目中，业主向施工承包商提供了地质勘察报告，证明地下土质很好。承包商据此作施工方案，用挖方的余土作为通往住宅区道路基础的填方。由于基础开挖施工时正值雨季，开挖后土方潮湿且易碎，不符合道路填筑要求。承包商不得不将余土外运，另外取土作为道路填方材料。对此承包商提出索赔要求。

问题：工程师是否应当批准其索赔，并说明理由。

【评析】

工程师不应批准该索赔要求，理由：填方的取土作为承包商的施工方案，因受到气候条件的影响而改变，不能提出索赔要求。在本案例中因业主提供的地质报告有误，地下土质过差不能用于填方，承包商不能因为另外取土而提出索赔要求。首先，合同规定承包商对业主提供的水文地质资料的理解负责，而地下土质可用于填方，这是承包商对地质报告的理解，应由承包商负责；其次，取土填方作为承包商的施工方案，也应由承包商负责。

5.3.3　建设工程勘察设计文件的编制与实施

1. 勘察设计文件的编制依据

编制建设工程勘察、设计文件，应当以下列规定为依据：

（1）项目批准文件；

（2）城乡规划；

（3）工程建设强制性标准；

（4）国家规定的建设工程勘察、设计深度要求。

铁路、交通、水利等专业建设工程，还应当以专业规划的要求为依据。

2. 勘察设计文件的编制要求

（1）编制的建设工程勘察文件应当真实、准确，满足建设工程规划、选址、设计、岩土治理和施工的需要。

（2）编制方案设计文件，应当满足编制初步设计文件和控制概算的需要。

（3）编制初步设计文件，应当满足编制施工招标文件、主要设备材料订货和编制施工图设计文件的需要。

（4）编制施工图设计文件，应当满足设备材料采购、非标准设备制作和施工的需要，并注明建设工程合理使用年限。

（5）设计文件中选用的材料、构配件、设备，应当注明其规格、型号、性能等技术指标，其质量要求必须符合国家规定的标准。

（6）除有特殊要求的建筑材料、专用设备和工艺生产线等外，设计单位不得指定生产厂、供应商。

3. 勘察设计文件的实施

（1）建设单位、施工单位、监理单位不得修改建设工程勘察、设计文件；确需修改建设工程勘察、设计文件的，应当由原建设工程勘察、设计单位修改。经原建设工程勘察、设计单位书面同意，建设单位也可以委托其他具有相应资质的建设工程勘察、设计单位修改。修改单位对修改的勘察、设计文件承担相应责任。

（2）施工单位、监理单位发现建设工程勘察、设计文件不符合工程建设强制性标准、合同约定的质量要求的，应当报告建设单位，建设单位有权要求建设工程勘察、设计单位对建设工程勘察、设计文件进行补充、修改。

（3）建设工程勘察、设计文件内容需要作重大修改的，建设单位应当报经原审批机关批准后，方可修改。

（4）建设工程勘察、设计文件中规定采用的新技术、新材料，可能影响建设工程质量和安全，又没有国家技术标准的，应当由国家认可的检测机构进行试验、论证，出具检测报告，并经国务院有关部门或者省、自治区、直辖市人民政府有关部门组织的建设工程技术专家委员会审定后，方可使用。

（5）建设工程勘察、设计单位应当在建设工程施工前，向施工单位和监理单位说明建设工程勘察、设计意图，解释建设工程勘察、设计文件。

（6）建设工程勘察、设计单位应当及时解决施工中出现的勘察、设计问题。

【案例5-2】

背景：某学校需要扩大校舍。经校方商讨决定，不做勘察，将4年前为第一个校舍所做的勘察成果提供给设计院作为设计依据，设计院根据校方的要求和设计资料、规范等文件进行设计。校方将该工程的施工任务委托给李某所带的施工队进行施工，经过紧张施工，在2014年2月竣工完成，4月投入使用。

校舍建成后使用1年就发现北墙地基沉陷明显，北墙墙体多处开裂，根据质量保修书的规定，校方与李某交涉，李某认为不是自身原因造成的，不予返修。该学校一纸诉状将李某告上法庭,请求判定李某按照施工质量保修的有关规定承担质量责任。李某不服，最终该案件进行了开庭审理。

问题：试分析质量责任应由谁承担？

【评析】

（1）质量责任应由建设方承担，设计方也应承担部分责任。根据《建筑法》第五十四条规定："建设单位不得以任何理由要求建筑设计单位或者施工单位在工程设计或者施工作业中违反法律、行政法规和建筑工程质量、安全标准，降低工程质量。"该学校为节省投资，坚持不做勘察，违反了法律规定，对该工程质量应承担主要责任。

（2）设计方也有责任。《建筑法》第五十四条还规定："建筑设计单位和建筑施工企业对建设单位违反规定提出的降低工程质量的要求，应当予以拒绝。"因此，由于设计单位对于建设单位的不合理要求没有予以拒绝，应该承担次要质量责任。

5.4 建设工程造价咨询制度

工程造价咨询是指面向社会接受委托，承担建设项目的全过程、动态的造价管理，包括可行性研究、投资估算、项目经济评价、工程概算与预算、工程结算、工程竣工决算、工程招标标底、投标报价的编制和审核、对工程造价进行监管以及提供有关工程造价信息资料等业务工作。我国工程造价咨询行业是伴随基建投资管理体制的改革而逐步发展起来的，投资主体多元化以及承包商队伍的大量涌现打破了国家为单一业主、国有施工企业为唯一承包商的格局。业主和承包商利益对立局面的出现，客观上要求第三方公正地提供双方能够接受的工程建造成本，工程造价咨询服务行业应运而生。

建设部于1996年颁布了《工程造价咨询单位资质管理办法》和《造价工程师执业资格制度暂行规定》，审批了一批工程造价咨询单位资质，建立了造价工程师执业资格制度。2006年，建设部颁布了《工程造价咨询企业管理办法》（建设部令第149号）和《注册造价工程师管理办法》（建设部令第150号),这是建设工程造价咨询业的两个重要部门规章，并经2015年5月4日住房和城乡建设部令第24号，2016年9月13日住房和城乡建设部令第32号，2020年2月19日住房和城乡建设部令第50号分别修正。

5.4.1 建设工程造价咨询业务范围

（1）建设项目建议书及可行性研究投资估算、项目经济评价报告的编制和审核。

（2）建设项目概预算的编制与审核，并配合设计方案比选、优化设计、限额设计等工作进行工程造价分析与控制。

（3）建设项目合同价款的确定（包括招标工程工程量清单和标底、投标报价的编制和审核）；合同签订与调整（包括工程变更、工程洽商和索赔费用的计算）及工程款支付，工程结算及竣工结（决）算报告的编制与审核等。

（4）工程造价经济纠纷的鉴定和仲裁的咨询。

（5）提供工程造价信息服务等。

工程造价咨询企业可以对建设项目的组织实施进行全过程或者若干阶段的管理和服务。

5.4.2 建设工程造价咨询企业资质等级标准与许可

工程造价咨询企业是指接受委托对建设项目投资、工程造价的确定与控制提供专业咨询服务的企业。工程造价咨询企业资质等级分为甲级、乙级。

1. 甲级工程造价咨询企业资质标准

（1）已取得乙级工程造价咨询企业资质证书满3年。

（2）技术负责人已取得一级造价工程师注册证书，并具有工程或工程经济类高级专业技术职称，且从事工程造价专业工作15年以上。

（3）专职从事工程造价专业工作的人员（以下简称专职专业人员）不少于12人，其中，具有工程（或工程经济类）中级以上专业技术职称或者取得二级造价工程师注册证书的人员合计不少于10人；取得一级造价工程师注册证书的人员不少于6人，其他人员具有从事工程造价专业工作的经历。

（4）企业与专职专业人员签订劳动合同，且专职专业人员符合国家规定的职业年龄（出资人除外）。

（5）企业近3年工程造价咨询营业收入累计不低于人民币500万元。

（6）企业为本单位专职专业人员办理的社会基本养老保险手续齐全。

（7）在申请核定资质等级之日前3年内无《工程造价咨询企业管理办法》第二十五条禁止的行为。

2. 乙级工程造价咨询企业资质标准

（1）技术负责人已取得一级造价工程师注册证书，并具有工程或工程经济类高级专业技术职称，且从事工程造价专业工作10年以上。

（2）专职专业人员不少于6人，其中，具有工程（或工程经济类）中级以上专业技术职称或者取得二级造价工程师注册证书的人员合计不少于4人；取得一级造价工程师注册证书的人员不少于3人，其他人员具有从事工程造价专业工作的经历。

（3）企业与专职专业人员签订劳动合同，且专职专业人员符合国家规定的职业年龄（出资人除外）。

（4）企业为本单位专职专业人员办理的社会基本养老保险手续齐全。

（5）暂定期内工程造价咨询营业收入累计不低于人民币 50 万元。

（6）申请核定资质等级之日前无《工程造价咨询企业管理办法》第二十五条禁止的行为。

3. 资质许可

（1）申请甲级工程造价咨询企业资质的，由国务院住房和城乡建设主管部门审批。申请乙级工程造价咨询企业资质的，由省、自治区、直辖市人民政府住房和城乡建设主管部门审查决定。其中，申请有关专业乙级工程造价咨询企业资质的，由省、自治区、直辖市人民政府住房和城乡建设主管部门商同级有关专业部门审查决定。

（2）新申请工程造价咨询企业资质的，其资质等级按照乙级工程造价咨询企业资质标准前 4 项所列资质标准核定为乙级，设暂定期 1 年。暂定期届满需继续从事工程造价咨询活动的，应当在暂定期届满 30 日前，向资质许可机关申请换发资质证书。符合乙级资质条件的，由资质许可机关换发资质证书。

（3）准予资质许可的，资质许可机关应当向申请人颁发工程造价咨询企业资质证书。工程造价咨询企业资质证书由国务院住房和城乡建设主管部门统一印制，分正本和副本。正本和副本具有同等法律效力。

（4）工程造价咨询企业资质有效期为 3 年。资质有效期届满，需要继续从事工程造价咨询活动的，应当在资质有效期届满 30 日前向资质许可机关提出资质延续申请。资质许可机关应当根据申请作出是否准予延续的决定。准予延续的，资质有效期延续 3 年。

（5）工程造价咨询企业的名称、住所、组织形式、法定代表人、技术负责人、注册资本等事项发生变更的，应当自变更确立之日起 30 日内，到资质许可机关办理资质证书变更手续。

（6）工程造价咨询企业合并的，合并后存续或者新设立的工程造价咨询企业可以承继合并前各方中较高的资质等级，但应当符合相应的资质等级条件。工程造价咨询企业分立的，只能由分立后的一方承继原工程造价咨询企业资质，但应当符合原工程造价咨询企业资质等级条件。

5.4.3 建设工程造价咨询管理

1. 依法开展造价咨询活动

（1）工程造价咨询企业从事工程造价咨询活动，应当遵循独立、客观、公正、诚实信用的原则，不得损害社会公共利益和他人的合法权益。任何单位和个人不得非法干预依法进行的工程造价咨询活动。

（2）工程造价咨询企业应当依法取得工程造价咨询企业资质，并在其资质等级许可的范围内从事工程造价咨询活动。工程造价咨询企业依法从事工程造价咨询活动，不受行政区域限制。工程造价咨询企业跨省、自治区、直辖市承接工程造价咨询业务的，应当自承接业务之日起 30 日内到建设工程所在地省、自治区、直辖市人民政府住房和城乡建设主管部门备案。

甲级工程造价咨询企业可以从事各类建设项目的工程造价咨询业务。乙级工程造价咨询企业可以从事工程造价 2 亿元人民币以下各类建设项目的工程造价咨询业务。

2. 工程造价咨询合同与成果文件

（1）工程造价咨询企业在承接各类建设项目的工程造价咨询业务时，应当与委托人订立书面工程造价咨询合同。工程造价咨询企业与委托人可以参照《建设工程造价咨询合同（示范文本）》订立合同。工程造价咨询收费应当按照有关规定，由当事人在建设工程造价咨询合同中约定。

（2）工程造价咨询企业从事工程造价咨询业务，应当按照有关规定的要求出具工程造价成果文件。工程造价成果文件应当由工程造价咨询企业加盖有企业名称、资质等级及证书编号的执业印章，并由执行咨询业务的注册造价工程师签字、加盖执业印章。

3. 禁止性行为

工程造价咨询企业不得有下列行为：

（1）涂改、倒卖、出租、出借资质证书，或者以其他形式非法转让资质证书；

（2）超越资质等级业务范围承接工程造价咨询业务；

（3）同时接受招标人和投标人或两个以上投标人对同一工程项目的工程造价咨询业务；

（4）以给予回扣、恶意压低收费等方式进行不正当竞争；

（5）转包承接的工程造价咨询业务；

（6）法律、法规禁止的其他行为。

5.5 建设工程监理制度

我国从 1988 年开始试行工程监理制度，1997 年 12 月《中华人民共和国建筑法》（自 1998 年 3 月 1 日起实施，以下简称为《建筑法》）出台，明确规定国家推行建筑工程监理制度，确立了监理制度的法律地位，使监理成为工程建设活动中重要的一方主体。经过三十多年的发展，我国监理制度在工程建设中发挥了巨大作用，取得了巨大成就，并随着经济社会发展和建筑业改革的深入，不断改革、探索、创新和完善。

5.5.1 建设工程监理的基本含义

根据《建设工程监理规范》GB/T 50319—2013，建设工程监理是指工程监理单位受建设单位委托，根据法律法规、工程建设标准、勘察设计文件及合同，在施工阶段对建设工程质量、进度、造价进行控制，对合同、信息进行管理，对工程建设相关方的关系进行协调，并履行建设工程安全生产管理法定职责的服务活动。

　　建设工程监理是一项具有中国特色的工程建设管理制度，建设工程监理的概念要从监理性质、监理依据和监理工作内容三个要点来理解。

1. 建设工程监理的性质

　　（1）服务性。服务性的含义是运用规划、控制、协调方法，控制建设工程的投资、进度和质量，最终应当达到的基本目的是协助建设单位在计划的目标内将建设工程建成投入使用。服务性是监理最基本的性质，也是区别于建设单位和施工单位的突出性质。

　　（2）科学性。科学性主要表现在工程监理企业应当由组织管理能力强、工程建设经验丰富的人员担任领导；应当有足够数量的、有丰富管理经验和应变能力的监理工程师组成的骨干队伍；要有一套健全的管理制度；要有现代化的管理手段；要掌握先进的管理理论、方法和手段；要积累足够的技术、经济资料和数据；要有科学的工作态度和严谨的工作作风；要实事求是、创造性地开展工作。

　　（3）独立性。独立性要求工程监理单位在委托监理的工程中，与承建单位不得有隶属关系和其他利害关系；在开展工程监理的过程中，必须建立自己的组织，按照自己的工作计划、程序、流程、方法、手段，根据自己的判断，独立地开展工作。

　　（4）公平性。公平性要求工程监理企业客观、公平地对待监理的委托单位和承建单位，特别是当这两方发生利益冲突或者矛盾时，工程监理企业应以事实为依据，以法律和有关合同为准绳，在维护建设单位的合法权益时，不损害承建单位的合法权益。

2. 建设工程监理的依据

　　（1）法律法规。法律法规主要是指与工程建设活动有关的法律法规。如《建筑法》《招标投标法》《建设工程质量管理条例》《建设工程安全生产管理条例》等。法律法规是监理单位和工程建设各方主体都应当遵循的基本活动准则。

　　（2）工程建设标准。技术标准分为强制性标准和推荐性标准。强制性标准是各参建单位都必须执行的标准，而推荐性标准则是可以自主决定是否采用的标准。通常情况下，建设单位如要求采用推荐性标准，应当与设计单位或施工单位在合同中予以明确约定。经合同约定采用的推荐性标准，对合同当事人同样具有法律约束力，设计或施工未达到该标准，将构成违约行为。工程建设标准包括各类规范、规程、标准、定额等，是工程监理的依据之一。

　　（3）勘察设计文件。我国监理主要发生在施工阶段，勘察设计文件是工程监理的直接依据。施工单位的任务是按照施工图设计文件进行施工。如果施工单位没有按照设计要求去修建工程就构成违约，如果擅自修改设计则构成违法。因此，勘察设计文件是监理的依据之一。

　　（4）建设工程监理合同及其他合同文件。建设工程监理合同规定了建设单位和监理单位的权利和义务，是监理单位开展监理活动的前提和依据。其他合同文件主要是指建设单位和承建单位订立的建设工程承包合同，也是当事人必须履行的义务。工程监理单位有权利也有义务监督检查承建单位是否按照合同约定履行这些义务。因此，建设工程监理合同及其他合同文件也是工程监理的重要依据之一。

3. 建设工程监理的工作内容

监理单位的主要工作是代表建设单位在施工阶段对建设工程质量、进度、造价进行控制，对合同、信息进行管理，对工程建设相关方的关系进行协调，即："三控制、两管理、一协调"，同时还要依据《建设工程安全生产管理条例》等法规、政策，履行建设工程安全生产管理的法定职责。因此，监理工作内容又有"三控制、三管理、一协调"的说法。

建设工程质量、进度和造价是工程项目的三大目标，建设工程监理的最终目的是通过监理工程师谨慎而勤奋的工作，协助建设单位实现这三大目标，因此建设工程质量控制、进度控制和造价控制也是监理工作的中心任务，其他工作都是围绕和服务于"三控制"展开的。

5.5.2　实行建设工程监理的范围

《建筑法》第三十条规定："国家推行建筑工程监理制度。国务院可以规定实行强制监理的建筑工程的范围。"根据《建筑法》，国务院于 2000 年颁布《建设工程质量管理条例》（2017 年修订），其中第十二条原则性地规定了必须实行监理的工程范围。随后 2001 年，建设部颁布《建设工程监理范围和规模标准规定》（建设部令第 86 号），对必须实行监理的工程范围和规模标准进行了具体规定。由此可见，国家法律、行政法规和部门规章具有内在的统一性，相互衔接补充，共同构成对某一事项的规定。综合现有法规文件规定，下列工程必须实行监理。

1. 国家重点建设工程

国家重点建设工程是指依据《国家重点建设项目管理办法》所确定的对国民经济和社会发展有重大影响的骨干项目。

2. 大中型公用事业工程

大中型公用事业工程是指项目总投资额在 3000 万元以上的下列工程项目：

（1）供水、供电、供气、供热等市政工程项目；

（2）科技、教育、文化等项目；

（3）体育、旅游、商业等项目；

（4）卫生、社会福利等项目；

（5）其他公用事业项目。

3. 成片开发建设的住宅小区工程

成片开发建设的住宅小区工程，建筑面积在 5 万 m^2 以上的住宅建设工程必须实行监理；5 万 m^2 以下的住宅建设工程，可以实行监理，具体范围和规模标准由省、自治区、直辖市人民政府建设行政主管部门规定。

为了保证住宅质量，对高层住宅及地基、结构复杂的多层住宅应当实行监理。

4. 利用外国政府或者国际组织贷款、援助资金的工程

利用外国政府或者国际组织贷款、援助资金的工程范围包括：

（1）使用世界银行、亚洲开发银行等国际组织贷款资金的项目；

（2）使用国外政府及其机构贷款资金的项目；

（3）使用国际组织或者国外政府援助资金的项目。

5. 国家规定必须实行监理的其他工程

（1）项目总投资额在 3000 万元以上关系社会公共利益、公众安全的下列基础设施项目：① 煤炭、石油、化工、天然气、电力、新能源等项目；② 铁路、公路、管道、水运、民航以及其他交通运输业等项目；③ 邮政、电信枢纽、通信、信息网络等项目；④ 防洪、灌溉、排涝、发电、引（供）水、滩涂治理、水资源保护、水土保持等水利建设项目；⑤ 道路、桥梁、地铁和轻轨交通、污水排放及处理、垃圾处理、地下管道、公共停车场等城市基础设施项目；⑥ 生态环境保护项目；⑦ 其他基础设施项目。

（2）学校、影剧院、体育场馆项目。

5.5.3　建设工程监理的法律地位

《建筑法》以国家法律的高度确立了工程监理制度，使传统的工程施工阶段"两方"管理主体增加了监理方，形成"三方"管理格局，同时赋予监理单位、监理人员相应的权利和义务，确立了建设工程监理的法律地位。

1. 监理委托方式和建设单位的义务

实行监理的建筑工程，由建设单位委托具有相应资质条件的工程监理单位监理。建设单位与其委托的工程监理单位应当订立书面委托监理合同。

实施建筑工程监理前，建设单位应当将委托的工程监理单位、监理的内容及监理权限，书面通知被监理的建筑施工企业。

2. 监理人员的权利和义务

工程监理人员认为工程施工不符合工程设计要求、施工技术标准和合同约定的，有权要求建筑施工企业改正。

工程监理人员发现工程设计不符合建筑工程质量标准或者合同约定的质量要求的，应当报告建设单位要求设计单位改正。

3. 监理单位承揽业务的要求

工程监理单位应当在其资质等级许可的监理范围内，承揽工程监理业务。工程监理单位应当根据建设单位的委托，客观、公正地执行监理任务。

工程监理单位与被监理工程的承包单位以及建筑材料、建筑构配件和设备供应单位不得有隶属关系或者其他利害关系。

工程监理单位不得转让工程监理业务。

4. 监理单位的法律责任

监理单位的法律责任包括违约责任和违法责任。

工程监理单位不按照委托监理合同的约定履行监理义务，对应当监督检查的项目不检查或者不按照规定检查，给建设单位造成损失的，应当承担相应的赔偿责任。

工程监理单位与承包单位串通，为承包单位谋取非法利益，给建设单位造成损失的，应当与承包单位承担连带赔偿责任。

复习思考题

1. 建设工程咨询有哪些特点？
2. 工程咨询服务的范围有哪些？
3. 什么是全过程工程咨询？有什么特点？
4. 什么是项目建议书制度？
5. 可行性研究的作用有哪些？
6. 工业项目可行性研究一般有哪些内容？
7. 简述我国现行的投资决策审批制度。
8. 勘察设计文件的编制要求是什么？
9. 简述建设工程造价咨询的业务范围。
10. 简述实行建设工程监理的范围。

第6章 建设工程交易法律制度

6.1 建设工程发包和承包

与市场经济条件下的其他市场交易一样，建设工程市场由供给方和需求方构成。所谓发包和承包，是相互对应的概念，发包是指将工程任务委托出去的行为，而承包则是指承揽工程任务的行为。相应的，委托任务的一方即为发包人，承揽任务的一方即称为承包人。发包和承包是建设工程市场交易的核心环节，规范发包、承包行为对于维护建筑市场秩序、保障建筑工程质量和安全具有重要意义。因此，《建筑法》对建筑工程发包和承包作了专门规定。

6.1.1 建筑工程发包和承包的一般规定

《建筑法》对建筑工程发包和承包作了以下规定：

（1）建筑工程的发包单位与承包单位应当依法订立书面合同，明确双方的权利和义务。发包单位和承包单位应当全面履行合同约定的义务。不按照合同约定履行义务的，依法承担违约责任。

（2）建筑工程发包与承包的招标投标活动，应当遵循公开、公正、平等竞争的原则，择优选择承包单位。建筑工程的招标投标，《建筑法》没有规定的，适用有关招标投标法律的规定。

（3）发包单位及其工作人员在建筑工程发包中不得收受贿赂、回扣或者索取其他好处。承包单位及其工作人员不得利用向发包单位及其工作人员行贿、提供回扣或者给予其他好处等不正当手段承揽工程。

（4）建筑工程造价应当按照国家有关规定，由发包单位与承包单位在合同中约定。公开招标发包的，其造价的约定，须遵守招标投标法律的规定。发包单位应当按照合同的约定，及时拨付工程款项。

6.1.2 建筑工程发包

《建筑法》《招标投标法》《中华人民共和国招标投标法实施条例》（以下简称《招标投标法实施条例》）等法律法规对建筑工程发包人行为及其违法责任作出了明确规定。

1. 发包方式

建筑工程的发包方式主要有两种：招标发包和直接发包。《建筑法》第十九条规定："建筑工程依法实行招标发包，对不适于招标发包的可以直接发包"。

建筑工程的招标发包，主要适用《招标投标法》及其有关规定。对于不适于招标发包可以直接发包的建筑工程，承包人依然要符合有关资质的要求，《建筑法》规定，建筑工程实行直接发包的，发包单位应当将建筑工程发包给具有相应资质条件的承包单位。

由此可以看出，不论是直接发包还是招标发包，发包人均应将建筑工程发包给具有相应资质条件的承包人。

2. 禁止肢解发包

《建筑法》第二十四条规定："提倡对建筑工程实行总承包，禁止将建筑工程肢解发包。建筑工程的发包单位可以将建筑工程的勘察、设计、施工、设备采购一并发包给一个工程总承包单位，也可以将建筑工程勘察、设计、施工、设备采购的一项或者多项发包给一个工程总承包单位；但是，不得将应当由一个承包单位完成的建筑工程肢解成若干部分发包给几个承包单位。"

肢解发包不利于保证工程的整体性，并且会造成承包人数量和工程界面较多，出现问题时不容易确定责任主体。禁止肢解发包，立法的本意是希望确定一个发包的最小单位。但是，由于不同类型工程的构造和技术特点不同，很难确定一个统一的标准。因此，肢解发包也很难有一个准确具体的定义，只能笼统描述。如《建设工程质量管理条例》规定，肢解发包是指建设单位将应当由一个承包单位完成的建设工程分解成若干部分发包给不同承包单位的行为。

发包人应当依照法定程序发包建设工程。对于必须招标的建设工程，严禁采用肢解等任何方式规避招标；对于应当公开招标的建设工程，不得采用邀请招标或者直接发包；对于可以采用邀请招标的建设工程，应当履行相应的邀请招标审批手续。另外，《招标投标法实施条例》同时规定，建设工程在发包前，应按照规定履行相应的批准、核准、备案等审批手续。

3. 不得非法干预发包活动

建设工程发包应当遵循公开、公平、公正和诚实信用原则。《招标投标法实施条例》规定，招标人不得利用划分标段限制或者排除潜在竞争者。《建筑法》规定，建筑材料、建筑构配件和设备由工程承包单位采购的，发包单位不得指定承包单位购入用于工程的建筑材料、建筑构配件和设备或者指定生产厂、供应商。

4. 发包人应严格履行工程资金担保职责

发包人作为建设工程、服务的购买者，也是建设工程出资人，承担工程资金担保职责。《国务院办公厅关于全面治理拖欠农民工工资问题的意见》（国办发〔2016〕1号）规定，推行建设工程款支付担保制度，加强对政府投资工程项目的管理。对建设资金来源不落实的政府投资工程项目不予批准，政府投资项目一律不得以施工企业带资承包方式进行建设，并严禁将带资承包有关内容写入工程承包合同及补充条款。工程竣工验收后，对建设单位未完成竣工结算或未按合同支付工程款且未明确剩余工程款支付计划的，探索建立建设项目抵押偿付制度；对长期拖欠工程款结算或拖欠工程款的建设单位，不得批准开工建设新项目。

5. 严禁发包人实施违法发包行为

违法发包是指建设单位将工程发包给个人或者不具备相应资质的单位、肢解发包、违反法定程序发包及其他违反法律法规规定发包的行为。根据《建筑工程施工发包与承包违法行为认定查处管理办法》（建市规〔2019〕1号）规定，有下列情形之一的属于违法发包：

（1）建设单位将工程发包给个人的；

（2）建设单位将工程发包给不具有相应资质的单位的；

（3）依法应当招标未招标或者未按照法定程序发包的；

（4）建设单位设置不合理的招标投标条件，限制、排斥潜在投标人或者投标人的；

（5）建设单位将一个单位工程的施工分解成若干部分发包给不同的施工总承包或专业承包单位的。

【案例6-1】

背景：某建筑工程公司法定代表人李某与个体经营者张某是老乡。张某要求能以该公司的名义承接一些工程施工业务，双方便签订了一份承包合同，约定张某可使用该公司的资质证书、营业执照等承接工程，每年上交承包费20万元，如不能按时如数上交承包费，该公司有权解除合同。合同签订后，张某利用该公司的资质证书、营业执照等多次承揽工程施工业务，但年底只向该公司上交了8万元的承包费。为此，该公司与张某发生激烈争执，并诉至法院。

问题：

（1）该建筑工程公司与张某是否存在违法行为？

（2）该建筑工程公司的违法行为应当受到什么处罚？

【评析】

（1）本案中，建筑工程公司将资质证书、营业执照等出借给张某，允许以其名义对外承揽工程，属违法行为。《建筑法》第二十六条规定，禁止建筑施工企业以任何形式允许其他单位或者个人使用本企业的资质证书、营业执照，以本企业的名义承揽工程。

（2）《建筑法》第六十六条规定："建筑施工企业转让、出借资质证书或者以其他方式允许他人以本企业的名义承揽工程的，责令改正，没收违法所得，并处罚款。"《建设工程质量管理条例》第六十一条规定，勘察、设计、施工、工程监理单位允许其他单位或者个人以本单位名义承揽工程的，责令改正，没收违法所得，对施工单位处工程合同价款 2% 以上 4% 以下的罚款；可以责令停业整顿，降低资质等级；情节严重的，吊销资质证书。据此，该建筑工程公司将被责令改正，没收违法所得，处工程合同价款 2% 以上 4% 以下的罚款；根据情节，还可能被责令停业整顿，降低资质等级，甚至吊销资质证书。

6.1.3 建筑工程承包

1. 承包单位资质管理制度

建设工程承包制度的核心是承包人应当取得相应的资质证书，并在资质等级许可的业务范围内承揽工程，严禁无资质、越级或者使用他人名义承揽工程。《建筑法》规定，承包建筑工程的单位应当持有依法取得的资质证书，并在其资质等级许可的业务范围内承揽工程。禁止建筑施工企业超越本企业资质等级许可的业务范围或者以任何形式用其他建筑施工企业的名义承揽工程。禁止建筑施工企业以任何形式允许其他单位或者个人使用本企业的资质证书、营业执照，以本企业的名义承揽工程。

2. 建筑工程总承包

《建筑法》第二十四条规定，提倡对建筑工程实行总承包，禁止将建筑工程肢解发包。发包单位可将建筑工程的勘察、设计、施工、设备采购一并发包给一个总承包单位，也可将建筑工程勘察、设计、施工、设备采购的一项或者多项发包给一个工程总承包单位。但是，不得将应当由一个承包单位完成的建筑工程肢解成若干部分发包给几个承包单位。

《建筑法》同时还规定，总承包单位按照总承包合同约定对建设单位负责，分包单位按照分包合同约定对总承包单位负责，总承包单位和分包单位就分包工程对建设单位承担连带责任。禁止总承包单位将工程分包给不具备相应资质条件的单位，禁止分包单位将其承包的工程再行分包。《建设工程质量管理条例》进一步规定，建设工程实行总承包的，总承包单位对全部建设工程质量负责；建设工程勘察、设计、施工、设备采购的一项或者多项实行总承包的，总承包单位应当对其承包的建设工程或者采购的设备的质量负责。

工程总承包是国际通行的建设项目组织实施方式。大力推进工程总承包，有利于提升项目可行性研究和初步设计深度，实现设计、采购、施工等各阶段工作的深度融合，提高工程建设水平。近年来，国家大力提倡对建筑工程实行总承包。2016 年住房和城乡建设部发布《关于进一步推进工程总承包发展的若干意见》(建市〔2016〕93 号)，推动工程总承包这一建设工程组织实施方式的应用。2019 年住房和城乡建设部、国家发展改革委联合发布《关于印发〈房屋建筑和市政基础设施项目工程总承包管理办法〉的通知》(建市规〔2019〕12 号)，对工程总承包模式的实践应用提供了指导。

(1) 工程总承包的概念和类型。工程总承包是指承包单位按照与建设单位签订的合同，对工程设计、采购、施工或者设计、施工等阶段实行总承包，并对工程的质量、安全、工期和造价等全面负责的工程建设组织实施方式。工程总承包包括设计—采购—施工总承包（Engineering Procurement Construction，简称 EPC）和设计—施工总承包（Design-Build，简称 DB）。建设单位应当根据项目情况和自身管理能力等，合理选择工程建设组织实施方式。建设内容明确、技术方案成熟的项目，适宜采用工程总承包方式。

（2）工程总承包的发包方式。建设单位依法采用招标或者直接发包等方式选择工程总承包单位。工程总承包项目范围内的设计、采购或者施工中，有任一项属于依法必须进行招标的项目范围且达到国家规定规模标准的，应当采用招标的方式选择工程总承包单位。

（3）工程总承包单位的资质要求。工程总承包单位应当同时具有与工程规模相适应的工程设计资质和施工资质，或者由具有相应资质的设计单位和施工单位组成联合体。工程总承包单位应当具有相应的项目管理体系和项目管理能力、财务和风险承担能力，以及与发包工程相类似的设计、施工或者工程总承包业绩。设计单位和施工单位组成联合体的，应当根据项目的特点和复杂程度，合理确定牵头单位，并在联合体协议中明确联合体成员单位的责任和权利。联合体各方应当共同与建设单位签订工程总承包合同，就工程总承包项目承担连带责任。

（4）工程总承包合同价格形式。企业投资项目的工程总承包宜采用总价合同，政府投资项目的工程总承包应当合理确定合同价格形式。采用总价合同的，除合同约定可以调整的情形外，合同总价一般不予调整。

（5）工程总承包风险分担。建设单位和工程总承包单位应当加强风险管理，合理分担风险。建设单位承担的风险主要包括：

1）主要工程材料、设备、人工价格与招标时基期价格相比，波动幅度超过合同约定幅度的部分；

2）因国家法律法规政策变化引起的合同价格的变化；

3）不可预见的地质条件造成的工程费用和工期的变化；

4）因建设单位原因产生的工程费用和工期的变化；

5）不可抗力造成的工程费用和工期的变化。

具体风险分担内容由双方在合同中约定。鼓励建设单位和工程总承包单位运用保险手段增强防范风险的能力。

3. 联合承包

联合承包是指由两个以上具备相应资质的法人或者其他组织共同组成非法人型的承包联合体，以联合体的名义对外承揽工程的行为。

（1）联合承包主要适用于大型复杂工程。《建筑法》规定，大型建筑工程或者结构复杂的建筑工程，可以由两个以上的承包单位联合共同承包。近年来，投资巨大、技术复杂、建设周期长的大型或者超大型建筑工程日益涌现，工程风险也随之上升，联合承包是国际工程市场中的一种通行做法，可以通过合作有效地规避工程承包风险。

（2）承包联合体中的各方均应达到发包人提出的资质等级要求。同时，为防止以联合承包或以合作为名实施"资质挂靠"行为，《建筑法》进一步规定，两个以上不同资质等级的单位实行联合共同承包的，应当按照资质等级低的单位的业务许可范围承揽工程。

（3）承包联合体的各方就承包工程承担连带责任。《招标投标法》规定，联合体中标的，联合体各方应当共同与招标人签订合同，就中标项目向招标人承担连带责任。《建筑法》也规定，共同承包的各方对承包合同的履行承担连带责任。

《招标投标法》同时还规定，联合体各方应签订共同投标协议，明确各方拟承担的工作和责任，并将共同投标协议和投标文件一并提交给招标人。《招标投标法实施条例》进一步规定，资格预审后联合体增减、更换成员的，共同投标无效；联合体各方在同一招标项目中以自己的名义单独投标或者参加其他联合体投标的，相关投标均属无效。

【案例 6-2】

背景：某建筑公司与某城建公司组成了一个联合体去投标，他们在共同投标协议中约定如果在施工过程中出现质量问题而遭遇建设单位的索赔，各自承担索赔额的 50%。后来在施工过程中果然由于建筑公司的施工技术问题导致质量问题出现，并因此遭到了建设单位的索赔，索赔额是 10 万元。但是，建设单位却仅要求城建公司赔付这笔索赔款。城建公司拒绝了建设单位的请求，其理由有两点：

（1）质量事故的出现是建筑公司的技术原因，应该由建筑公司承担责任。

（2）共同投标协议中约定了各自承担 50% 的责任，即使不由建筑公司独自承担，起码建筑公司也应承担 50%，不应该由自己拿出这笔钱。

问题：你认为城建公司的理由成立吗？

【评析】理由不成立。虽然某建筑公司与某城建公司约定了各自承担索赔额的 50%，但根据法律规定，联合体成员就承包合同履行向建设单位承担连带责任，建设单位有权要求联合体成员的任何一方给予赔偿，城建公司没有拒绝权。当然，城建公司赔偿后可以按照与建筑公司的约定向建筑公司追偿，但这属于另外一种法律关系。

4. 禁止转包

《建筑法》规定，禁止承包单位将其承包的全部建筑工程转包给他人，禁止承包单位将其承包的全部建筑工程肢解以后以分包的名义分别转包给他人。

无论是直接转包，还是变相以分包名义转包都为法律所禁止。发包人将工程发包给承包人，是基于对承包人资质能力的信任和认可，希望由承包人自行完成工程任务，而不是转给他人。另外，承包人以自己的名义承包工程，再转给他人也违反了基本的诚实信用原则。因此《建设工程质量管理条例》进一步规定禁止转包工程，并把转包界定为"承包单位承包建设工程后，不履行合同约定的责任和义务，将其承包的全部建设工程转给他人或者将其承包的全部建设工程肢解以后以分包的名义分别转给其他单位承包的行为。"

但是在工程实践中，转包的认定和查处有时是比较复杂的，2019 年住房和城乡建设部发布了《建筑工程施工发包与承包违法行为认定查处管理办法》，对转包行为的认定和查处作了更为具体的规定。

5. 建筑工程分包

《建筑法》规定，建筑工程总承包单位可以将承包工程中的部分工程发包给具有相应资质条件的分包单位；但是，除总承包合同中约定的分包外，必须经建设单位认可。施工总承包的，建筑工程主体结构的施工必须由总承包单位自行完成。建筑工程总承包单位按照总承包合同的约定对建设单位负责；分包单位按照分包合同的约定对总承包单位负责。总承包单位和分包单位就分包工程对建设单位承担连带责任。禁止总承包单位将工程分包给不具备相应资质条件的单位。禁止分包单位将其承包的工程再分包。

《招标投标法》和《招标投标法实施条例》也规定，中标人按照合同约定或者经招标人同意，可以将中标项目的部分非主体、非关键性工作分包给他人完成。分包单位应当具备相应的资格条件，并不得再次分包。中标人应当就分包项目向招标人负责，分包单位就分包项目承担连带责任。

《建设工程质量管理条例》进一步将违法分包的情形界定为：

（1）总承包单位将建设工程分包给不具备相应资质条件的单位的；

（2）建设工程总承包合同中未有约定，又未经建设单位认可，承包单位将其承包的部分建设工程交由其他单位完成的；

（3）施工总承包单位将建设工程主体结构的施工分包给其他单位的；

（4）分包单位将其承包的建设工程再分包的。

根据《房屋建筑和市政基础设施工程施工分包管理办法》，建设工程分包分为专业工程分包与劳务作业分包。其中，专业工程分包是指施工总承包企业将其承包工程中的专业工程发包给具有相应资质的其他企业完成的活动；劳务作业分包是指施工总承包企业或者专业承包企业将其承包工程中的劳务作业发包给劳务分包企业完成的活动。

《房屋建筑和市政基础设施工程施工分包管理办法》还进一步明确，严禁个人承揽分包工程业务。总承包单位分包其承包的部分工程或者劳务作业，必须取得建设单位的认可。若拟分包工程或者劳务作业属于总承包合同中可以分包的内容，总承包单位可以直接进行分包；若在总承包合同中没有规定拟分包内容，则必须事先征得建设单位同意。但是，分包须经建设单位认可并不表明建设单位可以直接指定分包人。《房屋建筑和市政基础设施工程施工分包管理办法》明确规定，建设单位不得直接指定分包工程承包人。对于建设单位推荐的分包单位，总承包单位有权拒绝或者接受。

在工程实践中，违法分包的认定和查处有时也是比较复杂的，《建筑工程施工发包与承包违法行为认定查处管理办法》对违法分包行为的认定和查处作了更为具体的规定。

【案例6-3】

背景：

原告：甲电信公司

第一被告：丙建筑设计院

第二被告：乙建筑承包公司

基本案情：甲电信公司因建办公楼与乙建筑承包公司签订了工程总承包合同。其后，经甲同意，乙分别与丙建筑设计院和丁建筑工程公司签订了工程勘察设计合同和工程施工合同。勘察设计合同约定：由丙对甲的办公楼及其附属工程提供设计服务，并按勘察设计合同的约定交付有关的设计文件和资料。施工合同约定：由丁根据丙提供的设计图纸进行施工，工程竣工时依据国家有关验收规定及设计图纸进行质量验收。合同签订后，丙按时将设计文件和有关资料交付给丁，丁依据设计图纸进行施工。工程竣工后，甲会同有关质量监督部门对工程进行验收，发现工程存在严重质量问题是由于设计不符合规范所致。原来丙未对现场进行仔细勘察即进行设计，导致设计不合理，给甲带来了重大损失。丙以与甲没有合同关系为由拒绝承担责任，乙又以自己不是设计人为由推卸责任，甲遂以丙为被告向法院起诉。法院受理后，追加乙为共同被告，判决乙与丙对工程建设质量问题承担连带责任。

问题：请针对以上案例进行分析。

【评析】

本案中，甲是发包人，乙是总承包人，丙和丁是分包人，《建筑法》第二十九条规定："建筑工程总承包单位可以将承包工程中的部分工程发包给具有相应资质条件的分包单位；但是，除总承包合同中约定的分包外，必须经建设单位认可。施工总承包的，建筑工程主体结构的施工必须由总承包单位自行完成。建筑工程总承包单位按照总承包合同的约定对建设单位负责；分包单位按照分包合同的约定对总承包单位负责。总承包单位和分包单位就分包工程对建设单位承担连带责任。禁止总承包单位将工程分包给不具备相应资质条件的单位。禁止分包单位将其承包的工程再分包。"

对工程质量问题，乙作为总承包人应承担责任，而丙和丁也应该依法分别向发包人甲承担责任。总承包人以不是自己勘察设计和建筑安装的理由企图不对发包人承担责任，以及分包人以与发包人没有合同关系为由不向发包人承担责任，都是没有法律依据的。所以本案判决乙和丙共同承担连带责任是正确的。

本案必须说明的是，《建筑法》第二十八条规定："禁止承包单位将其承包的全部建筑工程转包给他人，禁止承包单位将其承包的全部建筑工程肢解以后以分包的名义分别转包给他人。"本案中乙作为总承包人不自行施工，而将工程全部转包他人，虽经发包人同意，但违反法律禁止性规定，其与丙和丁所签订的两个分包合同均是无效合同。建设行政主管部门应依照《建筑法》和《建设工程质量管理条例》的有关规定，对其进行行政处罚。

6.2　建设工程招标投标概述

6.2.1　招标投标的概念和特点

1. 招标投标的概念

招标投标是在市场经济条件下进行大宗货物买卖、工程建设项目发包与承包以及服务项目的采购与提供时，所采用的一种交易方式。在这种交易方式下通常由项目采购方作为招标人，通过发布招标公告或者向一定数量的特定供应商、承包商（潜在投标人，正式参加投标竞争时即成为投标人）发出招标邀请等方式发出招标采购的信息，提出所需采购项目的性质及其数量、质量、技术要求、交货期、竣工期或提供服务的时间，以及对投标人的资格要求等招标采购条件，由各有意提出投标报价及其他响应招标要求条件的投标人参加投标竞争。经招标人对各投标人的报价及其他条件进行评审后，从中择优选定中标人，并与其签订采购合同。

招标投标是一种商品交易行为，是商品经济高度发展的产物，是应用技术、经济的方法和市场经济竞争机制的作用，有组织开展的一种择优成交的方式。招标投标也是一种国际惯例。

2. 招标投标的特点

（1）招标投标本质上是一种交易方式，是交易过程的两个方面。招标通常被理解为一种采购方式，是为买而招标，比如在政府采购中，招标是最为常用的一种采购方式。但有时，也可以为卖而招标，比如国有土地使用权出让招标。

（2）招标作为一种采购方式，是由招标人（买方）单方设定条件和要求，投标人（卖方）必须承认和接受招标人设定的条件和要求——即响应招标文件，并在此基础上按要求提出报价和实施方案。因此，招标投标是一种单方（买方）设定条件的交易方式。

（3）招标的标的有多种类型，可以是货物、工程、服务等。其中货物是指各种形态和种类的物品，包括原材料、燃料、设备、产品等；工程是指各类土木建设工程，包括新建、扩建、装修、拆除、修缮等；服务是指除工程和货物之外的采购对象。

（4）招标的目的是寻找最为理想的交易对象，并与之签订合同。招标投标过程符合合同订立时的要约、承诺原理。从法律性质上说，招标不构成要约，只是要约邀请，投标是要约，定标则是承诺。

（5）招标方式可以吸引众多投标人在同等条件下进行公平竞争，按规定程序和事先确定的统一标准进行评审，从中择优选定中标人。因此，招标投标制度引入了竞争择优机制，可以以较低的价格获得最优的货物、工程或服务，有利于提高效益。

6.2.2　建设工程招标投标的历史沿革

招标投标起源于西方工业化国家公共部门的政府采购，通过招标采购最大限度地增加政府采购的透明度，节约公共投资，促进公平竞争，提高公共资金使用效率。1782年，英国设立文具公用局，规定各个机关公文的印刷、用具的购买等，均归其管理。1861年，美国国会通过联邦法案，规定超过一定限额的联邦政府采购必须采用公开招标方式。目前，西方各国和世界银行等国际组织在货物采购、工程承包、咨询服务提供等交易活动中普遍采用招标投标方式，招标投标已经成为各国和国际组织广泛认可和采用的国际惯例。

据史料记载，我国最早将招商比价（招标投标）方式运用于工程承包的是1902年张之洞创办的湖北制革厂，5家营造商参加开价比价，结果张同升以1270.1两白银的开价中标，并签订了以质量保证、施工工期、付款方法为主要内容的工程承包合同。1918年，汉阳铁厂的两项扩建工程曾在汉口《新闻报》刊登广告，公开招标。

1980年，国务院《关于开展和保护社会主义竞争的暂行规定》提出，对一些适宜承包的生产建设项目和经营项目，可以试行招标投标。1983年，在世界银行提供贷款的云南鲁布革水电站饮水系统工程中，首次采用了国际竞争性招标方式，日本大成建设公司以8643万元（低于标底43%）投标报价中标，并成为总承包商。该工程于1984年11月开工，1988年12月竣工，日本大成建设公司通过精细组织、科学管理和使用先进技术，实现了工程质量优、用工用料省、工程造价低的预期效果，创造了"鲁布革经验"。

1998年3月1日施行的《建筑法》第十九条规定："建筑工程依法实行招标发包，对不适于招标发包的可以直接发包"，由此确立了工程建设招标投标制度。1999年8月30日全国人大常委会通过了《招标投标法》，自2000年1月1日起正式实施，标志着我国的招标投标实践和管理正式步入法制化轨道。

6.2.3　建设工程招标投标的法规体系

目前，我国已经建立起以《招标投标法》为基础的较为完善的建设工程招标投标法规体系，按照法律效力等级主要分为以下几个层次：

（1）法律，其是规范建设工程招标投标的基本法和招标投标法规体系的基石，也是制定建设工程招标投标其他法规和规章的依据，如《招标投标法》《建筑法》《政府采购法》等。

（2）行政法规，如2011年颁布，并经2017年和2018年两次修订的《招标投标法实施条例》对贯彻落实《招标投标法》作出了明确规定，适用于全国范围内的招标投标活动。

（3）部门规章，其是我国现行建设工程招标投标法律规范的主要来源，如《工程建设项目施工招标投标办法》（七部委令第30号）、《电子招标投标办法》（八部委令第20号）、《房屋建筑和市政基础设施工程施工招标投标管理办法》（建设部令第89号）、《评标委员会和评标方法暂行规定》（国家七部委令第12号）等。

（4）地方性法规和政府规章，其是有地方立法权的地方人大和地方人民政府颁布的调整招标投标活动的规范性法律文件，仅在该行政区域内适用，如《江苏省建设工程招标投标管理办法》（江苏省人民政府令第 65 号）等。

6.2.4　《招标投标法》的内容和基本原则

1.《招标投标法》的主要内容

《招标投标法》分为 6 章，共 68 条。第一章为总则，主要规定了《招标投标法》的立法宗旨、适用范围、必须招标的范围、招标投标的基本原则等内容；第二、三、四章规定了招标、投标、开标、评标和中标阶段的行为规范；第五章规定了违反《招标投标法》的法律责任；第六章为附则，规定了《招标投标法》的例外适用情形和生效日期。

《招标投标法》确立了建设工程招标投标的五项基本制度，即：① 确立了必须招标的工程范围；② 明确招标投标活动应当遵循公开、公平、公正和诚实信用原则；③ 建立了对招标投标活动的行政监督体制；④ 明确了两种招标采购方式——公开招标和邀请招标；⑤ 确立了两种招标组织方式——招标人自行招标和委托招标代理机构办理招标。

《招标投标法》第二条规定："在中华人民共和国境内进行招标投标活动，适用本法。"即《招标投标法》适用于在我国境内进行的各类招标投标活动，在实践中《招标投标法》尚不适用于我国香港、澳门和台湾地区。《招标投标法》第六十七条规定了例外适用情况，"使用国际组织或者外国政府贷款、援助资金的项目进行招标，贷款方、资金提供方对招标投标的具体条件和程序有不同规定的，可以适用其规定，但违背中华人民共和国的社会公共利益的除外。"

2. 招标投标的基本原则

《招标投标法》规定，招标投标活动应当遵循公开、公平、公正和诚实信用原则，这也是招标投标相关法律规范的基本原则。

（1）公开原则。即"信息公开"，要求招标投标活动必须具有高度的透明度，招标程序、投标人的资格条件、评标标准、评标方法、中标结果等信息都要公开，使每个投标人能够及时获得有关信息，从而平等地参与投标竞争，依法维护自身的合法权益。但并非所有信息都要公开，如评标委员会名单、评标过程等信息不但不能公开，还需要保密。

（2）公平原则。即"机会均等"，要求招标人一视同仁地给予所有投标人平等机会，使其享有同等的权利并履行相应的义务，不歧视或者排斥任何一个投标人。因此，招标人不得在招标文件中要求或者标明特定的生产供应者以及含有倾向或者排斥潜在投标人的内容，不得以不合理的条件限制或者排斥潜在投标人，不得对潜在投标人实行歧视待遇。

（3）公正原则。即"程序规范，标准统一"，要求所有招标投标活动必须按照规定的时间和程序进行，以尽可能保障招标投标各方的合法权益，做到程序公正；招标评标标准应当具有唯一性，对所有投标人实行同一标准，确保标准公正。

（4）诚实信用原则。招标投标活动必须遵循诚信信用原则，要求招标投标当事人应当以善意的主观心理和诚实、守信的态度来行使权利、履行义务，不能故意隐瞒真相或者弄虚作假，不可言而无信甚至背信弃义，在追求自己利益的同时不损害他人利益、社会和国家利益。

6.2.5 招标投标程序

招标投标的一个显著特点是要遵循严格的规范程序。根据《招标投标法》规定，一个完整的招标投标程序，包含招标、投标、开标、评标、中标和签约六个阶段。

（1）招标。招标是指招标人按照国家有关规定履行项目审批、核准或备案手续，落实资金来源后，依法发布招标公告或投标邀请书，编制并发售招标文件、组织资格预审、组织现场踏勘、进行招标文件的澄清与修改等。招标阶段拟定的投标人资格、评标标准和方法、合同主要条款等各项实质性条件和要求，对于招标人择优选择理想的投标人具有关键性作用。

（2）投标。投标是指投标人根据招标文件的要求，编制并提交投标文件，响应招标的活动。投标人参与竞争并进行一次性投标报价是在投标环节完成的，在投标截止时间后，不能再次投标，投标人也不得更改投标报价及其他实质性内容。投标情况确定了竞争格局，是决定投标人能否中标、招标人能否取得预期效果的关键。

（3）开标。开标即招标人按照招标文件确定的时间和地点，邀请所有投标人到场，当众开启投标人提交的投标文件，宣布投标人的名称、投标报价及投标文件中的其他重要内容。开标对于保障所有投标人的知情权、维护各方合法权益具有重要作用。

（4）评标。招标人依法组建评标委员会，依据招标文件规定和评标方法，对投标文件进行审查、评审和比较，推荐中标候选人。评标是审查确定中标人的必经程序，评标是否合法、规范、公平、公正，对招标结果具有决定性作用。

（5）中标。中标也称为定标，即招标人从评标委员会推荐的中标候选人中确定中标人，向中标人发出中标通知书，并同时将中标结果通知所有未中标的投标人。中标既是招标投标结果的确认环节，也有可能发生异议、投诉、举报等情形。

（6）签约。中标通知书发出后，招标人和中标人应当按照招标文件和投标文件在规定的时间内订立书面合同，中标人按合同约定履行义务，完成中标项目。依法必须招标的项目，招标人应当在确定中标人之日起 15 日内，向有关行政监督部门提交招标投标情况书面报告。

6.3 建设工程招标

6.3.1 必须招标的工程范围及规模标准

必须招标的工程项目，是指属于法律规定的必须招标工程范围且达到一定规模标准以上的工程项目，必须采用招标方式进行采购。

1. 必须招标工程的范围

《招标投标法》规定，在我国境内进行下列工程建设项目包括项目的勘察、设计、施工、监理以及与工程建设有关的重要设备、材料等的采购，必须进行招标：① 大型基础设施、公用事业等关系社会公共利益、公众安全的项目；② 全部或者部分使用国有资金投资或者国家融资的项目；③ 使用国际组织或者外国政府贷款、援助资金的项目。

《招标投标法》同时规定，任何单位和个人不得将依法必须招标的项目化整为零或者以其他任何方式规避招标。

根据《招标投标法》必须招标工程范围的规定，2018年国家发展改革委制定了《必须招标的工程项目规定》（国家发展改革委令第16号），进一步明确了必须招标的工程范围为：

（1）全部或者部分使用国有资金投资或者国家融资的项目，包括：① 使用预算资金200万元人民币以上，并且该资金占投资额10%以上的项目；② 使用国有企事业单位资金，并且该资金占控股或者主导地位的项目。

（2）使用国际组织或者外国政府贷款、援助资金的项目，包括：① 使用世界银行、亚洲开发银行等国际组织贷款、援助资金的项目；② 使用外国政府及其机构贷款、援助资金的项目。

（3）不属于上述两条规定情形的大型基础设施、公用事业等关系社会公共利益、公众安全的项目，必须招标的具体范围由国务院发展改革部门会同国务院有关部门按照确有必要、严格限定的原则制定，报国务院批准。

2. 必须招标工程的规模标准

《必须招标的工程项目规定》明确了必须招标的工程项目的规模标准。对上述属于必须招标范围的工程建设项目，其勘察、设计、施工、监理以及与工程建设有关的重要设备、材料等的采购达到下列标准之一的，必须招标：

（1）施工单项合同估算价在400万元人民币以上的；

（2）重要设备、材料等货物的采购，单项合同估算价在200万元人民币以上的；

（3）勘察、设计、监理等服务的采购，单项合同估算价在100万元人民币以上的。

同一项目中可以合并进行的勘察、设计、施工、监理以及与工程建设有关的重要设备、材料等的采购，合同估算价合计达到上述规定标准的，必须进行招标。

3. 可以不进行招标的工程项目

对于不属于必须招标的工程范围或者未达到必须招标工程的规模标准的，建设单位可以自愿进行招标，也可以不进行招标。但是，在某些特殊情况下，即使工程范围及规模标准符合必须招标条件，也可以不进行招标。

《工程建设项目施工招标投标办法》规定，依法必须进行施工招标的工程建设项目有下列情形之一的，可以不进行施工招标：① 涉及国家安全、国家秘密、抢险救灾或者属于利用扶贫资金实行以工代赈需要使用农民工等特殊情况，不适宜进行招标；② 施工主要技术采用不可替代的专利或者专有技术的；③已通过招标方式选定的特许经营项目投资人依法能够自行建设；④采购人依法能够自行建设；⑤在建工程追加的附属小型工程或者主体加层工程，原中标人仍具备承包能力的，并且其他人承担将影响施工或者功能配套要求；⑥国家规定的其他情形。

《建设工程勘察设计管理条例》规定了可以直接发包，不需要进行招标的勘察、设计项目：①采用特定的专利或者专有技术的；②建筑艺术造型有特殊要求的；③国务院规定的其他建设工程的勘察、设计。

《建筑工程方案设计招标投标管理办法》规定，对于必须招标的工程项目具有下列情形之一的，经有关部门批准，可以不进行设计招标：①涉及国家安全、国家秘密的；②涉及抢险救灾的；③主要工艺、技术采用特定专利、专有技术，或者建筑艺术造型有特殊要求的；④技术复杂或专业性强，能够满足条件的设计机构少于3家，不能形成有效竞争的；⑤项目的改、扩建或者技术改造，由其他设计机构设计影响项目功能配套性的；⑥法律、法规规定可以不进行设计招标的其他情形。

【案例6-4】

背景：某招标人自行决定直接发包两个工程项目，招标人给出的理由是"一个项目涉及国家安全，另一个项目属于以工代赈、需要使用农民工。"

问题：你认为招标人的做法恰当吗？

【评析】

直接发包的工程需要满足两个条件：①属于可以直接发包的范围；②履行相关批准手续。根据《工程建设项目施工招标投标办法》，经审批部门批准，"涉及国家安全，且不适宜招标的，或者以工代赈需要使用农民工的，可以不进行招标。"由此可见，并非所有涉及国家安全的项目都不需要招标，只有那些不适宜招标的才可以直接发包。以工代赈需要使用农民工的项目可以不进行招标，同时，需要经有关部门批准决定不进行招标，不得由招标人自行决定直接发包。因此，该招标人的做法不恰当。

6.3.2 建设工程招标准备

1. 建设工程招标的条件

建设工程须满足规定条件才能进行招标。《招标投标法》规定，拟进行招标的工程项目，应履行项目审批手续并获得批准，而且具有相应的资金或者落实了资金来源。

《工程建设项目施工招标投标办法》规定，必须进行施工招标的建设工程项目，应当满足下列条件方可进行施工招标：

（1）招标人已经依法成立；

（2）初步设计及概算应当履行审批手续的，已经批准；

（3）有相应的资金或资金来源已经落实；

（4）有招标所需的设计图纸及技术资料。

《工程建设项目勘察设计招标投标办法》规定，必须勘察设计招标的建设工程项目，在招标时应当满足下列条件：① 招标人已经依法成立；② 按照国家规定需要履行项目审批、核准或者备案手续的，已经审批、核准或备案；③ 有相应的资金或资金来源已经落实；④ 所需的勘察设计基础资料已经收集完成；⑤ 法律法规规定的其他条件。

2. 建设工程招标方式

招标人在决定采用招标方式选择承包商后，应当确定具体的招标方式和招标组织形式。《招标投标法》第十条规定，建设工程招标分为公开招标和邀请招标两种方式。公开招标是指招标人以招标公告的方式邀请不特定的法人或者其他组织投标。邀请招标是指招标人以投标邀请书的方式邀请特定的法人或者其他组织（不少于3家）投标。

公开招标和邀请招标二者各有利弊，与邀请招标相比，公开招标的竞争性更强、招标人的选择范围更宽、有利于公平竞争；但是公开招标程序更烦琐，所需的时间更长、成本更高。邀请招标则程序简化，时间短、成本低，但竞争性不如公开招标。《工程建设项目施工招标投标办法》第十一条规定，全部使用国有资金投资或者国有资金投资占控股或者主导地位的，并需要审批的工程建设项目的邀请招标，应当经项目审批部门批准，但项目审批部门只审批立项的，由有关行政监督部门批准。由此可见，我国更强调使用公开招标，使用邀请招标需要批准。

《工程建设项目施工招标投标办法》第十一条还规定，对于依法必须进行公开招标的项目，具有下列情形之一的，经批准可以采用邀请招标：

（1）项目技术复杂或有特殊要求，或者受自然地域环境限制，只有少量潜在投标人的；

（2）涉及国家安全、国家秘密或者抢险救灾，适宜招标但不宜公开招标的；

（3）采用公开招标的费用占项目合同金额比例过大。

根据《建筑工程设计方案招标投标管理办法》第十条，依法必须进行公开招标的建筑工程项目，在下列情形下可以进行邀请招标：

（1）项目技术性、专业性强，或者环境资源条件特殊，符合条件的潜在投标人数量有限的；

（2）如采用公开招标，所需费用占建筑工程项目总投资额比例过大的；

（3）受自然因素限制，如采用公开招标，影响建筑工程项目实施时机的；

（4）法律、法规规定不宜公开招标的。

招标人采用邀请招标的方式，应保证有3个以上具备承担招标项目设计能力，并具有相应资质的机构参加投标。

3. 建设工程招标组织

招标人可以根据自身能力和实际情况，选择自行招标或者委托招标代理机构进行招标。

《招标投标法》规定，招标人具有编制招标文件和组织评标能力的，可以自行办理招标事宜。任何单位和个人不得强制其委托招标代理机构办理招标事宜。

由此可见，当招标人具有招标文件编制能力和评标能力时可以决定自行招标，《工程建设项目自行招标试行办法》进一步规定，招标人自行招标的，应当具有编制招标文件和组织评标的能力，具体包括：

（1）具有项目法人资格（或者法人资格）；

（2）具有与招标项目规模和复杂程度相适应的工程技术、概预算、财务和工程管理等方面的专业技术力量；

（3）有从事同类工程建设项目招标的经验；

（4）设有专门的招标机构或者拥有3人以上专职招标业务人员；

（5）熟悉和掌握招标投标法及有关法规规章。

无论招标人是否具备自行招标能力，招标人均可委托具有相应资质的招标代理机构办理招标事宜。招标代理机构是依法设立、从事招标代理业务并提供相关服务的社会中介组织。招标代理机构与行政机关和其他国家机关不得存在隶属关系或者其他利益关系，其设立与资格的取得应当遵守相关法规的规定。《招标投标法》同时规定了招标代理机构应当具备的基本条件：

（1）有从事招标代理业务的营业场所和相应资金；

（2）有能够编制招标文件和组织评标的相应专业力量；

（3）有符合条件并可以作为评标委员会成员的技术、经济等方面的专家库。

招标代理机构接受招标人委托后，应当在招标人委托的范围内办理招标事宜，并遵守《招标投标法》关于招标人的规定。

6.3.3 招标公告和投标邀请书

1. 招标公告

招标公告的作用在于让潜在投标人获得招标信息，进行项目筛选，决定是否参与投标。《招标投标法》规定，招标人采用公开招标方式的，应当发布招标公告。依法必须进行招标的项目的招标公告，应当通过国家指定的报刊、信息网络或者其他媒介发布。

《招标投标法》同时规定，招标公告应当载明招标人的名称和地址、招标项目的性质、数量、实施地点和时间以及获取招标文件的办法等事项。《工程建设项目施工招标投标办法》规定，施工项目的招标公告或者投标邀请书应当至少载明下列内容：招标人的名称和地址；招标项目的内容、规模、资金来源；招标项目的实施地点和工期；获取招标文件或者资格预审文件的地点、时间和费用；对投标人的资质等级与资格要求。

招标公告的内容应当真实、准确和完整，招标公告一经发出，招标人不得随意更改。

2. 投标邀请书

《招标投标法》规定，招标人采用邀请招标方式的，应当向3个以上具备承担招标项目能力、资信良好的特定的法人或者其他组织发出投标邀请书。投标邀请书的内容和招标公告的内容基本一致，只需增加要求潜在投标人"确认"是否收到投标邀请书的内容。如《标准施工招标文件》中关于"投标邀请书"的条款，就专门要求潜在投标人在规定时间以前，用传真或快递方式向招标人"确认"是否收到投标邀请书。

6.3.4 资格审查

资格审查是招标人的一项重要权利，旨在审查潜在投标人是否具备承担招标项目的资格和能力。通过资格审查，可以先行筛查出不合格的潜在投标人，可以减少潜在投标人数量，降低招标工作量和招标费用，进而提高招标工作效率。

1. 资格审查的种类

资格审查分为资格预审和资格后审。资格预审是指在投标前对潜在投标人进行资格审查。招标人应当发布资格预审公告，并在资格预审文件中载明资格预审的条件、标准和方法，招标人不得改变载明的资格条件或者以没有载明的资格条件对潜在投标人进行资格审查。资格预审不合格的潜在投标人将没有投标资格，从而不能参与投标。

资格后审是指在开标后对投标人进行资格审查。招标人应当采用在招标文件中载明资格审查的条件、标准和方法，并不得改变载明的资格条件或者以没有载明的资格条件对潜在投标人进行资格后审。资格后审不合格的投标人的投标应予否决，按废标处理。

2. 资格预审公告

资格预审公告是指招标人通过指定媒体发布公告，载明拟招标项目采用资格预审的方式，公开选择条件合格的潜在投标人，使感兴趣的潜在投标人了解招标项目的情况及资格条件，前来购买资格预审文件，参加资格预审和投标竞争。

根据《房屋建筑和市政工程标准施工招标资格预审文件》规定，资格预审公告内容包括：① 招标项目的条件，包括项目审批、核准或备案机关名称、资金来源、项目出资比例、招标人的名称等；② 项目概况与招标范围，包括本次招标项目的建设地点、规模、计划工期、招标范围、标段划分等；③ 对申请人的资格要求，包括资质等级与业绩，是否接受联合体申请、申请标段数量；④ 资格预审方法，表明是采用合格制还是有限数量制；⑤ 资格预审文件的获取时间、地点和售价；⑥ 资格预审申请文件的提交地点和截止时间；⑦ 从事发布公告的媒介名称；⑧ 联系方式，包括招标人、招标代理机构项目联系人的名称、地址、电话、传真、网址、开户银行及账号等。

3. 资格审查的主要内容

《招标投标法》规定，招标人可以要求投标人提供有关资质证明和业绩证明，并对潜在投标人进行资格审查。《工程建设项目施工招标投标办法》进一步规定，资格审查主要审查投标人是否具备如下条件：① 具有独立订立合同的权利；② 具有履行合同的能力，包括专业、技术资格和能力，资金、设备和其他物质设施状况，管理能力，经验、信誉和相应的从业人员；③ 没有处于被责令停业，投标资格被取消，财产被接管、冻结或破产状态；④ 在最近 3 年内没有骗取中标和严重违约及重大工程质量问题；⑤ 国家规定的其他资格条件。

资格审查时，招标人不得以不合理的条件限制、排斥潜在投标人或者投标人，不得对潜在投标人或者投标人实行歧视性待遇。任何单位和个人不得以行政手段或者其他不合理方式限制投标人的数量。

6.3.5 招标文件

招标人应当根据项目特点和需要编制招标文件。招标文件是招标投标活动中最重要的法律文件，招标人单方设定的交易条件全部体现其中，它是投标人编制投标文件和投标决策的依据、评标委员会评审投标文件的依据、招标人确定中标人的依据，更是招标人和中标人签订合同的基础。

1. 招标文件的基本内容

按照《招标投标法》规定，招标人应当根据招标项目的特点和需要编制招标文件。招标文件应当包括招标项目的技术要求、对投标人资格审查的标准、投标报价要求和评标标准等所有实质性要求和条件以及拟签订合同的主要条款。国家对招标项目的技术、标准有规定的，招标人应当按照其规定在招标文件中提出相应要求，招标项目需要划分标段、确定工期的，招标人应当合理划分标段、确定工期，并在招标文件中载明。

根据《工程建设项目施工招标投标办法》规定，施工招标文件的主要内容包括：

（1）投标邀请书；

（2）投标人须知（包含投标报价和对投标人的各项投标规定与要求）；

（3）合同主要条款；

（4）投标文件格式；

（5）采用工程量清单招标的，应当提供工程量清单；

（6）技术条款；

（7）设计图纸；

（8）评标标准和方法；

（9）投标辅助材料。

2. 招标文件内容应体现公平原则

作为招标投标活动中最重要的法律文件，有关法律法规对招标文件作出了一些非常严格的强制性规定。《招标投标法》规定，招标文件不得要求或者标明特定的生产供应者以及含有倾向或者排斥潜在投标人的其他内容。

《工程建设项目施工招标投标办法》更加具体地规定，招标文件中规定的各项技术标准均不得要求或标明某一特定的专利、商标、名称、设计、原产地或生产供应者，不得含有倾向性或者排斥潜在投标人的其他内容。如果必须引用某一生产供应者的技术标准才能准确或清楚地说明拟招标的技术标准时，则应当在参照后面加上"或相当于"的字样。

3. 应包含招标项目所有实质性要求

根据《招标投标法》规定，招标文件中必须包括项目的技术要求、技术标准、对投标人资格审查的标准、投标报价要求、评标标准、标段、工期和拟签订合同的主要条款等实质性要求和条件。评标过程中，不得改变招标文件中规定的评标标准、方法和中标条件。

《工程建设项目施工招标投标办法》和《工程建设项目货物招标投标办法》同时规定，招标人应当在招标文件中规定实质性要求和条件，说明不满足其中任何一项实质性要求和条件的投标将被拒绝，并用醒目的方式标明。

4. 给予投标人编制投标文件的合理时间

《招标投标法》规定，招标人应当确定投标人编制投标文件所需要的合理时间。依法必须招标的项目，自招标文件开始发出之日起至投标人提交投标文件截止之日止不得少于 20 日。《工程建设项目勘察设计招标投标办法》和《工程建设项目施工招标投标办法》进一步规定了资格预审文件和招标文件发售的最短时间，规定招标文件应明确自招标文件开始发出之日起至停止发出之日止，最短不得少于 5 个工作日。

【案例 6-5】

背景：某省利用财政资金建设省图书馆，招标人于 2010 年 8 月 5 日发出招标文件，招标文件明确规定：提交投标文件的截止日期为 2010 年 8 月 23 日。有投标人质疑该时间太短，不合法。

问题：你认为招标文件规定的时间是否合法？

【评析】

根据《招标投标法》等相关法规，应当保证投标人具有合理的投标文件编制时间，对于必须招标的工程项目的投标文件编制时间不得少于 20 日。本案中，由省财政资金投资建设的省图书馆项目属于必须招标的工程范围，投标文件编制时间不得少于 20 日，而该招标文件规定的时间少于 20 日，故不合法。

5. 确定适当的投标有效期

投标有效期是招标文件规定的投标文件有效期，从投标文件提交截止之日起计算。在投标有效期内，投标人提交的投标文件对投标人具有法律约束力，投标人不得补充、修改、撤回投标文件；否则，招标人有权没收其投标保证金并要求其赔偿损失。

《工程建设项目施工招标投标办法》规定，招标文件应当规定一个适当的投标有效期，以保证招标人有足够的时间完成评标和与中标人签订合同。投标有效期从投标人提交投标文件截止之日起计算。

在投标有效期内，招标人需完成开标、评标、定标工作，并与中标人签订合同。投标有效期较为常见的是 45 天或 60 天，也有大型复杂项目规定为 90 天。

6. 招标文件的澄清与修改

《招标投标法》规定，招标人对已发出的招标文件进行必要的澄清或者修改的，应当在招标文件要求提交投标文件截止时间至少 15 日前，以书面形式通知所有招标文件收受人。该澄清或者修改的内容为招标文件的组成部分。所谓"澄清"，是指招标人对招标文件中的遗漏、词义表述不清或对比较复杂事项进行的补充说明和回答投标人提出的问题；"修改"是指招标人对招标文件中出现的遗漏、差错、表述不清等问题认为必须进行的修订。

招标人有权对招标文件进行澄清或修改。招标文件发出以后，无论出于何种原因，招标人可以对发现的错误或遗漏，在规定时间内主动澄清或者修改，或在解答潜在投标人提出的问题时进行澄清或者修改，改正差错，避免损失。若招标人的澄清和修改，实质性影响投标人编制投标文件时间的，招标人应当延长投标人提交投标文件的截止时间。

该澄清或者修改的内容为招标文件的组成部分的规定，招标人可以直接采取书面形式，也可以采用召开投标预备会的方式进行解答和说明，但最终必须将澄清与修改的内容以书面方式通知所有招标文件收受人，而且作为招标文件的组成部分。

6.4 建设工程投标

6.4.1 投标文件的编制与提交

1. 投标文件内容

《招标投标法》规定，投标人应当按照招标文件要求编制投标文件。投标文件应当对招标文件的实质性要求作出响应。对于施工招标项目，投标文件的内容应当包括拟派出的项目负责人与主要技术人员的简历、业绩和拟用于完成招标项目的机械设备等。

根据《工程建设项目施工招标投标办法》规定，投标文件一般包括下列内容：

（1）投标函；

（2）投标报价；

（3）施工组织设计；

（4）商务和技术偏差表。

投标人根据招标文件载明的项目实际情况，拟在中标后将中标项目的部分非主体、非关键性工作进行分包的，应在投标文件中载明。

2. 投标保证金

投标保证金是招标人设置的担保投标人谨慎投标的一种担保方式。《招标投标法实施条例》规定，招标人可以在招标文件中要求投标人提交投标保证金。投标保证金除现金外，可以是银行出具的银行保函、保兑支票、银行汇票或现金支票。投标保证金不得超过投标总价的 2%。投标保证金有效期应当与投标有效期一致。

投标人应当按照招标文件要求的方式和金额，将投标保证金随投标文件提交给招标人。投标人不按招标文件要求提交投标保证金的，该投标文件将被拒绝，作废标处理。

为约束投标人的投标行为，保护招标人的利益，招标人通常会要求投标人提供投标保证金。当发生下列情形时，招标人有权没收投标保证金：

（1）投标人在投标有效期内撤回其投标文件；

（2）中标人未能在规定期限内提交履约担保或者签订合同的。

3. 投标文件的提交

《招标投标法》规定，投标人应当在招标文件要求提交投标文件的截止时间前，将投标文件送达投标地点；在截止时间后送达的投标文件，招标人应当拒收。招标人收到投标文件后，应当签收保存，不得开启。投标人少于 3 个的，招标人应当依法重新招标。

《招标投标法实施条例》规定，未通过资格预审的申请人提交的投标文件，以及逾期送达或者不按照招标文件要求密封的投标文件，招标人应当拒收。招标人收到投标文件后，应当如实记载投标文件的送达时间和密封情况，并存档备查。

4. 投标文件的补充、修改、替代或撤回

《招标投标法》规定，投标人在招标文件要求投标文件的截止时间前，可以补充、修改或者撤回已提交的投标文件，并书面通知招标人。补充、修改的内容构成投标文件的组成部分。

《招标投标法实施条例》进一步明确，招标人已经收取投标保证金的，应当自收到投标人书面撤回通知之日起 5 日内予以退还。投标截止日期后撤回投标文件的，招标人可以不退还投标保证金。

根据《工程建设项目施工招标投标办法》规定，在提交投标文件截止时间后到招标文件规定的投标有效期终止之前，投标人不得补充、修改、替代或者撤回其投标文件。投标人补充、修改、替代投标文件的，招标人不予接受；投标人撤回投标文件的，其投标保证金将被没收。

【案例6-6】

背景：甲、乙两家单位已经获得了某工程投标人资格。甲在提交了一份投标文件后发现该投标文件技术方案还有待优化，并认为投标报价缺乏吸引力，遂于投标截止日期前3分钟重新提交了一份投标文件。乙为防止其投标文件被泄露，决定暂时不提交投标文件，等到投标截止日才提交，结果晚于投标截止时间5分钟才送达。招标人均受理了甲、乙的投标文件，同意其参加开标。其他投标人提出了异议。

问题：你认为招标人该如何处理？

【评析】

本案的焦点是投标文件的递交、补充、修改、替代和撤回。《招标投标法》第二十八条规定，投标文件在投标截止时间后送达的，招标人应当拒收；《招标投标法》第二十九

条规定,在投标截止时间前,投标人可以补充、修改或者撤回已经提交的投标文件。本案中,甲在投标截止时间前重新提交投标文件,招标人受理其投标文件的决定合法;乙在投标截止时间后送达投标文件,招标人受理其投标文件的决定不合法,应予拒收。

6.4.2　联合体投标

联合体投标是指某承包单位为了承揽不适于自己单独承包的工程项目而与其他单位联合,共同以一个投标人身份参与投标活动的行为。

1. 联合体的资质条件

《招标投标法》规定,两个以上法人或者其他组织可以组成一个联合体,以一个投标人的身份共同投标。联合体以及联合体各方资质条件应符合如下要求:① 联合体各方均应当具备承担招标项目的相应能力;② 国家有关规定或者招标文件对投标人资格条件有规定的,联合体各方均应当具备规定的相应资格条件;③ 由同一专业单位组成的联合体,按照资质等级较低的单位确定资质等级。

2. 共同投标协议

根据《招标投标法》规定,联合体各方应当签订共同投标协议,明确约定各方拟承担的工作和责任,并将共同投标协议连同投标文件一并提交招标人。

《工程建设项目施工招标投标办法》进一步规定,没有附联合体各方共同投标协议的联合体投标为废标。

3. 联合体投标各方的责任

(1)联合体各方履行共同投标协议中的约定责任。共同投标协议中约定了联合体中各方应该承担的责任,各成员单位必须要按照该协议的约定认真履行自己的义务,否则对联合体其他成员构成违约。共同投标协议中约定的责任承担方式也是各成员单位最终的责任承担方式。

(2)联合体各方就中标项目对招标人承担连带责任。如果联合体中的一个成员没能按照合同约定履行义务,招标人可以要求联合体中任何一个成员承担不超过总债务的任何比例的债务,该单位无权拒绝。该单位在对招标人承担责任后,有权向其他成员追偿其超过共同投标协议约定债务的部分。

(3)联合体各方签订共同投标协议后,不得再以自己的名义单独投标,也不得组成新的联合体或加入其他联合体参与同一项目投标。《招标投标法实施条例》规定,联合体各方在同一招标项目中以自己的名义单独投标或者参与其他投标的,相关投标无效。

(4)不得随意改变联合体组成。如果变化后的联合体含有事先没有经过资格预审或者资格预审不合格的法人或者其他组织,或者使联合体的资质降到资格预审文件中规定的最低标准以下,招标人有权拒绝。《招标投标法实施条例》规定,资格预审后增减、更换成员的,其投标无效。

(5)联合体各方必须指定牵头人,授权其代表所有联合体成员负责投标和合同实施阶段的主办、协调工作，并向招标人提交由所有联合体成员法定代表人签署的授权书。联合体应当以联合体各方或者联合体中牵头人的名义提交投标保证金，以联合体牵头人名义提交的投标保证金，对联合体各成员具有约束力。

6.4.3　禁止投标人实施不正当竞争行为

根据《招标投标法》和《招标投标法实施条例》的规定，禁止投标人实施以下不正当竞争行为。

1. 禁止投标人串通投标

《招标投标法实施条例》规定，有下列情形之一的，属于投标人串通投标行为：① 投标人之间协商投标报价等投标文件的实质性内容；② 投标人之间约定中标人；③ 投标人之间约定部分投标人放弃投标或者中标；④ 属于同一集团、协会、商会等组织成员的投标人按照组织要求协同投标；⑤ 投标人之间为谋求中标或者排斥特定投标人而采取的其他联合行为。

有下列情形之一的，视为投标人相互串通投标：① 不同投标人的投标文件由同一单位或者个人编制；② 不同投标人委托同一单位或者个人办理投标事宜；③ 不同投标人的投标文件载明的项目管理成员为同一人；④ 不同投标人的投标文件异常一致或者投标报价呈规律性差异；⑤ 不同投标人的投标文件相互混装；⑥ 不同投标人的投标保证金从同一单位或者个人的账户转出。

2. 禁止与招标人串通投标

《招标投标法实施条例》规定，有下列情形之一的，属于招标人与投标人串通投标：① 招标人在开标前开启投标文件并将有关信息泄露给其他投标人；② 招标人直接或者间接向投标人泄露标底、评标委员会成员等信息；③ 招标人明示或者暗示投标人压低或者抬高投标报价；④ 招标人授意投标人撤换、修改投标文件；⑤ 招标人明示或者暗示投标人为特定投标人中标提供方便；⑥ 招标人与投标人为谋求特定投标人中标而采取的其他串通行为。

3. 禁止以他人名义投标或以其他方式弄虚作假，骗取中标

《招标投标法》规定，投标人不得以他人名义投标或者以其他方式弄虚作假，骗取中标。《招标投标法实施条例》规定，以他人名义投标是指使用通过受让或者租借等方式获取的资格、资质证书投标，以其他弄虚作假行为投标，包括：使用伪造、编造的许可证件；提供虚假的财务状况或者业绩；提供虚假的项目负责人或者主要技术人员简历、劳动关系证明；提供虚假的信用状况等弄虚作假行为。

4. 禁止以行贿手段谋取中标

《招标投标法》规定，禁止投标人以向招标人或者评标委员会成员行贿的手段谋取中标。投标人以行贿手段谋取中标的法律后果是中标无效，有关责任人和单位应当承担相应的行政责任或刑事责任，给他人造成损失的，还应当承担民事赔偿责任。

5. 禁止低于成本报价竞标

《招标投标法》规定，投标人不得以低于成本的报价竞标。这里的成本是指投标人的"个别成本"，不是社会平均成本。企业的基本目标是盈利，而低于成本竞标主要是为了排挤竞争对手，被认为是恶意竞争、不正当竞争。因此被法律所禁止。

6.5 建设工程开标、评标和定标

开标、评标是招标投标活动公开、公正原则的重要体现，国家有关法律法规对开标、评标和定标程序及当事人行为作出了明确规范。本节主要介绍开标程序、评标委员会的构成、评标专家的权利义务、评标原则和评标方法、评标程序及评标报告、废标和重新招标等内容。

6.5.1 开标

开标即在招标投标活动中，由招标人主持，在招标文件预先载明的开标时间和开标地点，邀请所有投标人参加，公开宣布全部投标人的名称、投标价格及投标文件中其他主要内容，使招标投标当事人了解各个投标的关键信息，并且将相关情况记录在案。开标是招标投标活动公开原则的重要体现。

1. 开标时间和地点

《招标投标法》规定，开标应当在招标文件确定的提交投标文件截止时间的同一时间公开进行；开标地点应当为招标文件中预先确定的地点。

（1）开标时间。开标时间和提交投标文件截止时间应为同一时间，并在招标文件中明示。招标人和招标代理机构必须按照招标文件中的规定按时开标，不得擅自提前或拖后开标，更不能不开标就进行评标。

（2）开标地点。开标地点应在招标文件中具体明示。

（3）开标时间和地点的修改。如果招标人需要修改开标时间和地点，应以书面形式通知所有招标文件的收受人，并应报工程所在地的县级以上建设行政主管部门备案。

《招标投标法实施条例》规定，投标人少于3个的，不得开标，招标人应当依法重新招标。投标人对开标有异议的，应当在开标现场提出，招标人应当场作出答复，并制作笔录。

2. 开标参与人

《招标投标法》规定，开标由招标人主持，邀请所有投标人参加。

（1）开标由招标人主持。开标由招标人主持，也可以委托招标代理机构主持。在实际招标投标活动中，绝大多数委托招标项目，开标都由招标人委托招标代理机构主持。

（2）其他依法可以参加开标的人员。招标人可以邀请除投标人以外的其他方面相关人员参加开标。根据《招标投标法》规定，招标人可以委托公证机构对开标情况进行公证。

在实践中，招标人经常邀请行政监督、纪检监察等部门对开标过程进行监督。

3. 开标程序和内容

《招标投标法》规定，开标时，由投标人或者其推选的代表检查投标文件的密封情况，也可以由招标人委托的公证机构检查并公证；经确认无误后，由工作人员当众拆封，宣读投标人名称、投标价格和投标文件的其他主要内容。

招标人在招标文件要求提交投标文件的截止时间前收到的所有投标文件，开标时都应当当众予以拆封、宣读。开标过程应当记录，并存档备查。通常，开标的程序和内容包括密封情况检查、拆封、唱标及记录存档等。

《工程建设项目施工招标投标办法》规定，投标文件有下列情形之一的，招标人应当拒收：① 逾期送达的或者未送达指定地点的；② 未按招标文件要求密封的。

6.5.2　评标

1. 评标委员会

评标委员会是指由招标人组建，负责对投标文件进行评审并提出书面评标报告，向招标人推荐合格的中标候选人的临时性组织。评标委员会依法对投标文件进行评审，不受干涉。《招标投标法》规定，招标人应当采取必要的措施，保证评标在严格保密的情况下进行。任何单位和个人不得非法干预、影响评标的过程和结果。

（1）评标委员会的组成

《招标投标法》规定，评标由招标人依法组建的评标委员会负责。依法必须招标的项目，其评标委员会由招标人代表和有关技术、经济等方面的专家组成，成员人数为 5 人以上的单数，其中技术、经济等方面的专家不得少于成员总数的 2/3。同时还规定，与投标人有利害关系的人不得进入相关项目的评标委员会，已经进入的应当更换。

（2）评标专家的选择和资格条件

《招标投标法》规定，评标专家应当从事相关领域工作满 8 年并具有高级职称或者具有同等专业水平，由招标人从国务院有关部门或者省、自治区、直辖市人民政府有关部门提供的专家名册或者招标代理机构专家库内的相关专家名单中确定；一般招标项目可以采取随机抽取方式，特殊招标项目可以由招标人直接确定。评标委员会成员的名单在中标结果确定前应当保密。

《评标委员会和评标方法暂行规定》进一步规定，评标专家应满足下列资格条件：① 从事相关领域工作满 8 年并具有高级职称或者具有同等专业水平；② 熟悉有关招标投标的法律法规，并具有与招标项目相关的实践经验；③ 能够认真、公正、诚实、廉洁地履行职责。《评标委员会和评标方法暂行规定》同时规定，有下列情形之一的，不得担任评标专家：① 投标人或者投标人主要负责人的近亲属；② 项目主管部门或者行政监督部门的人员；③ 与投标人有经济利益关系，可能影响对投标公正评审的；④ 曾因在招标、评标以及其他与招标投标有关活动从事违法行为而受过行政处罚或刑事处罚的。评标委员会成员有上述规定情形之一的，应当主动提出回避。

（3）评标委员会的职责

《招标投标法》规定，评标委员会应当按照招标文件确定的评标标准和方法，对投标文件进行评审和比较；设有标底的，应当参考标底。评标委员会完成评标后，应当向招标人提出书面评标报告，并推荐合格的中标候选人。招标人根据评标委员会提出的书面评标报告和推荐的中标候选人确定中标人。招标人也可以授权评标委员会直接确定中标人。

1）依法独立评审投标文件。评标委员会成员最基本的权利和义务，就是依法按照招标文件规定的评标标准和方法，运用个人的知识、经验和技能，对投标文件进行独立评审和比较，提出评审意见，不受任何单位或个人的干预。

2）提交评标报告。评标委员会最终的工作成果体现为评标报告。评标报告载明了评标委员会的评审过程和评审意见，最终推荐中标候选人的排序情况，由每个成员签字确认后，以评标委员会的名义提交给招标人。

3）遵守职业道德。《招标投标法》规定，评标委员会成员应当客观、公正地履行职责，遵守职业道德，对所提出的评审意见承担个人责任。《评标委员会和评标方法暂行规定》也规定，评标委员会成员在投标文件评审直至提出评标报告的全过程中，均应恪守职责，认真、公正、诚实、廉洁地履行职责，对其提出的评审意见承担个人责任。评标委员会成员不得与任何投标人或者与招标结果有利害关系的人进行私下接触，不得收受投标人、中介人、其他利害关系人的财物或者其他好处，不得彼此之间进行私下串通。评标委员会成员如果发现存在依法不应参加评标工作的情况，还应立即披露并提出回避。

4）履行保密义务。根据《评标委员会和评标方法暂行规定》的相关规定，评标委员会成员和参与评标的有关工作人员不得私自透露对投标文件的评审和比较、中标候选人的推荐情况以及与评标有关的其他情况。

5）有关协助和配合义务。对于评标工作和评标结果发生的质疑和投诉，招标人、招标代理机构及有关主管部门依法处理质疑和投诉时，评标委员会成员应配合有关部门的投诉处理工作，配合招标人答复投标人的质疑。协助、配合有关行政监督部门的监督和检查工作，对发现的违法违规情况加以制止，向有关方面反映、报告评标过程中的问题等。

【案例6-7】

背景：某招标工程的开标程序由招标文件事先确定，2022年6月5日按招标文件规定的时间和地点举行了开标会议。当地招标办公室主任全程监督并主持了开标过程。开标结束后，转入评标过程。该项目评标委员会由6人组成，其中：2人来自招标单位，1人为招标办代表，另外3人通过专家系统随机抽取产生。

问题：请指出本案中的不妥之处。

【评析】

《招标投标法》第三十五条规定，"开标由招标人主持，邀请所有投标人参加。"《招标投标法》第三十七条及配套法规规定，评标委员会由招标人代表和有关技术、经济等方面的专家组成，成员人数为 5 人以上的单数，其中技术、经济等方面的专家不得少于成员总数的 2/3。因此，本案中的不妥之处主要有：① 招标办公室主任主持开标过程（应由招标人主持）；② 评标委员会由 6 人组成（应为 5 人以上的单数）；③ 招标办代表进入评标委员会；④ 技术、经济方面的专家人数少于成员总数的 2/3。

2. 评标方法

评标方法是评审和比较投标文件、择优选择中标人的方法。根据《评标委员会和评标方法暂行规定》《工程建设项目施工招标投标办法》《工程建设项目货物招标投标办法》等规定，常用评标方法分为经评审的最低投标价法、综合评估法及法律法规允许的其他评标方法。

（1）经评审的最低投标价法。经评审的最低投标价法是指符合招标文件规定的技术标准和实质性要求，并且经评审的投标价最低的投标人，应当推荐为中标候选人。经评审的最低投标价法一般适用于具有通用技术、性能标准或者招标人对其技术、性能没有特殊要求的招标项目。

（2）综合评估法。综合评估法是指能够最大限度地满足招标文件中规定的各项综合评价标准的投标人，应当推荐为中标候选人。《房屋建筑和市政基础设施工程施工招标投标管理办法》规定，采用综合评估法的，应当对投标文件提出的工程质量、施工工期、投标价格、施工组织设计或者施工方案、投标人及项目经理业绩等，能否最大限度地满足招标文件中规定的各项要求和评价标准进行评审和比较。

（3）其他方法。根据《评标委员会和评标方法暂行规定》的相关规定，评标方法还包括法律、行政法规允许的其他评标方法。对专业性较强的招标项目，相关行政监督部门规定了其他评标方法。

3. 评标程序

评标是指由招标人依法组建的评标委员会，根据法律规定和招标文件确定的评标方法和具体评标标准，对开标中所有拆封并唱标的投标文件进行评审，根据评审情况出具评标报告，并向招标人推荐中标候选人，或者根据招标人的授权直接确定中标人的过程。

（1）评标程序

根据《评标委员会和评标方法暂行规定》的相关规定，投标文件评审包括评标准备、初步评审、详细评审、提交评标报告和推荐中标候选人等程序。

1）评标准备。认真研究招标文件，熟悉招标项目特点、招标范围和性质、主要技术要求、标准和商务条款；评标标准、评标方法和在评标过程中应考虑的相关因素。招标文件中没有规定的标准和方法不得作为评标的依据。

2）初步评审。初步评审是评定投标文件是否在实质上响应了招标文件的要求。所谓实质上响应，是指投标文件与招标文件的所有实质性条款、条件和要求相符，无显著差异或保留，或者未对合同中约定的招标人权利和投标人义务方面造成重大限制。

与重大偏差相对应的是细微偏差。所谓细微偏差，是指投标文件基本上符合招标文件要求，但在个别地方存在漏项或者提供了不完整的技术信息和数据等情况，并且补正这些遗漏或者不完整不会对其他投标人造成不公平的结果。细微偏差不影响投标文件的有效性。

未能在实质上响应招标文件的投标，称为存在重大偏差。《评标委员会和评标方法暂行规定》明确规定，下列情况属于重大偏差：① 没有按照招标文件要求提供投标担保或者所提供的投标担保有瑕疵；② 投标文件没有投标人授权代表签字和加盖公章；③ 投标文件载明的招标项目完成期限超过招标文件规定的期限；④ 明显不符合技术规格、技术标准的要求；⑤ 投标文件载明的货物包装方式、检验标准和方法等不符合招标文件的要求；⑥ 投标文件附有招标人不能接受的条件；⑦ 不符合招标文件中规定的其他实质性要求。投标文件有上述情形之一的，视为未能对招标文件作出实质性响应，按废标处理。招标文件对重大偏差另有规定的，从其规定。

3）详细评审。经初步评审合格的投标文件，评标委员会应当根据招标文件确定的评标标准和方法，对其技术部分和商务部分作进一步评审、比较。评标委员会可以要求投标人对投标文件中含义不明确的内容作必要的澄清或者说明，但是澄清或者说明不得超出投标文件的范围或者改变投标文件的实质性内容。澄清、说明或者补正应以书面形式进行。

评标和定标应当在投标有效期结束日 30 个工作日前完成。不能在投标有效期结束日 30 个工作日前完成评标和定标的，招标人应当通知所有投标人延长投标有效期。

4）提交评标报告和推荐中标候选人。评标委员会签署并向招标人提交评标报告，推荐中标候选人，评标委员会也可以根据招标人的授权，直接按照评标结果确定中标人。

（2）评标报告

《招标投标法》规定，评标委员会完成评标后，应当向招标人提出书面评标报告，并推荐合格的中标候选人。招标人、招标代理机构和有关主管部门无权改变、剥夺评标委员会推荐中标候选人的法定权利，不得脱离评标报告，在中标候选人之外确定中标人。

根据《评标委员会和评标方法暂行规定》的相关规定，评标委员会完成评标后，应当向招标人提交书面评标报告，并抄送有关行政监督部门，评标报告应当如实记载以下内容：① 基本情况和数据表；② 评标委员会成员名单；③ 开标记录；④ 符合要求的投标一览表；⑤ 废标情况说明；⑥ 评标标准、评标方法或者评标因素一览表；⑦ 经评审的价格或者评分比较一览表；⑧ 经评审的投标人排序；⑨ 推荐的中标候选人名单与签订合同前要处理的事宜；⑩ 澄清、说明、补正事项纪要。

评标报告由评标委员会全体成员签字。对评标结论持有异议的评标委员会成员可以书面方式阐述其不同意见及其理由。评标委员会成员拒绝在评标报告上签字且不陈述其不同意见和理由的，视为同意评标结论。评标委员会应当对此作出书面说明并记录在案。

（3）推荐中标候选人

根据《招标投标法》的规定，中标人的投标应当符合下列条件之一：

1）能够最大限度地满足招标文件中规定的各项综合评价标准；

2）能够满足招标文件的实质性要求，并且经评审的投标价格最低，但是投标价格低于成本的除外。

评标委员会在评标报告中应推荐1~3名中标候选人，并对推荐的中标候选人进行排序。

4. 废标和否决全部投标

评标过程中，评标委员会如果发现废标情形的，可以决定对个别或所有投标文件作废标处理；如果发现有效投标不足，以致投标明显缺乏竞争，则可以依法否决所有投标；如果发生投标人不足3个或所有的投标被否决等法定情形的，招标人应依法重新招标。

（1）废标情形

废标也称无效投标，是指评标委员会依据法律规定和招标文件的明确规定，在评标过程中对投标文件依法作出的取消其中标资格、不再予以评审的处理决定。根据《评标委员会和评标方法暂行规定》的相关规定，有下列四种情形之一的，可按废标处理：

1）评标委员会发现投标人以他人的名义投标、串通投标、以行贿手段谋取中标或者以其他弄虚作假方式投标的，该投标人的投标应作废标处理。

2）评标委员会发现投标人的报价明显低于其他投标报价或者在设有标底时明显低于标底，使得其投标报价可能低于其个别成本的，应当要求该投标人作出书面说明并提供相关证明材料。投标人不能合理说明或者不能提供相关证明材料的，由评标委员会认定该投标人以低于成本报价竞标，其投标应作废标处理。

3）投标人资格条件不符合国家有关规定和招标文件要求的，或者拒不按照要求对投标文件进行澄清、说明或者补正的，评标委员会可以否决其投标。

4）未能在实质上响应招标文件要求的投标，应作废标处理。

（2）否决全部投标

《招标投标法》规定，评标委员会经评审，认为所有投标都不符合招标文件要求的，可以否决所有投标。《评标委员会和评标方法暂行规定》明确规定：评标委员会否决不合格投标或者认定为废标后，因有效投标不足3个使得投标明显缺乏竞争的，评标委员会可以否决全部投标。由此可见，否决全部投标包括两种情况：所有的投标都不符合招标文件要求，因为每个投标均被认定为废标、被认为无效或不合格，因此评标委员会否决了所有的投标；部分投标被认定为废标、被认为无效或不合格之后，仅剩余不足3个的有效投标，使得投标明显缺乏竞争的，违反了招标采购的根本目的，据此评标委员会可以否决全部投标。

（3）重新招标

《招标投标法》规定，投标人少于3个，招标人应当依照本法重新招标；依法必须进行招标项目的所有投标被否决的，招标人应当依照本法重新招标。

重新招标是指一个招标项目发生法定情形，无法继续进行评标、推荐中标候选人，需要终止本次招标，进而重新进行招标。所谓法定情形，包括于投标截止时间到达时投标人少于3个、评标中所有投标被否决或其他法定情况。

【案例6-8】

背景：某工程承包公司的投标文件因为只有单位盖章而没有法人代表的签字，被评标委员会认定为废标，其理由是"招标文件明确规定投标文件必须同时有单位盖章和法人代表的签字，否则就是废标"。投标人认为评标委员会的处理不当，与《工程建设项目施工招标投标办法》有关废标的规定不符。根据该办法，只要有单位的盖章就不是废标。

问题：你认为评标委员会的处理恰当吗？

【评析】

评标委员会的处理恰当。尽管《工程建设项目施工招标投标办法》规定"无单位盖章并无法定代表人或其代理人签字的"投标文件为废标，但该办法同时规定"未按规定格式填写，内容不全或关键字迹模糊、无法辨认的"也应当认定为废标。因此，评标委员会可以依据"未按照规定格式填写"，有权认定该投标文件为废标。

6.5.3 中标

中标是指招标人从中标候选人中择优确定中标人并向其发出中标通知书。《招标投标法》规定，招标人根据评标委员会提出的书面评标报告和推荐的中标候选人确定中标人。因此，评标委员会负责评标并推荐合格的中标候选人，而确定中标人的权利应归属招标人。当然，确定中标人的权利，招标人可以直接行使，也可以授权评标委员会直接确定中标人。

1. 确定中标人的程序

（1）评标委员会提出评标报告后，招标人一般应在15日内确定中标人，最迟应在投标有效期结束日30日前确定。否则，招标人应书面通知所有投标人延长投标有效期，投标人有权拒绝延期并收回投标保证金。同意延长投标有效期的投标人应当相应延长其投标担保的有效期，但不得修改投标文件的实质性内容。

（2）招标人应当接受评标委员会推荐的中标候选人，不得在评标委员会推荐的中标候选人之外确定中标人。

（3）依法必须招标的工程项目，招标人应当确定排名第一的中标候选人为中标人。

根据《评标委员会和评标方法暂行规定》的相关规定，使用国有资金投资或者国家融资的项目，招标人应当确定排名第一的中标候选人为中标人，排名第一的中标候选人放弃中标、因不可抗力提出不能履行合同，或者招标文件规定应当提交履约保证金而在规定期限内未能提交的，招标人可以确定排名第二的中标候选人为中标人，排名第二的中标候选人因同样原因不能签订合同的，招标人可以确定排名第三的中标候选人为中标人。

（4）招标人可以依据评标报告和推荐的中标候选人自行确定中标人，招标人也可授权评标委员会直接确定中标人。

2. 中标通知书

为确保招标投标活动公开、公平、公正进行，有利于社会监督，确定中标人后，中标结果应当公示或者公告。采用公开招标的，在中标通知书发出前，要将预中标人的情况在该工程项目招标公告发布的同一信息网络和建设工程交易中心予以公示，公示时间最短不少于2个工作日。

公示结束后，招标人应当向中标人发出中标通知书。《招标投标法》规定，中标人确定后，招标人应当向中标人发出中标通知书，并同时将中标结果通知所有未中标的投标人。

中标通知书是由招标人向中标人发出的确认其中标的书面凭证。中标通知书对招标人和中标人具有法律效力，就法律性质而言，中标通知书属于承诺。中标通知书发出后，招标人改变中标结果的，应当赔偿中标人的损失；中标人放弃中标的，招标人可以没收中标人提交的投标保证金，或者要求中标人赔偿因其放弃中标导致的损失。

招标人不得向中标人提出压低报价、增加工作量、缩短工期等违背中标人意愿的要求，并以此作为发出中标通知书或签订工程合同的条件。

3. 履约担保与合同签订

《招标投标法》规定，招标人和中标人应当自中标通知书发出之日起30日内，按照招标文件和中标人的投标文件订立书面合同。

招标文件要求中标人提交履约保证金或者其他形式履约担保的，中标人应当提交。履约担保的形式一般有银行保函、履约担保书和保留金，履约担保一般为建设工程合同金额的10%左右；中标人拒绝提供履约担保的，视为放弃中标。招标文件要求中标人提交履约保证金或者其他形式履约担保的，招标人应当同时向中标人提供工程款支付担保。招标人不得擅自提高履约保证金，也不得强制要求中标人垫付中标项目建设资金。

《招标投标法》同时规定，招标人和中标人不得再行订立背离合同实质性内容的其他协议。实质性内容是指投标报价、工期、施工组织方案、质量标准、招标范围和工程量等涉及招标人和中标人权利义务关系的实体内容。

4. 返还投标保证金

招标人一般应在招标活动结束之后，及时返还投标人的投标保证金。《评标委员会和评标方法暂行规定》明确规定，招标人与中标人签订合同后5个工作日内，招标人应向中标人和未中标人退还投标保证金。各类招标项目关于投标保证金的退还规定略有差异。

5. 招标投标情况报告

《招标投标法》规定，依法必须进行招标的项目，招标人应当自确定中标人之日起 15 日内，向有关行政监督部门提交招标投标情况的书面报告。

《工程建设项目施工招标投标办法》同时规定，施工招标书面报告至少应包括：① 招标范围；② 招标方式和发布招标公告的媒介；③ 招标文件中投标人须知、技术条款、评标标准和方法、合同主要条款等内容；④ 评标委员会的组成和评标报告；⑤ 中标结果。

6. 履行合同

中标人应当按照合同约定履行合同义务，完成中标项目。中标人不得向他人转让中标项目，也不得将中标项目肢解后分别转让给其他人。

中标人根据合同约定或者经招标人同意，可将中标项目的部分非主体、非关键性工作分包给具有相应资质的分包单位完成。中标人和分包单位就中标项目对招标人承担连带责任。

【案例 6-9】

背景：某财政资金投资建设的奥体中心被确定为省重点工程，拟公开招标选择总承包商，有 5 家单位通过资格审查，取得投标资格。由招标人主持开标，并在开标会议上公布了最新的评标标准和方法，作为《招标文件》附件发送给各投标人。

开标后发现：A 提交的投标函中的投标报价字迹不清，难以辨别。经评审，评标委员会推荐 C、D、E 分别为第一、第二和第三中标候选人。招标人看重 D 的技术方案和丰富的施工经验将其确定为中标人，但是 D 的报价略高于 C，遂要求 D 以 C 的报价承包该项目，D 同意了招标人的要求，最后双方在发出中标通知书后第 35 天签订了正式的工程承包合同。

问题：

（1）在开标会上公布最新的评标标准和方法是否合法？为什么？

（2）A 的投标文件是否有效？为什么？

（3）招标人确定 D 为中标人是否合法？为什么？

（4）招标人在与 D 签订合同过程中有无不妥之处？若有，请指出并说明理由。

【评析】

（1）《招标投标法》第四十条规定："评标委员会应当按照招标文件确定的评标标准和方法，对投标文件进行评审和比较。"《评标委员会和评标方法暂行规定》第十七条规定："评标委员会应当根据招标文件规定的评标标准和方法，对投标文件进行系统的评审和比较。招标文件中没有规定的标准和方法不得作为评标的依据。"因此，本案中，招标人在开标会议上公布最新的评标标准和方法，并将其作为评标依据的做法不合法。

（2）根据《招标投标法》和相关配套法规的规定，若投标文件没有实质响应招标文件的要求，按废标处理。《工程建设项目施工招标投标办法》第五十条明确规定，投标文件关键字迹模糊不清、无法辨认的，视为废标。本案中，A 的投标报价字迹不清、无法辨认，属于该办法中规定的关键内容字迹不清，故 A 的投标文件无效，应按废标处理。

（3）招标人有权决定从评标委员会推荐的中标候选人中决定中标人，但是《评标委员会和评标方法暂行规定》第四十八条规定："对于使用国有资金的项目，招标人应当确定排名第一的中标候选人为中标人。"本案中，奥体中心为使用国有资金的项目，根据规定应以排名第一的 C 为中标人，招标人在 C 未放弃中标的情况下以排名第二的 D 为中标人不合法。

（4）《招标投标法》第四十六条规定，招标人和中标人应当自中标通知书发出之日起30 日内，按照招标文件和中标人的投标文件订立书面合同。本案中，招标人在发出中标通知书后第 35 天，并在中标人 D 同意降低造价的情况下与其签订正式合同，应认定为不合法。

6.6　建筑市场信用体系建设

6.6.1　概述

市场经济是法治经济，更是信用经济。对从业者实施基于信用评级的分类管理，对诚信从业者予以奖励、对失信从业者进行惩戒，大幅提高违法失信成本，是国际社会的通行做法和成功实践。

2007 年国务院办公厅发布《关于社会信用体系建设的若干意见》（国办发〔2007〕17号）提出，国家建立以健全信贷、纳税、合同履约、产品质量的信用记录为重点，坚持"统筹规划、分类指导，政府推动、培育市场，完善法规、严格监管，有序开放、维护安全"的原则，建立全国范围信贷征信机构与社会征信机构并存、服务各具特色的征信机构体系。2016 年中共中央办公厅、国务院办公厅印发了《关于加快推进失信被执行人信用监督、警示和惩戒机制建设的意见》（中办发〔2016〕64 号）提出，将房地产、建筑企业不依法履行生效法律文书确定的义务情况，记入房地产和建筑市场信用档案，向社会披露有关信息，对房地产和建筑业企业资质进行限制；依法限制失信被执行人作为供应商参加政府采购活动，依法限制失信被执行人参与政府投资项目或主要使用财政性资金项目。

《招标投标法实施条例》规定，国家建立招标投标信用制度。有关行政监督部门应当依法公告对招标人、招标代理机构、投标人、评标委员会成员等当事人违法行为的行政处理决定。《建筑业企业资质管理规定》明确规定，企业应当向资质许可机关提供真实、准确、完整的企业信用档案信息。企业信用档案应当包括企业基本情况、资质、业绩、工程质量和安全、合同履约、社会投诉和违法行为等情况。被投诉举报和处理、行政处罚等情况应当作为不良行为记入其信用档案。企业信用档案信息按照有关规定向社会公示。《注册建造师管理规定》第三十二条规定，注册建造师及其聘用单位应当按照要求，向注册机关提供真实、准确、完整的注册建造师信用档案信息。注册建造师信用档案应当包括注册建造师的基本情况、业绩、良好行为、不良行为等内容。违法违规行为、被投诉举报处理、行政处罚等情况应当作为注册建造师的不良行为记入其信用档案。注册建造师信用档案信息按照有关规定向社会公示。

2007 年，建设部颁布《建筑市场诚信行为信息管理办法》（建市〔2007〕9 号），并制定了建设单位等 9 类建筑市场主体的《全国建筑市场各方主体不良行为记录认定标准》，正式建立建筑市场信用体系制度。

6.6.2 建筑市场诚信行为信息公布

根据《建筑市场诚信行为信息管理办法》的规定，建筑市场诚信行为信息分为良好行为记录和不良行为记录两大类。

良好行为记录，是指建筑市场主体在工程建设过程中严格遵守有关工程建设的法律、法规、规章或强制性标准，行为规范，诚信经营，自觉维护建筑市场秩序，受到各级建设行政主管部门和相关专业部门的奖励和表彰所形成的良好行为记录。

不良行为记录，是指建筑市场主体在工程建设过程中违反有关工程建设的法律、法规、规章或强制性标准和执业行为规范，经县级以上建设行政主管部门或者委托的执法监督机构查实和行政处罚所形成的不良行为记录。

1. 公布时限

《建筑市场诚信行为信息管理办法》规定，诚信行为记录实行公布制度。诚信行为记录由各省、自治区、直辖市建设行政主管部门在当地建筑市场诚信信息平台上统一公布。其中，不良行为记录信息的公布时间为行政处罚决定作出后 7 日内，公布期限一般为 6 个月至 3 年；良好行为记录信息公布期限一般为 3 年，法律、法规另有规定的从其规定。公布内容应与建筑市场监管信息系统中的企业、人员和项目管理数据库相结合，形成信用档案，内部长期保留。

省、自治区和直辖市建设行政主管部门负责审查整改结果，对整改确有实效的，由企业提出申请，经批准，可缩短其不良行为记录信息公布期限，但公布期限最短不得少于 3 个月，同时将整改结果列于相应不良行为记录后，供有关部门和社会公众查询；对于拒不整改或整改不力的单位，信息发布部门可延长其不良行为记录信息公布期限。

《招标投标违法行为记录公告暂行办法》规定，国务院有关行政主管部门和省级人民政府有关行政主管部门应自招标投标违法行为行政处理决定作出之日起 20 个工作日内对外进行记录公告。违法行为记录公告期限为 6 个月。依法限制招标投标当事人资质（资格）等方面的行政处理决定，所认定的限制期限长于 6 个月的，公告期限从其决定。

2. 公布内容和范围

《建筑市场诚信行为信息管理办法》规定，属于《全国建筑市场各方主体不良行为记录认定标准》范围的不良行为记录除在当地发布外，将由住房和城乡建设部统一在全国公布，公布期限与地方确定的公布期限相同。通过与工商、税务、纪检、监察、司法、银行等部门建立的信息共享机制，获取的有关建筑市场各方主体不良行为记录的信息，省、自治区、直辖市建设行政主管部门也应在本地区统一公布。各地建筑市场综合监管信息系统，要逐步与全国建筑市场诚信信息平台实现网络互联、信息共享和实时发布。

《招标投标违法行为记录公告暂行办法》规定，对下列招标投标违法行为行政处理决定应给予公告：① 警告；② 罚款；③ 没收违法所得；④ 暂停或者取消招标代理资格；⑤ 取消在一定时期内参加依法必须进行招标的项目的投标资格；⑥ 取消担任评标委员会成员的资格；⑦ 暂停项目执行或追回已拨付资金；⑧ 暂停安排国家建设资金；⑨ 暂停建设项目的审查批准；⑩ 行政主管部门依法作出的其他行政处理决定。

公告部门可将招标投标违法行为行政处理决定书直接进行公告。招标投标违法行为记录公告不得公开涉及国家秘密、商业秘密、个人隐私的记录。但是，经权利人同意公开或者行政机关认为不公开可能对公共利益造成重大影响的涉及商业秘密、个人隐私的违法行为记录，可以公开。

3. 公告变更

《建筑市场诚信行为信息管理办法》规定，对发布有误的信息，由发布该信息的省、自治区和直辖市建设行政主管部门进行修正，根据被曝光单位对不良行为的整改情况，调整其信息公布期限，保证信息的准确和有效。

《招标投标违法行为记录公告暂行办法》规定，被公告的招标投标当事人认为公告记录与行政处理决定的相关内容不符的，可向公告部门提出书面更正申请，并提供相关证据。公告部门接到书面申请后，应在 5 个工作日内进行核对。公告的记录与行政处理决定的相关内容不一致的，应当给予更正并告知申请人；公告的记录与行政处理决定的相关内容一致的，应当告知申请人。公告部门在作出答复前不停止对违法行为记录的公告。

行政处理决定在被行政复议或行政诉讼期间，公告部门依法不停止对违法行为记录的公告，但行政处理决定被依法停止执行的除外。原行政处理决定被依法变更或撤销的，公告部门应当及时对公告记录予以变更或撤销，并在公告平台上予以声明。

6.6.3　建筑市场主体不良行为记录认定标准

根据建设部发布的《全国建筑市场各方主体不良行为记录认定标准》，建筑市场责任主体主要包括建设、勘察、设计、施工、监理、工程检测、招标代理、造价咨询、施工图审查共 9 类单位，并制定了具体的不良行为认定标准。以下仅介绍建筑业企业和建造师不良行为的认定标准。

1. 建筑业企业不良行为

根据该标准相关规定，建筑业企业的不良行为具体包括如下 5 大类违规违法行为。

（1）资质不良行为：① 未取得资质证书承揽工程的，或超越本单位资质等级承揽工程的；② 以欺骗手段取得资质证书承揽工程的；③ 允许其他单位或个人以本单位名义承揽工程的；④ 未在规定期限内办理资质变更手续的；⑤ 涂改、伪造、出借、转让《建筑业企业资质证书》的；⑥ 按照国家规定需要持证上岗的技术工种的作业人员未经培训、考核，未取得证书上岗，情节严重的。

（2）承揽业务不良行为：① 利用向发包单位及其工作人员行贿、提供回扣或者给予其他好处等不正当手段承揽业务的；② 相互串通投标或与招标人串通投标的，以向招标人或评标委员会成员行贿的手段谋取中标的；③ 以他人名义投标或以其他方式弄虚作假，骗取中标的；④ 不按照与招标人订立的合同履行义务，情节严重的；⑤ 将承包的工程转包或违法分包的。

（3）工程质量不良行为：① 在施工中偷工减料的，使用不合格建筑材料、建筑构配件和设备的，或者有不按照工程设计图纸或施工技术标准施工的其他行为的；② 未按照节能设计进行施工的；③ 未对建筑材料、建筑构配件、设备和商品混凝土进行检测，或未对涉及结构安全的试块、试件以及有关材料取样检测的；④ 工程竣工验收后，不向建设单位出具质量保修书的，或质量保修的内容、期限违反规定的；⑤ 不履行保修义务或者拖延履行保修义务的。

（4）工程安全不良行为：① 在本单位发生重大生产安全事故时，主要负责人不立即组织抢救或在事故调查处理期间擅离职守或逃匿的，主要负责人对生产安全事故隐瞒不报、谎报或拖延不报的；② 对建筑安全事故隐患不采取措施予以消除的；③ 不设立安全生产管理机构、配备专职安全生产管理人员或分部分项工程施工时无专职安全生产管理人员现场监督的；④ 主要负责人、项目负责人、专职安全生产管理人员、作业人员或特种作业人员，未经安全教育培训或经考核不合格即从事相关工作的；⑤ 未在施工现场的危险部位设置明显的安全警示标志，或未按照国家有关规定在施工现场设置消防通道、消防水源、配备消防设施和灭火器材的；⑥ 未向作业人员提供安全防护用具和安全防护服装的；⑦ 未按照规定在施工起重机械和整体提升脚手架、模板等自升式架设设施验收合格后登记的；⑧ 使用国家明令淘汰、禁止使用的危及施工安全的工艺、设备、材料的；⑨ 违法挪用列入建设工程概算的安全生产作业环境及安全施工措施所需费用的；⑩ 施工前未对有关安全施工的技术要求作出详细说明的；⑪ 未根据不同施工阶段和周围环境及季节、气候的变化，在施工现场采取相应的安全施工措施，或在城市市区内的建设工程施工现场未实行封闭围挡的；⑫ 在尚未竣工的建筑物内设置员工集体宿舍的；⑬ 施工现场临时搭建的建筑物不符合安全使用要求的；⑭ 未对因建设工程施工可能造成损害的毗邻建筑物、构筑物和地下管线等采取专项防护措施的；⑮ 安全防护用具、机械设备、施工机具及配件在进入施工现场前未经查验或查验不合格即投入使用的；⑯ 使用未经验收或验收不合格的施工起重机械和整体提升脚手架、模板等自升式架设设施的；⑰ 委托不具有相应资质的单位承担施工现场安装、拆卸施工起重机械和整体提升脚手架、模板等自升式架设设施的；⑱ 在施工组织设计中未编制安全技术措施、施工现场临时用电方案或专项施工方案的；⑲ 主要负责人、项目负责人未履行安全生产管理职责的，或不服管理、违反规章制度和操作规程冒险作业的；⑳ 施工单位取得资质证书后，降低安全生产条件的，或经整改仍未达到与其资质等级相适应的安全生产条件的；㉑ 取得安全生产许可证发生重大安全事故的；㉒ 未取得安全生产许可证擅自进行生产的；㉓ 安全生产许可证有效期满未办理延期手续，继续进行生产的，或逾期不办理延期手续，继续进行生产的；㉔ 转让安全生产许可证的，接受转让的，冒用或使用伪造的安全生产许可证的。

（5）拖欠工程款或工人工资不良行为：恶意拖欠或克扣劳动者工资的。

2. 注册建造师不良行为

《注册建造师管理规定》（2006）、《注册建造师执业管理办法（试行）》（2008）等，对注册建造师的不良行为制定了具体认定标准。

《注册建造师执业管理办法（试行）》规定，注册建造师有下列行为之一，经有关监督部门确认后由工程所在地建设主管部门或有关部门记入注册建造师执业信用档案：① 本办法第二十二条所列行为；② 未履行注册建造师职责造成质量、安全、环境事故的；③ 泄露商业秘密的；④ 无正当理由拒绝或未及时签字盖章的；⑤ 未按要求提供注册建造师信用档案信息的；⑥ 未履行注册建造师职责造成不良社会影响的；⑦ 未履行注册建造师职责导致项目未能及时交付使用的；⑧ 不配合办理交接手续的；⑨ 不积极配合有关部门监督检查的。

《注册建造师执业管理办法（试行）》明确规定，注册建造师不得有下列十三种违法违规行为：① 不按设计图纸施工；② 使用不合格建筑材料；③ 使用不合格设备、建筑构配件；④ 违反工程质量、安全、环保和用工方面的规定；⑤ 在执业过程中，索贿、行贿、受贿或者谋取合同约定费用外的其他不法利益；⑥ 签署弄虚作假或在不合格文件上签章的；⑦ 以他人名义或允许他人以自己的名义从事执业活动；⑧ 同时在两个或者两个以上企业受聘并执业；⑨ 超出执业范围和聘用企业业务范围从事执业活动；⑩ 未变更注册单位，而在另一家企业从事执业活动；⑪ 所负责工程未办理竣工验收或移交手续前，变更注册到另一家企业；⑫ 伪造、涂改、倒卖、出租或以其他形式非法转让资格证书、注册证书和执业印章；⑬ 不履行注册建造师义务和法律、法规、规章禁止的其他行为。

6.6.4　建筑市场诚信行为奖惩机制

《建筑市场诚信行为信息管理办法》《关于加快推进建筑市场信用体系建设工作的意见》规定，按照诚信激励和失信惩戒的原则，逐步建立诚信奖惩机制，在行政许可、市场准入、招标投标、资质管理、工程担保和保险、表彰评优等工作中，充分利用已公布的建筑市场各方主体的诚信行为信息，依法对守信行为给予激励，对失信行为进行惩处。

对于一般失信行为，可对相关单位和人员进行诚信法制教育，促使其知法、懂法、守法；对有严重失信行为的企业和人员，要会同有关部门，采取行政、经济、法律和社会舆论等综合惩治措施，对其依法公布、曝光或予以行政处罚、经济制裁；行为特别恶劣的，要坚决追究失信者的法律责任，提高失信成本，使失信者得不偿失。

《招标投标违法行为记录公告暂行办法》第十七条规定，公告的招标投标违法行为记录应当作为招标代理机构资格认定、依法必须招标项目资质审查、招标代理机构选择、中标人推荐和确定、评标委员会成员确定和评标专家考核等活动的重要参考。

根据《建筑业企业资质管理规定》的相关规定，建筑业企业未按照本规定要求提供建筑业企业信用档案信息的，由县级以上地方人民政府建设主管部门或者其他有关部门给予警告，责令限期改正；逾期未改正的，可处以1000元以上1万元以下的罚款。

根据《注册建造师管理规定》的相关规定，注册建造师或者其聘用单位未按照要求提供注册建造师信用档案信息的，由县级以上地方人民政府建设主管部门或者其他有关部门责令限期改正；逾期未改正的，可处以1000元以上1万元以下的罚款。

复习思考题

1. 简述《建筑法》关于承包的有关规定。
2. 公开招标和邀请招标有什么不同？
3. 招标文件的主要内容有哪些？
4. 投标文件主要包括哪些内容？
5. 简述招标投标活动的基本原则。
6. 评标委员会的构成，在法律上有何规定？
7. 中标条件"低于成本除外"中的成本是社会平均成本还是企业个别成本？
8. 《招标投标法》对招标投标过程中的有关时间，都有哪些规定？

案例分析题

1. 背景：某中央财政投资的大型基础设施项目，总投资超过10亿元，项目法人委托一家符合资质条件的工程招标代理公司全程代理招标事宜。在招标过程中发生如下事件：

事件1：在评标过程中，发现投标人D的投标文件中没有投标人授权代表签字；投标人H的单价与总价不一致，单价与工程量乘积大于投标文件的总价，招标文件中没有约定此类情况为重大偏差。

事件2：在评标过程中，评标委员会发现其中G投标人的投标报价低于原标底的

30%。询标时，G 投标人发来书面更改函，承认原报价存在遗漏，将报价整体上调至接近于标底的 99%。

事件 3：在评标过程中，投标人 A 发来书面更改函，对施工组织设计中存在的笔误进行了勘误，同时对其投标文件中，超过招标文件计划工期的投标工期调整为在招标文件约定计划工期基础上提前 10 日竣工。

事件 4：经评审，各投标人综合得分的排序依次是 H、E、G、A、F、C、B、D。评标委员会某专家对此结果有异议，拒绝在评标报告上签字，但又不提出书面意见。

事件 5：确定中标人 H 后，中标人 H 认为工程施工合同过分袒护招标人，需要对招标文件中的合同条件进行调整，特别是当事人双方的权利与义务；招标人同时提出，在中标价的基础上降低 10% 的要求，否则招标人不签订施工合同。

问题：

（1）以上事件如何处理？并简要陈述理由。

（2）评标委员会应推荐哪 3 个投标人为中标候选人？

2. 背景：有一省重点工程项目由于工程复杂、技术难度高，一般施工队伍难以胜任，建设单位便自行决定采取邀请招标方式，于 2022 年 9 月 28 日向通过资格预审的 A、B、C、D、E5 家施工企业发出投标邀请书。这 5 家施工企业均接受了邀请，并于规定时间购买了招标文件。按照招标文件的规定，2022 年 10 月 18 日下午 4 时为提交投标文件的截止时间，2022 年 10 月 21 日下午 2 时在建设单位办公大楼第 2 会议室开标。A、B、D、E 施工企业均在此截止时间前提交了投标文件，但 C 施工企业却因中途堵车，于 2022 年 10 月 18 日下午 5 时才将投标文件送达。2022 年 10 月 21 日下午 2 时，当地招标投标监管机构在该建设单位办公楼第 2 会议室主持了开标。

问题：

（1）该建设单位自行决定采取邀请招标的做法是否合法？

（2）建设单位是否可以接收 C 施工企业的投标文件？

（3）开标应当由谁主持？开标时间是否合适？

3. 背景：某市政工程项目由政府投资建设，建设单位委托某招标代理公司代理施工招标。招标代理公司确定该项目采用公开招标方式招标，招标公告仅在当地政府规定的招标信息网上发布，招标文件对省内外投标人提出了不同要求。招标文件规定，投标担保可采用投标保证金或者投标保函方式，评标方法采用经评审的最低投标价法，投标有效期为 60 天。

发布施工招标信息后，共有 12 家潜在投标人参与投标。在对潜在投标人的资质条件、业绩进行资格审查后确定其中 6 家公司为投标人。经开标后发现：

A 的投标报价为 8000 万元，为最低投标报价；B 在开标后又提交了一份补充说明，表示可以降价 5%；C 提交的银行投标保函有效期为 50 天；D 的投标函盖有企业及其企业法定代表人印章，没有项目负责人印章；E 与其他投标人组成投标联合体，附有各方资质证书，没有联合体共同投标协议；F 的投标报价最高，在开标后第二天撤回其投标文件。

经评审，A 被确定为第一中标候选人。发出中标通知书后，招标人与 A 进行合同谈判，希望 A 能够压缩工期、降低工程报价。最后，经双方协商一致，不压缩工期，A 降低报价 4%。

问题：

（1）本项目招标公告和招标文件有无不妥之处？请说明理由。

（2）招标代理公司对潜在投标人的资格预审是否恰当？请说明理由。

（3）请判断 6 家公司投标文件的有效性，并说明理由。

（4）F 的行为是否合法？请说明理由，若不合法请给出正确做法。

（5）招标人与 A 签订合同的行为是否妥当，合同价格应为多少？请说明理由。

第7章 建设工程合同法律制度

《中华人民共和国合同法》（以下简称《合同法》）于 1999 年 3 月 15 日经第九届全国人民代表大会第二次会议通过，并于 1999 年 10 月 1 日起施行，其是民商法的重要组成部分。《民法典》于 2020 年 5 月 28 日经第十三届全国人民代表大会第三次会议通过，并于 2020 年 1 月 1 日起施行。《民法典》将原有众多民法范畴内的单行法律合而为一，成为我国民法领域的根本大法，也是第一部以法典命名的法律。《民法典》的颁布实施，使包括《合同法》在内的九部法律同时废止。虽然作为单行法律的合同法已不复存在，但有关合同法的基本理论和原理无论在理论上还是实践中都非常重要。《民法典》吸纳了《合同法》的相关内容，作为第三编——合同，规定了合同订立、合同效力、合同履行、合同保全、合同变更与终止、违约责任等内容，并对一些典型合同进行了专门规定。

合同法的基本原则是平等、自愿、公平、诚信和合法，这也是处理建设工程合同问题的基本准则。本章主要以《民法典》第三编第一分编"通则"为基础讲解合同法基本原理，结合第二分编"典型合同"中的"建设工程合同"阐述建设工程合同的专门规定，并根据《最高人民法院关于审理建设工程施工合同纠纷案件适用法律问题的解释（一）》阐释建设工程施工合同纠纷处理中的若干法律问题，为后续分析解决建设工程合同理论及实践问题奠定理论及方法基础。

7.1 合同法概述

本节主要介绍合同的概念、合同的主要分类、合同法的基本原则等，是学习合同法和分析解决建设工程合同问题的理论基础。

7.1.1 合同的概念

合同有广义和狭义之分，广义上的合同是指一切有关权利义务的协议，如：劳动合同、行政合同、民事合同、身份合同等。而狭义的合同专指民事合同。根据《民法典》的规定，合同是指平等民事主体之间设立、变更、终止民事权利义务关系的协议。婚姻、收养、监护等有关身份关系的协议，适用有关该身份关系的法律规定；没有规定的，可以根据其性质参照适用本法"第三编 合同"的规定。此外，《民法典》还规定，本法或者其他法律没有明文规定的合同，适用"第三编 合同"中通则的规定，并可以参照适用本编或者其他法律最相类似合同的规定。在中华人民共和国境内履行的中外合资经营企业合同、中外合作经营企业合同、中外合作勘探开发自然资源合同，适用中华人民共和国法律。可见《民法典》中有关合同的规定主要适用于民事合同，即狭义的合同。

民事合同具有以下法律特征：

（1）合同是一种民事法律行为。《民法典》规定，民事法律行为是民事主体通过意思表示设立、变更、终止民事法律关系的行为。合同以意思表示为要素，并且按意思表示的内容赋予相应的法律效力。

（2）合同是当事人意思表示一致的民事法律行为。合同是一种双方或多方共同的民事法律行为。合同成立必须有两个或两个以上的民事主体在平等自愿的基础上互相作出意思表示，并且取得一致的意思表示。

（3）合同的主体是自然人、法人和其他组织等平等民事主体。合同当事人在订立合同和履行合同过程中的法律地位是平等的，各自独立、互不隶属。

（4）合同的目的是设立、变更、终止民事权利义务关系。设立民事权利义务关系，是指当事人依法订立合同后，便在当事人之间产生了相应的民事权利义务关系；变更民事权利义务关系，是指通过调整原有的民事权利义务关系，形成新的民事权利义务关系；终止民事权利义务关系，是指由于发生特定的法律事由使得当事人之间既有的民事权利义务关系归于消灭。

（5）合同是当事人在平等、自愿基础上产生的民事法律行为。合同当事人法律地位平等，一方不得将自己的意志强加给另一方；当事人依法享有自愿订立合同的权利，任何单位和个人不得非法干预。

（6）合同是具有法律约束力的民事法律行为。依法订立的合同对当事人具有法律约束力，当事人应当按照合同约定履行自己的义务，不得擅自变更或者解除合同。非因不可抗力等法律规定或者合同约定的情形，当事人一方不履行或者不适当履行合同规定义务的，将承担继续履行、采取补救措施或者赔偿损失等违约责任。

7.1.2 合同的分类

（1）典型合同与非典型合同。按照合同在法律上有无名称，可分为典型合同与非典型合同。《民法典》第三编第二分编——典型合同，规定了买卖合同、供用电/水/气/热力合同、赠与合同、借款合同、保证合同、租赁合同、融资租赁合同、保理合同、承揽合同、建设工程合同、运输合同、技术合同、保管合同、仓储合同、委托合同、物业服务合同、行纪合同、中介合同、合伙合同共19种典型合同，其中建设工程合同是一种典型合同。不属于典型合同的，就是非典型合同。

（2）双务合同与单务合同。按照合同双方当事人权利义务的关联性，可分为双务合同与单务合同。双务合同是指双方当事人互负债权债务，一方当事人的权利和另一方当事人的义务彼此形成对价关系，如买卖合同、承揽合同、委托合同等。单务合同是指当事人一方仅承担义务，而另一方当事人只享有权利的合同，当事人之间的权利义务没有对价关系，如赠与合同。建设工程合同是双务合同。

（3）有偿合同与无偿合同。按照有无对价给付，可分为有偿合同与无偿合同。有偿合同是指双方当事人互负对价给付关系的合同，如买卖合同、租赁合同等。无偿合同是指双方当事人没有对价给付关系，如赠与合同。建设工程合同是有偿合同。

（4）诺成合同与实践合同。根据合同成立是否需要交付标的物，可分为诺成合同与实践合同。诺成合同是双方当事人意思表示一致，合同即告成立。实践合同是双方当事人除意思表示一致外，还需要交付标的物。大部分合同属于诺成合同，如买卖合同等，只有少部分合同是实践性合同，如寄存合同。建设工程合同是诺成合同。

（5）要式合同与非要式合同。按照合同成立是否需要特定形式，可分为要式合同与非要式合同。要式合同是指根据法律规定需要采用特定形式的合同，如建设工程承包合同必须采用书面形式。非要式合同是指当事人订立合同并不需要采用特定形式。

综上可知，建设工程合同是典型合同、有偿合同、双务合同、诺成合同和要式合同。

7.1.3　合同法的基本原则

合同法是调整平等民事主体之间民事权利义务关系的法律规范，是规范合同的订立、效力、履行、变更、转让、终止、违约责任等的法律规范的总称。合同法属于民法范畴，因此合同法的基本原则应符合民事活动的基本原则。根据《民法典》，这些基本原则主要包括：

（1）平等原则。《民法典》第四条规定："民事主体在民事活动中的法律地位一律平等。"由此可见，双方当事人在合同订立、履行和违约责任承担等方面拥有平等的法律地位，一方不得将自己的意志强加给另一方，彼此的权利和义务对等。

（2）自愿原则。《民法典》第五条规定："民事主体从事民事活动，应当遵循自愿原则，按照自己的意思设立、变更、终止民事法律关系。"所谓自愿原则，是指当事人在是否订立合同、与谁订立合同、订立合同的内容方面享有自主权利，均由当事人自愿决定。当事人依法享有自愿订立合同的权利，任何单位和个人不得非法干预。

（3）公平原则。《民法典》第六条规定："民事主体从事民事活动，应当遵循公平原则，合理确定各方的权利和义务。"所谓公平原则，是指当事人设定民事权利义务、承担民事责任时要公正、公允和合情合理。当事人参加民事活动的机会均等，当事人享有的权利和承担的民事义务对等，当事人承担的民事责任合理。

（4）诚信原则。《民法典》第七条规定："民事主体从事民事活动，应当遵循诚信原则，秉持诚实，恪守承诺。"所谓诚信原则，是指当事人在订立、履行合同的全过程中，应当抱有真诚的善意，相互协作、密切配合，讲求信誉，不欺诈、不隐瞒，全面适当履行各项合同约定或者法定义务。当事人行使权利、履行义务应当遵循诚实信用原则。

（5）合法原则。《民法典》第八条规定："民事主体从事民事活动，不得违反法律，不得违背公序良俗。"所谓合法原则，是指当事人订立、履行合同，应当遵守法律、行政法规，尊重社会公德，不得扰乱社会经济秩序，损害社会公共利益。合法性原则要求合同主体、合同标的和合同内容等均需合法，这是合同产生预期法律效力的前提。

（6）节约资源、保护生态环境原则。《民法典》第九条规定："民事主体从事民事活动，应当有利于节约资源、保护生态环境。"这就要求当事人订立、履行合同，设定双方权利义务关系时，应该有利于节约资源，有利于保护生态环境。随着可持续发展理念的不断深入，这一原则具有鲜明的时代特色。

7.2 建设工程合同的订立

合同的订立是指合同当事人依法就合同内容经过协商，达成协议的法律行为。通常情况下，合同订立是合同成立的必经过程。《民法典》规定，合同订立采用要约和承诺方式。合同订立须遵守合同法的基本原则和合同前义务，否则可能影响拟订立合同的效力，甚至可能承担缔约过失责任等相关法律责任。

7.2.1 合同当事人的主体资格

合同当事人可以是自然人、法人或者其他组织。当事人订立合同，应当具有相应的民事权利能力和民事行为能力。换言之，在订立合同时，合同当事人必须具有相应的主体资格，这是合同订立的前提。

1. 当事人的民事权利能力

民事权利能力是指民事主体依法享有民事权利和承担民事义务的资格。民事权利能力因民事主体不同而有所不同。

（1）自然人

《民法典》规定，自然人从出生时起到死亡时止，具有民事权利能力，依法享有民事权利，承担民事义务。自然人的民事权利能力一律平等。自然人的民事权利能力始于出生、因死亡而终止。出于对胎儿的特殊保护，《民法典》第十六条规定："涉及遗产继承、接受赠与等胎儿利益保护的，胎儿视为具有民事权利能力。但是，胎儿娩出时为死体的，其民事权利能力自始不存在。"

（2）法人

《民法典》规定，法人是具有民事权利能力和民事行为能力，依法独立享有民事权利和承担民事义务的组织。法人的民事权利能力和民事行为能力，从法人成立时产生，到法人终止时消灭。法人应当依法成立，并有自己的名称、组织机构、住所、财产或者经费。法人以其全部财产独立承担民事责任。

（3）其他非法人组织

《民法典》规定，非法人组织是不具有法人资格，但是能够依法以自己的名义从事民事活动的组织。非法人组织包括个人独资企业、合伙企业、不具有法人资格的专业服务机构等。非法人组织的财产不足以清偿债务的，其出资人或者设立人承担无限责任。非法人其他组织的民事权利能力始于组织成立、止于组织终止。

2. 当事人的民事行为能力

根据《民法典》，民事法律行为是民事主体通过意思表示设立、变更、终止民事法律关系的行为。根据年龄和健康状况将自然人分为完全民事行为能力人、限制民事行为能力人和无民事行为能力人。

《民法典》规定，十八周岁以上的自然人为成年人，不满十八周岁的自然人为未成年人。成年人为完全民事行为能力人，可以独立实施民事法律行为；十六周岁以上的未成年人，以自己的劳动收入为主要生活来源的，视为完全民事行为能力人。八周岁以上的未成年人为限制民事行为能力人，实施民事法律行为由其法定代理人代理或者经其法定代理人同意、追认，但是可以独立实施纯获利益的民事法律行为或者与其年龄、智力相适应的民事法律行为。不能完全辨认自己行为的成年人为限制民事行为能力人，实施民事法律行为由其法定代理人代理或者经其法定代理人同意、追认，但是可以独立实施纯获利益的民事法律行为或者与其智力、精神健康状况相适应的民事法律行为。不满八周岁的未成年人为无民事行为能力人，由其法定代理人代理实施民事法律行为。不能辨认自己行为的成年人为无民事行为能力人，由其法定代理人代理实施民事法律行为。

不同于自然人，法人和非法人其他组织的民事行为能力与其民事权利能力一致。法定代表人以法人名义从事的民事活动，其法律后果由法人承受；法人章程或者法人权力机构对法定代表人代表权的限制，不得对抗善意相对人；法定代表人因执行职务造成他人损害的，由法人承担民事责任。法人和非法人其他组织自依法成立或经核准登记后，可在核准或者登记的经营范围内开展经营活动。

7.2.2　合同的形式

《民法典》规定，当事人订立合同，可以采用书面形式、口头形式和其他形式。

1. 书面形式

书面形式是合同书、信件、电报、电传、传真等可以有形地表现所载内容的形式。以电子数据交换、电子邮件等方式能够有形地表现所载内容，并可以随时调取查用的数据电文，也视为书面形式。

法律、行政法规规定或者当事人约定采用书面形式的，应当采用书面形式。法律、行政法规规定或者当事人约定采用书面形式的，当事人未采用书面形式但是一方已经履行主要义务，对方接受的，该合同成立。

2. 口头形式

口头形式是指合同当事人直接以口头语言的形式达成协议。口头形式简便易行、迅速直接且缔约成本低，缺点是发生合同纠纷时难以举证，不易分清责任。因此，主要适合于标的数量不大、权利义务关系简单且能即时履行清结的合同。

3. 其他形式

其他形式是指除书面形式、口头形式以外的方式。其他形式一般包括推定形式和默示形式。推定形式是指当事人并不直接用书面或者口头方式进行意思表示，而是通过某种行为进行意思表示。默示方式是指当事人采用沉默进行意思表示。《民法典》规定，沉默只有在有法律规定、当事人约定或者符合当事人之间的交易习惯时，才可以视为意思表示。

7.2.3 合同的内容

合同的内容是指双方当事人依照法律、经过协商一致的权利、义务和责任的具体规定，通常被称为合同条款。根据《民法典》的规定，合同内容由当事人约定，一般包括以下条款：

（1）当事人的名称或者姓名和住所。即合同主体，可以是自然人、法人或其他组织。

（2）标的。标的是指合同当事人权利义务指向的对向，即合同客体。如借款合同的标的是金钱，货物买卖合同的标的是货物。

（3）数量。即标的的数量。

（4）质量。即标的的质量。

（5）价款或者报酬。

（6）履行期限、地点和方式。

（7）违约责任。

（8）解决争议的方法。

这些条款通常也称为合同的实质性条款。

7.2.4 合同订立方式

合同的订立方式是指当事人双方就合同内容及一般条款经过协商达成一致意见的过程。《民法典》规定，当事人订立合同，采取要约、承诺方式。

1. 要约

（1）要约的概念

要约是希望和他人订立合同的意思表示。要约又称发价、出价和发盘。

（2）要约的有效要件

要约生效应当满足一定的条件。首先，要约内容具体明确。所谓要约内容具体明确，是指要约内容必须明确、具体和详细，需具体明确到使合同成立的程度，也就是要约内容应当包含要约希望订立合同的主要内容。

其次，表明经受要约人承诺，要约即受该意思表示约束。合同是一种双方的合意行为，依法成立的合同对双方均具有法律约束力。要约人发出要约的目的在于订立合同。因此，要约人应当在要约中表明该要约一旦经受要约人承诺，要约人愿意受该要约的约束。

（3）要约邀请

要约邀请也称为要约引诱，是指希望他人向自己发出要约的意思表示。要约邀请的内容并不一定包含当事人希望订立合同的主要内容，也不向对方表明只要对方承诺就愿意受该意思表示约束。因此，要约邀请对要约邀请人和相对人均无法律约束力。

《民法典》规定，寄送的价目表、拍卖公告、招标公告、招股说明书、商业广告等是要约邀请，若商业广告的内容符合要约规定，视为要约。

（4）要约的生效

要约到达受要约人时生效。采用数据电文形式订立合同，收件人指定特定系统接收数据电文的，该数据电文进入该特定系统的时间，视为到达时间；未指定特定系统的，该数据电文进入收件人的任何系统的首次时间，视为到达时间。

（5）要约的撤回和撤销

要约的撤回是指要约发出后，在要约生效前，要约人使其不发生法律效力的意思表示。要约可以撤回，撤回要约的通知应当在要约到达受要约人之前或者与要约同时到达受要约人。

要约的撤销是指在要约生效后，要约人使其丧失法律效力而取消要约的行为。要约可以撤销，撤销要约的通知应当在受要约人发出承诺通知之前到达受要约人。要约一旦生效就对要约人具有法律约束力，但是若要约人发现生效的要约不符合自身利益，基于意思自治和诚实信用原则，法律允许在不损害受要约人利益的条件下，撤销生效的要约。但是，有下列情形之一的，要约不得撤销：

1）要约人确定了承诺期限或者以其他形式明示要约不可撤销；

2）受要约人有理由认为要约是不可撤销的，并已经为履行合同做了准备工作。

（6）要约的失效

要约失效是指要约丧失其法律效力，不再约束要约人和受要约人。有下列情形之一的，要约失效：

1）拒绝要约的通知到达要约人；

2）要约人依法撤销要约；

3）承诺期限届满，受要约人未作出承诺；

4）受要约人对要约的内容作出实质性变更。

2. 承诺

（1）承诺的概念

承诺是指受要约人同意要约的意思表示。承诺应当以通知的方式作出；但是，根据交易习惯或者要约表明可以通过行为作出承诺的除外。

（2）承诺的效力

一项有效的承诺必须符合以下条件：承诺必须由受要约人向要约人作出；承诺的内容必须与要约的内容一致；承诺必须在规定的期限内达到要约人。

《民法典》规定，承诺到达受要约人时生效。承诺生效时合同即告成立。承诺以通知方式作出的，承诺通知到达要约人时合同成立；承诺不需要通知的，根据交易习惯或者要约的要求作出承诺的行为时生效。

（3）承诺的撤回和延迟

承诺一旦生效，则宣告合同成立；依法成立的合同，对双方当事人均有法律约束力，不可随便撤销。但是，承诺可以撤回。所谓承诺的撤回，是指受要约人在发出承诺通知以后，在承诺正式生效之前撤回其承诺。因此，撤回承诺的通知应当在承诺通知到达要约人之前或者与承诺通知同时到达要约人。

承诺迟延是指受要约人未在承诺期限内发出承诺。按照法律规定：受要约人超过承诺期限发出承诺的，除要约人及时通知受要约人该承诺有效的以外，为新要约。还有一种情况，受要约人在承诺期限内发出承诺，按照通常情形能够及时到达要约人，但因其他原因承诺到达要约人时超过承诺期限的，除要约人及时通知受要约人因承诺超过期限不接受该承诺的以外，该承诺有效。

7.2.5 订立合同时的损害赔偿责任

当事人在订立合同过程中应当遵循诚实信用原则，如果当事人违背了诚实信用原则给对方造成损失的，应当承担相应的损害赔偿责任。这种损害赔偿责任也称为缔约过失责任，是指在合同订立过程中，一方当事人因违背其依据诚实信用原则所应负有的义务，使另一方当事人的信赖利益遭受损失，而应当承担的民事责任。

《民法典》规定，当事人在订立合同过程中有下列情形之一，造成对方损失的，应当承担赔偿责任：

（1）假借订立合同，恶意进行磋商；

（2）故意隐瞒与订立合同有关的重要事实或者提供虚假情况；

（3）有其他违背诚实信用原则的行为。

其中，其他违背诚实信用原则的行为包括：未尽通知、协助等义务，增加了对方当事人的缔约成本或者造成损失；未尽告知义务；未尽照顾和保护等义务，造成对方当事人人身或财产损失等情形。

此外，《民法典》还规定，当事人在订立合同过程中知悉的商业秘密或者其他应当保密的信息，无论合同是否成立，不得泄露或者不正当地使用；泄露、不正当地使用该商业秘密或者信息，造成对方损失的，应当承担赔偿责任。

【案例 7-1】

　　背景：甲、乙同为儿童玩具生产商。六一儿童节前夕，丙与甲商谈进货事宜。乙知道后向丙提出更优惠的条件，并指使丁假借订货与甲接洽，报价高于丙以阻止甲与丙签约。

丙经比较与乙签约，丁随即终止与甲谈判，甲因此遭受损失。

问题：本案应如何处理？

【评析】

《民法典》第五百条规定："当事人在订立合同过程中有下列情形之一，造成对方损失的，应当承担赔偿责任：（一）假借订立合同，恶意进行磋商；（二）故意隐瞒与订立合同有关的重要事实或者提供虚假情况；（三）有其他违背诚实信用原则的行为。"本案例中，丁与甲恶意磋商，故应向甲承担缔约过失责任；只有订立合同的当事人承担缔约过失责任，其他人不承担缔约过失责任，因此乙不需要对甲承担缔约过失责任；丙的行为属于正当行为，不应向甲承担责任。

7.3　建设工程合同的效力

合同的效力是指已经依法成立的合同在当事人之间产生相应的法律约束力。应当明确的是，合同成立是合同有效的必要条件，但是合同成立并不必然产生预期的法律效力。只有符合法律基本原则，具备必要的生效要件的合同才是有效合同。反之，若不完全具备合同生效要件，则会在一定程度上影响合同效力，致使合同效力待定或者可变更、可撤销；若严重违反合法性原则和社会公共利益，则会使合同归于无效。

7.3.1　合同的生效

1. 合同成立与合同生效

合同成立与合同生效是两个不同的法律概念。合同成立是指当事人就双方的权利、义务和违约责任等合同事项意思表示一致，并因此在双方之间建立了合同关系。合同生效是指合同符合生效要件，对合同当事人产生法律约束力。合同成立是合同生效的前提，只有成立的合同，才谈得上合同的效力问题。合同是否成立是解决合同是否存在的问题，是由当事人之间是否形成合意决定的。合同是否生效是解决合同是否有约束力的问题，是由合同是否符合生效条件决定的。多数情况下，合同一经成立就对双方具有法律约束力，但是并非所有成立的合同都是合法有效的，合同有效是指必须满足一定的法定要件后才产生法律约束力。

2. 合同生效的要件

根据《民法典》规定，具备下列条件的民事法律行为有效：

（1）行为人具有相应的民事行为能力；

（2）意思表示真实；

（3）不违反法律、行政法规的强制性规定，不违背公序良俗。

由此可见，合同生效应具备如下要件：

（1）订立合同当事人需具备相应的民事行为能力。若合同订立时，一方或者双方当事人的主体资格不合格，则订立的合同不会产生预期的法律效力；相反，通常情况下还可能承担相应的法律责任。比如，发包人将建设工程发包给不具备相应资质条件的承包人，不仅双方签订的建设工程承包合同无效，而且还需要追究发包人违法发包、承包人违法承揽工程的法律责任。

（2）合同当事人意思表示真实。所谓意思表示真实，是指当事人在缔约过程中发出的要约和作出的承诺都是在自愿自主条件下作出的真实意思表示。根据法律规定，一方当事人在被欺诈、胁迫或者重大误解等违背自身真实意思下订立的合同，有可能构成无效合同或者可变更、可撤销合同。

（3）合同内容不违反法律、行政法规的强制性规定，不违背公序良俗。这是合同依法生效的底线，包含两方面含义：一是合同的内容合法，即合同条款中约定的权利、义务及其指向的对象即标的等应符合法律的规定和社会公共利益的要求；二是合同的目的合法，即当事人缔约的原因合法，不存在以合法的方式达到非法目的等规避法律的事实。

（4）合同的形式满足相应要求。比如，法律、行政法规规定应当办理批准、登记等手续的合同，必须依照规定办理批准登记等手续才能生效；否则，即使具备合同生效的一般要件，合同也不生效。

3. 合同生效的情形

（1）成立生效。《民法典》规定，依法成立的合同，自成立时生效，但是法律另有规定或者当事人另有约定的除外。在多数情况下，合同成立时间即为合同生效时间。

（2）批准生效。《民法典》规定，依照法律、行政法规的规定，合同应当办理批准等手续的，依照其规定。在此情况下，合同生效时间为批准、登记等手续办理完结的时间。

未办理批准等手续影响合同生效的，不影响合同中履行报批等义务条款以及相关条款的效力。应当办理申请批准等手续的当事人未履行义务的，对方可以请求其承担违反该义务的责任。

（3）约定生效。约定生效是指合同当事人在订立合同时，事先约定了合同生效的条件或者期限，只有当约定的条件成就或者期限届满时，合同才会生效。

对此，《民法典》的相应规定为，民事法律行为可以附条件，但是根据其性质不得附条件的除外。附生效条件的民事法律行为，自条件成就时生效。附解除条件的民事法律行为，自条件成就时失效。

附条件的民事法律行为，当事人为自己的利益不正当地阻止条件成就的，视为条件已经成就；不正当地促成条件成就的，视为条件不成就。

民事法律行为可以附期限，但是根据其性质不得附期限的除外。附生效期限的民事法律行为，自期限届至时生效。附终止期限的民事法律行为，自期限届满时失效。

7.3.2　效力待定合同

效力待定合同是指合同虽然已经成立，但因其不完全符合合同生效要件，必须经权利人实施追认或者拒绝追认行为方可确定合同效力。根据《民法典》对民事法律行为效力及合同效力的有关规定，效力待定合同主要包括以下几种。

1. 限制民事行为能力人订立的合同

限制民事行为能力人实施的纯获利益的民事法律行为或者与其年龄、智力、精神健康状况相适应的民事法律行为有效；实施的其他民事法律行为经法定代理人同意或者追认后有效。

相对人可以催告法定代理人自收到通知之日起 30 日内予以追认。法定代理人未作表示的，视为拒绝追认。民事法律行为被追认前，善意相对人有撤销的权利。撤销应当以通知的方式作出。

2. 无权代理合同

代理合同是指行为人以他人名义，在代理范围内与第三人订立的合同。无权代理合同是行为人不具备代理权却以他人名义订立的合同。

行为人没有代理权、超越代理权或者代理权终止后以被代理人名义订立的合同，未经被代理人追认，对被代理人不发生效力，由行为人承担责任。

相对人可以催告被代理人在 1 个月内予以追认。被代理人未作表示的，视为拒绝追认。合同被追认之前，善意相对人有撤销的权利。撤销应当以通知的方式作出。无权代理人以被代理人的名义订立合同，被代理人已经开始履行合同义务或者接受相对人履行的，视为对合同的追认。

需要特别注意的是表见代理是有效合同行为。根据《民法典》规定，行为人没有代理权、超越代理权或者代理权终止后以被代理人名义订立合同，相对人有理由相信行为人有代理权的，该代理行为有效。其中，法定代表人的越权行为就是一种典型的表见代理行为。对此法律规定，法人的法定代表人或者非法人组织的负责人超越权限订立的合同，除相对人知道或者应当知道其超越权限外，该代表行为有效，订立的合同对法人或者非法人组织发生效力。

【案例 7-2】

背景：朱某原是大鹏公司的采购员，已辞职。某日，朱某接到大鹏公司的进出口业务代理商某粮油进出口公司业务员的电话，称该公司代理进口的 3000 t 特级糖蜜因买主某食品厂急需资金欲低价转卖，大鹏公司如有意购买，务必于晚饭前回复。朱某紧接着就打电话找大鹏公司经理，经理正出差，要晚上才回来。朱某赶到粮油公司，说货物大鹏公司要了。粮油公司不知朱某已辞职，就与其签了合同，并说糖蜜存放在仓库，你们把货款和仓储费付清，我们把仓单背书给你。朱某当晚带着已签好的一式两份合同和糖蜜的样品，找到大鹏公司的经理，经理看了合同和样品后，在合同上签了字，并要朱某第二天到公司去盖章。大鹏公司将钱款付清后，拿着仓单到仓库提货，在验货时发现是一级糖蜜，就未取货。原来粮油公司怕大鹏公司不能及时付款，把那批特级糖蜜卖给了别人。这批一级糖蜜合同上订的也是特级，口岸验收时商检局发现货轮有轻度污染，就给降了一级，由特级改为一级。

问题：朱某与粮油公司签订合同时，其行为性质应如何认定？

【评析】

表见代理是指行为人没有代理权，但使相对人有理由相信其有代理权，法律规定被代理人应承担法律责任的无权代理。本案例中，朱某在已经辞职、对大鹏公司的代理权终止的情况下以大鹏公司名义签订合同属于无权代理。但是，粮油公司不知道朱某已辞职，结合双方之前的合作经历，粮油公司有理由相信朱某有代理权，故构成表见代理。因此朱某与粮油公司签订的供货合同有效，应由大鹏公司和粮油公司负责履行。本案中粮油公司交付标的质量不符合合同约定，需向大鹏公司承担违约责任。

3. 无处分权人处分他人财产而订立的合同

这是指无处分权的人以自己的名义对他人财产进行处分而订立的合同。根据法律规定，财产处分权只能由享有处分权的人行使，无处分权人处分他人财产而订立的合同，权利人可以拒绝，此时合同无效；权利人也可以追认，则合同有效。另外，有时为了保护善意第三人的权益，无处分权人转让财产的行为效力不仅取决于权利人是否追认，还与第三人取得财产的方式有关。比如，《民法典》规定，无处分权人将不动产或者动产转让给受让人的，所有权人有权追回；除法律另有规定外，符合下列情形的，受让人取得该不动产或者动产的所有权：

（1）受让人受让该不动产或者动产时是善意的；

（2）以合理的价格转让；

（3）转让的不动产或者动产依照法律规定应当登记的已经登记，不需要登记的已经交付给受让人。

受让人依据前款规定取得不动产或者动产的所有权的，原所有权人有权向无处分权人请求损害赔偿。

4. 超越经营范围订立的合同

《民法典》规定，当事人超越经营范围订立的合同的效力，应当依照本法第一编第六章第三节和第三编的有关规定确定，不得仅以超越经营范围确认合同无效。因此，对于超越经营范围订立的合同的效力，需要根据民事法律行为效力的有关规定加以确定。

通常如果超越经营范围是法律、行政法规明确禁止的行为，此类合同由于违反法律法规的强制性规定而不发生效力。如建设工程施工企业超越资质等级签订的承包合同属于无效合同。如果没有违反法律法规的强制性规定，则不得仅以超越经营范围确认合同无效。对此类合同效力的确定，可以由人民法院或者仲裁机构进行裁决。

7.3.3　无效合同和无效条款

无效合同是指合同虽然成立，但因其不具备合同生效要件，自始不能产生法律约束力的合同。无效合同是严重违反合同法基本原则的合同，从订立时起就不具有法律约束力。无效合同不同于合同不成立。合同不成立是指双方当事人尚未就合同成立达成一致意见，欠缺合同的成立条件；无效合同是合同已经成立，但是欠缺合同的生效要件。

根据《民法典》对民事法律行为效力和合同效力的有关规定，下列合同属于无效合同：

（1）无民事行为能力人签订的合同。无民事行为能力人不能独立行使民事权利、承担民事义务，不符合合同生效的主体资格要求，故其签订的合同无效。

（2）合同双方以虚假的意思签订的合同。开展民事活动的基本原则之一是诚实信用原则，违反这一原则的民事法律行为不发生效力。《民法典》规定，行为人与相对人以虚假的意思表示实施的民事法律行为无效。以虚假的意思表示隐藏的民事法律行为的效力，依照有关法律规定处理。需要注意的是，合同双方以虚假的意思签订的合同会导致合同无效，而仅仅是合同一方当事人以虚假、欺诈方式与他人订立的合同，不属于无效合同，而是可撤销合同，受欺诈方可以请求法院或者仲裁机构予以撤销。

（3）违反法律、行政法规强制性规定的合同。法律、行政法规中包含强制性规定和任意性规定。强制性规定排除了合同当事人的意思自由，即当事人在合同中不得协议排除法律、行政法规的强制性规定，否则将构成无效合同。因此，《民法典》规定，违反法律、行政法规强制性规定的民事法律行为无效。但是，该强制性规定不导致该民事法律行为无效的除外。

需要注意的是，这里的法律是指狭义的、由全国人民代表大会及其常务委员会颁布的国家法律，行政法规是指由国务院颁布的具有普遍约束力的规范性文件。认定无效合同只能是以法律和行政法规的强制性规定为依据，不得以违反地方法规或者部门规章的禁止性规定为依据认定合同无效。

（4）违背公序良俗的合同。违背公序良俗实质上是违反了社会主义的公共道德，破坏了社会经济秩序和生活秩序，损害了社会公共利益，这类合同属于无效合同。

（5）恶意串通，损害他人合法权益的合同。订立合同虽然是当事人的自愿行为，但应当是在不损害他人合法权益前提下的自愿。恶意串通是当事人之间非法勾结，为牟取私利而共同订立的损害他人合法权益的合同，属于无效合同。这里的他人合法权益，可以扩展为包括国家利益、集体利益和第三人的合法权益。

除了合同全部无效之外，还存在合同部分无效情形。《民法典》规定了合同条款部分无效的情形。合同中的下列免责条款无效：

（1）造成对方人身伤害的；

（2）因故意或者重大过失造成对方财产损失的。

造成对方人身伤害就侵犯了对方的人身权，造成对方财产损失就侵犯了对方的财产权。人身权和财产权是法律赋予的人的基本权利，不能通过合同约定来排除人的基本权利，此类免责条款是无效的。

此外，格式条款也可能会导致部分条款无效。格式条款是当事人为了重复使用而预先拟定，并在订立合同时未与对方协商的条款。

《民法典》规定，采用格式条款订立合同的，提供格式条款的一方应当遵循公平原则确定当事人之间的权利和义务，并采取合理的方式提示对方注意免除或者减轻其责任等与对方有重大利害关系的条款，按照对方的要求，对该条款予以说明。提供格式条款的一方未履行提示或者说明义务，致使对方没有注意或者理解与其有重大利害关系的条款的，对方可以主张该条款不成为合同的内容。

《民法典》规定，除无效民事法律行为和无效合同规定之外，下列格式条款无效：

（1）提供格式条款一方不合理地免除或者减轻其责任、加重对方责任、限制对方主要权利；

（2）提供格式条款一方排除对方主要权利。

对格式条款的理解发生争议的，应当按照通常理解予以解释。对格式条款有两种以上解释的，应当作出不利于提供格式条款一方的解释。格式条款和非格式条款不一致的，应当采用非格式条款。

7.3.4 可撤销合同

1. 可撤销合同的概念

可撤销合同是指合同内容违背当事人的真实意思表示，当事人请求人民法院或者仲裁机构予以撤销的合同。

订立合同是当事人的自愿行为，要求当事人意思表示真实。如果一方当事人并非真实意思表示，即使合同已经订立，但欠缺了生效条件。在此情况下，如果该合同并不违反法律、行政法规，也不损害他人合法权益，根据意思自治原则，法律并不直接规定其为无效合同，而是属于可撤销合同。即该合同效力取决于当事人是否请求撤销并被准许：若一方当事人不请求撤销合同，则该合同继续有效；若一方当事人请求撤销合同并获准许，则该合同无效。

2. 可撤销合同的种类

根据《民法典》对民事法律行为效力的规定，下列合同属于可撤销合同：

（1）基于重大误解订立的合同，当事人有权请求人民法院或者仲裁机构予以撤销。

（2）一方以欺诈手段，使对方在违背真实意思的情况下订立的合同，受欺诈方有权请求人民法院或者仲裁机构予以撤销。

（3）第三人实施欺诈行为，使一方在违背真实意思的情况下订立的合同，对方知道或者应当知道该欺诈行为的，受欺诈方有权请求人民法院或者仲裁机构予以撤销。

（4）一方或者第三人以胁迫手段，使对方在违背真实意思的情况下订立的合同，受胁迫方有权请求人民法院或者仲裁机构予以撤销。

（5）一方利用对方处于危困状态、缺乏判断能力等情形，致使订立的合同显失公平的，受损害方有权请求人民法院或者仲裁机构予以撤销。

3. 撤销权消灭

当事人行使撤销权有一定的期限，需要在法律规定的除斥期间行使，权利人在此期间不行使权利，法定期间届满便可导致该权利消灭。《民法典》规定，有下列情形之一的，撤销权消灭：

（1）当事人自知道或者应当知道撤销事由之日起1年内、重大误解的当事人自知道或者应当知道撤销事由之日起90日内没有行使撤销权；

（2）当事人受胁迫，自胁迫行为终止之日起1年内没有行使撤销权；

（3）当事人知道撤销事由后明确表示或者以自己的行为表明放弃撤销权。

当事人自民事法律行为发生之日起5年内没有行使撤销权的，撤销权消灭。

7.3.5　合同无效的法律后果

无效合同自始没有法律约束力。合同经法院或仲裁机构撤销，被撤销的合同属于无效合同，自始不具有法律约束力。

无效合同和被撤销的合同，从订立时起就没有法律约束力，当事人双方确立的权利义务关系随之无效。当事人因该合同取得的财产，应当予以返还；不能返还或者没有必要返还的，应当折价补偿。有过错的一方应当赔偿对方由此所受到的损失；各方都有过错的，应当各自承担相应的责任。法律另有规定的，依照其规定。

《民法典》同时还规定，合同部分无效，不影响其他部分效力的，其他部分仍然有效。合同不生效、无效、被撤销或者终止的，不影响合同中有关解决争议方法的条款的效力。

7.4　建设工程合同的履行和保全

合同履行是合同的核心，是合同目的得以实现的前提条件。合同履行是指合同生效后，双方当事人按照合同约定的标的、数量、质量、价款、履行期限、履行地点、履行方式等，全面、适当地完成各自应承担的合同义务的行为。若当事人仅完成了部分合同义务，称为部分履行或者不完全履行；若合同义务全部没有完成，则称为合同未履行或者不履行合同；若合同义务未得到适当履行，称为瑕疵履行。

合同保全是指法律为防止因债务人财产的不当减少而给债权人的债权带来危害，允许债权人行使一定权利来保全自己债权的制度，主要包括撤销权和或代位权。

7.4.1　合同履行基本规则

1. 全面适当履行合同

依据《民法典》规定，当事人应当按照约定全面履行自己的义务。当事人应当遵循诚信原则，根据合同的性质、目的和交易习惯履行通知、协助、保密等义务。当事人在履行合同过程中，应当避免浪费资源、污染环境和破坏生态。

2. 合同内容约定不明确或没有约定时的履行规则

为了确保合同完全适当履行，当事人应当对合同的质量、价款或者报酬、履行地点等内容作出明确具体的约定。但是，如果合同内容约定不明确或者没有约定的，法律允许当事人进行协议补充。如果当事人不能达成补充协议的，按照合同有关条款或者交易习惯确定。如果仍然不能确定的，则适用《民法典》第五百一十一条的规定：

（1）质量要求不明确的，按照强制性国家标准履行；没有强制性国家标准的，按照推荐性国家标准履行；没有推荐性国家标准的，按照行业标准履行；没有国家标准、行业标准的，按照通常标准或者符合合同目的的特定标准履行。

（2）价款或者报酬不明确的，按照订立合同时履行地的市场价格履行；依法应当执行政府定价或者政府指导价的，依照规定履行。

（3）履行地点不明确，给付货币的，在接受货币一方所在地履行；交付不动产的，在不动产所在地履行；其他标的，在履行义务一方所在地履行。

（4）履行期限不明确的，债务人可以随时履行，债权人也可以随时请求履行，但是应当给对方必要的准备时间。

（5）履行方式不明确的，按照有利于实现合同目的的方式履行。

（6）履行费用的负担不明确的，由履行义务一方负担；因债权人原因增加的履行费用，由债权人负担。

《民法典》还规定，执行政府定价或者政府指导价的，在合同约定的交付期限内政府价格调整时，按照交付时的价格计价。逾期交付标的物的，遇价格上涨时，按照原价格执行；价格下降时，按照新价格执行。逾期提取标的物或者逾期付款的，遇价格上涨时，按照新价格执行；价格下降时，按照原价格执行。

7.4.2　合同履行中的第三人

合同当事人是债权人和债务人，通常情况下合同应由当事人亲自履行。但是，我国法律允许合同可以向第三人履行，也可以由第三人代为履行。当事人约定由债务人向第三人履行债务或者由第三人向债权人履行债务，原债权人与债务人的债权债务关系不变。即第三人只是协助履行，并非合同当事人。

1. 向第三人履行

当事人约定由债务人向第三人履行债务，债务人未向第三人履行债务或者履行债务不符合约定的，应当向债权人承担违约责任。

法律规定或者当事人约定第三人可以直接请求债务人向其履行债务，第三人未在合理期限内明确拒绝，债务人未向第三人履行债务或者履行债务不符合约定的，第三人可以请求债务人承担违约责任；债务人对债权人的抗辩，可以向第三人主张。

2. 第三人代为履行

当事人约定由第三人向债权人履行债务，第三人不履行债务或者履行债务不符合约定的，债务人应当向债权人承担违约责任。

债务人不履行债务，第三人对履行该债务具有合法利益的，第三人有权向债权人代为履行；但是，根据债务性质、按照当事人约定或者依照法律规定只能由债务人履行的除外。债权人接受第三人履行后，其对债务人的债权转让给第三人，但是债务人和第三人另有约定的除外。

7.4.3　合同履行中的抗辩权

抗辩权是指在双务合同中双方都应当履行自己的义务，当一方当事人不履行或预期不履行时，另一方当事人可拒绝履行或者对抗对方要求的权利。合同履行的抗辩权主要包括同时履行抗辩权、先履行抗辩权和不安抗辩权三种类型。

1. 同时履行抗辩权

同时履行抗辩权是指在双务合同中，当事人履行合同义务没有先后顺序，则当事人应当同时履行各自的合同义务，当对方当事人未履行合同义务时，一方当事人有拒绝履行相应合同义务的权利。《民法典》规定，当事人互负债务，没有先后履行顺序的，应当同时履行。一方在对方履行之前有权拒绝其履行要求。一方在对方履行债务不符合约定时，有权拒绝其相应的履行要求。

2. 先履行抗辩权

先履行抗辩权是指在双务合同中，合同约定了合同义务履行顺序，当先履行一方未按照合同约定履行合同义务之前，后履行一方有权拒绝其履行请求。《民法典》规定，当事人互负债务，有先后履行顺序，应当先履行债务一方未履行的，后履行一方有权拒绝其履行请求。先履行一方履行债务不符合约定的，后履行一方有权拒绝其相应的履行请求。

3. 不安抗辩权

不安抗辩权是指合同约定了先后履行顺序，但是在特定情况下先履行一方可以中止履行的权利。所谓特定情况下，通常是指先履行一方如果履行合同，则有可能给自己带来重大不利后果的情形。所以不安抗辩权的设立，主要是为了保护先履行一方的权益。但是，行使不安抗辩权在法律上有严格的要求，一是特定情形，二是要有确切证据证明。不符合法律规定的中止履行，则要承担相应的违约责任。

《民法典》规定，应当先履行债务的当事人，有确切证据证明对方有下列情形之一的，可以中止履行：

（1）经营状况严重恶化；

（2）转移财产、抽逃资金，以逃避债务；

（3）丧失商业信誉；

（4）有丧失或者可能丧失履行债务能力的其他情形。

当事人没有确切证据中止履行的，应当承担违约责任。

同时，法律还规定，当事人依据前条规定中止履行的，应当及时通知对方。对方提供适当担保的，应当恢复履行。中止履行后，对方在合理期限内未恢复履行能力且未提供适当担保的，视为以自己的行为表明不履行主要债务，中止履行的一方可以解除合同并可以请求对方承担违约责任。

7.4.4 合同履行中的代位权

代位权是指因债务人怠于行使其对第三人享有的到期债权，对债权人造成损害的，债权人为保全其权利，可以向法院请求以自己的名义代位行使债务人的债权。由此可见，代位权的行使须满足下列条件：债务人怠于行使其到期债权；债务人怠于行使行为，对债权人的合法到期债权造成损害；不属于专属于债务人自身的债权；代位权的范围仅限于债权人的债权。

所谓专属于债务人自身的债权，是指基于抚养关系、赡养关系、继承关系产生的给付请求权和劳动报酬、退休金、养老金、抚恤金、人身伤害赔偿请求权等权利。专属于债务人自身的债权，只能由债务人自己对此债务人行使，债权人不能代为行使。

《民法典》规定，因债务人怠于行使其债权或者与该债权有关的从权利，影响债权人的到期债权实现的，债权人可以向人民法院请求以自己的名义代位行使债务人对相对人的权利，但是该权利专属于债务人自身的除外。

代位权的行使范围以债权人的到期债权为限。债权人行使代位权的必要费用，由债务人负担。

相对人对债务人的抗辩，可以向债权人主张。

人民法院认定代位权成立的，由债务人的相对人向债权人履行义务，债权人接受履行后，债权人与债务人、债务人与相对人之间相应的权利义务终止。债务人对相对人的债权或者与该债权有关的从权利被采取保全、执行措施，或者债务人破产的，依照相关法律的规定处理。

7.4.5 合同履行中的撤销权

撤销权是指债权人对于债务人实施的损害其债权的行为，享有依法请求人民法院撤销债务人该行为的权利。

《民法典》规定，债务人以放弃其债权、放弃债权担保、无偿转让财产等方式无偿处分财产权益，或者恶意延长其到期债权的履行期限，影响债权人的债权实现的，债权人可以请求人民法院撤销债务人的行为。

债务人以明显不合理的低价转让财产、以明显不合理的高价受让他人财产或者为他人的债务提供担保，影响债权人的债权实现，债务人的相对人知道或者应当知道该情形的，债权人可以请求人民法院撤销债务人的行为。

撤销权的行使范围以债权人的债权为限。债权人行使撤销权的必要费用，由债务人负担。

根据这一规定，债权人行使撤销权时应当满足如下条件：

（1）债权人对债务人存在合法有效债权，这是撤销权行使的前提条件。

（2）债务人实施了减少财产的处分行为，具体包括：放弃到期债权，对债权人造成损害；无偿转让财产，对债权人造成损害；以明显不合理的低价转让财产，对债权人造成损害，并且受让人知道该情形。

（3）债务人的处分行为实质性损害了债权人的债权。

（4）撤销权的行使范围以债权人的合法债权为限。

应当特别注意的是，债权人行使代位权和撤销权，均应向人民法院提起诉讼，由人民法院依法作出判决。而且，法律对撤销权行使的时间期限进行了限制。撤销权自债权人知道或者应当知道撤销事由之日起1年内行使。自债务人的行为发生之日起5年内没有行使撤销权的，该撤销权消灭。

债务人影响债权人债权实现的行为被撤销的，自始没有法律约束力。

7.5　合同的变更、转让和终止

根据合同法的基本原则，合同一经依法成立便对双方当事人产生法律约束力，合同约定的权利义务不得擅自变更、转让，更不得擅自终止合同权利义务。但是，《民法典》等相关法规允许合同当事人通过协商一致或者根据法律规定变更、转让、终止合同权利义务。

7.5.1　合同变更

1. 合同变更的概念

合同变更是指合同依法成立后，在尚未履行或者尚未完成履行时，当事人双方依法对合同内容进行修订或者调整。合同变更有广义和狭义之分。广义的合同变更是指合同主体和内容的变更，前者指合同债权或债务的转让，即由新的债权人或债务人替代原债权人或债务人，合同内容并无变化，也称为合同转让。狭义的合同变更仅指合同内容的变更。

2. 合同变更的条件

《民法典》规定，当事人协商一致，可以变更合同。当事人对合同变更的内容约定不明确的，推定为未变更。

可见，当事人协商一致，是合同变更的条件。订立合同需要当事人协商一致，同样，变更合同内容也需要当事人协商一致，未经对方当事人同意，一方当事人不得单独变更合同。另外，合同变更的内容应该具体明确，仅约定变更而没有约定变更内容，或者约定的变更内容不明确的，认定为合同未变更，双方当事人仍应当按照原合同进行履行。

3. 合同变更的效力

合同变更的实质是以变更后的合同代替原合同，当事人应按变更后的合同内容履行合同义务。合同变更只对合同未履行部分有效，对已履行的合同内容不发生法律效力，即合同的变更没有溯及力，当事人不得以合同变更为由要求合同已履行的部分归于无效。

合同变更不影响当事人要求赔偿的权利。若提出变更，一方当事人对对方当事人因合同变更所受损失应负赔偿责任。若合同变更以前，因一方当事人的原因给对方造成损害的，另一方当事人有权要求责任方承担损害赔偿责任，该权利不受合同变更的影响。

7.5.2　合同转让

合同转让是指合同当事人一方依法将合同债权债务全部或部分转让给第三人的行为。合同转让包括合同债权转让、合同债务转让和合同权利义务一并转让。

1. 合同债权转让

合同债权转让是指债权人将合同债权的全部或者部分转让给第三人。《民法典》规定，债权人可以将债权的全部或者部分转让给第三人，但是有下列情形之一的除外：

（1）根据债权性质不得转让；

（2）按照当事人约定不得转让；

（3）依照法律规定不得转让。

当事人约定非金钱债权不得转让的，不得对抗善意第三人。当事人约定金钱债权不得转让的，不得对抗第三人。

债权人转让权利的，应当通知债务人。《民法典》规定，债权人转让债权，未通知债务人的，该转让对债务人不发生效力。债权转让的通知不得撤销，但是经受让人同意的除外。

债权人转让债权的，受让人取得与债权有关的从权利，但是该从权利专属于债权人自身的除外。受让人取得从权利不因该从权利未办理转移登记手续或者未转移占有而受到影响。

债务人接到债权转让通知后，债务人对让与人的抗辩，可以向受让人主张。有下列情形之一的，债务人可以向受让人主张抵销：

（1）债务人接到债权转让通知时，债务人对让与人享有债权，且债务人的债权先于转让的债权到期或者同时到期；

（2）债务人的债权与转让的债权是基于同一合同产生。

因债权转让增加的履行费用，由让与人负担。

2. 合同债务转让

合同债务转让又称合同债务转移或合同债务承担，是指债务人经债权人同意，将其合同义务全部或部分转移给第三人的行为。

《民法典》对合同债务转让作出了明确规定：债务人将债务的全部或者部分转移给第三人的，应当经债权人同意。债务人或者第三人可以催告债权人在合理期限内予以同意，债权人未作表示的，视为不同意。

《民法典》还规定，第三人与债务人约定加入债务并通知债权人，或者第三人向债权人表示愿意加入债务，债权人未在合理期限内明确拒绝的，债权人可以请求第三人在其愿意承担的债务范围内和债务人承担连带债务。

债务人转移债务的，新债务人可以主张原债务人对债权人的抗辩；原债务人对债权人享有债权的，新债务人不得向债权人主张抵销。债务人转移债务的，新债务人应当承担与主债务有关的从债务，但是该从债务专属于原债务人自身的除外。

3. 合同权利义务一并转让

合同权利义务一并转让是指合同当事人一方将其合同权利和义务一并转让给第三人，由第三人概括继承这些权利和义务的法律行为。《民法典》规定，当事人一方经对方同意，可以将自己在合同中的权利和义务一并转让给第三人。合同的权利和义务一并转让的，适用债权转让、债务转移的有关规定。

7.5.3　合同权利义务终止

合同权利义务终止是指由于发生一定的法律事实，合同关系在客观上不复存在，合同的权利和义务归于消灭。

1. 合同终止的原因

《民法典》规定，有下列情形之一的，合同债权债务终止：

（1）债务已经履行。其是指债务人按照约定的标的、质量、数量、价款或者报酬、履行期限、履行地点和方式等要求全面履行合同。债务履行是合同终止的主要原因。

（2）债务相互抵销。其是指当事人互负到期债务，又互享债权，以自己的债权充抵对方的债权，使自己的债务与对方的债务在等额内消灭。法律规定，当事人互负债务，该债务的标的物种类、品质相同的，任何一方都可以将自己的债务与对方的到期债务抵销；但是，根据债务性质、按照当事人约定或者依照法律规定不得抵销的除外。当事人主张抵销的，应当通知对方，通知自到达对方时生效。抵销不得附条件或者附期限。当事人互负债务，标的物种类、品质不相同的，经协商一致，也可以抵销。

（3）债务人依法将标的物提存。提存是指由于债权人的原因，债务人无法向其交付合同标的物时，债务人将该标的物交给提存机关而消灭合同的制度。法律规定，有下列情形之一，难以履行债务的，债务人可以将标的物提存：① 债权人无正当理由拒绝受领；② 债权人下落不明；③ 债权人死亡未确定继承人、遗产管理人，或者丧失民事行为能力未确定监护人；④ 法律规定的其他情形。标的物不适于提存或者提存费用过高的，债务人依法可以拍卖或者变卖标的物，提存所得的价款。债务人将标的物或者将标的物依法拍卖、变卖所得价款交付提存部门时，提存成立。提存成立的，视为债务人在其提存范围内已经交付标的物。标的物提存后，债务人应当及时通知债权人或者债权人的继承人、遗产管理人、监护人、财产代管人。标的物提存后，毁损、灭失的风险由债权人承担。提存期间，标的物的孳息归债权人所有，提存费用由债权人负担，债权人可以随时领取提存物。但是，债权人对债务人负有到期债务的，在债权人未履行债务或者提供担保之前，提存部门根据债务人的要求应当拒绝其领取提存物。债权人领取提存物的权利，自提存之日起5年内不行使而消灭，提存物扣除提存费用后归国家所有。但是，债权人未履行对债务人的到期债务，或者债权人向提存部门书面表示放弃领取提存物权利的，债务人负担提存费用后有权取回提存物。

（4）债权人免除债务。其是指债权人自愿放弃自己的债权，从而解除债务人所承担的义务，由此导致合同关系的终止。债权人免除债务是单方的法律行为，只需债权人意思表示就可成立，无需征得对方的同意。债权人免除债务人部分或者全部债务的，债权债务部分或者全部终止，但是债务人在合理期限内拒绝的除外。

（5）债权债务同归于一人。其是指原本由一方当事人享有的债权和另一方当事人承担的债务，统归于一方当事人承受，该当事人既是合同债权人，又是合同债务人。债权和债务同归于一人的，债权债务终止，但是损害第三人利益的除外。

（6）法律规定或者当事人约定终止的其他情形。如《民法典》规定，代理人死亡、丧失民事行为能力，作为被代理人或者代理人的法人终止，委托代理终止。

《民法典》同时还规定，合同解除的，该合同的权利义务关系终止。

特别需要注意的是，合同终止后双方当事人仍然需要履行必要的后合同义务。对此，《民法典》规定，债权债务终止后，当事人应当遵循诚信等原则，根据交易习惯履行通知、协助、保密、旧物回收等义务。

2. 合同解除

合同解除是指合同依法有效成立后，在尚未履行或者尚未完全履行之前，提前终止合同效力的法律行为。合同解除是合同终止的事由之一。合同解除可分为约定解除和法定解除两种类型。

约定解除是指合同当事人协商一致解除合同关系，终止合同效力。根据《民法典》规定，当事人协商一致，可以解除合同。当事人可以约定一方解除合同的事由。解除合同的事由发生时，解除权人可以解除合同。在实践中，约定解除包括当事人事先约定解除事由或者条件和事后协商解除两种情形。

法定解除是指在合同成立以后，没有履行或没有履行完毕以前，当发生法律规定的解除事由时，一方当事人行使法定解除权终止合同权利义务的行为。《民法典》规定，有下列情形之一的，当事人可以解除合同：

（1）因不可抗力致使不能实现合同目的；

（2）在履行期限届满前，当事人一方明确表示或者以自己的行为表明不履行主要债务；

（3）当事人一方迟延履行主要债务，经催告后在合理期限内仍未履行；

（4）当事人一方迟延履行债务或者有其他违约行为致使不能实现合同目的；

（5）法律规定的其他情形。

以持续履行的债务为内容的不定期合同，当事人可以随时解除合同，但是应当在合理期限之前通知对方。

法律规定或者当事人约定解除权行使期限，期限届满当事人不行使的，该权利消灭。法律没有规定或者当事人没有约定解除权行使期限，自解除权人知道或者应当知道解除事由之日起1年内不行使，或者经对方催告后在合理期限内不行使的，该权利消灭。

《民法典》规定，当事人一方依法主张解除合同的，应当通知对方。合同自通知到达对方时解除；通知载明债务人在一定期限内不履行债务则合同自动解除，债务人在该期限内未履行债务的，合同自通知载明的期限届满时解除。对方对解除合同有异议的，任何一方当事人均可以请求人民法院或者仲裁机构确认解除行为的效力。

当事人一方未通知对方，直接以提起诉讼或者申请仲裁的方式依法主张解除合同，人民法院或者仲裁机构确认该主张的，合同自起诉状副本或者仲裁申请书副本送达对方时解除。

《民法典》规定，合同解除后，尚未履行的，终止履行；已经履行的，根据履行情况和合同性质，当事人可以请求恢复原状或者采取其他补救措施，并有权请求赔偿损失。

合同因违约解除的，解除权人可以请求违约方承担违约责任，但是当事人另有约定的除外。

主合同解除后，担保人对债务人应当承担的民事责任仍应当承担担保责任，但是担保合同另有约定的除外。

特别需要注意的是，合同的权利义务关系终止，不影响合同中结算和清理条款的效力。

【案例7-3】

背景：甲公司与乙公司签订并购协议："甲公司以1亿元收购乙公司在丙公司中51%的股权。若股权过户后，甲公司未支付收购款，则乙公司有权解除并购协议。"后乙公司依约履行，甲公司却分文未付。乙公司向甲公司发送一份经过公证的《通知》："鉴于你公司严重违约，建议双方终止协议，贵方向我方支付违约金；或者由贵方提出解决方案。"3日后，乙公司又向甲公司发送《通报》："鉴于你公司严重违约，我方现终止协议，要求你方依约支付违约金。"

问题：下列说法正确的是（　　　）。

A.《通知》送达后，并购协议解除

B.《通报》送达后，并购协议解除

C. 甲公司对乙公司解除并购协议的权利不得提出异议

D. 乙公司不能既要求终止协议，又要求甲公司支付违约金

【评析】

本题中，甲公司与乙公司约定了乙公司享有单方解除权条件，若条件成就，乙公司则享有解除权。乙公司向甲公司发送的《通知》，并没有解除合同的明确意思表示，仅仅是"建议"，并赋予甲公司提出解决方案的权利，因此不发生解除合同的效力。但是，《通报》明确说明终止协议，表明乙公司发出了解除合同的意思表示，《通报》到达甲公司后，协议解除。《民法典》规定，当事人一方按法律规定主张解除合同的，应当通知对方。合同自通知到达对方时解除。对方有异议的，可以请求人民法院或者仲裁机构确认解除合同的效力。根据该规定，合同当事人单方解除合同的，对方当事人有权提出异议。《民法典》规定，合同的权利义务终止，不影响合同中结算和清理条款的效力。本题中甲公司存在违约行为，因此乙公司既根据约定享有合同解除权，又有权根据合同要求甲公司支付违约金。故选项 B 正确。

7.6　违约责任

合同一经依法成立，当事人就应当严格按照合同约定完全适当地履行全部的合同义务，若当事人一方不履行合同义务或履行合同义务不符合合同约定，将承担违约责任。根据《民法典》规定，违约责任是一种无过错责任，只要一方当事人有违约行为，而且不存在法定或者合同约定的免责事由，就需要承担违约责任，不论违约方是否有过错，也不论违约行为是否给对方当事人造成实质性损害。

7.6.1　违约行为类型

违约行为是指当事人一方不履行合同义务或者履行合同义务不符合约定的行为，具体包括以下几种类型：

（1）不履行，包括履行不能和拒绝履行。履行不能是指债务人在客观上已经没有履行能力。拒绝履行是指合同履行期限届满后，一方当事人能够履行而拒不履行合同义务。

（2）迟延履行。迟延履行是指合同债务已经到期，债务人能够履行而未履行，违反了履行期限规定。

（3）不适当履行。不适当履行是指债务人虽然履行了债务，但其履行不符合合同约定，履行有瑕疵或给债权人造成损害的情形。《民法典》第五百八十二条规定，履行不符合约定的，应当按照当事人的约定承担违约责任。对违约责任没有约定或者约定不明确，依据本法第五百一十条的规定仍不能确定的，受损害方根据标的的性质以及损失的大小，可以合理选择请求对方承担修理、重作、更换、退货、减少价款或者报酬等违约责任。

（4）预期违约。预期违约也称为先期违约，是指在合同履行期限届满之前，一方当

事人明确表示其在履行期限届满后将不会履行合同（明示毁约），或者其行为表明其在履行期限届满后将不可能履行合同（默示毁约）。《民法典》规定，当事人一方明确表示或者以自己的行为表明不履行合同义务的，对方可以在履行期限届满前请求其承担违约责任。

7.6.2 违约责任承担方式

违约责任制度的主要目的在于让违约方承担相应的法律责任，维护守约的一方当事人的合同权利。《民法典》对违约责任承担方式作出了明确规定。

《民法典》规定，当事人一方不履行合同义务或者履行合同义务不符合约定的，应当承担继续履行、采取补救措施或者赔偿损失等违约责任。

1. 继续履行

继续履行是指守约的一方当事人要求违约方按照合同约定，继续履行全部合同义务。《民法典》规定，当事人一方未支付价款、报酬、租金、利息，或者不履行其他金钱债务的，对方可以请求其支付。当事人一方不履行非金钱债务或者履行非金钱债务不符合约定的，对方可以请求履行，但是有下列情形之一的除外：

（1）法律上或者事实上不能履行；

（2）债务的标的不适于强制履行或者履行费用过高；

（3）债权人在合理期限内未请求履行。

有前款规定的除外情形之一，致使不能实现合同目的的，人民法院或者仲裁机构可以根据当事人的请求终止合同权利义务关系，但是不影响违约责任的承担。

2. 采取补救措施

采取补救措施主要指在已经出现质量违约的情况时，违约方采取必要的措施减少因质量不符合合同约定的要求导致的损失，以及采取必要的措施为恢复合同的全面履行创造条件，为对方实现合同权利而完成必要的工作。《民法典》规定了采取补救措施的具体方式，受损害方可以根据标的性质以及损失的大小，合理选择要求对方承担修理、更换、重做、退货、减少价款或者报酬的违约责任。

3. 赔偿损失

赔偿损失是指合同当事人由于不履行合同义务或者履行合同义务不符合约定，由违约方给对方当事人损失予以相应补偿的一种违约责任形式。

《民法典》规定，当事人一方不履行合同义务或者履行合同义务不符合约定的，在履行义务或者采取补救措施后，对方还有其他损失的，应当赔偿损失。同时还规定了双方违约的情形，当事人都违反合同的，应当各自承担相应的责任。当事人一方违约造成对方损失，对方对损失的发生有过错的，可以减少相应的损失赔偿额。

《民法典》还明确规定了赔偿损失的范围，当事人一方不履行合同义务或者履行合同义务不符合约定，给对方造成损失的，损失赔偿额应当相当于因违约所造成的损失，包括合同履行后可以获得的利益，但不得超过违反合同一方订立合同时预见到或者应当预见到的因违反合同可能造成的损失。

《民法典》规定，当事人可以约定一方违约时应当根据违约情况向对方支付一定数额的违约金，也可以约定因违约产生的损失赔偿额的计算方法。约定的违约金低于造成的损失的，人民法院或者仲裁机构可以根据当事人的请求予以增加；约定的违约金过分高于造成的损失的，人民法院或者仲裁机构可以根据当事人的请求予以适当减少。当事人就迟延履行约定违约金的，违约方支付违约金后，还应当履行债务。

《民法典》进一步规定，当事人可以约定一方向对方给付定金作为债权的担保。定金合同自实际交付定金时成立。定金的数额由当事人约定，但是不得超过主合同标的额的20%，超过部分不产生定金的效力。实际交付的定金数额多于或者少于约定数额的，视为变更约定的定金数额。同时还规定，债务人履行债务的，定金应当抵作价款或者收回。给付定金的一方不履行债务或者履行债务不符合约定，致使不能实现合同目的的，无权请求返还定金；收受定金的一方不履行债务或者履行债务不符合约定，致使不能实现合同目的的，应当双倍返还定金。

4. 违约金和定金竞合

违约金和定金竞合是指合同中同时约定了违约金和定金的条款。这种情况下，没有违约的一方可以在违约金和定金中选择一种要求违约方履行，但不得要求违约方同时承担两种违约责任。通常，一方当事人会选择二者当中对自己更为有利的方式要求对方履行。《民法典》规定，当事人既约定违约金，又约定定金的，一方违约时，对方可以选择适用违约金或者定金条款。

7.6.3　违约责任的免除

根据《民法典》规定，一方当事人违约的，除非存在免责事由，否则违约方均应当承担相应的违约责任。免责事由是指当事人对其违约行为免于承担违约责任的事由。《民法典》中的免责事由包括约定免责事由和法定免责事由。约定免责事由是指合同当事人事先约定或者事后协商一致的免于承担违约责任的免责情形。法定免责事由是指根据法律直接规定可以免于承担违约责任的免责情形。根据《民法典》规定，不可抗力是违约责任的法定免责事由。

不可抗力是指不能预见、不能避免并且不能克服的客观情况。不可抗力包括自然灾害，如台风、洪水、冰雹；政府行为，如征收、征用；社会事件，如罢工、骚乱等。

《民法典》规定了遭受不可抗力的法律后果。当事人一方因不可抗力不能履行合同的，根据不可抗力的影响，部分或者全部免除责任，但是法律另有规定的除外。因不可抗力不能履行合同的，应当及时通知对方，以减轻可能给对方造成的损失，并应当在合理期限内提供证明。当事人迟延履行后发生不可抗力的，不免除其违约责任。

特别需要注意的是，遭受不可抗力的一方当事人在遭受不可抗力事件后需要履行必要的义务才能免除违约责任。也就是说，在遭受不可抗力后，当事人一方应当尽速采取有效措施减轻损失，同时及时通知对方，并在合理期限内提供相应的证明。

另一方面，在不可抗力事件中，非违约方应当尽力采取减损措施防止扩大损失。《民法典》规定，当事人一方违约后，对方应当采取适当措施防止损失的扩大；没有采取适当措施致使损失扩大的，不得就扩大的损失要求赔偿。当事人因防止损失扩大而支出的合理费用，由违约方承担。

《民法典》规定，当事人一方因第三人的原因造成违约的，应当依法向对方承担违约责任。当事人一方和第三人之间的纠纷，依照法律规定或者按照约定处理。

【案例7-4】

背景：某电器公司与某建筑公司签订了《建筑工程施工合同》，对工程内容、工程价款、支付时间、工程质量、工期、违约责任等作了具体约定。在施工过程中，电器公司对施工图纸先后做了8次修改，但未能按期交付图纸，致使工期有所拖延。竣工验收时，电器公司对部分质量提出异议。经双方协商无果，电器公司向法院提起诉讼，要求建筑公司对工期延误承担违约责任。

问题：

（1）建筑公司是否应当对工期的延误承担违约责任？

（2）建筑公司今后在施工合同中应当注意哪些问题？

【评析】

（1）对于工期的延误，该建筑公司不应当承担违约责任，但需要举证。因为，该建筑公司在施工过程中，电器公司对施工图纸做了8次修改，并未按期交付图纸，导致工期延误，建筑公司不应当为此而承担违约责任。但是，建筑公司应当向法院将电器公司修改的图纸以及图纸修改的时间等相关证据予以举证，即证明工期延误非本建筑公司的行为所致。

（2）该建筑公司在今后的施工合同签订与履行过程中，应当对可能出现的工期延误情况作出专门的预期性决定，或者在合同履行中对由于对方原因而导致合同延期的情况作出书面认定，以备将来一旦发生诉讼时有据可查。

7.7　建设工程合同

《民法典》第三编对有关合同的规定分为第一分编"通则"、第二分编"典型合同"和第三分编"准合同"。通则是对所有类型合同均适用的一般规定；典型合同是对包括买卖合同、借款合同、租赁合同、承揽合同以及建设工程合同等共19类典型合同所作的专门规定，本节主要介绍建设工程合同的法律规定。

7.7.1 建设工程合同的订立

1. 建设工程合同的概念和类型

《民法典》规定，建设工程合同是承包人进行工程建设，发包人支付价款的合同。建设工程合同包括工程勘察、设计、施工合同。同时规定，建设工程合同没有规定的，适用承揽合同的有关规定。

《民法典》还规定，建设工程实行监理的，发包人应当与监理人采用书面形式订立委托监理合同。发包人与监理人的权利和义务以及法律责任，应当依照委托合同以及其他有关法律、行政法规的规定。

2. 订立建设工程合同的要求

《民法典》规定，发包人可以与总承包人订立建设工程合同，也可以分别与勘察人、设计人、施工人订立勘察、设计、施工承包合同。发包人不得将应当由一个承包人完成的建设工程肢解成若干部分发包给数个承包人。

建设工程合同应当采用书面形式。

国家重大建设工程合同，应当按照国家规定的程序和国家批准的投资计划、可行性研究报告等文件订立。

3. 建设工程的承包与分包

《民法典》规定，总承包人或者勘察、设计、施工承包人经发包人同意，可以将自己承包的部分工作交由第三人完成。第三人就其完成的工作成果与总承包人或者勘察、设计、施工承包人向发包人承担连带责任。承包人不得将其承包的全部建设工程转包给第三人或者将其承包的全部建设工程肢解以后以分包的名义分别转包给第三人。

禁止承包人将工程分包给不具备相应资质条件的单位。禁止分包单位将其承包的工程再分包。建设工程主体结构的施工必须由承包人自行完成。

7.7.2 建设工程合同的内容

（1）勘察、设计合同的内容一般包括提交有关基础资料和概预算等文件的期限、质量要求、费用以及其他协作条件等条款。

（2）施工合同的内容一般包括工程范围、建设工期、中间交工工程的开工和竣工时间、工程质量、工程造价、技术资料交付时间、材料和设备供应责任、拨款和结算、竣工验收、质量保修范围和质量保证期、相互协作等条款。

7.7.3 建设工程合同当事人的权利和义务

（1）发包人在不妨碍承包人正常作业的情况下，可以随时对作业进度、质量进行检查。

（2）隐蔽工程在隐蔽以前，承包人应当通知发包人检查。发包人没有及时检查的，承包人可以顺延工程日期，并有权请求赔偿停工、窝工等损失。

（3）建设工程竣工后，发包人应当根据施工图纸及说明书、国家颁布的施工验收规范和质量检验标准及时进行验收。验收合格的，发包人应当按照约定支付价款，并接收该建设工程。建设工程竣工经验收合格后，方可交付使用；未经验收或者验收不合格的，不得交付使用。

（4）勘察、设计的质量不符合要求或者未按照期限提交勘察、设计文件拖延工期，造成发包人损失的，勘察人、设计人应当继续完善勘察、设计，减收或者免收勘察、设计费并赔偿损失。

（5）因施工人的原因致使建设工程质量不符合约定的，发包人有权请求施工人在合理期限内无偿修理或者返工、改建。经过修理或者返工、改建后，造成逾期交付的，施工人应当承担违约责任。

（6）因承包人的原因致使建设工程在合理使用期限内造成人身损害和财产损失的，承包人应当承担赔偿责任。

（7）发包人未按照约定的时间和要求提供原材料、设备、场地、资金、技术资料的，承包人可以顺延工程日期，并有权请求赔偿停工、窝工等损失。

（8）因发包人的原因致使工程中途停建、缓建的，发包人应当采取措施弥补或者减少损失，赔偿承包人因此造成的停工、窝工、倒运、机械设备调迁、材料和构件积压等损失和实际费用。

（9）因发包人变更计划，提供的资料不准确，或者未按照期限提供必需的勘察、设计工作条件而造成勘察、设计的返工、停工或者修改设计，发包人应当按照勘察人、设计人实际消耗的工作量增付费用。

7.7.4　建设工程合同解除和无效合同的处理

1. 合同解除的相关规定

根据《民法典》，建设工程合同解除以及价款结算有如下规定：

（1）承包人将建设工程转包、违法分包的，发包人可以解除合同。

（2）发包人提供的主要建筑材料、建筑构配件和设备不符合强制性标准或者不履行协助义务，致使承包人无法施工，经催告后在合理期限内仍未履行相应义务的，承包人可以解除合同。

（3）合同解除后，已经完成的建设工程质量合格的，发包人应当按照约定支付相应的工程价款；已经完成的建设工程质量不合格的，参照本法第七百九十三条的规定处理。

（4）发包人未按照约定支付价款的，承包人可以催告发包人在合理期限内支付价款。发包人逾期不支付的，除根据建设工程的性质不宜折价、拍卖外，承包人可以与发包人协议将该工程折价，也可以请求人民法院将该工程依法拍卖。建设工程的价款就该工程折价或者拍卖的价款优先受偿。

2. 无效合同的处理

《民法典》第七百九十三条规定,建设工程施工合同无效,但是建设工程经验收合格的,可以参照合同关于工程价款的约定折价补偿承包人。

建设工程施工合同无效,且建设工程经验收不合格的,按照以下情形处理:

(1)修复后的建设工程经验收合格的,发包人可以请求承包人承担修复费用;

(2)修复后的建设工程经验收不合格的,承包人无权请求参照合同关于工程价款的约定折价补偿。

发包人对因建设工程不合格造成的损失有过错的,应当承担相应的责任。

【案例7-5】

背景:A建筑公司挂靠于一资质较高的B建筑公司,以B建筑公司名义承揽了一项工程,并与建设单位C公司签订了施工合同。但在施工过程中,由于A建筑公司实际施工技术力量和管理能力都较差,造成工程进度的延误和一些工程质量缺陷。C公司以此为由,不予支付余下的工程款。A建筑公司以B建筑公司名义将C公司告上了法庭。

问题:

(1)A建筑公司以B建筑公司名义与C公司签订的施工合同是否有效?

(2)C公司是否应当支付余下的工程款?

【评析】

(1)《民法典》第五百零五条规定:"当事人超越经营范围订立的合同的效力,应当依照本法第一编第六章第三节和本编的有关规定确定,不得仅以超越经营范围确认合同无效。"因此,对于超越经营范围订立的合同的效力,需要根据民事法律行为效力的有关规定加以确定。A建筑公司以B建筑公司名义与C公司签订的施工合同,是没有资质的实际施工人借用有资质的建筑施工企业名义签订的合同,超越经营范围,是法律、行政法规明确禁止的行为,此类合同由于违反法律法规的强制性规定而不发生效力,属于无效合同。

(2)C公司是否应当支付余下的工程款要视该工程竣工验收的结果而定。《民法典》第七百九十三条规定,建设工程施工合同无效,但是建设工程经验收合格的,可以参照合同关于工程价款的约定折价补偿承包人。建设工程施工合同无效,且建设工程经验收不合格的,按照以下情形处理:①修复后的建设工程经验收合格的,发包人可以请求承包人承担修复费用;②修复后的建设工程经验收不合格的,承包人无权请求参照合同关于工程价款的约定折价补偿。

7.8 建设工程施工合同纠纷处理

建设工程施工合同履行期限长、涉及内容多,很容易出现纠纷。据统计,近5年来全国每年受理的建设工程施工合同纠纷案件均超过 10 万件。施工合同内容广泛，涉及工期、造价、质量等多方面内容，发生纠纷后的处理往往比较复杂。

为应对建筑市场的新挑战，最高人民法院分别于 2004 年和 2018 年先后发布了司法解释《关于审理建设工程施工合同纠纷案件适用法律问题的解释》和《关于审理建设工程施工合同纠纷案件适用法律问题的解释（二）》，对建设工程施工合同效力、合同解除、工程价款结算、建设工程鉴定、黑白合同等予以规范。《民法典》颁布实施后，为了与《民法典》相适应，总结施工合同纠纷审判实践，2020 年 12 月 25 日最高人民法院审判委员会第 1825 次会议通过《最高人民法院关于审理建设工程施工合同纠纷案件适用法律问题的解释（一）》（以下简称《解释》），并于 2021 年 1 月 1 日起施行，之前的两个司法解释废止。司法解释对法院审理案件具有指导作用和约束力。

7.8.1　施工合同效力认定

1. 违反资质和招标投标管理规定订立的施工合同效力

建设工程施工合同的发包单位是建设单位，承包单位是施工单位。根据《建筑法》等法律法规要求，从事建筑活动的勘察设计单位、施工单位和工程监理单位等均需具备相应的资质等级，并在资质等级许可的范围内从事建筑活动。《招标投标法》规定，无论招标发包还是直接发包，作为发包人的建设单位必须将建设工程发包给具有相应资质的单位，禁止承包人无资质或者越级承揽工程。

《解释》规定，建设工程施工合同具有下列情形之一的，应当依据《民法典》第一百五十三条第一款的规定，认定无效：

（1）承包人未取得建筑业企业资质或者超越资质等级的；

（2）没有资质的实际施工人借用有资质的建筑施工企业名义的；

（3）建设工程必须进行招标而未招标或者中标无效的。

承包人因转包、违法分包建设工程与他人签订的建设工程施工合同，应当依据《民法典》第一百五十三条第一款及第七百九十一条第二款、第三款的规定，认定无效。

需要注意的是，《解释》第四条还规定，承包人超越资质等级许可的业务范围签订建设工程施工合同，在建设工程竣工前取得相应资质等级，当事人请求按照无效合同处理的，人民法院不予支持。这是合同效力补正的裁判规则。合同效力补正是指当事人签订的合同违反了法律的禁止性规定，导致合同不能满足有效条件，当事人可以通过事后补正或者实际履行来使合同满足有效条件，促使合同有效。

《解释》规定，招标人和中标人另行签订的建设工程施工合同约定的工程范围、建设工期、工程质量、工程价款等实质性内容，与中标合同不一致，一方当事人请求按照中标合同确定权利义务的，人民法院应予支持。

招标人和中标人在中标合同之外就明显高于市场价格购买承建房产、无偿建设住房配套设施、让利、向建设单位捐赠财物等另行签订合同，变相降低工程价款，一方当事人以该合同背离中标合同实质性内容为由请求确认无效的，人民法院应予支持。

这是关于"黑白合同"的规定，"黑白合同"也称"阴阳合同"，即一个工程中有两份实质性内容不一致的合同，公开的中标合同为"白合同"，另一份不公开另行订立的合同为"黑合同"。在工程实践中，"黑白合同"并不鲜见，大多是为了规避政府部门监管，常常造成很多合同纠纷。因此《解释》对此明确规定，以中标合同即"白合同"为依据确定双方权利义务关系的请求会得到人民法院支持。

2. 未办理规划审批手续订立的合同效力

《解释》规定，当事人以发包人未取得建设工程规划许可证等规划审批手续为由，请求确认建设工程施工合同无效的，人民法院应予支持，但发包人在起诉前取得建设工程规划许可证等规划审批手续的除外。

发包人能够办理审批手续而未办理，并以未办理审批手续为由请求确认建设工程施工合同无效的，人民法院不予支持。

3. 劳务分包合同效力

《解释》规定，具有劳务作业法定资质的承包人与总承包人、分包人签订的劳务分包合同，当事人请求确认无效的，人民法院依法不予支持。

4. 施工合同无效的损害赔偿

《解释》规定，建设工程施工合同无效，一方当事人请求对方赔偿损失的，应当就对方过错、损失大小、过错与损失之间的因果关系承担举证责任。

损失大小无法确定，一方当事人请求参照合同约定的质量标准、建设工期、工程价款支付时间等内容确定损失大小的，人民法院可以结合双方过错程度、过错与损失之间的因果关系等因素作出裁判。

《解释》规定，缺乏资质的单位或者个人借用有资质的建筑施工企业名义签订建设工程施工合同，发包人请求出借方与借用方对建设工程质量不合格等因出借资质造成的损失承担连带赔偿责任的，人民法院应予支持。

【案例 7-6】

背景：某商场为扩大营业范围，购得某市 M 集团公司地皮一块，准备兴建商场分店。该商场通过招标投标的形式与 A 建筑工程公司签订了建筑工程承包合同。之后，承包人将各种设备、材料运抵工地开始施工。施工过程中，城市规划管理局的工作人员来施工现场检查，指出该工程不符合城市规划，未领取建设工程规划许可证，必须立即停止施工。最后，城市规划管理局对发包人做出了行政处罚，处以罚款 2 万元，勒令停止施工，拆除已修建部分。承包人因此蒙受损失，向法院提起诉讼，要求发包人给予赔偿。

问题：法院应如何认定此案？

【评析】

本案中引起当事人争议并导致损失产生的原因是工程开工前未办理建设工程规划许可证，从而导致工程为非法工程，当事人基于此而订立的合同无合法基础，应视为无效合同。依照规定建设工程规划许可证应由建设单位即发包人申请办理，所以，本案中的过错在于发包人，发包人应当赔偿给承包人造成的先期投入、设备、材料运送费用以及耗用的人工费用等损失。

7.8.2　建设工程开工和竣工日期纠纷处理

建设工程工期由开工日期和竣工日期共同确定，开工日期和竣工日期直接影响工期认定，对于认定承包人是否在约定工期内完成工程施工，进而确定承包商应否承担逾期竣工违约责任等关键问题具有重要意义。《解释》第八条和第九条规范了开工日期和竣工日期的认定问题，这样就能够确定工期、认定承包商是否存在逾期竣工，进而解决工期索赔和相关费用索赔纠纷。

1. 建设工程开工日期的认定

《建设工程施工合同（示范文本）》GF—2017—0201（以下简称《示范文本》）规定，开工日期包括计划开工日期和实际开工日期。计划开工日期是指合同协议书约定的开工日期，实际开工日期是指监理人按照约定发出的符合法律规定的开工通知中载明的开工日期。

但是，在实践中对于开工日期的争议较为普遍，比如：开工通知中载明的开工日期和承包商实际进场施工日期往往不一致，甚至一些工程监理就没有签发开工通知等。针对实践中存在的实际开工日期争议，《解释》规定，当事人对建设工程开工日期有争议的，人民法院应当分别按照以下情形予以认定：

（1）开工日期为发包人或者监理人发出的开工通知载明的开工日期；开工通知发出后，尚不具备开工条件的，以开工条件具备的时间为开工日期；因承包人原因导致开工时间推迟的，以开工通知载明的时间为开工日期。

（2）承包人经发包人同意已经实际进场施工的，以实际进场施工时间为开工日期。

（3）发包人或者监理人未发出开工通知，亦无相关证据证明实际开工日期的，应当综合考虑开工报告、合同、施工许可证、竣工验收报告或者竣工验收备案表等载明的时间，并结合是否具备开工条件的事实，认定开工日期。

2. 建设工程实际竣工日期的认定

《示范文本》规定，工程竣工验收合格的，以承包人提交竣工验收申请报告之日为实际竣工日期，工程按发包人要求修改后通过竣工验收的，实际竣工日期为承包人修改后提请发包人验收的日期。

《示范文本》还规定，工程具备竣工验收条件，承包人向监理人报送竣工验收申请报告，监理人应在收到竣工验收申请报告后 14 天内完成审查并报送发包人。监理人审查后认为尚不具备验收条件的，应通知承包人在竣工验收前承包人还需完成的工作内容。承包人应在完成监理人通知的全部工作内容后，再次提交竣工验收申请报告。监理人审查后认为已具备竣工验收条件的，应将竣工验收申请报告提交发包人。发包人应在收到经监理人审核的竣工验收申请报告后 28 天内审批完毕，并组织监理人、承包人、设计人等相关单位完成竣工验收。

在工程实践中，发包人没有按照约定的时间组织竣工验收的情况并不罕见，导致承包人和发包人对实际竣工日期产生争议。为此，《解释》规定，当事人对建设工程实际竣工日期有争议的，人民法院应当分别按照以下情形予以认定：

（1）建设工程经竣工验收合格的，以竣工验收合格之日为竣工日期；

（2）承包人已经提交竣工验收报告，发包人拖延验收的，以承包人提交验收报告之日为竣工日期；

（3）建设工程未经竣工验收，发包人擅自使用的，以转移占有建设工程之日为竣工日期。

3. 工期顺延的认定

在工程实践中，通常要求顺延工期应当经发包人或者监理人签证等方式予以确认。但是，承包人和发包人对工期顺延事实的举证能力并不对等。发包人仅需要证明开工日期、竣工日期即可向承包人主张延迟竣工违约金，而且实践中发包人也往往借助其优势地位对承包人的工期顺延申请不出具签证确认。因此《解释》对工期顺延作出如下规定：

（1）当事人约定顺延工期应当经发包人或者监理人签证等方式确认，承包人虽未取得工期顺延的确认，但能够证明在合同约定的期限内向发包人或者监理人申请过工期顺延且顺延事由符合合同约定，承包人以此为由主张工期顺延的，人民法院应予支持。

（2）当事人约定承包人未在约定期限内提出工期顺延申请视为工期不顺延的，按照约定处理，但发包人在约定期限后同意工期顺延或者承包人提出合理抗辩的除外。

（3）建设工程竣工前，当事人对工程质量发生争议，工程质量经鉴定合格的，鉴定期间为顺延工期期间。

7.8.3　建设工程质量纠纷处理

（1）因承包人的原因造成建设工程质量不符合约定，承包人拒绝修理、返工或者改建，发包人请求减少支付工程价款的，人民法院应予支持。

（2）发包人具有下列情形之一，造成建设工程质量缺陷，应当承担过错责任：

1）提供的设计有缺陷；

2）提供或者指定购买的建筑材料、建筑构配件、设备不符合强制性标准；

3）直接指定分包人分包专业工程。

承包人有过错的，也应当承担相应的过错责任。

（3）建设工程未经竣工验收，发包人擅自使用后，又以使用部分质量不符合约定为由主张权利的，人民法院不予支持；但是承包人应当在建设工程的合理使用寿命内对地基基础工程和主体结构质量承担民事责任。

（4）因建设工程质量发生争议的，发包人可以以总承包人、分包人和实际施工人为共同被告提起诉讼。

（5）发包人在承包人提起的建设工程施工合同纠纷案件中，以建设工程质量不符合合同约定或者法律规定为由，就承包人支付违约金或者赔偿修理、返工、改建的合理费用等损失提出反诉的，人民法院可以合并审理。

（6）有下列情形之一，承包人请求发包人返还工程质量保证金的，人民法院应予支持：

1）当事人约定的工程质量保证金返还期限届满；

2）当事人未约定工程质量保证金返还期限的，自建设工程通过竣工验收之日起满2年；

3）因发包人原因建设工程未按约定期限进行竣工验收的，自承包人提交工程竣工验收报告90日后当事人约定的工程质量保证金返还期限届满；当事人未约定工程质量保证金返还期限的，自承包人提交工程竣工验收报告90日后起满2年。

发包人返还工程质量保证金后，不影响承包人根据合同约定或者法律规定履行工程保修义务。

（7）因保修人未及时履行保修义务，导致建筑物毁损或者造成人身损害、财产损失的，保修人应当承担赔偿责任。保修人与建筑物所有人或者发包人对建筑物毁损均有过错的，各自承担相应的责任。

【案例 7-7】

背景：上海某公司承接长沙某厂房项目，工程完工后，发包方未经验收即使用了厂房，但承包方未能及时将这一事实固定。在多次催要工程款无果后，承包方决定起诉。承包方在工商行政部门的资料中调阅到一份发包方申请迁址的资料，资料显示在工程完工后不久，发包方即向工程所在地工商局申请将工厂由原址迁至该工程所在地。在承包方起诉后，发包方提起了工期逾期和损失索赔的反诉。对此，承包方向法庭提供厂房迁址文件，并强调厂房申请迁址的行为表明，新址自申请之日即已具备使用条件，发包方对工程质量已经予以认可，不存在工期逾期；由于发包方未经竣工验收即使用了工程。根据《解释》的规定，承包方对于发包方提出的一般性质量问题不承担责任。法院最终采信了承包方意见，驳回了发包方的索赔请求。发包方上诉后，二审法院维持原判。

问题：对此案应该如何分析？

【评析】

根据《建设工程质量管理条例》，交付验收合格的建设工程是施工单位的责任，具备竣工验收条件时及时组织验收是建设单位的责任。在工程未经验收或者验收不合格的情况下，建设单位如擅自或强行使用，可视为其对建设工程质量的认可或者自愿承担质量责任。建设单位使用厂房的表现形式有很多，在未能及时有效固定其使用的直接证据的情况下，承包方可通过收集其他间接证据证明其实际使用或认可工程质量的事实。

7.8.4 建设工程价款纠纷处理

1. 因设计变更引起的纠纷

在工程实践中，工程变更和设计变更普遍存在。设计变更和工程变更对工程价款结算的影响主要表现在工程量变化和工程质量标准变化引起的单价和总价调整。

对此，《解释》规定，当事人对建设工程的计价标准或者计价方法有约定的，按照约定结算工程价款。因设计变更导致建设工程的工程量或者质量标准发生变化，当事人对该部分工程价款不能协商一致的，可以参照签订建设工程施工合同时当地建设行政主管部门发布的计价方法或者计价标准结算工程价款。

在工程实践中，工程计量应以发包人或者监理工程师签证为准，但有时往往只有发包人或者监理工程师口头同意而没有及时签发工程签证，由此引发工程量确认和价款结算纠纷。为此《解释》规定，当事人对工程量有争议的，按照施工过程中形成的签证等书面文件确认。承包人能够证明发包人同意其施工，但未能提供签证文件证明工程量发生的，可以按照当事人提供的其他证据确认实际发生的工程量。

2. 工程价款结算依据的认定

（1）当事人对工程量有争议的，按照施工过程中形成的签证等书面文件确认。承包人能够证明发包人同意其施工，但未能提供签证文件证明工程量发生的，可以按照当事人提供的其他证据确认实际发生的工程量。

（2）当事人约定，发包人收到竣工结算文件后，在约定期限内不予答复，视为认可竣工结算文件的，按照约定处理。承包人请求按照竣工结算文件结算工程价款的，人民法院应予支持。

（3）当事人签订的建设工程施工合同与招标文件、投标文件、中标通知书载明的工程范围、建设工期、工程质量、工程价款不一致，一方当事人请求将招标文件、投标文件、中标通知书作为结算工程价款的依据的，人民法院应予支持。

（4）发包人将依法不属于必须招标的建设工程进行招标后，与承包人另行订立的建设工程施工合同背离中标合同的实质性内容，当事人请求以中标合同作为结算建设工程价款依据的，人民法院应予支持，但发包人与承包人因客观情况发生了在招标投标时难以预见的变化而另行订立建设工程施工合同的除外。

（5）当事人就同一建设工程订立的数份建设工程施工合同均无效，但建设工程质量合格，一方当事人请求参照实际履行的合同关于工程价款的约定折价补偿承包人的，人民法院应予支持。实际履行的合同难以确定，当事人请求参照最后签订的合同关于工程价款的约定折价补偿承包人的，人民法院应予支持。

3. 垫资和利息纠纷的处理

（1）当事人对垫资和垫资利息有约定，承包人请求按照约定返还垫资及其利息的，人民法院应予支持，但是约定的利息计算标准高于垫资时的同类贷款利率或者同期贷款市场报价利率的部分除外。当事人对垫资没有约定的，按照工程欠款处理。当事人对垫资利息没有约定，承包人请求支付利息的，人民法院不予支持。

（2）当事人对欠付工程价款利息计付标准有约定的，按照约定处理。没有约定的，按照同期同类贷款利率或者同期贷款市场报价利率计息。

（3）利息从应付工程价款之日开始计付。当事人对付款时间没有约定或者约定不明的，下列时间视为应付款时间：

1）建设工程已实际交付的，为交付之日；

2）建设工程没有交付的，为提交竣工结算文件之日；

3）建设工程未交付，工程价款也未结算的，为当事人起诉之日。

【案例 7-8】

背景：某建设工程经过招标投标程序后，发包人甲公司与承包人乙公司于 2012 年 11 月 17 日签订了《建设工程施工合同》，双方约定合同价款为二千余万元，并按规定进行了合同备案。2012 年 12 月 5 日，甲公司有意将《建设工程施工合同》范围以外的 35 号楼发包给乙公司施工，双方签订补充协议。补充协议仅有两个条款，其一将备案合同的竣工日期延长，其二将合同价款调高约八百余万元，而实际上 35 号楼并未交由乙公司施工。后来，双方对案涉补充协议的效力，即计算工程造价的依据问题产生争议。

问题：法院应如何裁判此案？

【评析】

依据《中华人民共和国招标投标法实施条例》（2019 修正）第五十七条第一款："招标人和中标人应当依照招标投标法和本条例的规定签订书面合同，合同的标的、价款、质量、履行期限等主要条款应当与招标文件和中标人的投标文件的内容一致。招标人和中标人不得再行订立背离合同实质性内容的其他协议。"以及《最高人民法院关于审理建设工程施工合同纠纷案件适用法律问题的解释（一）》第二条："招标人和中标人另行签订的建设工程施工合同约定的工程范围、建设工期、工程质量、工程价款等实质性内容，与中标合同不一致，一方当事人请求按照中标合同确定权利义务的，人民法院应予支持。"我国《招标投标法》及建设工程司法解释均认可合同的工程范围、建设工期、工程质量、工程价款等主要条款为实质性条款。

因此，本案裁判：双方因工程量增加就工程总造价及施工总工期变更签订补充协议，但补充协议增加的工程量并未实际履行，应认定该补充协议系对备案合同工程价款条款作出实质性变更，应当以中标合同作为工程价款结算依据。

4. 建设工程承包人工程价款优先受偿权问题

《民法典》规定，发包人未按照约定支付价款的，承包人可以催告发包人在合理期限内支付价款。发包人逾期不支付的，除根据建设工程的性质不宜折价、拍卖外，承包人可以与发包人协议将该工程折价，也可以请求人民法院将该工程依法拍卖。建设工程的价款就该工程折价或者拍卖的价款优先受偿。

《解释》对承包人工程价款优先受偿问题作出更为详细的规定。

（1）与发包人订立建设工程施工合同的承包人，依据《民法典》第八百零七条的规定请求其承建工程的价款就工程折价或者拍卖的价款优先受偿的，人民法院应予支持。承包人根据《民法典》第八百零七条规定享有的建设工程价款优先受偿权优于抵押权和其他债权。

（2）装饰装修工程具备折价或者拍卖条件，装饰装修工程的承包人请求工程价款就该装饰装修工程折价或者拍卖的价款优先受偿的，人民法院应予支持。

（3）建设工程质量合格，承包人请求其承建工程的价款就工程折价或者拍卖的价款优先受偿的，人民法院应予支持。

（4）未竣工的建设工程质量合格，承包人请求其承建工程的价款就其承建工程部分折价或者拍卖的价款优先受偿的，人民法院应予支持。

（5）承包人建设工程价款优先受偿的范围依照国务院有关行政主管部门关于建设工程价款范围的规定确定。承包人就逾期支付建设工程价款的利息、违约金、损害赔偿金等主张优先受偿的，人民法院不予支持。

（6）承包人应当在合理期限内行使建设工程价款优先受偿权，但最长不得超过18个月，自发包人应当给付建设工程价款之日起算。

（7）发包人与承包人约定放弃或者限制建设工程价款优先受偿权，损害建筑工人利益，发包人根据该约定主张承包人不享有建设工程价款优先受偿权的，人民法院不予支持。

7.8.5　建设工程司法鉴定纠纷处理

建设工程施工合同案件的事实认定涉及众多专业的技术性问题，比如建设工程造价、工程质量、工期、工程修复费用等，往往需要借助司法鉴定予以确定。

《中华人民共和国民事诉讼法》（以下简称《民事诉讼法》）规定，当事人对自己提出的主张，有责任提出相应证据。因此，对于建设工程造价、工程质量、工期、工程修复费用等事实，负有举证责任的当事人可以向人民法院申请鉴定。《解释》对建设工程司法鉴定纠纷作出具体规定。

（1）当事人约定按照固定价结算工程价款，一方当事人请求对建设工程造价进行鉴定的，人民法院不予支持。

（2）当事人在诉讼前已经对建设工程价款结算达成协议，诉讼中一方当事人申请对工程造价进行鉴定的，人民法院不予准许。

（3）当事人在诉讼前共同委托有关机构、人员对建设工程造价出具咨询意见，诉讼中一方当事人不认可该咨询意见申请鉴定的，人民法院应予准许，但双方当事人明确表示受该咨询意见约束的除外。

（4）当事人对部分案件事实有争议的，仅对有争议的事实进行鉴定，但争议事实范围不能确定，或者双方当事人请求对全部事实鉴定的除外。

（5）当事人对工程造价、质量、修复费用等专门性问题有争议，人民法院认为需要鉴定的，应当向负有举证责任的当事人释明。当事人经释明未申请鉴定，虽申请鉴定但未支付鉴定费用或者拒不提供相关材料的，应当承担举证不能的法律后果。一审诉讼中负有举证责任的当事人未申请鉴定，虽申请鉴定但未支付鉴定费用或者拒不提供相关材料，二审诉讼中申请鉴定，人民法院认为确有必要的，应当依照《民事诉讼法》第一百七十条第一款第三项的规定处理。

（6）人民法院准许当事人的鉴定申请后，应当根据当事人申请及查明案件事实的需要，确定委托鉴定的事项、范围、鉴定期限等，并组织当事人对争议的鉴定材料进行质证。

（7）人民法院应当组织当事人对鉴定意见进行质证。鉴定人将当事人有争议且未经质证的材料作为鉴定依据的，人民法院应当组织当事人就该部分材料进行质证。经质证认为不能作为鉴定依据的，根据该材料作出的鉴定意见不得作为认定案件事实的依据。

复习思考题

1. 要约的撤回和要约的撤销有什么区别？

2. 什么是缔约过失责任？承担缔约过失责任的情形有哪些？其与违约责任有什么区别？

3. 什么是抗辩权？不安抗辩权的行使应满足什么条件？

4. 《民法典》对代位权和撤销权是如何规定的？

5. 《民法典》对法定解除是如何规定的？

6. 违约责任的承担方式有哪些？

7. 预期违约与实际违约有什么区别？

8. 合同成立和合同生效的要件是什么？二者有什么区别？

9. 有人认为，只要发生不可抗力就可以免除违约责任。这种说法是否正确，你的看法是什么？

10. 谈谈你对"黑白合同"的看法。

案例分析题

背景：某综合办公大楼工程建设项目，合同价为 3856 万元，工期为 2 年。建设单位通过招标选择了某施工单位进行该项目的施工。

在正式签订工程施工承包合同前，发包人（建设单位）和承包人（施工单位）草拟了一份建设工程施工合同，供双方再斟酌。其中包括如下条款：

（1）合同文件的组成与解释顺序依次为：① 合同协议书；② 招标文件；③ 投标书及其附件；④ 中标通知书；⑤ 施工合同通用条款；⑥ 施工合同专用条款；⑦ 图纸；⑧ 工程量清单；⑨ 标准、规范与有关技术文件；⑩ 工程报价单或预算书；⑪ 合同履行工程的洽商、变更等书面协议或文件。

（2）承包人必须按工程师批准的进度计划组织施工，接受工程师对进度的检查、监督。工程实际进度与计划进度不符时，承包人应按工程师的要求提出改进措施，经工程师确认后执行。承包人有权就改进措施提出追加合同价款。

（3）承包人不能将工程转包，但允许分包，也允许分包单位将分包的工程再次分包给其他施工单位。

（4）工程未经竣工验收或竣工验收未通过的，发包人不得使用。发包人强行使用时，发生的质量问题及其他问题由发包人承担责任。

（5）因不可抗力事件导致的费用及延误的工期由双方共同承担。

问题：请指出上述合同条款中的不妥之处，并提出如何改正。

第8章　建设工程安全生产法律制度

8.1　建设工程安全生产基本制度

8.1.1　建设工程安全生产概述

1. 建设工程安全生产概念

建设工程安全生产是指建筑施工过程中要避免人员、财产的损失及对周围环境的破坏，包括建筑施工现场人身安全、财产设备安全、施工现场及附近的道路、管线和房屋的安全、施工现场和周围的环境保护及工程建成后的使用安全等方面的内容。

随着建设工程技术的发展，新材料、新工艺、新方法不断涌现并被广泛应用，国家鼓励建设工程安全生产的科学研究和先进技术的推广应用，推进建设工程安全生产的科学管理。建设工程施工安全生产管理是指在新建、改建、扩建和拆除等建设活动中，运用各种有效资源，通过计划、组织、领导、指挥和控制等手段，根据现行的法律法规建立各项安全生产管理制度体系，规范建设工程参与各方的安全生产行为，防止和减少安全事故发生，实现安全生产目标的管理活动。

在市场经济环境下，从事生产经营活动的市场主体以盈利为主要目的，极力追求利润最大化，这是由市场经济条件所决定的。但生产经营主体在追求自身利益最大化的同时，绝不能以牺牲从业人员甚至是公众的财产和生命安全为代价。生产和安全是相辅相成、相互促进和相互制约的统一体，在生产过程中，重视安全生产会增加成本投入，从表面上看牺牲了经济效益，但反观不重视安全生产，导致安全事故发生不仅不能产生经济效益，严重时还会导致违法犯罪，受到法律制裁。

2. 建设工程安全生产法律体系

早在1997年，《建筑法》就对建筑安全生产管理作出明确规定。《建筑法》第五章"建筑安全生产管理"从第三十六条至第五十一条，对建筑安全生产方针、制度、建设单位和施工企业行为、地下管线和环境保护、意外伤害保险、房屋拆除、政府建筑安全监督管理、事故报告等方面进行了规定。可以说，《建筑法》是对建筑安全生产管理作出规定的最早的一部国家法律。

建筑生产的特点是产品固定、人员流动，施工环境条件变化复杂，露天作业、高空作业多，不安全的影响因素多且复杂，因此，建筑业在西方国家被列为"高危行业"。近年来，随着我国社会经济发展迅速，各类基础设施投资和房地产行业的蓬勃发展，建筑生产安全事故一直居高不下，安全生产事故频发。《建筑法》为解决建筑活动中存在的安全生产问题提供了法律武器和法律保障。

2002年11月1日国家正式施行《中华人民共和国安全生产法》（以下简称《安全生产法》），2009年、2014年和2021年分别进行了修正，最新修正后的《安全生产法》于2021年9月1日起实施。这部法律是我国安全生产领域的综合性基本法，是我国安全生产监督与管理正式纳入法制化管理轨道的重要标志。2021年最新修正的《安全生产法》共7章119条，其主要特点表现在如下方面：

（1）贯彻新时代的新思想、新理念，增加了安全生产工作坚持人民至上、生命至上，把保护人民生命安全摆在首位，树立安全发展理念，从源头上防范化解重大安全风险。

（2）落实中央决策部署，贯彻《中共中央国务院关于推进安全生产领域改革发展的意见》对安全生产的指导思想、基本原则、制度措施等作出的新的重大部署，增加规定了重大事故隐患排查治理情况报告、高危行业领域强制实施安全生产责任保险、安全生产公益诉讼等重要制度。

（3）健全安全生产责任体系。第一，强化党委和政府的领导责任。明确安全生产工作坚持党的全面领导，要求各级人民政府加强安全生产基础设施建设和安全生产监管能力建设。第二，明确各有关部门的监管职责。规定安全生产工作实行"管行业必须管安全、管业务必须管安全、管生产经营必须管安全"的责任制。第三，压实生产经营单位的主体责任。建立了三项新的法律制度：全员安全责任制、安全风险分级管控和隐患排查治理双预防机制、高危行业领域强制实施安全生产责任保险制度。

（4）强化新问题、新风险的防范应对。要求餐饮等行业使用燃气的生产经营单位安装可燃气体报警装置并保障其正常使用。要求矿山、金属冶炼建设项目和用于生产、储存、装卸危险物品的建设项目施工单位加强安全管理，不得非法转让施工资质，不得违法分包转包。要求承担安全评价、认证、检测、检验职责的机构实施报告公开制度，不得租借资质、挂靠、出具虚假报告。对平台经济等新兴行业、领域的生产经营单位，应当建立健全并落实全员安全生产责任制，履行法定安全生产义务。

（5）加大对违法行为的惩处力度。比如，罚款金额更高：事故罚款由现行法规的20万元至2000万元，提高至30万元至1亿元；处罚方式更严：违法行为一经发现即责令整改并处罚款，拒不整改的，责令停产停业整顿，并可以按日连续计罚；惩戒力度更大：增加了加大执法频次、暂停项目审批、上调有关保险费率、行业或者职业禁入等联合惩戒措施。

2003年11月24日，国务院发布的《建设工程安全生产管理条例》是我国第一部规范建设工程安全生产的行政法规，是在全面总结我国建设工程安全管理的实践经验，借鉴发达国家建设工程安全管理成熟经验的基础上，结合我国建设工程安全生产的现实制定的，是建设工程领域贯彻落实《建筑法》和《安全生产法》的具体表现，标志着我国建设工程安全生产管理进入法制化、规范化发展的新时期。建设工程安全生产相关的法律制度主要包括建设工程安全生产责任制度、建设工程安全生产监督管理制度、建设工程安全生产许可制度、建设工程安全事故处理制度、安全生产教育培训制度、安全生产检查制度、消防安全管理制度、安全事故上报和责任追究制度等。这些安全生产的法律制度是一个整体，共同对建设工程安全生产起保障作用，对建设工程安全生产的意义重大。

2004年1月7日国务院发布《安全生产许可证条例》，并于2014年进行了修订。该条例根据《安全生产法》的有关规定制定，共计24条，主要目的是为了严格规范安全生产条件，进一步加强安全生产监督管理，防止和减少生产安全事故。根据该条例的相关规定，国家对矿山企业、建筑施工企业和危险化学品、烟花爆竹、民用爆炸物品生产企业（以下统称企业）实行安全生产许可制度。企业未取得安全生产许可证的，不得从事生产活动。

2007年3月28日，国务院发布《生产安全事故报告和调查处理条例》，并于2015年进行了修订，共6章46条。该条例根据《安全生产法》和《建筑法》制定，对于规范生产安全事故的报告和调查处理，落实生产安全事故责任追究制度，防止和减少生产安全事故具有重要意义。

因此，从国家层面来说，建设工程安全生产法律体系的主干是"两法三条例"，即《建筑法》《安全生产法》和《建设工程安全生产管理条例》《安全生产许可证条例》及《生产安全事故报告和调查处理条例》。此外，住房和城乡建设部、应急管理部（含国家安全生产监督管理总局）等国务院有关部门还制定了大量部门规章以及规范性文件，作为"两法三条例"的延伸和补充，相当于法规体系的枝干，主干加枝干共同构成了较为完善的建设工程安全生产法律体系。

8.1.2　安全生产工作方针和原则

1. 安全生产工作方针

《建筑法》规定，建筑工程安全生产管理必须坚持"安全第一、预防为主"的方针，建立健全安全生产责任制度和群防群治制度。

《安全生产法》规定，安全生产工作坚持中国共产党的领导。安全生产工作应当以人为本，坚持人民至上、生命至上，把保护人民生命安全摆在首位，树立安全发展理念，坚持安全第一、预防为主、综合治理的方针，从源头上防范化解重大安全风险。

建筑工程领域"安全第一、预防为主"的方针，是我国"以人为本"的社会治理理念在建筑工程安全生产领域的反映，体现了国家对劳动者权利和生产力发展问题的重视。"安全第一、预防为主"是《安全生产法》的灵魂，两者是相辅相成、辩证统一的，具有十分深刻的内涵。

调查分析表明，建筑生产过程中人的不安全行为是造成安全事故的最主要原因，也是最直接的原因。建立和完善安全生产制度，加强对建筑生产活动的监督管理，是避免和减少安全事故，保护人身财产安全的最基本保证。"安全第一"是从保护和发展生产力的角度，表明在生产领域安全与生产的关系，肯定了安全这一要素在建筑生产活动中的重要性和首要地位。"预防为主"是从安全生产事故控制角度，表明在生产领域预防与处理的关系，强调了预防这一要素在建筑生产活动中的首要性和重要地位。在建筑工程领域，安全生产必须满足安全生产基本方针要求，相关责任主体应在建设工程安全生产领域做到未雨绸缪、防患于未然，把可能发生的安全事故消灭在萌芽状态。

2. 安全生产工作原则

《安全生产法》规定，安全生产工作实行管行业必须管安全、管业务必须管安全、管生产经营必须管安全，强化和落实生产经营单位主体责任与政府监管责任，建立生产经营单位负责、职工参与、政府监管、行业自律和社会监督机制。

由此可见，安全生产工作必须坚持"三管三必须"原则。安全生产工作不是某一个部门、某一个人员的工作，而是要求各级领导和全体员工在生产过程中必须坚持在抓生产的同时抓好安全工作的原则。生产和安全是一个有机的整体，两者不能分割更不能对立起来，应将安全寓于生产之中。正如《安全生产法》第四条的规定："生产经营单位必须遵守本法和其他有关安全生产的法律、法规，加强安全生产管理，建立健全全员安全生产责任制和安全生产规章制度，加大对安全生产资金、物资、技术、人员的投入保障力度，改善安全生产条件，加强安全生产标准化、信息化建设，构建安全风险分级管控和隐患排查治理双重预防机制，健全风险防范化解机制，提高安全生产水平，确保安全生产。"

8.1.3 安全生产责任制度

在各项安全生产制度中，责任制度是核心。《安全生产法》规定，生产经营单位必须建立健全全员安全生产责任制和安全生产规章制度。生产经营单位的全员安全生产责任制应当明确各岗位的责任人员、责任范围和考核标准等内容。生产经营单位应当建立相应的机制，加强对安全生产责任制落实情况的监督考核，保证安全生产责任制的落实。同时，《安全生产法》第五条规定："生产经营单位的主要负责人是本单位安全生产第一责任人，对本单位的安全生产工作全面负责。其他负责人对职责范围内的安全生产工作负责。"《建筑法》也规定，建筑施工企业必须依法加强对建筑安全生产的管理，执行安全生产责任制度，采取有效措施，防止伤亡和其他安全生产事故的发生。建筑施工企业的法定代表人对本企业的安全生产负责。

生产经营单位应当具备的安全生产条件所必需的资金投入，由生产经营单位的决策机构、主要负责人或者个人经营的投资人予以保证，并对由于安全生产所必需的资金投入不足导致的后果承担责任。有关生产经营单位应当按照规定提取和使用安全生产费用，专门用于改善安全生产条件。安全生产费用在成本中据实列支。安全生产费用提取、使用和监督管理的具体办法由国务院财政部门会同国务院应急管理部门征求国务院有关部门意见后制定。

矿山、金属冶炼、建筑施工、运输单位和危险物品的生产、经营、储存、装卸单位，应当设置安全生产管理机构或者配备专职安全生产管理人员。

1. 生产经营单位主要负责人的职责

《安全生产法》规定，生产经营单位的主要负责人对本单位安全生产工作负有下列职责：

（1）建立健全并落实本单位全员安全生产责任制，加强安全生产标准化建设；

（2）组织制定并实施本单位安全生产规章制度和操作规程；

（3）组织制定并实施本单位安全生产教育和培训计划；

（4）保证本单位安全生产投入的有效实施；

（5）组织建立并落实安全风险分级管控和隐患排查治理双重预防工作机制，督促、检查本单位的安全生产工作，及时消除生产安全事故隐患；

（6）组织制定并实施本单位的生产安全事故应急救援预案；

（7）及时、如实报告生产安全事故。

2. 生产经营单位的安全生产管理机构以及安全生产管理人员职责

《安全生产法》规定，生产经营单位的安全生产管理机构以及安全生产管理人员履行下列职责：

（1）组织或者参与拟订本单位安全生产规章制度、操作规程和生产安全事故应急救援预案；

（2）组织或者参与本单位安全生产教育和培训，如实记录安全生产教育和培训情况；

（3）组织开展危险源辨识和评估，督促落实本单位重大危险源的安全管理措施；

（4）组织或者参与本单位应急救援演练；

（5）检查本单位的安全生产状况，及时排查生产安全事故隐患，提出改进安全生产管理的建议；

（6）制止和纠正违章指挥、强令冒险作业、违反操作规程的行为；

（7）督促落实本单位安全生产整改措施。

8.1.4　安全生产教育培训制度

1. 主要负责人和安全管理人员的教育培训

生产经营单位的主要负责人和安全生产管理人员必须具备与本单位所从事的生产经营活动相应的安全生产知识和管理能力。

危险物品的生产、经营、储存单位以及矿山、金属冶炼、建筑施工、道路运输单位的主要负责人和安全生产管理人员，应当由主管的负有安全生产监督管理职责的部门对其安全生产知识和管理能力考核合格。考核不得收费。

2. 一般从业人员的教育培训

生产经营单位应当对从业人员进行安全生产教育和培训，保证从业人员具备必要的安全生产知识，熟悉有关的安全生产规章制度和安全操作规程，掌握本岗位的安全操作技能，了解事故应急处理措施，知悉自身在安全生产方面的权利和义务。未经安全生产教育和培训合格的从业人员，不得上岗作业。

生产经营单位使用被派遣劳动者的，应当将被派遣劳动者纳入本单位从业人员统一管理，对被派遣劳动者进行岗位安全操作规程和安全操作技能的教育和培训。劳务派遣单位应当对被派遣劳动者进行必要的安全生产教育和培训。

3. 专门性教育培训要求

（1）生产经营单位采用新工艺、新技术、新材料或者使用新设备，必须了解、掌握其安全技术特性，采取有效的安全防护措施，并对从业人员进行专门的安全生产教育和培训。

（2）生产经营单位的特种作业人员必须按照国家有关规定经专门的安全作业培训，取得相应资格，方可上岗作业。特种作业人员的范围由国务院应急管理部门会同国务院有关部门确定。

8.1.5　从业人员的安全生产权利和义务

1. 从业人员的安全生产权利

（1）知情权。生产经营单位的从业人员有权了解其作业场所和工作岗位存在的危险因素、防范措施及事故应急措施，有权对本单位的安全生产工作提出建议。

（2）批评、检举、控告权和拒绝权。从业人员有权对本单位安全生产工作中存在的问题提出批评、检举、控告；有权拒绝违章指挥和强令冒险作业。

（3）紧急避险权。从业人员发现直接危及人身安全的紧急情况时，有权停止作业或者在采取可能的应急措施后撤离作业场所。

（4）请求赔偿权。生产经营单位发生生产安全事故后，应当及时采取措施救治有关人员。因生产安全事故受到损害的从业人员，除依法享有工伤保险外，依照有关民事法律尚有获得赔偿的权利的，有权提出赔偿要求。

2. 从业人员的安全生产义务

（1）遵章守规、服从管理义务。从业人员在作业过程中，应当严格落实岗位安全责任，遵守本单位的安全生产规章制度和操作规程，服从管理，正确佩戴和使用劳动防护用品。

（2）接受安全生产教育培训义务。从业人员应当接受安全生产教育和培训，掌握本职工作所需的安全生产知识，提高安全生产技能，增强事故预防和应急处理能力。

（3）事故隐患报告义务。从业人员发现事故隐患或者其他不安全因素，应当立即向现场安全生产管理人员或者本单位负责人报告；接到报告的人员应当及时予以处理。

8.1.6　建设工程安全生产许可证制度

《安全生产法》规定，生产经营单位应当具备本法和有关法律、行政法规和国家标准或者行业标准规定的安全生产条件；不具备安全生产条件的，不得从事生产经营活动。

为了明确《安全生产法》所要求的安全生产条件，国务院于 2004 年颁布了《安全生产许可证条例》（2013 年、2014 年两次修订），明确规定国家对矿山企业、建筑施工企业和危险化学品、烟花爆竹、民用爆炸物品生产企业实行安全生产许可制度。企业未取得安全生产许可证的，不得从事生产活动。

随后，建设部于 2004 年颁发了《建筑施工企业安全生产许可证管理规定》（建设部令第 128 号），住房和城乡建设部于 2015 年 1 月进行了修订。该规定第二条规定："国家对建筑施工企业实行安全生产许可制度。建筑施工企业未取得安全生产许可证的，不得从事建筑施工活动。本规定所称建筑施工企业，是指从事土木工程、建筑工程、线路管道和设备安装工程及装修工程的新建、扩建、改建和拆除等有关活动的企业。"

1. 建筑施工企业安全生产条件

建筑施工企业取得安全生产许可证，应当具备下列安全生产条件：

（1）建立、健全安全生产责任制，制定完备的安全生产规章制度和操作规程；

（2）保证本单位安全生产条件所需资金的投入；

（3）设置安全生产管理机构，按照国家有关规定配备专职安全生产管理人员；

（4）主要负责人、项目负责人、专职安全生产管理人员经建设主管部门或者其他有关部门考核合格；

（5）特种作业人员经有关业务主管部门考核合格，取得特种作业操作资格证书；

（6）管理人员和作业人员每年至少进行一次安全生产教育培训并考核合格；

（7）依法参加工伤保险，依法为施工现场从事危险作业的人员办理意外伤害保险，为从业人员缴纳保险费；

（8）施工现场的办公、生活区及作业场所和安全防护用具、机械设备、施工机具及配件符合有关安全生产法律、法规、标准和规程的要求；

（9）有职业危害防治措施，并为作业人员配备符合国家标准或者行业标准的安全防护用具和安全防护服装；

（10）有对危险性较大的分部分项工程及施工现场易发生重大事故的部位、环节的预防、监控措施和应急预案；

（11）有生产安全事故应急救援预案、应急救援组织或者应急救援人员，配备必要的应急救援器材、设备；

（12）法律、法规规定的其他条件。

2. 安全生产许可证的申请与颁发

（1）安全生产许可证的申请

建筑施工企业从事建筑施工活动前，应当依照《建筑施工企业安全生产许可证管理规定》向省级以上建设主管部门申请领取安全生产许可证。中央管理的建筑施工企业（集团公司、总公司）应当向国务院建设主管部门申请领取安全生产许可证。上述规定以外的其他建筑施工企业，包括中央管理的建筑施工企业（集团公司、总公司）下属的建筑施工企业，应当向企业注册所在地省、自治区、直辖市人民政府建设主管部门申请领取安全生产许可证。

建筑施工企业申请安全生产许可证时，应当向建设主管部门提供下列材料：

1）建筑施工企业安全生产许可证申请表；

2）企业法人营业执照；

3）《建筑施工企业安全生产许可证管理规定》第四条规定的相关文件、材料。

建筑施工企业申请安全生产许可证，应当对申请材料实质内容的真实性负责，不得隐瞒有关情况或者提供虚假材料。

（2）安全生产许可证的颁发

建设主管部门应当自受理建筑施工企业的申请之日起 45 日内审查完毕，经审查符合安全生产条件的，颁发安全生产许可证。不符合安全生产条件的，不予颁发安全生产许可证，书面通知企业并说明理由。企业自接到通知之日起应当进行整改，整改合格后方可再次提出申请。建设主管部门审查建筑施工企业安全生产许可证申请，涉及铁路、交通、水利等有关专业工程时，可以征求铁路、交通、水利等有关部门的意见。

（3）安全生产许可证的有效期

安全生产许可证的有效期为 3 年。安全生产许可证有效期满需要延期的，企业应当于期满前 3 个月向原安全生产许可证颁发管理机关申请办理延期手续。

企业在安全生产许可证有效期内，严格遵守有关安全生产的法律法规，未发生死亡事故的，安全生产许可证有效期届满时，经原安全生产许可证颁发管理机关同意，不再审查，安全生产许可证有效期延期 3 年。

（4）安全生产许可证的变更、注销和补办

建筑施工企业变更名称、地址、法定代表人等，应当在变更后 10 日内，到原安全生产许可证颁发管理机关办理安全生产许可证变更手续。

建筑施工企业破产、倒闭、撤销的，应当将安全生产许可证交回原安全生产许可证颁发管理机关予以注销。

建筑施工企业遗失安全生产许可证，应当立即向原安全生产许可证颁发管理机关报告，并在公众媒体上声明作废后，方可申请补办。

安全生产许可证申请表采用住房和城乡建设部规定的统一式样。安全生产许可证采用国务院安全生产监督管理部门规定的统一式样。安全生产许可证分正本和副本，正、副本具有同等法律效力。

3. 安全生产许可证的监督管理

县级以上人民政府建设主管部门应当加强对建筑施工企业安全生产许可证的监督管理。建设主管部门在审核发放施工许可证时，应当对已经确定的建筑施工企业是否有安全生产许可证进行审查，对没有取得安全生产许可证的，不得颁发施工许可证。

跨省从事建筑施工活动的建筑施工企业有违反本规定行为的，由工程所在地的省级人民政府建设主管部门将建筑施工企业在本地区的违法事实、处理结果和处理建议抄告原安全生产许可证颁发管理机关。

建筑施工企业取得安全生产许可证后，不得降低安全生产条件，并应当加强日常安全生产管理，接受建设主管部门的监督检查。安全生产许可证颁发管理机关发现企业不再具备安全生产条件的，应当暂扣或者吊销安全生产许可证。

安全生产许可证颁发管理机关或者其上级行政机关发现有下列情形之一的，可以撤销已经颁发的安全生产许可证：

（1）安全生产许可证颁发管理机关工作人员滥用职权、玩忽职守颁发安全生产许可证的；

（2）超越法定职权颁发安全生产许可证的；

（3）违反法定程序颁发安全生产许可证的；

（4）对不具备安全生产条件的建筑施工企业颁发安全生产许可证的；

（5）依法可以撤销已经颁发的安全生产许可证的其他情形。

依照上述规定撤销安全生产许可证，建筑施工企业的合法权益受到损害的，建设主管部门应当依法给予赔偿。

安全生产许可证颁发管理机关应当建立、健全安全生产许可证档案管理制度，定期向社会公布企业取得安全生产许可证的情况，每年向同级安全生产监督管理部门通报建筑施工企业安全生产许可证颁发和管理情况。建筑施工企业不得转让、冒用安全生产许可证或者使用伪造的安全生产许可证。建设主管部门工作人员在安全生产许可证颁发、管理和监督检查工作中，不得索取或者接受建筑施工企业的财物，不得谋取其他利益。任何单位或者个人对违反《建筑施工企业安全生产许可证管理规定》的行为，有权向安全生产许可证颁发管理机关或者监察机关等有关部门举报。

【案例 8-1】

背景：某建筑安装公司承担一项住宅工程施工任务。该公司原已依法取得安全生产许可证，但在开工 5 个月后有效期满。因当时正值施工高峰期，该公司忙于组织施工，未能按规定办理延期手续。当地政府监管机构发现后，立即责令其停止施工，限期补办延期手续。但该公司为了赶工期，既没有停止施工，到期后也未办理延期手续。

问题：请结合上述情况分析该建筑安装公司的违法行为和应承担的法律责任。

【评析】

本案中的建筑安装公司存在两项违法行为：一是安全生产许可证有效期满，未依法办理延期手续并继续从事施工活动；二是在政府监管机构责令停止施工、限期补办延期手续后，仍逾期不补办，并继续从事施工活动。《安全生产许可证条例》第九条规定："安全生产许可证的有效期为 3 年。安全生产许可证有效期满需要延期的，企业应当于期满前 3 个月向原安全生产许可证颁发管理机关办理延期手续。"

对于该建筑安装公司的违法行为，应当依法作出相应处罚，《安全生产许可证条例》第二十条规定："违反本条例规定，安全生产许可证有效期满未办理延期手续，继续进行生产的，责令停止生产，限期补办延期手续，没收违法所得，并处 5 万元以上 10 万元以下的罚款；逾期仍不办理延期手续，继续进行生产的，依照本条例第十九条的规定处罚。"该条例第十九条规定："违反本条例规定，未取得安全生产许可证擅自进行生产的，责令停止生产，没收违法所得，并处 10 万元以上 50 万元以下的罚款；造成重大事故或者其他严重后果，构成犯罪的，依法追究刑事责任。"

8.2   建设工程各方主体的安全责任

为加强建设工程安全生产管理，落实建设各方主体责任，切实增强抓好安全生产工作的政治自觉和责任自觉意识，根据《建筑法》《建设工程安全生产管理条例》《中共中央国务院关于推进安全生产领域改革发展的意见》《国务院办公厅关于促进建筑业持续健康发展的意见》《危险性较大的分部分项工程安全管理办法》《住房城乡建设质量安全事故和其他重大突发事件督办处理办法》等法规文件的要求，建设工程参建各方需落实各自的安全主体责任。建设单位、勘察设计单位、施工单位、工程监理单位及其他与建设安全生产有关的单位，必须遵守安全生产法律、法规的规定，保证建设工程安全生产，依法承担建设工程安全生产责任。

8.2.1   建设单位的安全责任

1. 依法办理有关批准手续

《建筑法》规定，有下列情形之一的，建设单位应当按照国家有关规定办理申请批准手续：① 需要临时占用规划批准范围以外场地的；② 可能损坏道路、管线、电力、邮电通信等公共设施的；③ 需要临时停水、停电、中断道路交通的；④ 需要进行爆破作业的；⑤ 法律、法规规定需要办理报批手续的其他情形。

2. 向施工单位提供真实、准确和完整的有关资料

《建筑法》规定，建设单位应当向建筑施工企业提供与施工现场相关的地下管线资料，建筑施工企业应当采取措施加以保护。

《建设工程安全生产管理条例》进一步规定，建设单位应当向施工单位提供施工现场及毗邻区域内供水、排水、供电、供气、供热、通信、广播电视等地下管线资料，气象和水文观测资料，相邻建筑物和构筑物、地下工程的有关资料，并保证资料的真实、准确、完整。

3. 不得提出违法要求和随意压缩合同工期

《建设工程安全生产管理条例》规定，建设单位不得对勘察、设计、施工、工程监理

等单位提出不符合建设工程安全生产法律、法规和强制性标准规定的要求，不得压缩合同约定的工期。

4. 编制工程概算时应当确定建设工程安全费用

建设单位在编制工程概算时，应当确定建设工程安全作业环境及安全施工措施所需费用。

工程概算是指在初步设计阶段，根据初步设计的图纸、概算定额或概算指标、费用定额及其他有关文件，概略计算的拟建工程费用。建设单位在编制工程概算时，应当确定建设工程安全作业环境及安全施工措施所需费用，并向施工单位提供相应的费用。

5. 不得使用不符合安全施工要求的用具设备

建设单位不得明示或者暗示施工单位购买、租赁、使用不符合安全施工要求的安全防护用具、机械设备、施工机具及配件、消防设施和器材。

6. 申领施工许可证时提供有关安全施工措施

按照《建筑法》的规定，申请领取施工许可证应当具备的条件之一，就是"有保证工程质量和安全的具体措施。"

建设单位在申请领取施工许可证时，应当提供的建设工程有关安全施工措施资料，一般包括：工程中标通知书、工程施工合同、施工现场总平面布置图、临时设施规划方案和已搭建情况，施工现场安全防护设施搭设（设置）计划、施工进度计划、安全措施费用计划、专项安全施工组织设计（方案、措施），拟进入施工现场使用的施工起重机械设备（塔式起重机、物料提升机、外用电梯）的型号、数量，工程项目负责人、安全管理人员及特种作业人员持证上岗情况，建设单位安全监督人员名册、工程监理单位人员名册以及其他应提交的材料。

7. 依法实施装修工程和拆除工程

《建筑法》规定，涉及建筑主体和承重结构变动的装修工程，建设单位应当在施工前委托原设计单位或者具有相应资质条件的设计单位提出设计方案；没有设计方案的，不得施工。《建筑法》还规定，房屋拆除应当由具备保证安全条件的建筑施工单位承担。

《建设工程安全生产管理条例》进一步规定，建设单位应当将拆除工程发包给具有相应资质等级的施工单位。建设单位应当在拆除工程施工 15 日前，将下列资料报送建设工程所在地的县级以上地方人民政府建设行政主管部门或者其他有关部门备案：① 施工单位资质等级证明；② 拟拆除建筑物、构筑物及可能危及毗邻建筑的说明；③ 拆除施工组织方案；④ 堆放、清除废弃物的措施。

8. 建设单位违法行为应承担的法律责任

《建设工程安全生产管理条例》规定，建设单位未提供建设工程安全生产作业环境及安全施工措施所需费用的，责令限期改正；逾期未改正的，责令该建设工程停止施工。

建设单位未将保证安全施工的措施或者拆除工程的有关资料报送有关部门备案的，责令限期改正，给予警告。

违反《建设工程安全生产管理条例》规定，建设单位有下列行为之一的，责令限期改正，处 20 万元以上 50 万元以下的罚款；造成重大安全事故，构成犯罪的，对直接责任人员，依照刑法有关规定追究刑事责任；造成损失的，依法承担赔偿责任：

（1）对勘察、设计、施工、工程监理等单位提出不符合安全生产法律、法规和强制性标准规定的要求的；

（2）要求施工单位压缩合同约定的工期的；

（3）将拆除工程发包给不具有相应资质等级的施工单位的。

【案例 8-2】

背景：某县招待所决定对二层砖混结构住宿楼进行局部拆除改建和重新装修，并将拆改和装修工程发包给一无资质的劳务队。该工程未经有资质的单位设计，也没有办理相关手续，仅由劳务队队长口述了自己的施工方案，便开始组织施工。该劳务队队长在现场指挥 4 人在二层干活，安排 2 人在一层干活。当 1 名工人在修凿砖柱（剩余墙体）时，突然发生坍塌，导致屋面梁和整个屋面板全部倒塌，施工人员被埋压。

问题：

（1）本案中建设单位有何违法行为？

（2）建设单位应当承担哪些法律责任？

【评析】

（1）本案中的建设单位主要有 3 项违法行为。① 未依法委托设计。《建筑法》第四十九条规定："涉及建筑主体和承重结构变动的装修工程，建设单位应当在施工前委托原设计单位或者具有相应资质条件的设计单位提出设计方案；没有设计方案的，不得施工。" ② 将拆除工程发包给无施工资质的劳务队。《建设工程安全生产管理条例》第十一条第一款规定："建设单位应当将拆除工程发包给具有相应资质等级的施工单位"。③ 未依法办理拆除工程施工前的备案手续。《建设工程安全生产管理条例》第十一条第二款规定，建设单位应当在拆除工程施工 15 日前，将下列资料报送建设工程所在地的县级以上地方人民政府建设行政主管部门或者其他有关部门备案：① 施工单位资质等级证明；② 拟拆除建筑物、构筑物及可能危及毗邻建筑的说明；③ 拆除施工组织方案；④ 堆放、清除废弃物的措施。

（2）《建筑法》第七十条规定，涉及建筑主体或者承重结构变动的装修工程擅自施工的，责令改正，处以罚款；造成损失的，承担赔偿责任；构成犯罪的，依法追究刑事责任。《建设工程安全生产管理条例》第五十四条、第五十五条规定，建设单位未将保证安全施工的措施或者拆除工程的有关资料报送有关部门备案的，责令限期改正，给予警告。建设单位有下列行为之一的，责令限期改正，处 20 万元以上 50 万元以下的罚款；造成重大安全事故，构成犯罪的，对直接责任人员，依照刑法有关规定追究刑事责任，造成损失的，依法承担赔偿责任：……③将拆除工程发包给不具有相应资质等级的施工单位的。据此，对建设单位应当责令改正，处以罚款，并根据事故等级和所造成的损失，依法追究责任人员的刑事责任，依法承担赔偿责任。

8.2.2　勘察设计单位的安全责任

1. 勘察单位的安全责任

《建设工程安全生产管理条例》规定，勘察单位应当按照法律、法规和工程建设强制性标准进行勘察，提供的勘察文件应当真实、准确，满足建设工程安全生产的需要。勘察单位在勘察作业时，应当严格执行操作规程，采取措施保证各类管线、设施和周边建筑物、构筑物的安全。

工程勘察是工程建设的先行工作，工程勘察成果是建设工程项目规划、选址、设计的重要依据，也是保证施工安全的重要因素和前提条件。因此，勘察单位必须按照法律、法规的规定以及工程建设强制性标准的要求进行勘察，并提供真实、准确的勘察文件，不能弄虚作假。

勘察单位在进行勘察作业时，也易发生安全事故。为了保证勘察作业人员的安全，要求勘察人员必须严格执行操作规程。同时，还应当采取措施保证各类管线、设施和周边建筑物、构筑物的安全，这也是保证施工作业人员和相关人员安全的需要。

2. 设计单位的安全责任

（1）设计单位应当按照法律、法规和工程建设强制性标准进行设计，防止因设计不合理导致生产安全事故的发生。

（2）设计单位应当考虑施工安全操作和防护的需要，对涉及施工安全的重点部位和环节，在设计文件中注明，并对防范生产安全事故提出指导意见。

（3）对于采用新结构、新材料、新工艺的建设工程和特殊结构的建设工程，设计单位应当在设计中提出保障施工作业人员安全和预防生产安全事故的措施建议。

（4）设计单位和注册建筑师等注册执业人员应当对其设计负责。

3. 勘察、设计单位违法行为应承担的法律责任

《建设工程安全生产管理条例》规定，勘察、设计单位有下列行为之一的，责令限期改正，处10万元以上30万元以下的罚款；情节严重的，责令停业整顿，降低资质等级，直至吊销资质证书；造成重大安全事故，构成犯罪的，对直接责任人员，依照刑法有关规定追究刑事责任；造成损失的，依法承担赔偿责任：

（1）未按照法律、法规和工程建设强制性标准进行勘察、设计的；

（2）采用新结构、新材料、新工艺的建设工程和特殊结构的建设工程，设计单位未在设计中提出保障施工作业人员安全和预防生产安全事故的措施建议的。

注册执业人员未执行法律、法规和工程建设强制性标准的，责令停止执业3个月以上1年以下；情节严重的，吊销执业资格证书，5年内不予注册；造成重大安全事故的，

终身不予注册；构成犯罪的，依照刑法有关规定追究刑事责任。

8.2.3　工程监理单位安全责任

1. 按照法律法规和工程建设强制性标准实施监理

《建设工程安全生产管理条例》规定，工程监理单位和监理工程师应当按照法律法规和工程建设强制性标准实施监理，并对建设工程安全生产承担监理责任。

工程建设强制性标准是指保障人体健康、人身和财产安全等的标准，具有法律强制性，参与工程建设的各方主体必须严格执行。工程监理单位和监理工程师在实施监理过程中，应当以法律法规和工程建设强制性标准为依据，监督管理施工单位遵守强制性标准的规定，同时也应促使其他相关主体贯彻执行强制性标准，在开展监理活动过程中，对建设工程安全生产承担监理责任。

2. 审查安全技术措施或者专项施工方案

《建设工程安全生产管理条例》规定，工程监理单位应当审查施工组织设计中的安全技术措施或者专项施工方案是否符合工程建设强制性标准。

施工组织设计中应当包括安全技术措施和施工现场临时用电方案，对达到一定规模的危险性较大的分部分项工程，还应当编制专项施工方案，工程监理单位要对这些安全技术措施和专项施工方案进行审查，重点审查是否符合工程建设强制性标准；对于未达到强制性标准的，应当要求施工单位进行修改和完善。

3. 及时处理安全事故隐患

《建设工程安全生产管理条例》规定，工程监理单位在实施监理过程中，发现存在安全事故隐患的，应当要求施工单位整改；情况严重的，应当要求施工单位暂时停止施工，并及时报告建设单位。施工单位拒不整改或者不停止施工的，工程监理单位应当及时向有关主管部门报告。

工程监理单位根据法律法规规定和建设单位的委托，对建设工程安全生产承担监理责任，有权要求施工单位对存在的安全事故隐患进行整改，有权要求施工单位暂时停止施工，并依法向建设单位和有关主管部门报告。

4. 监理单位违法行为应承担的监理责任

《建设工程安全生产管理条例》规定，工程监理单位有下列行为之一的，责令限期改正；逾期未改正的，责令停业整顿，并处 10 万元以上 30 万元以下的罚款；情节严重的，降低资质等级，直至吊销资质证书；造成重大安全事故，构成犯罪的，对直接责任人员，依照刑法有关规定追究刑事责任；造成损失的，依法承担赔偿责任：

（1）未对施工组织设计中的安全技术措施或者专项施工方案进行审查的；

（2）发现安全事故隐患未及时要求施工单位整改或者暂时停止施工的；

（3）施工单位拒不整改或者不停止施工，未及时向有关主管部门报告的；

（4）未依照法律、法规和工程建设强制性标准实施监理的。

8.2.4　施工单位的安全责任

施工单位是建设工程施工任务的具体承担者，也是整个施工过程和施工活动的组织者和管理者，需要编制各种施工方案和管理规划，组织人员、材料进场，配置安装施工机械、机具，对建设工程的施工安全具有决定性影响。因此，在建设工程各方主体的安全责任中，涉及施工单位的内容最多、范围最广。如果把安全事故看作是一种风险，按照风险分担的一般原则，即风险应分配给最有能力控制这一风险的主体承担，施工单位无疑是建设工程安全生产的第一责任人，具有重大的安全责任。根据《建筑法》及《建设工程安全生产管理条例》的规定，施工单位的安全责任主要包括如下内容。

1. 施工单位应具备的相应资质

施工单位从事建设工程的新建、扩建、改建和拆除等活动，应当具备国家规定的注册资本、专业技术人员、技术装备和安全生产等条件，依法取得相应等级的资质证书，并在其资质等级许可的范围内承揽工程。

2. 安全生产管理机构配备和相关人员的职责

（1）施工单位应当设立安全生产管理机构，配备专职安全生产管理人员。2008年住房和城乡建设部发布《建筑施工企业安全生产管理机构设置及专职安全生产管理人员配备办法》，对建筑施工企业安全生产管理机构和项目专职安全生产管理人员的主要职责、安全生产管理人员的配备要求和数量进行了规定。

（2）施工单位主要负责人依法对本单位的安全生产工作全面负责。施工单位应当建立健全的安全生产责任制度和安全生产教育培训制度，制定安全生产规章制度和操作规程，保证本单位安全生产条件所需资金的投入，对所承担的建设工程进行定期和专项安全检查，并做好安全检查记录。

（3）施工单位的项目负责人应当由取得相应执业资格的人员担任，对建设工程项目的安全施工负责，落实安全生产责任制度、安全生产规章制度和操作规程，确保安全生产费用的有效使用，并根据工程的特点组织制定安全施工措施，消除安全事故隐患，及时、如实报告生产安全事故。

（4）专职安全生产管理人员负责对安全生产进行现场监督检查。发现安全事故隐患，应当及时向项目负责人和安全生产管理机构报告；对违章指挥、违章操作的，应当立即制止。

（5）作业人员应当遵守安全施工的强制性标准、规章制度和操作规程，正确使用安全防护用具、机械设备等。作业人员有权对施工现场的作业条件、作业程序和作业方式中存在的安全问题提出批评、检举和控告，有权拒绝违章指挥和强令冒险作业。在施工中发生危及人身安全的紧急情况时，作业人员有权立即停止作业或者在采取必要的应急措施后撤离危险区域。

3. 安全考核和教育培训

（1）施工单位的主要负责人、项目负责人、专职安全生产管理人员应当经建设行政主管部门或者其他有关部门考核合格后方可任职。

（2）施工单位应当对管理人员和作业人员每年至少进行一次安全生产教育培训，其教育培训情况记入个人工作档案。安全生产教育培训考核不合格的人员，不得上岗。

（3）作业人员进入新的岗位或者新的施工现场前，应当接受安全生产教育培训。未经教育培训或者教育培训考核不合格的人员，不得上岗作业。

（4）施工单位在采用新技术、新工艺、新设备、新材料时，应当对作业人员进行相应的安全生产教育培训。

（5）垂直运输机械作业人员、安装拆卸工、爆破作业人员、起重信号工、登高架设作业人员等特种作业人员，必须按照国家有关规定经过专门的安全作业培训，并取得特种作业操作资格证书后，方可上岗作业。

4. 总包和分包的安全生产责任

（1）建设工程实行施工总承包的，由总承包单位对施工现场的安全生产负总责。总承包单位应当自行完成建设工程主体结构的施工。

（2）总承包单位依法将建设工程分包给其他单位的，分包合同中应当明确各自在安全生产方面的权利、义务。总承包单位和分包单位对分包工程的安全生产承担连带责任。

（3）分包单位应当服从总承包单位的安全生产管理，分包单位不服从管理导致生产安全事故的，由分包单位承担主要责任。

5. 安全生产费用和安全防护用具

（1）对于列入建设工程概算的安全作业环境及安全施工措施所需费用，应当说明用于施工安全防护用具及设施的采购和更新、安全施工措施的落实、安全生产条件的改善，不得挪作他用。

（2）施工单位应当向作业人员提供安全防护用具和安全防护服装，并书面告知危险岗位的操作规程和违章操作的危害。

（3）施工单位采购、租赁的安全防护用具、机械设备、施工机具及配件，应当具有生产（制造）许可证、产品合格证，并在进入施工现场前进行查验。

（4）施工现场的安全防护用具、机械设备、施工机具及配件必须由专人管理，定期进行检查、维修和保养，建立相应的资料档案，并按照国家有关规定及时报废。

6. 编制安全技术措施和临时用电方案

施工单位应当在施工组织设计中编制安全技术措施和施工现场临时用电方案，对下列达到一定规模的危险性较大的分部分项工程编制专项施工方案，并附具安全验算结果，经施工单位技术负责人、总监理工程师签字后实施，由专职安全生产管理人员进行现场监督：

（1）基坑支护与降水工程；

（2）土方开挖工程；

（3）模板工程；

（4）起重吊装工程；

（5）脚手架工程；

（6）拆除、爆破工程；

（7）国务院建设行政主管部门或者其他有关部门规定的其他危险性较大的工程。

对上述所列工程中涉及深基坑、地下暗挖工程、高大模板工程的专项施工方案，施工单位还应当组织专家进行论证、审查。

7. 施工现场安全施工措施

（1）建设工程施工前，施工单位负责项目管理的技术人员应当对有关安全施工的技术要求向施工作业班组、作业人员作出详细说明，并由双方签字确认。

（2）施工单位应当在施工现场入口处、施工起重机械、临时用电设施、脚手架、出入通道口、楼梯口、电梯井口、孔洞口、桥梁口、隧道口、基坑边沿、爆破物及有害危险气体和液体存放处等危险部位，设置明显的安全警示标志。安全警示标志必须符合国家标准。

（3）施工单位应当根据不同施工阶段和周围环境及季节、气候的变化，在施工现场采取相应的安全施工措施。施工现场暂时停止施工的，施工单位应当做好现场防护，所需费用由责任方承担，或者按照合同约定执行。

（4）施工单位应当将施工现场的办公、生活区与作业区分开设置，并保持安全距离，办公、生活区的选址应当符合安全性要求。职工的膳食、饮水、休息场所等应当符合卫生标准。

（5）施工现场临时搭建的建筑物应当符合安全使用要求。施工现场使用的装配式活动房屋应当具有产品合格证。

8. 施工现场防护措施

（1）施工单位对因建设工程施工可能造成损害的毗邻建筑物、构筑物和地下管线等，应当采取专项防护措施。

（2）施工单位应当遵守有关环境保护法律、法规的规定，在施工现场采取措施，防止或者减少粉尘、废气、废水、固体废物、噪声、振动和施工照明对人和环境的危害和污染。

（3）在城市市区内的建设工程，施工单位应当对施工现场实行封闭围挡。

9. 施工现场消防安全措施

施工单位应当在施工现场建立消防安全责任制度，确定消防安全责任人，制定用火、用电、使用易燃易爆材料等各项消防安全管理制度和操作规程，设置消防通道、消防水源，配备消防设施和灭火器材，并在施工现场入口处设置明显标志。

10. 机械设备和设施的验收

（1）施工单位在使用施工起重机械和整体提升脚手架、模板等自升式架设设施前，应当组织有关单位进行验收，也可以委托具有相应资质的检验检测机构进行验收。

（2）使用承租的机械设备和施工机具及配件的，由施工总承包单位、分包单位、出租单位和安装单位共同进行验收。验收合格的方可使用。

（3）《特种设备安全监察条例》规定的施工起重机械，在验收前应当经有相应资质的检验检测机构监督检验合格。

（4）施工单位应当自施工起重机械和整体提升脚手架、模板等自升式架设设施验收合格之日起 30 日内，向建设行政主管部门或者其他有关部门登记。登记标志应当置于或者附着于该设备的显著位置。

11. 办理意外伤害保险

（1）施工单位应当为施工现场从事危险作业的人员办理意外伤害保险。

（2）意外伤害保险费由施工单位支付。实行施工总承包的，由总承包单位支付意外伤害保险费。

（3）意外伤害保险期限自建设工程开工之日起至竣工验收合格之日止。

【案例 8-3】

背景：在某高层建筑的外墙装饰施工工地，某施工单位为赶在雨季到来前完成施工，又从其他工地调配来一批工人，但未经安全培训教育就安排到有关岗位开始作业。2 名工人被安排上作业吊篮到六层处从事外墙装饰作业。他们在作业完成后为省事，直接从高处作业吊篮的悬吊平台向六层窗口爬去，结果失足从 10 多米高处坠落，造成 1 死 1 重伤。

问题：

（1）本案中，施工单位有何违法行为？

（2）该违法行为应当承担哪些法律责任？

【评析】

（1）《安全生产法》第二十八条规定："生产经营单位应当对从业人员进行安全生产教育和培训，保证从业人员具备必要的安全生产知识，熟悉有关的安全生产规章制度和安全操作规程，掌握本岗位的安全操作技能，了解事故应急处理措施，知悉自身在安全生产方面的权利和义务。未经安全生产教育和培训合格的从业人员，不得上岗作业。"《建设工程安全生产管理条例》第三十七条进一步规定："作业人员进入新的岗位或者新的施工现场前，应当接受安全生产教育培训。未经教育培训或者教育培训考核不合格的人员，不得上岗作业。"本案中，施工单位违法未对新进场的工人进行有针对性的安全培训教育，使 2 名作业人员违反了"操作人员必须从地面进出悬吊平台。在未采取安全保护措施的情况下，禁止从窗口、楼顶等其他位置进出悬吊平台"的安全操作规程，造成伤亡事故的发生。

（2）按照《安全生产法》第九十七条规定，生产经营单位有下列行为之一的，责令限期改正，处 10 万元以下的罚款；逾期未改正的，责令停产停业整顿，并处 10 万元以上 20 万元以下的罚款，对其直接负责的主管人员和其他直接责任人员处 2 万元以上 5 万元以下的罚款：……③未按照规定对从业人员、被派遣劳动者、实习学生进行安全生产教育和培训，或者未按照规定如实告知有关的安全生产事项的；……。《建设工程安全生产管理条例》第六十二条进一步规定，施工单位有下列行为之一的，责令限期改正；逾期未改正的，责令停业整顿，依照《中华人民共和国安全生产法》的有关规定处以罚款；造成重大安全事故，构成犯罪的，对直接责任人员，依照刑法有关规定追究刑事责任；……②施工单位的主要负责人、项目负责人、专职安全生产管理人员、作业人员或者特种作业人员，未经安全教育培训或者经考核不合格即从事相关工作的；……。据此，该施工单位及其直接责任人员应当依法承担上述有关的法律责任。

8.3　生产安全事故的应急救援与调查处理

《安全生产法》对生产安全事故的应急救援和调查处理作了规定，主要包括应急救援预案的制定、应急救援体系的建立、应急救援组织、应急救援人员和装备、事故报告、事故抢救、事故调查与处理的基本原则、事故责任追究等内容，并授权国务院制定有关事故调查处理的具体办法。2007年4月9日国务院公布《生产安全事故报告和调查处理条例》（国务院令第493号），自2007年6月1日起施行。2015年4月2《国家安全监管总局关于修改〈生产安全事故报告和调查处理条例〉罚款处罚暂行规定等四部规章的决定》（国家安全生产监督管理总局令第77号）发布，自2015年5月1日起施行。《安全生产法》和《生产安全事故报告和调查处理条例》作为生产安全事故应急救援与调查处理最重要的法律依据，对强化事故的应急救援，规范事故报告和调查处理、事故责任追究、吸取事故教训具有重要意义。

《安全生产法》规定，国家加强生产安全事故应急能力建设，在重点行业、领域建立应急救援基地和应急救援队伍，并由国家安全生产应急救援机构统一协调指挥；鼓励生产经营单位和其他社会力量建立应急救援队伍，配备相应的应急救援装备和物资，提高应急救援的专业化水平。国务院应急管理部门牵头建立全国统一的生产安全事故应急救援信息系统，国务院交通运输、住房和城乡建设、水利、民航等有关部门和县级以上地方人民政府建立健全相关行业、领域、地区的生产安全事故应急救援信息系统，实现互联互通、信息共享，通过推行网上安全信息采集、安全监管和监测预警，提升监管的精准化、智能化水平。

8.3.1　生产安全事故的概念和等级

1. 生产安全事故的概念和分类

生产安全事故是指生产经营单位在生产经营活动（包括与生产经营有关的活动）中突然发生的，伤害人身安全和健康或者损坏设备设施或者造成经济损失的，导致原生产经营活动（包括与生产经营有关的活动）暂时中止或永远终止的意外事件。

《生产安全事故报告和调查处理条例》第二条规定："生产经营活动中发生的造成人

身伤亡或者直接经济损失的生产安全事故的报告和调查处理，适用本条例；环境污染事故、核设施事故、国防科研生产事故的报告和调查处理不适用本条例。"

生产安全事故按照事故发生的原因可分为责任事故和非责任事故；按照事故造成的后果可分为人身伤亡事故和非人身伤亡事故；按照事故等级可分为特别重大事故、重大事故、较大事故和一般事故。

2. 生产安全事故的等级

《生产安全事故报告和调查处理条例》规定，根据生产安全事故（以下简称事故）造成的人员伤亡或者直接经济损失，事故一般分为以下等级：

（1）特别重大事故，是指造成30人以上死亡，或者100人以上重伤（包括急性工业中毒，下同），或者1亿元以上直接经济损失的事故；

（2）重大事故，是指造成10人以上30人以下死亡，或者50人以上100人以下重伤，或者5000万元以上1亿元以下直接经济损失的事故；

（3）较大事故，是指造成3人以上10人以下死亡，或者10人以上50人以下重伤，或者1000万元以上5000万元以下直接经济损失的事故；

（4）一般事故，是指造成3人以下死亡，或者10人以下重伤，或者1000万元以下直接经济损失的事故。

国务院安全生产监督管理部门可以会同国务院有关部门，制定事故等级划分的补充性规定。上述规定所称的"以上"包括本数，所称的"以下"不包括本数。

8.3.2 生产安全事故的应急救援

1. 建立生产安全事故应急救援体系的必要性

如何防止和减少生产安全事故，遏制生产安全事故的频繁发生，减少事故中的人员伤亡和财产损失，促进安全生产形势的稳定好转，建立生产安全事故应急救援体系是十分迫切和必要的，其必要性体现在：一是通过生产安全事故应急救援预案的制定，能总结以往安全生产工作的经验和教训，明确安全生产工作的重大问题和工作重点，提出预防事故的思路和办法，是全面贯彻"安全第一、预防为主"的需要；二是在生产安全事故发生后，事故应急救援体系能保证事故应急救援组织的及时出动，并有针对性地采取救援措施，对防止事故的进一步扩大，减少人员伤亡和财产损失意义重大；三是专业化的应急救援组织是保证事故及时得到专业救援的前提条件，会有效避免事故施救过程中的盲目性，减少事故救援过程中的伤亡和损失，降低事故的救援成本。

2. 应急救援预案与应急救援体系

《安全生产法》规定，县级以上地方各级人民政府应当组织有关部门制定本行政区域内的生产安全事故应急救援预案，建立应急救援体系。

乡镇人民政府和街道办事处，以及开发区、工业园区、港区、风景区等应当制定相应的生产安全事故应急救援预案，协助人民政府有关部门或者按照授权依法履行生产安全事故应急救援工作职责。

生产经营单位应当制定本单位生产安全事故应急救援预案，与所在地县级以上地方人民政府组织制定的生产安全事故应急救援预案相衔接，并定期组织演练。

3. 应急救援组织和人员

《安全生产法》规定，危险物品的生产、经营、储存单位以及矿山、金属冶炼、城市轨道交通运营、建筑施工单位应当建立应急救援组织；生产经营规模较小的，可以不建立应急救援组织，但应当指定兼职的应急救援人员。

危险物品的生产、经营、储存、运输单位以及矿山、金属冶炼、城市轨道交通运营、建筑施工单位应当配备必要的应急救援器材、设备和物资，并进行经常性维护、保养，保证正常运转。

8.3.3　生产安全事故的报告

根据《安全生产法》和《生产安全事故报告和调查处理条例》，生产安全事故的报告应遵守以下程序和相关规定：

（1）事故发生后，事故现场有关人员应当立即向本单位负责人报告；单位负责人接到报告后，应当于1小时内向事故发生地县级以上人民政府安全生产监督管理部门和负有安全生产监督管理职责的有关部门报告。情况紧急时，事故现场有关人员可以直接向事故发生地县级以上人民政府安全生产监督管理部门和负有安全生产监督管理职责的有关部门报告。

事故发生单位负责人接到事故报告后，应当立即启动事故相应应急预案，或者采取有效措施，组织抢救，防止事故扩大，减少人员伤亡和财产损失。

（2）安全生产监督管理部门和负有安全生产监督管理职责的有关部门接到事故报告后，应当依照下列规定上报事故情况，并通知公安机关、劳动保障行政部门、工会和人民检察院：

1）特别重大事故、重大事故逐级上报至国务院安全生产监督管理部门和负有安全生产监督管理职责的有关部门；

2）较大事故逐级上报至省、自治区、直辖市人民政府安全生产监督管理部门和负有安全生产监督管理职责的有关部门；

3）一般事故上报至设区的市级人民政府安全生产监督管理部门和负有安全生产监督管理职责的有关部门。

安全生产监督管理部门和负有安全生产监督管理职责的有关部门依照上述规定上报事故情况，应当同时报告本级人民政府。国务院安全生产监督管理部门和负有安全生产监督管理职责的有关部门以及省级人民政府接到发生特别重大事故、重大事故的报告后，应当立即报告国务院。必要时，安全生产监督管理部门和负有安全生产监督管理职责的有关部门可以越级上报事故情况。安全生产监督管理部门和负有安全生产监督管理职责的有关部门逐级上报事故情况，每级上报的时间不得超过 2 小时。

事故发生地有关地方人民政府、安全生产监督管理部门和负有安全生产监督管理职责的有关部门接到事故报告后，其负责人应当立即赶赴事故现场，组织事故救援。

（3）报告事故应当包括下列内容：

1）事故发生单位概况；

2）事故发生的时间、地点以及事故现场情况；

3）事故的简要经过；

4）事故已经造成或者可能造成的伤亡人数（包括下落不明的人数）和初步估计的直接经济损失；

5）已经采取的措施；

6）其他应当报告的情况。

事故报告后出现新情况的，应当及时补报。自事故发生之日起 30 日内，事故造成的伤亡人数发生变化的，应当及时补报。道路交通事故、火灾事故自发生之日起 7 日内，事故造成的伤亡人数发生变化的，应当及时补报。

（4）事故发生后，有关单位和人员应当妥善保护事故现场以及相关证据，任何单位和个人不得破坏事故现场、毁灭相关证据。因抢救人员、防止事故扩大以及疏通交通等原因，需要移动事故现场物件的，应当作出标志，绘制现场简图并做好书面记录，妥善保存现场重要痕迹、物证。

8.3.4 生产安全事故的调查处理

1. 生产安全事故调查的组织

特别重大事故由国务院或者国务院授权有关部门组织事故调查组进行调查。

重大事故、较大事故、一般事故分别由事故发生地省级人民政府、设区的市级人民政府、县级人民政府负责调查。省级人民政府、设区的市级人民政府、县级人民政府可以直接组织事故调查组进行调查，也可以授权或者委托有关部门组织事故调查组进行调查。

未造成人员伤亡的一般事故，县级人民政府也可以委托事故发生单位组织事故调查组进行调查。

上级人民政府认为必要时，可以调查由下级人民政府负责调查的事故。

特别重大事故以下等级事故，事故发生地与事故发生单位不在同一个县级以上行政区域的，由事故发生地人民政府负责调查，事故发生单位所在地人民政府应当派人参加。

2. 生产安全事故调查

（1）事故调查组

事故调查组的组成应当遵循精简、效能的原则。根据事故的具体情况，事故调查组由有关人民政府、安全生产监督管理部门、负有安全生产监督管理职责的有关部门、监察机关、公安机关以及工会派人组成，并应当邀请人民检察院派人参加。事故调查组可以聘请有关专家参与调查。

事故调查组成员应当具有事故调查所需要的知识和专长，并与所调查的事故没有直接利害关系。事故调查组组长由负责事故调查的人民政府指定。事故调查组组长主持事故调查组的工作。事故调查组履行下列职责：

1）查明事故发生的经过、原因、人员伤亡情况及直接经济损失；

2）认定事故的性质和事故责任；

3）提出对事故责任者的处理建议；

4）总结事故教训，提出防范和整改措施；

5）提交事故调查报告。

事故调查组有权向有关单位和个人了解与事故有关的情况，并要求其提供相关文件、资料，有关单位和个人不得拒绝。事故发生单位的负责人和有关人员在事故调查期间不得擅离职守，并应当随时接受事故调查组的询问，如实提供有关情况。事故调查中发现涉嫌犯罪的，事故调查组应当及时将有关材料或者其复印件移交司法机关处理。事故调查中需要进行技术鉴定的，事故调查组应当委托具有国家规定资质的单位进行技术鉴定。必要时，事故调查组可以直接组织专家进行技术鉴定。技术鉴定所需时间不计入事故调查期限。事故调查组成员在事故调查工作中应当诚信公正、恪尽职守，遵守事故调查组的纪律，保守事故调查的秘密。未经事故调查组组长允许，事故调查组成员不得擅自发布有关事故的信息。

（2）事故调查时限

事故调查组应当自事故发生之日起 60 日内提交事故调查报告；特殊情况下，经负责事故调查的人民政府批准，提交事故调查报告的期限可以适当延长，但延长的期限最长不超过 60 日。

（3）事故调查报告

事故调查报告应当包括下列内容：

1）事故发生单位概况；

2）事故发生经过和事故救援情况；

3）事故造成的人员伤亡和直接经济损失；

4）事故发生的原因和事故性质；

5）事故责任的认定以及对事故责任者的处理建议；

6）事故防范和整改措施。

事故调查报告应当附具有关证据材料。事故调查组成员应当在事故调查报告上签名。

3. 生产安全事故处理

安全事故处理必须坚持"四不放过"原则，即事故原因未查清不放过、责任人员未处理不放过、整改措施未落实不放过、有关人员未受到教育不放过。这一原则不能只停留在口头上，而是应该落实在具体的行动中，不仅要做到查清原因、处理责任人、落实整改措施，更重要的是要深刻吸取教训，举一反三，做好安全生产的监管和预防工作。

《生产安全事故报告和调查处理条例》规定，重大事故、较大事故、一般事故，负责事故调查的人民政府应当自收到事故调查报告之日起 15 日内做出批复；特别重大事故，30 日内做出批复，特殊情况下，批复时间可以适当延长，但延长的时间最长不超过 30 日。

有关机关应当按照人民政府的批复，依照法律、行政法规规定的权限和程序，对事故发生单位和有关人员进行行政处罚，对负有事故责任的国家工作人员进行处分。事故发生单位应当按照负责事故调查的人民政府的批复，对本单位负有事故责任的人员进行处理。负有事故责任的人员涉嫌犯罪的，依法追究刑事责任。

事故发生单位应当认真吸取事故教训，落实防范和整改措施，防止事故再次发生。防范和整改措施的落实情况应当接受工会和职工的监督。安全生产监督管理部门和负有安全生产监督管理职责的有关部门应当对事故发生单位落实防范和整改措施的情况进行监督检查。

事故处理的情况由负责事故调查的人民政府或者其授权的有关部门、机构向社会公布，依法应当保密的除外。

【案例 8-4】

背景：某住宅小区工地上，一载满作业工人的施工升降机在上升过程中突然失控冲顶，从 100m 高处坠落，造成施工升降机上的 9 名施工人员全部随机坠落而遇难的惨剧。

问题：

（1）本案中的事故应当定为何等级？

（2）在事故发生后，施工单位应当依法采取哪些措施？

【评析】

（1）《生产安全事故报告和调查处理条例》第三条规定："较大事故，是指造成 3 人以上 10 人以下死亡，或者 10 人以上 50 人以下重伤，或者 1000 万元以上 5000 万元以下直接经济损失的事故。"据此，本案中的事故应当定为较大事故。

（2）在事故发生后，施工单位应当按照《生产安全事故报告和调查处理条例》第九条、第十四条、第十六条和《建设工程安全生产管理条例》第五十条、第五十一条的规定，采取下列措施：① 报告事故。事故发生后，事故现场有关人员应当立即向本单位负责人报告；单位负责人接到报告后，应当在 1 小时内向事故发生地县级以上人民政府安全生产监督管理部门、建设行政主管部门或者其他有关部门报告。特种设备发生事故的，还应当同时向特种设备安全监督管理部门报告。情况紧急时，事故现场有关人员可以直接向事故发生地县级以上人民政府安全生产监督管理部门、建设行政主管部门或者其他有关部门报告。实行施工总承包的建设工程，由总承包单位负责上报事故。② 启动事故应急预案，组织抢救。事故发生单位负责人接到事故报告后，应当立即启动事故相应应急预案，或者采取有效措施，组织抢救，防止事故扩大，减少人员伤亡和财产损失。③事故现场保护。有关单位和人员应当妥善保护事故现场以及相关证据，任何单位和个人不得破坏事故现场、毁灭相关证据。因抢救人员、防止事故扩大以及疏通交通等原因，需要移动事故现场物件的，应当作出标志，绘制现场简图并做好书面记录，妥善保存现场重要痕迹、物证。

复习思考题

1. 2021年版《安全生产法》有哪些主要特点？
2. 法律规定的主要安全生产管理制度有哪些？
3. 简述生产经营单位负责人和安全生产管理人员的职责。
4. 建设工程施工单位的安全责任有哪些？
5. 建设单位和监理单位的安全生产责任和义务有哪些？
6. 我国生产安全事故级别是如何划分的？
7. 事故调查的主要内容有哪些？
8. 哪些分部分项工程需要编制专项施工方案？

第9章 建设工程质量法律制度

9.1 工程建设标准

工程建设标准是为在工程建设领域内获得最佳秩序,对建设工程的勘察、规划、设计、施工、安装、验收、运营维护及管理等活动和结果需要协调统一的事项所制定的共同的、重复使用的技术依据和准则,对促进技术进步,保证工程的安全、质量、环境和公众利益,实现最佳社会效益、经济效益、环境效益和最佳效率等,具有直接作用和重要意义。

1988年颁布的《中华人民共和国标准化法》(以下简称《标准化法》)规定,对下列需要统一的技术要求,应当制定标准:……④ 建设工程的设计、施工方法和安全要求;⑤ 有关工业生产、工程建设和环境保护的技术术语、符号、代号和制图方法。

9.1.1 工程建设标准的分类

1. 按标准级别分为国家标准、行业标准、地方标准和企业标准

国家标准是对需要在全国范围内统一的技术要求制定的标准。

行业标准是对没有国家标准而又需要在全国某个行业范围内统一的技术要求所制定的标准。在公布国家标准之后,该项行业标准即行废止。

地方标准是对没有国家标准和行业标准而又需要在省、自治区、直辖市范围内统一的工业产品的安全、卫生要求所制定的标准。在公布国家标准或者行业标准之后,该项地方标准即行废止。

企业标准是在企业范围内需要协调、统一的技术要求、管理事项和工作事项所制定的标准。企业生产的产品没有国家标准和行业标准时,应当制定企业标准,作为组织生产的依据。已有国家标准或者行业标准的,国家鼓励企业制定严于国家标准或者行业标准的企业标准,在企业内部适用。

2. 根据标准的约束性划分为强制性标准和推荐性标准

强制性标准是指保障人体健康,人身、财产安全的标准和法律、行政法规规定强制性执行的国家标准和行业标准,省、自治区、直辖市标准化行政主管部门制定的有关工业产品的安全、卫生要求的地方标准在本行政区域内是强制性标准。国家强制性标准的编号以 GB 开头,对工程建设行业来说,下列标准属于强制性标准:

(1)工程建设勘察、规划、设计、施工(包括安装)及验收等通用的综合标准和重

要的通用的质量标准。如《混凝土结构设计规范》GB 50010—2010、《混凝土结构工程施工质量验收规范》GB 50204—2015；

（2）工程建设通用的有关安全、卫生和环境保护的标准。如《施工企业安全生产管理规范》GB 50656—2011、《安全防范工程技术标准》GB 50348—2018；

（3）工程建设重要的术语、符号、代号、计量与单位、建筑模数和制图方法标准。如《建筑节能工程施工质量验收标准》GB 50411—2019；

（4）工程建设重要的通用的试验、检验和评定等标准。如《建筑基桩检测技术规范》JGJ 106—2014；

（5）工程建设重要的通用的信息技术标准；

（6）国家需要控制的其他工程建设通用的标准。

推荐性标准是指其他非强制性的国家标准和行业标准。

推荐性标准的编号以 GB/T 开头，国家鼓励企业自愿采用。在建筑行业，推荐性标准有很多种，如《房屋建筑制图统一标准》GB/T 50001—2017《建筑工程绿色施工评价标准》GB/T 50640—2010、《建筑工程绿色施工规范》GB/T 50905—2014 等。

强制性标准和推荐性标准的主要区别如下：

（1）属性不同。强制性标准具有法属性的特点，属于技术法规，而这种法的属性并非强制性标准的自然属性，其是人们根据标准的重要性、经济发展等情况和需要，通过立法形式所赋予的，同时也赋予了强制性标准的法制功能，即制定法律、执行法律、遵守法律这三个方面的功能；而推荐性标准不具有法属性的特点，属于技术文件，不具有强制执行的功能。

（2）规定不同。强制性标准在技术内容方面，一般都规定得比较具体明确、刚性详细，缺乏市场适应性；推荐性标准的技术内容，一般规定得比较简单扼要、笼统灵活。推荐性标准强调用户普遍关心的产品使用性能，对一些细节要求一般不予规定，有较强的市场适应性。

（3）检验内容的项目不同。强制性标准的强制性检验项目多；推荐性标准中强制性检验项目少，供用户选择或由供需双方协议的项目多。产品标准中规定的检验项目，主要是根据产品的主要用途和制定标准的目的来确定的。如对于高温下使用的材料，应检验并保证其高温性能，而对于在常温下使用的材料，则只需检验和保证其常温性能就可以。

（4）通用程度不同。强制性标准通用性较差、覆盖面小，这主要是由于强制性标准的内容规定必须符合要求；推荐性标准通用性较强、覆盖面大，这主要是由于该标准的内容规定得比较灵活、宽裕。如建筑结构设计使用寿命属于强制性标准，建筑装饰装修中绿色、低碳环保材料的使用等很多内容属于推荐性标准。

3.根据标准内容分为设计标准、施工及验收标准、标准定额

设计标准是指从事工程设计所依据的技术文件，如《建筑设计防火规范》GB 50016—2014、《建筑结构荷载规范》GB 50009—2012。

　　施工及验收标准：施工标准是指施工操作程序及其技术要求的标准，如《混凝土结构工程施工规范》GB 50666—2011；验收标准是指检验、接收竣工工程项目的规程、办法与标准，如《混凝土强度检验评定标准》GB/T 50107—2010。

　　标准定额是指国家规定的消耗在单位建筑产品上活劳动和物化劳动的数量标准，以及用货币表现的某些必要费用的额度，如《建设工程工程量清单计价规范》GB 50500—2013。

4. 按标准属性分为技术标准、管理标准、工作标准

　　技术标准是指对标准化领域中需要协调统一的技术事项所制定的标准。管理标准是指对标准化领域中需要协调统一的管理事项所制定的标准。工作标准是指对标准化领域中需要协调统一的工作事项所制定的标准。

9.1.2　工程建设强制性标准的实施

　　工程建设标准在保障建设工程质量安全、人民群众的生命财产与人身健康安全以及其他社会公共利益方面一直发挥着重要作用。具体就是通过行之有效的标准规范，特别是工程建设强制性标准，为建设工程实施安全防范措施、消除安全隐患提供统一的技术要求，以确保在现有的技术、管理条件下尽可能地保障建设工程安全，从而最大限度地保障建设工程的建造者、使用者和所有者的生命财产安全以及人身健康安全。《标准化法》规定，强制性标准必须执行。《建筑法》也规定，建筑活动应当确保建筑工程质量和安全符合国家的建设工程安全标准。

1. 工程建设各方主体实施强制性标准的规定

　　《建筑法》和《建设工程质量管理条例》规定，建设单位不得以任何理由要求建筑设计单位或者建筑施工企业在工程设计或者施工作业中违反法律、行政法规和建筑工程质量、安全标准，降低工程质量。建设单位不得明示或者暗示设计单位或者施工单位违反工程建设强制性标准，降低建设工程质量。设计单位和施工单位对建设单位违反规定提出的降低工程质量的要求，应当予以拒绝。

　　勘察、设计单位必须按照工程建设强制性标准进行勘察、设计，并对其勘察、设计的质量负责。建筑工程设计应当符合按照国家规定制定的建筑安全规程和技术规范，保证工程的安全性能。勘察、设计文件应当符合有关法律、行政法规的规定和建筑工程质量、安全标准、建筑工程勘察、设计技术规范以及合同的约定。设计文件选用的建筑材料、建筑构配件和设备，应当注明其规格、型号、性能等技术指标，其质量要求必须符合国家规定的标准。

　　施工单位必须按照工程设计图纸和施工技术标准施工，不得擅自修改工程设计，不得偷工减料。施工单位在施工过程中发现设计文件和图纸有差错的，应当及时提出意见和建议。施工单位必须按照工程设计要求、施工技术标准和合同约定，对建筑材料、建筑构配件、设备和商品混凝土进行检验，检验应当有书面记录和专人签字；未经检验或

者检验不合格的，不得使用。

工程监理单位应当依照法律、法规以及有关技术标准、设计文件和建设工程承包合同，代表建设单位对施工质量实施监理，并对施工质量承担监理责任。工程监理人员认为工程施工不符合工程设计要求、施工技术标准和合同约定的，有权要求建筑施工企业改正。工程监理人员发现工程设计不符合建筑工程质量标准或者合同约定的质量要求的，应当报告建设单位，并要求设计单位改正。

2. 对工程建设强制性标准的监督检查

2021 年 3 月 30 日修改后的《实施工程建设强制性标准监督规定》（住房和城乡建设部令第 52 号）规定，国务院住房和城乡建设主管部门负责全国实施工程建设强制性标准的监督管理工作。国务院有关主管部门按照国务院的职能分工负责实施工程建设强制性标准的监督管理工作。县级以上地方人民政府住房和城乡建设主管部门负责本行政区域内实施工程建设强制性标准的监督管理工作。

建设项目规划审查机构应当对工程建设规划阶段执行强制性标准的情况实施监督。施工图设计文件审查单位应当对工程建设勘察、设计阶段执行强制性标准的情况实施监督。建筑安全监督管理机构应当对工程建设施工阶段执行施工安全强制性标准的情况实施监督。工程质量监督机构应当对工程建设施工、监理、验收等阶段执行强制性标准的情况实施监督。

建设项目规划审查机关、施工设计图设计文件审查单位、建筑安全监督管理机构、工程质量监督机构的技术人员必须熟悉、掌握工程建设强制性标准。

工程建设标准批准部门应当定期对建设项目规划审查机关、施工图设计文件审查单位、建筑安全监督管理机构、工程质量监督机构实施强制性标准的监督进行检查，对监督不力的单位和个人，给予通报批评，建议有关部门处理。

工程建设标准批准部门应当对工程项目执行强制性标准情况进行监督检查。监督检查可以采取重点检查、抽查和专项检查的方式。

强制性标准监督检查的内容包括：

（1）有关工程技术人员是否熟悉、掌握强制性标准；

（2）工程项目的规划、勘察、设计、施工、验收等是否符合强制性标准的规定；

（3）工程项目采用的材料、设备是否符合强制性标准的规定；

（4）工程项目的安全、质量是否符合强制性标准的规定；

（5）工程中采用的导则、指南、手册、计算机软件的内容是否符合强制性标准的规定。

【案例 9-1】

背景：某施工企业（以下称施工方）承包了某开发公司（以下称建设方）的商务楼工程施工，双方签订了工程施工合同。该工程封顶时，建设方发现该商务楼的顶层 17 层以及 15 层、16 层的混凝土凝固较慢。于是，建设方认为施工方使用的混凝土强度不够，要求施工方采取措施，对该三层重新施工。施工方则认为，该混凝土强度符合相关的技术规范，不同意重新施工或者采取其他措施。双方协商未果，建设方便将施工方起诉至某区法院，要求施工方对混凝土强度不够的那三层重新施工或采取其他措施，并赔偿建设方的相应损失。根据双方的请求，受诉法院委托某建筑工程质量检测中心按照两种建设规范对该工程机构混凝土实体强度进行检测，具体检测情况如下：

根据原告即建设方的要求，检测中心按照行业协会推荐性标准《钻芯法检测混凝土强度技术规程》JGJ/T 384—2016 的检测结果是：第 15 层、16 层、17 层的结构混凝土实体强度达不到该技术规范的要求，其他各层的结构混凝土实体均达到该技术规范的要求。

根据被告即施工方的请求，检测中心按照地方推荐性标准《结构混凝土实体检测技术规程》DB/T 29—148—2005 的检测结果是：第 15 层、16 层、17 层及其他各层结构混凝土实体强度均达到该规范的要求。

问题：

（1）本案中的检测中心按照两个推荐性标准分别进行了检测，法院应以哪个标准作为判案的依据？

（2）当事人若在合同中约定了推荐性标准，对国家强制性标准是否仍须执行？

【评析】

（1）本案中的协会团体标准、地方标准均为推荐性标准，且建设方、施工方未在合同中约定采用哪个标准。《标准化法》规定，国家鼓励采用推荐性标准。所以，在没有国家强制性标准的情况下，施工方有权自主选择采用地方标准。

（2）依据《标准化法》的规定，强制性标准必须执行。因此，如果有国家强制性标准，即使双方当事人在合同中约定了采用某项推荐性标准，也必须执行国家强制性标准。

据此，受诉法院经过庭审作出如下判决：①驳回原告即建设方的诉讼请求；②案件受理费和检测费由原告建设方承担。

法院判决的主要理由是：目前尚无此方面的国家强制性标准，只有协会团体标准、地方标准，双方应当通过合同来约定施工过程中适用的技术规范。本案中的双方并没有在施工合同中具体约定适用的规范。因此，施工方有权选择适用地方标准《结构混凝土实体检测技术规程》DB/T 29—148—2005。

9.2 建设工程各方主体的质量责任

《建筑法》第六章专门对建筑工程质量管理进行了规定，《建设工程质量管理条例》则进一步明确了建设工程各方主体的质量责任和义务，规定"建设单位、勘察单位、设计单位、施工单位、工程监理单位依法对建设工程质量负责"，即"五方质量责任主体"。

9.2.1　建设单位的质量责任和义务

建设单位是建设项目业主，是项目建设的出资者和所有者，负责整个项目的决策、设计、施工安装、竣工验收全过程的管理工作。建设单位的行为对工程项目的质量具有重大影响。《关于促进建筑业持续健康发展的意见》中明确提出，特别要强化建设单位的首要责任。建设单位有权选择承包单位，有权对建设过程进行检查、控制，对建设工程进行验收，并要按时支付工程款，在整个建设活动中居于主导地位。因此，要确保建设工程的质量，首先就要对建设单位的行为进行规范，明确其首要的质量责任。根据《建设工程质量管理条例》，建设单位的质量责任和义务如下：

（1）建设单位应当将工程发包给具有相应资质等级的单位。建设单位不得将建设工程肢解发包。

（2）建设单位应当依法对工程建设项目的勘察、设计、施工、监理以及与工程建设有关的重要设备、材料等的采购进行招标。

（3）建设单位必须向有关的勘察、设计、施工、工程监理等单位提供与建设工程有关的原始资料。原始资料必须真实、准确、齐全。

（4）建设工程发包单位不得迫使承包方以低于成本的价格竞标，不得任意压缩合理工期。

（5）建设单位不得明示或者暗示设计单位或者施工单位违反工程建设强制性标准，降低建设工程质量。

（6）建设单位应当将施工图设计文件报县级以上人民政府建设行政主管部门或者其他有关部门审查。施工图设计文件未经审查批准的，不得使用。

（7）实行监理的建设工程，建设单位应当委托具有相应资质等级的工程监理单位进行监理，也可以委托具有工程监理相应资质等级并与被监理工程的施工承包单位没有隶属关系或者其他利害关系的该工程的设计单位进行监理。

下列建设工程必须实行监理：① 国家重点建设工程；② 大中型公用事业工程；③ 成片开发建设的住宅小区工程；④ 利用外国政府或者国际组织贷款、援助资金的工程；⑤ 国家规定必须实行监理的其他工程。

（8）建设单位在领取施工许可证或者开工报告前，应当按照国家有关规定办理工程质量监督手续。

（9）按照合同约定，由建设单位采购建筑材料、建筑构配件和设备的，建设单位应当保证建筑材料、建筑构配件和设备符合设计文件和合同要求。建设单位不得明示或者暗示施工单位使用不合格的建筑材料、建筑构配件和设备。

（10）涉及建筑主体和承重结构变动的装修工程，建设单位应当在施工前委托原设计单位或者具有相应资质等级的设计单位提出设计方案；没有设计方案的，不得施工。房屋建筑使用者在装修过程中，不得擅自变动房屋建筑主体和承重结构。

（11）建设单位收到建设工程竣工报告后，应当组织设计、施工、工程监理等有关单位进行竣工验收。建设工程经验收合格的，方可交付使用。

（12）建设单位应当严格按照国家有关档案管理的规定，及时收集、整理建设项目各环节的文件资料，建立、健全建设项目档案，并在建设工程竣工验收后，及时向建设行政主管部门或者其他有关部门移交建设项目档案。

9.2.2　勘察设计单位的质量责任和义务

勘察设计是工程施工的前提和基础，对工程质量也有重要影响。勘察设计单位和注册执业人员是勘察设计质量的责任主体。《建设工程质量管理条例》对勘察设计单位的质量责任和义务规定如下：

（1）从事建设工程勘察、设计的单位应当依法取得相应等级的资质证书，并在其资质等级许可的范围内承揽工程。禁止勘察、设计单位超越其资质等级许可的范围或者以其他勘察、设计单位的名义承揽工程。禁止勘察、设计单位允许其他单位或者个人以本单位的名义承揽工程。勘察、设计单位不得转包或者违法分包所承揽的工程。

（2）勘察、设计单位必须按照工程建设强制性标准进行勘察、设计，并对其勘察、设计的质量负责。注册建筑师、注册结构工程师等注册执业人员应当在设计文件上签字，对设计文件负责。

（3）勘察单位提供的地质、测量、水文等勘察成果必须真实、准确。

（4）设计单位应当根据勘察成果文件进行建设工程设计。设计文件应当符合国家规定的设计深度要求，注明工程合理使用年限。

（5）设计单位在设计文件中选用的建筑材料、建筑构配件和设备，应当注明规格、型号、性能等技术指标，其质量要求必须符合国家规定的标准。除有特殊要求的建筑材料、专用设备、工艺生产线等外，设计单位不得指定生产厂、供应商。

（6）设计单位应当就审查合格的施工图设计文件向施工单位作出详细说明。

（7）设计单位应当参与建设工程质量事故分析，并对因设计造成的质量事故，提出相应的技术处理方案。

【案例 9-2】

背景：某企业建设一所附属小学，委托某设计院为其设计 5 层砖混结构的教学楼、运动场等。该设计院把这项设计转包给某设计所。该所的最终设计，教学楼的楼梯井净宽为 0.3m，梯井采用工程玻璃隔离防护，楼梯采用垂直杆件作栏杆，其杆件净距为 0.15m；运动场与街道之间采用透景墙，墙体采用垂直杆件作栏杆，其杆件净距为 0.15m。在施工过程中，曾有人对该设计提出异议。经查，该设计所具有相应资质。

问题：设计院、设计所分别有何违法行为？

【评析】

（1）《建设工程质量管理条例》第十八条规定："勘察、设计单位不得转包或者违法分包所承揽的工程。"本案中，设计院将该小学的设计任务转包给设计所是违法的。

（2）《建设工程质量管理条例》第十九条规定："勘察、设计单位必须按照工程建设强制性标准进行勘察、设计，并对其勘察、设计的质量负责。"《民用建筑通用规范》GB 55031—2022 中的 5.3.11 规定："当少年儿童专用活动场所的公共楼梯井净宽大于 0.20m 时，应采取防止少年儿童坠落的措施。"6.6.3 规定："少年儿童专用活动场所的栏杆应采取防止攀滑措施，当采用垂直杆件做栏杆时，其杆件净间距不应大于 0.11m。"本案中的楼梯梯井净宽和楼梯杆件净距、运动场透景墙的栏杆净距都违反了国家强制性标准的规定。设计所应当尽快予以纠正，否则一旦发生事故，将依法追究其相应的质量责任。

9.2.3　施工单位的质量责任和义务

施工单位是建筑安装工程企业的简称，是工程建设的重要责任主体之一。由于施工阶段影响质量稳定的因素和涉及的责任主体均较多，协调管理的难度较大，施工阶段的质量责任制度尤为重要。《建设工程质量管理条例》规定，施工单位的质量责任和义务如下：

（1）施工单位应当依法取得相应等级的资质证书，并在其资质等级许可的范围内承揽工程。禁止施工单位超越本单位资质等级许可的业务范围或者以其他施工单位的名义承揽工程。禁止施工单位允许其他单位或者个人以本单位的名义承揽工程。施工单位不得转包或者违法分包工程。

（2）施工单位对建设工程的施工质量负责。施工单位应当建立质量责任制，确定工程项目的项目经理、技术负责人和施工管理负责人。建设工程实行总承包的，总承包单位应当对全部建设工程质量负责；建设工程勘察、设计、施工、设备采购的一项或者多项实行总承包的，总承包单位应当对其承包的建设工程或者采购的设备的质量负责。

（3）总承包单位依法将建设工程分包给其他单位的，分包单位应当按照分包合同的约定对其分包工程的质量向总承包单位负责，总承包单位与分包单位对分包工程的质量承担连带责任。

（4）施工单位必须按照工程设计图纸和施工技术标准施工，不得擅自修改工程设计，不得偷工减料。施工单位在施工过程中发现设计文件和图纸有差错的，应当及时提出意见和建议。

（5）施工单位必须按照工程设计要求、施工技术标准和合同约定，对建筑材料、建筑构配件、设备和商品混凝土进行检验，检验应当有书面记录和专人签字；未经检验或者检验不合格的，不得使用。

（6）施工单位必须建立、健全施工质量的检验制度，严格工序管理，做好隐蔽工程的质量检查和记录。隐蔽工程在隐蔽前，施工单位应当通知建设单位和建设工程质量监督机构。

（7）施工人员对涉及结构安全的试块、试件以及有关材料，应当在建设单位或者工程监理单位监督下现场取样，并送具有相应资质等级的质量检测单位进行检测。

（8）施工单位对施工中出现质量问题的建设工程或者竣工验收不合格的建设工程，应当负责返修。

（9）施工单位应当建立、健全教育培训制度，加强对职工的教育培训；未经教育培训或者考核不合格的人员，不得上岗作业。

【案例 9-3】

背景：承包商甲通过招标投标获得某单位家属楼工程施工任务，后经发包单位同意承包商甲将该家属楼的附属工程分包给杨某负责的工程队，并签订了分包合同。

1 年后，工程按期完成。但是，经工程质量监督机构检验发现，该家属楼附属工程存在严重的质量问题。发包单位便要求承包商甲承担责任。承包商甲却称该附属工程系经发包单位同意后分包给杨某负责的工程队，所以与自己无关。发包单位又找到分包人杨某，杨某亦以种种理由拒绝承担工程的质量责任。

问题：

（1）承包商甲是否应该对该家属楼附属工程的质量负责？

（2）该工程的质量问题应该如何解决？

【评析】

（1）根据《建筑法》《建设工程质量管理条例》的规定，总承包单位应当对承包工程的质量负责，分包单位应当就分包工程的质量向总承包单位负责，总承包单位与分包单位对分包工程的质量承担连带责任。据此，承包商甲作为总承包单位，应该对该家属楼附属工程的质量负责，即使是分包人的质量问题，也要依法与其承担连带责任。

（2）分包人杨某分包的该家属楼附属工程完工后，经检验发现存在严重的质量问题，根据《民法典》《建设工程质量管理条例》的规定，应当负责返修。本案中的发包人有权要求杨某的工程队或承包商甲对该家属楼附属工程履行返修义务。如果是承包商甲进行返修，在返修后有权向杨某的工程队进行追偿。此外，如果因为返修而造成逾期交付的，依据《民法典》的规定，承包商甲与杨某的工程队还应当向发包人承担违约的连带责任。

对本案中杨某的工程队还应当检查其有无相应的资质证书，如无，应依据《建筑法》《建设工程质量管理条例》和《建筑工程施工转包违法分包等违法行为认定查处管理办法》等定性为违法分包，给予相应的处理。

【案例9-4】

背景：某施工单位承接了一栋办公楼的施工任务。在进行二层楼面板施工时，施工单位在楼面钢筋、模板分项工程完工并自检后，准备报请监理方进行钢筋隐蔽工程验收。由于其楼面板钢筋中有一种用量较少（100kg）的钢筋复检结果尚未出来，监理方的隐蔽验收便未通过。因为建设单位要求赶工期，在建设单位和监理方同意的情况下，施工单位浇筑了混凝土、进行了钢筋隐蔽。事后，建设工程质量监督机构要求施工单位破除楼面，进行钢筋隐蔽验收。监理单位也提出同样的要求。与此同时，待检的少量钢筋复检结果显示钢筋质量不合格。后经设计验算，提出用碳纤维进行楼面加固，造成增加费用约80万元。为此，有关方对增加的费用由谁承担发生了争议。

问题：

（1）施工单位有何过错？

（2）用碳纤维进行楼面加固的费用应由谁承担？

【评析】

（1）《建设工程质量管理条例》第三十条规定，施工单位必须建立、健全施工质量的检验制度，严格工序管理，做好隐蔽工程的质量检查和记录。隐蔽工程在隐蔽前，施工单位应当通知建设单位和建设工程质量监督机构。显然，对于隐蔽工程，施工单位必须做好检查、检验和记录，并应当及时进行隐蔽通知。本案中，有一种钢筋复检结果尚未出来，应当还处于自检阶段，不具备隐蔽通知的条件。虽然，施工单位准备报请监理方进行钢筋隐蔽工程验收，但是钢筋复检结果未出来，监理方的隐蔽验收也就未通过。因为建设单位提出赶工要求，施工单位在建设单位和监理方同意的情况下，浇筑了混凝土，进行了钢筋隐蔽。这就违反了《建设工程质量管理条例》的规定，绕开了建设工程质量监督机构的监督，所以施工单位是有严重过错的。

（2）用碳纤维进行楼面加固是对钢筋隐蔽工程有质量问题的补救措施，应该由责任者承担加固的费用。具体而言，施工单位没有按照规定，仅在建设单位和监理单位同意的情况下就进行了钢筋隐蔽，应该承担主要责任。建设单位敦促赶工并和监理单位同意施工单位违规操作，也有一定的过错，应当承担一定的责任。具体费用的负担，应当按照责任的大小分别来承担。

【案例9-5】

背景：江南某制药公司与某施工单位签订了一份"建设工程施工承包合同"，双方约定由该施工单位承包制药公司的提取车间等1万多平方米的建筑工程土建及配套附属工程。之后，施工单位不严格按设计图纸施工，且偷工减料。为此，制药公司曾多次向施工单位提出，对于工程质量不符合要求的部位要求返工处理。施工单位只是口头上承诺，但没有实际行动。1年后，经质量监督机构检查并出具了"关于江南某制药有限公司提取车间的工程质量报告"。该报告称，经现场随机抽查，施工单位有明显的偷工减料行为，以上问题的存在影响了设备工艺的使用功能。

问题：

（1）施工单位有哪些违法行为？

（2）对施工单位的违法行为应该怎样处理？

【评析】

（1）施工单位主要过错如下：① 施工单位工程质量意识差，对施工质量没有认真负起责任，违反了《建设工程质量管理条例》第二十六条的规定，"施工单位对建设工程的施工质量负责"；② 施工单位不严格按设计图纸施工、偷工减料等行为，违反了《建设工程质量管理条例》第二十八条的规定，"施工单位必须按照工程设计图纸和施工技术标准施工，不得擅自修改工程设计，不得偷工减料。"③ 施工单位对于部分工程质量不符合要求的事实，一直不做返修处理，违反了《建设工程质量管理条例》第三十二条的规定，"施工单位对施工中出现质量问题的建设工程或者竣工验收不合格的建设工程，应当负责返修"。

（2）对施工单位应作如下处理：根据《建筑法》第七十四条《建设工程质量管理条例》第六十四条的规定，施工单位在施工中偷工减料的，使用不合格的建筑材料、建筑构配件和设备的，或者有不按照工程设计图纸或者施工技术标准施工的其他行为的，责令改正，处工程合同价款2%以上4%以下的罚款；造成建设工程质量不符合规定的质量标准的，负责返工、修理，并赔偿因此造成的损失；情节严重的，责令停业整顿，降低资质等级或者吊销资质证书；构成犯罪的，依法追究刑事责任。

据此，当地的建设行政主管部门应该根据其处罚权限，责令施工单位对其违法行为立即整改，并在工程合同价款2%以上4%以下范围内处以适当罚款；对于提取车间工程质量不符合规定质量标准的，责令施工单位负责返修，并赔偿因此而造成的损失。如果情节严重的，可以责令其停业整顿，由颁发资质证书的机关降低资质等级或者吊销资质证书；构成犯罪的，可以提请司法机关依法追究刑事责任。

9.2.4　工程监理单位的质量责任和义务

监理单位接受建设单位的委托，代表建设单位对建设工程的质量、工期和建设资金使用进行监督管理，负有管理职责。因此，监理单位也是建设工程质量的责任主体之一，根据《建设工程质量管理条例》，监理单位需要承担以下质量责任和义务：

（1）工程监理单位应当依法取得相应等级的资质证书，并在其资质等级许可的范围内承担工程监理业务。禁止工程监理单位超越本单位资质等级许可的范围或者以其他工程监理单位的名义承担工程监理业务。禁止工程监理单位允许其他单位或者个人以本单位的名义承担工程监理业务。工程监理单位不得转让工程监理业务。

（2）工程监理单位与被监理工程的施工承包单位以及建筑材料、建筑构配件和设备供应单位有隶属关系或者其他利害关系的，不得承担该项建设工程的监理业务。

（3）工程监理单位应当依照法律、法规以及有关技术标准、设计文件和建设工程承包合同，代表建设单位对施工质量实施监理，并对施工质量承担监理责任。

（4）工程监理单位应当选派具备相应资格的总监理工程师和监理工程师进驻施工现场。未经监理工程师签字，建筑材料、建筑构配件和设备不得在工程上使用或者安装，施工单位不得进行下一道工序的施工。未经总监理工程师签字，建设单位不拨付工程款，不进行竣工验收。

（5）监理工程师应当按照工程监理规范的要求，采取旁站、巡视和平行检验等形式，对建设工程实施监理。

9.2.5 法律责任

工程质量五方责任主体是指建设单位、勘察单位、设计单位、施工单位和监理单位，虽然法律法规规定了五方主体的质量责任和义务，但主要是单位的责任，对于个人的质量责任也必须加以明确，只有这样质量责任制度才能更为完善，对违反质量管理规定的责任人才更有威慑力，也才能更有力地保证建设工程质量。

1.《建设工程质量管理条例》法律责任的规定

（1）违反本条例规定，注册建筑师、注册结构工程师、监理工程师等注册执业人员因过错造成质量事故的，责令停止执业1年；造成重大质量事故的，吊销执业资格证书，5年以内不予注册；情节特别恶劣的，终身不予注册。

（2）依照本条例规定，给予单位罚款处罚的，对单位直接负责的主管人员和其他直接责任人员处单位罚款数额5%以上10%以下的罚款。

（3）建设单位、设计单位、施工单位、工程监理单位违反国家规定，降低工程质量标准，造成重大安全事故，构成犯罪的，对直接责任人员依法追究刑事责任。

（4）国家机关工作人员在建设工程质量监督管理工作中玩忽职守、滥用职权、徇私舞弊，构成犯罪的，依法追究刑事责任；尚不构成犯罪的，依法给予行政处分。

（5）建设、勘察、设计、施工、工程监理单位的工作人员因调动工作、退休等原因离开该单位后，被发现在该单位工作期间违反国家有关建设工程质量管理规定，造成重大工程质量事故的，仍应当依法追究法律责任。

2. 五方责任主体项目负责人质量终身责任

为加强建筑工程质量管理，提高质量责任意识，强化质量责任追究，保证工程建设质量，根据《建筑法》《建设工程质量管理条例》等法律法规，2014年住房和城乡建设部颁发了《建筑工程五方责任主体项目负责人质量终身责任追究暂行办法》，进一步强化了五方责任主体项目负责人质量终身责任制度。建筑工程五方责任主体项目负责人是指承担建筑工程项目建设的建设单位项目负责人、勘察单位项目负责人、设计单位项目负责人、施工单位项目经理、监理单位总监理工程师。建筑工程开工建设前，建设、勘察、设计、施工、监理单位法定代表人应当签署授权书，明确本单位项目负责人。

建筑工程五方责任主体项目负责人质量终身责任，是指参与新建、扩建、改建的建筑工程项目负责人按照国家法律法规和有关规定，在工程设计使用年限内对工程质量承担相应责任。具体包括：

（1）建设单位项目负责人对工程质量承担全面责任，不得违法发包、肢解发包，不得以任何理由要求勘察、设计、施工、监理单位违反法律法规和工程建设标准，降低工程质量，其违法违规或不当行为造成工程质量事故或质量问题应当承担责任。

（2）勘察、设计单位项目负责人应当保证勘察设计文件符合法律法规和工程建设强制性标准的要求，对因勘察、设计导致的工程质量事故或质量问题承担责任。

（3）施工单位项目经理应当按照经审查合格的施工图设计文件和施工技术标准进行施工，对因施工导致的工程质量事故或质量问题承担责任。

（4）监理单位总监理工程师应当按照法律法规、有关技术标准、设计文件和工程承包合同进行监理，对施工质量承担监理责任。

符合下列情形之一的，县级以上地方人民政府住房和城乡建设主管部门应当依法追究项目负责人的质量终身责任：

（1）发生工程质量事故；

（2）发生投诉、举报、群体性事件、媒体报道并造成恶劣社会影响的严重工程质量问题；

（3）由于勘察、设计或施工原因造成尚在设计使用年限内的建筑工程不能正常使用；

（4）存在其他需追究责任的违法违规行为。

工程质量终身责任实行书面承诺和竣工后永久性标牌等制度。项目负责人应当在办理工程质量监督手续前签署工程质量终身责任承诺书，连同法定代表人授权书，报工程质量监督机构备案。项目负责人如有更换的，应当按规定办理变更程序，重新签署工程质量终身责任承诺书，连同法定代表人授权书，报工程质量监督机构备案。建筑工程竣工验收合格后，建设单位应当在建筑物明显部位设置永久性标牌，载明建设、勘察、设计、施工、监理单位名称和项目负责人姓名。

建设单位应当建立建筑工程各方主体项目负责人质量终身责任信息档案，工程竣工验收合格后移交城建档案管理部门。项目负责人质量终身责任信息档案包括下列内容：

（1）建设、勘察、设计、施工、监理单位项目负责人姓名、身份证号码、执业资格、所在单位、变更情况等；

（2）建设、勘察、设计、施工、监理单位项目负责人签署的工程质量终身责任承诺书；

（3）法定代表人授权书。

9.3　建设工程竣工验收和质量保修制度

9.3.1　建设工程竣工验收

建设工程竣工验收是建设阶段的最后一道程序，也是工程项目管理的最后一项工作。

1. 建设工程竣工验收的主体和法定条件

《建设工程质量管理条例》规定，建设单位收到建设工程竣工报告后，应当组织设计、施工、工程监理等有关单位进行竣工验收。

建设工程竣工验收应当具备下列条件：

（1）完成建设工程设计和合同约定的各项内容；

（2）有完整的技术档案和施工管理资料；

（3）有工程使用的主要建筑材料、建筑构配件和设备的进场试验报告；

（4）有勘察、设计、施工、工程监理等单位分别签署的质量合格文件；

（5）有施工单位签署的工程保修书。

《房屋建筑和市政基础设施工程竣工验收规定》（建质〔2013〕171号）规定，工程完工后，施工单位向建设单位提交工程竣工报告，申请工程竣工验收。实行监理的工程，工程竣工报告须经总监理工程师签署意见。

建设单位收到工程竣工报告后，对符合竣工验收要求的工程，组织勘察、设计、施工、监理等单位组成验收组，制定验收方案。对于重大工程和技术复杂工程，根据需要可邀请有关专家加入验收组。

建设单位应当在工程竣工验收7个工作日前将验收的时间、地点及验收组名单书面通知负责监督该工程的工程质量监督机构。

2. 竣工验收的组织与程序

建设单位组织工程竣工验收，建设工程经验收合格的，方可交付使用。竣工验收通常按如下程序进行：

（1）建设、勘察、设计、施工、监理单位分别汇报工程合同履约情况和在工程建设各个环节执行法律、法规和工程建设强制性标准的情况；

（2）审阅建设、勘察、设计、施工、监理单位的工程档案资料；

（3）实地查验工程质量；

（4）对工程勘察、设计、施工、设备安装质量和各管理环节等方面作出全面评价，形成经验收组人员签署的工程竣工验收意见。

参与工程竣工验收的建设、勘察、设计、施工、监理等各方不能形成一致意见时，应当协商提出解决的方法，待意见一致后，重新组织工程竣工验收。

3. 竣工验收报告

工程竣工验收合格后，建设单位应当及时提出工程竣工验收报告。工程竣工验收报告主要包括：工程概况；建设单位执行基本建设程序情况；对工程勘察、设计、施工、监理等方面的评价；工程竣工验收时间、程序、内容和组织形式；工程竣工验收意见等内容。

工程竣工验收报告还应附有下列文件：

（1）施工许可证；

（2）施工图设计文件审查意见；

（3）工程竣工报告、完整的监理资料、经该项目勘察、设计负责人和勘察、设计单位有关负责人审核签字的质量检查报告、施工单位签署的工程质量保修书；

（4）验收组人员签署的工程竣工验收意见；

（5）法规、规章规定的其他有关文件。

负责监督该工程的工程质量监督机构应当对工程竣工验收的组织形式、验收程序、执行验收标准等情况进行现场监督，发现有违反建设工程质量管理规定行为的，责令改正，并将对工程竣工验收的监督情况作为工程质量监督报告的重要内容。建设行政主管部门或者其他有关部门发现建设单位在竣工验收过程中有违反国家有关建设工程质量管理规定行为的，责令停止使用，重新组织竣工验收。

4. 竣工验收后应提交的档案资料

建设单位应当自工程竣工验收合格之日起 15 日内，依照《房屋建筑和市政基础设施工程竣工验收备案管理暂行办法》（建设部令第 78 号）的规定，向工程所在地的县级以上地方人民政府建设行政主管部门备案。

建设单位应当严格按照国家有关档案管理的规定，及时收集、整理建设项目各环节的文件资料，建立、健全建设项目档案，并在建设工程竣工验收后，及时向建设行政主管部门或者其他有关部门移交建设项目档案。建设单位办理工程竣工验收备案应当提交下列文件：

（1）工程竣工验收备案表；

（2）工程竣工验收报告。竣工验收报告应当包括工程报建日期，施工许可证号，施工图设计文件审查意见，勘察、设计、施工、工程监理等单位分别签署的质量合格文件及验收人员签署的竣工验收原始文件，市政基础设施的有关质量检测和功能性试验资料以及备案机关认为需要提供的有关资料；

（3）法律、行政法规规定应当由规划、环保等部门出具的认可文件或者准许使用文件；

（4）法律规定应当进行消防验收的由验收机构出具的消防验收合格文件；

（5）施工单位签署的工程质量保修书；

（6）法规、规章规定必须提供的其他文件。

住宅工程还应当提交《住宅质量保证书》和《住宅使用说明书》。

2001 年经建设部修改后发布的《城市建设档案管理规定》明确规定，建设单位应当在工程竣工验收后 3 个月内，向城建档案馆报送一套符合规定的建设工程档案。凡建设工程档案不齐全的，应当限期补充。对改建、扩建和重要部位维修的工程，建设单位应当组织设计、施工单位据实修改、补充和完善原建设工程档案。凡结构和平面布置等改变的，应当重新编制建设工程档案，并在工程竣工后 3 个月内向城建档案馆报送。

9.3.2 建设工程质量保修制度

《建筑法》规定，保修的期限应当按照保证建筑物合理寿命年限内正常使用，维护使用者合法权益的原则确定。据此，国务院在《建设工程质量管理条例》中明确规定建设工程实行质量保修制度。建设工程质量保修制度是指建设工程竣工经验收后，在规定的保修期限内，因勘察、设计、施工、材料等原因造成的质量缺陷，应当由施工承包单位负责维修、返工或更换，由责任单位负责赔偿损失的法律制度。建设工程质量保修制度对于促进建设各方加强质量管理，保护用户及消费者的合法权益起到重要的保障作用。

《建设工程质量管理条例》规定，建设工程承包单位在向建设单位提交工程竣工验收报告时，应当向建设单位出具质量保修书。质量保修书中应当明确建设工程的保修范围、保修期限和保修责任等。建设工程质量保修的承诺，应当由承包单位以建设工程质量保修书这一书面形式来体现。建设工程质量保修书是一项保修合同，是承包合同所约定双方权利义务的延续，也是施工单位对竣工验收的建设工程承担保修责任的法律文本。

1. 质量保修范围

建筑工程的保修范围包括地基基础工程、主体结构工程、屋面防水工程和其他土建工程，以及电气管线、上下水管线的安装工程，供热、供冷系统工程等项目。

2. 最低保修期限

《建设工程质量管理条例》规定，在正常使用条件下，建设工程的最低保修期限为：

（1）基础设施工程、房屋建筑的地基基础工程和主体结构工程，为设计文件规定的该工程的合理使用年限；

（2）屋面防水工程、有防水要求的卫生间、房间和外墙面的防渗漏，为 5 年；

（3）供热与供冷系统，为 2 个采暖期、供冷期；

（4）电气管线、给水排水管道、设备安装和装修工程，为 2 年。

其他项目的保修期限由发包方与承包方约定。建设工程的保修期，自竣工验收合格之日起计算。

基础设施工程、房屋建筑的地基基础工程和主体结构工程的质量直接关系到基础设施工程和房屋建筑的整体安全可靠，必须在该工程的合理使用年限内予以保修，即实行终身负责制。可以说，工程合理使用年限就是该工程勘察、设计、施工等单位的质量责任年限。《建设工程质量管理条制》对屋面防水、供热与供冷系统、电气管线、给水排水管道、设备安装和装修等工程的最低保修期限分别作出规定。如果建设单位与施工单位经平等协商另行签订保修合同的，其保修期限可以高于法定的最低保修期限，但不能低于最低保修期限，否则视作无效。

建设工程在保修范围和保修期限内发生质量问题的，施工单位应当履行保修义务，并对造成的损失承担赔偿责任。

建设工程在超过合理使用年限后需要继续使用的，产权所有人应当委托具有相应资质等级的勘察、设计单位鉴定，并根据鉴定结果采取加固、维修等措施，重新界定使用期。

3. 质量保修责任

质量保修责任主要是施工单位向建设单位承诺保修范围、保修期限和有关具体实施保修的措施，如保修的方法、人员及联络办法、保修答复和处理时限、不履行保修责任的罚则等。需要注意的是，施工单位在建设工程质量保修书中，应当对建设单位合理使用建设工程有所提示。如果是因建设单位或用户使用不当或擅自改动结构、设备位置以及不当装修等造成质量问题的，施工单位不承担保修责任；由此造成的质量受损或其他用户损失，应当由责任人承担相应的责任。

建设工程保修的质量问题是指在保修范围和保修期限内的质量问题。对于保修义务的承担和维修的经济责任的承担应当按以下原则处理：

（1）施工单位未按照国家有关标准规范和设计要求施工所造成的质量缺陷，由施工单位负责返修并承担经济责任。

（2）由于设计问题造成的质量缺陷，先由施工单位负责维修，其经济责任按有关规定通过建设单位向设计单位索赔。

（3）因建筑材料、构配件和设备质量不合格引起的质量缺陷，先由施工单位负责维修，其经济责任属于施工单位采购的或经其验收同意的，由施工单位承担经济责任；属于建设单位采购的，由建设单位承担经济责任。

（4）因建设单位（含监理单位）错误管理而造成的质量缺陷，先由施工单位负责维修，其经济责任由建设单位承担；如属监理单位责任，则由建设单位向监理单位索赔。

（5）因使用单位使用不当造成的损坏问题，先由施工单位负责维修，其经济责任由使用单位自行负责。

（6）因地震、台风、洪水等自然灾害或其他不可抗拒原因造成的损坏问题。先由施工单位负责维修，建设参与各方再根据国家具体政策分担经济责任。

4. 建设工程质量保证金

为规范建设工程质量保证金管理，落实工程在缺陷责任期内的维修责任，2016年住房和城乡建设部、财政部制定了《建设工程质量保证金管理办法》。之后为贯彻落实国务院关于进一步清理规范涉企收费、切实减轻建筑业企业负担的精神，2017年对其进行了修订，现将其主要内容介绍如下。

该办法所称建设工程质量保证金（以下简称保证金）是指发包人与承包人在建设工程承包合同中约定，从应付的工程款中预留，用以保证承包人在缺陷责任期内对建设工程出现的缺陷进行维修的资金。

缺陷是指建设工程质量不符合工程建设强制性标准、设计文件，以及承包合同的约定。

缺陷责任期一般为1年，最长不超过2年，由发、承包双方在合同中约定。

发包人应当在招标文件中明确保证金预留、返还等内容，并与承包人在合同条款中对涉及保证金的下列事项进行约定：

（1）保证金预留、返还方式；

（2）保证金预留比例、期限；

（3）保证金是否计付利息，如计付利息，利息的计算方式；

（4）缺陷责任期的期限及计算方式；

（5）保证金预留、返还及工程维修质量、费用等争议的处理程序；

（6）缺陷责任期内出现缺陷的索赔方式；

（7）逾期返还保证金的违约金支付办法及违约责任。

缺陷责任期内，实行国库集中支付的政府投资项目，保证金的管理应按国库集中支付的有关规定执行。其他政府投资项目，保证金可以预留在财政部门或发包方。缺陷责任期内，如发包方被撤销，保证金随交付使用资产一并移交使用单位管理，由使用单位代行发包人职责。

社会投资项目采用预留保证金方式的，发、承包双方可以约定将保证金交由第三方金融机构托管。推行银行保函制度，承包人可以银行保函替代预留保证金。在工程项目竣工前，已经缴纳履约保证金的，发包人不得同时预留工程质量保证金。采用工程质量保证担保、工程质量保险等其他保证方式的，发包人不得再预留保证金。

发包人应按照合同约定方式预留保证金，保证金总预留比例不得高于工程价款结算总额的3%。合同约定由承包人以银行保函替代预留保证金的，保函金额不得高于工程价款结算总额的3%。

缺陷责任期从工程通过竣工验收之日起计。由于承包人原因导致工程无法按规定期限进行竣工验收的，缺陷责任期从实际通过竣工验收之日起计。由于发包人原因导致工程无法按规定期限进行竣工验收的，在承包人提交竣工验收报告90天后，工程自动进入缺陷责任期。

缺陷责任期内，由承包人原因造成的缺陷，承包人应负责维修，并承担鉴定及维修费用。如承包人不维修也不承担费用，发包人可按合同约定从保证金或银行保函中扣除，费用超出保证金额的，发包人可按合同约定向承包人进行索赔。承包人维修并承担相应费用后，不免除对工程的损失赔偿责任。由他人原因造成的缺陷，发包人负责组织维修，承包人不承担费用，且发包人不得从保证金中扣除费用。

缺陷责任期内，承包人认真履行合同约定的责任，到期后，承包人向发包人申请返还保证金。发包人在接到承包人返还保证金申请后，应于14天内会同承包人按照合同约定的内容进行核实。如无异议，发包人应当按照约定将保证金返还给承包人。对返还期限没有约定或者约定不明确的，发包人应当在核实后 14 天内将保证金返还承包人，逾期未返还的，依法承担违约责任。发包人在接到承包人返还保证金申请后 14 天内不予答复，经催告后 14 天内仍不予答复，视同认可承包人的返还保证金申请。

发包人和承包人对保证金预留、返还以及工程维修质量、费用有争议的，按承包合同约定的争议和纠纷解决程序处理。

建设工程实行工程总承包的，总承包单位与分包单位有关保证金的权利与义务的约定，参照本办法关于发包人与承包人相应权利与义务的约定执行。

【案例 9-6】

背景：甲建筑公司与乙开发公司签订了《施工合同》，约定由该建筑公司承建其贸易大厦工程。合同签订后，建筑公司积极组织人员、材料进行施工。但是，由于开发公司资金不足及分包项目进度缓慢迟迟不能完工，主体工程完工后工程停滞。时隔 2 年，甲乙双方约定共同委托审价部门对已完工的主体工程进行了审价，确认工程价款为 1800 万元。次年春天，乙公司以销售需要为由，占据使用了大厦大部分房屋。到了年底，因乙公司仍然拒绝支付工程欠款，甲公司起诉至法院，要求乙公司支付工程欠款 900 万元及违约金。乙公司随后反诉，称因工程质量缺陷未修复，请求减少支付工程款 300 万元。

问题：

（1）该大厦未经竣工验收乙公司便提前使用，该工程的质量责任应如何承担？

（2）甲公司要求乙公司支付工程欠款及违约金时，是否还可以主张停工损失，停工损失包括哪些具体内容？

【评析】

（1）乙公司在大厦未经验收的情况下擅自使用该工程，出现质量缺陷的应自行承担责任。因为，乙公司违反了《民法典》《建筑法》和《建设工程质量管理条例》的禁止性规定，可视为其对建筑工程质量的认可。随着乙公司的提前使用，工程质量责任的风险也由施工单位甲公司转移给了发包人乙公司，而且工程交付的时间，也可依据《最高人民法院关于审理建设工程施工合同纠纷案件适用法律问题的解释》第十四条规定："建设工程未经竣工验收，发包人擅自使用的，以转移占有建设工程之日为竣工日期"，认定为乙公司提前使用的时间。但根据《最高人民法院关于审理建设工程施工合同纠纷案件适用法律问题的解释》第十三条规定："建设工程未经验收，发包人擅自使用后，又以使用部分质量不符合约定为由主张权利的，不予支持；但是承包人应当在建设工程的合理使用寿命内对地基基础工程和主体结构质量承担民事责任。"所以，该大厦如果出现地基基础和主体结构的质量问题，甲公司仍需承担民事责任。

（2）甲公司可以主张停工损失。《民法典》第八百零三条规定，"发包人未按照约定的时间和要求提供原材料、设备、场地、资金、技术资料的，承包人可以顺延工程日期，并有权请求赔偿停工、窝工等损失。"据此，甲公司在请求支付工程欠款及违约金时，还可以向乙公司主张停工损失。停工损失一般包括人员窝工、机械停置费用、现场看护费用、工程保险费等损失。

复习思考题

1. 工程建设强制性标准有何特点？
2. 建设单位的质量责任和义务有哪些？
3. 施工单位的质量责任和义务有哪些？
4. 勘察、设计、监理单位的质量责任和义务有哪些？
5. 简述建设工程竣工验收的条件和程序。
6. 简述国家规定的保修范围和最低保修期限。
7. 建设工程保修期间出现质量问题，保修程序和责任划分是如何规定的？

第 10 章 建设工程相关法律制度

10.1 建设工程劳动法律制度

10.1.1 劳动法概述

1. 劳动法的概念及调整对象

劳动法是调整一定范围的劳动关系和与其有密切联系的其他关系的法律规范总和。劳动法律规范除了包括 1994 年 7 月 5 日通过的《中华人民共和国劳动法》(2009 年和 2018 年分别修正，以下简称为《劳动法》) 之外，还包括 2007 年 6 月 29 日通过的《中华人民共和国劳动合同法》(自 2008 年 1 月 1 日起施行，2012 年修改，以下简称《劳动合同法》)；2007 年 8 月 30 日通过的《中华人民共和国就业促进法》(自 2008 年 1 月 1 日起施行，以下简称《就业促进法》)；2007 年 12 月 29 日通过的《中华人民共和国劳动争议调解仲裁法》(自 2008 年 5 月 1 日起施行，以下简称《劳动争议调解仲裁法》)，这三部法律被称为保护劳动者利益、推动劳动保障改革和发展的三驾马车，共同构建起了适应我国国情的劳动法律体系。

劳动法的调整对象是一定范围的劳动关系和与其有密切联系的其他关系。劳动法调整的劳动关系是指劳动者与用人单位之间在实现劳动过程中发生的社会关系。劳动关系是基于劳动合同，在实现劳动过程中发生的既具有人身关系、经济关系，又具有平等性和从属性的社会关系。与劳动关系密切联系的其他社会关系表现为因管理劳动力、执行社会保险、组织工会和工作活动、处理劳动争议以及监督劳动法律法规的执行等而发生的社会关系。

2. 劳动法的立法目的

《劳动法》第一条规定："为了保护劳动者的合法权益，调整劳动关系，建立和维护适应社会主义市场经济的劳动制度，促进经济发展和社会进步，根据宪法，制定本法。"

（1）保护劳动者的合法权益

在社会主义制度下，劳动者是国家的主人，劳动者享有广泛的权利。如劳动者有劳动的权利、休息的权利、获得物质帮助的权利，有按照劳动的数量和质量取得劳动报酬的权利，享有劳动保护的权利，以及参加民主管理和组织工会的权利等。这些都是劳动者的切身利益，直接关系到劳动者物质和文化生活水平的提高。我国宪法对于保护劳动者的劳动权益作了大量规定，劳动法建立起保护劳动者合法权益的完善的法律机制，使党和国家的劳动政策具体化。通过劳动法的贯彻，能够切实保证劳动者这些合法权益不受侵犯。

（2）调整劳动关系

劳动关系包括全民所有制劳动关系、集体所有制劳动关系、私营企业的劳动关系、外商投资企业劳动关系、个体经营组织劳动关系和联营单位的劳动关系等，而其中非社会主义性质的劳动关系又具有雇佣劳动的性质。劳动法调整用人单位和劳动者之间的权利义务关系，使用人单位和劳动者自行协调或利用一系列法律协调机制协调劳动关系，形成稳定、和谐的劳动关系。

（3）建立和维护适应社会主义市场经济的劳动制度

社会主义市场经济要求现代企业有合格的劳动者并节约使用劳动力，增强市场竞争能力。企业劳动组织要最佳结合劳动力与生产资料。劳动法的规定保护了用人单位的劳动权利。例如，劳动法规定："劳动者应当完成劳动任务，提高职业技能，执行劳动安全卫生规程，遵守劳动纪律和职业道德。"此外，用人单位还有自主用人权、工资分配自主权和非过失性裁减职工等各项权利。

（4）促进经济发展和社会进步

良好的劳动制度，有助于企业组织和劳动者建立良好的劳动关系，不断提高劳动生产率和经济效益，并积极地促进生产力的发展和社会的进步。同时，在各项生产和经济活动中，领导和群众之间、企业行政和职工之间，难免发生这样或那样的矛盾和隔阂。劳动者和用人单位之间一旦发生劳动权利和劳动义务争执，劳动法中有关处理劳动争议程序的规定，能够保障劳动争议获得正确、及时地解决，增强企业内部以及整个社会的安定团结，为社会主义现代化建设创造良好的环境。

3. 劳动法的适用范围

《劳动法》第二条规定："在中华人民共和国境内的企业、个体经济组织（以下统称用人单位）和与之形成劳动关系的劳动者，适用本法"。由此可见，劳动法调解的主体主要是指企业和劳动者，包括个体经济组织。国家机关、事业单位、社会团体和劳动者之间的劳动关系，不适用《劳动法》。

4. 劳动法的基本原则

劳动法的基本原则是指贯穿、体现在劳动法制度和法律规范之中的指导思想和基本准则。我国劳动法的基本原则如下：

（1）促进就业的原则

根据我国宪法的规定，促进就业被确立为《劳动法》的一项基本原则，必须认真贯彻实施。《劳动法》对促进就业作了明确、具体的规定："国家通过促进经济发展，创造就业条件，扩大就业机会"，"国家鼓励企业、事业组织、社会团体在法律、行政法规规定的范围内兴办产业或者拓展经营，增加就业。国家支持劳动者自愿组织起来就业和从事个体经营实现就业"，"地方各级人民政府应当采取措施，发展多种类型的职业介绍机构，提供就业服务"等。《就业促进法》更是提出了"国家把扩大就业放在经济社会发展的突出位置，实施积极的就业政策，坚持劳动者自主择业、市场调节就业、政府促进就业"的方针。

（2）公民享有平等就业机会权和选择职业自主权的原则

劳动权是公民的一项最基本的权利，我国宪法明确规定"公民有劳动的权利"。劳动权分为就业权和择业权。《劳动法》的基本原则之一就是体现公民享有平等的就业机会权和选择职业的自主权的原则。劳动者就业不因民族、种族、性别、宗教信仰等不同而受歧视。在社会主义市场经济条件下，公民与用人单位是劳动市场中平等的两个主体，双方在相互选择、协商一致的基础上，订立劳动合同，产生劳动关系。就公民来说具有平等的就业机会权，选择职业的自主权；劳动者有续订或不续订劳动合同权和再次选择职业的自主权。

（3）保护劳动者合法权益的原则

《劳动法》中明确规定："劳动者享有平等就业和选择职业的权利、取得劳动报酬的权利、休息休假的权利、获得劳动安全卫生保护的权利、接受职业技能培训的权利、享受社会保险和福利的权利、提请劳动争议处理的权利以及法律规定的其他劳动权利。"《劳动法》从政治、经济、文化和人身的各方面内容保护劳动者权益，涉及劳动者从求职、就业、失业、转业，直到退休的全过程；涉及对劳动者的职业训练、劳动报酬、社会保险劳动安全卫生保护等诸多环节。

10.1.2　劳动合同

1.劳动合同的概念

劳动合同是劳动者与用人单位确立劳动关系、明确双方权利和义务的协议。《劳动法》规定，建立劳动关系应当订立劳动合同，并应当遵循平等自愿、协商一致的原则，不得违反法律、行政法规的规定。

《劳动法》第三章对劳动合同和集体合同进行了规定，共20条。第十届全国人民代表大会常务委员会第二十八次会议于2007年6月29日通过《劳动合同法》，进一步补充完善了有关劳动合同的规定，对于维护劳动者和用人单位的合法权益，建立和谐稳定的劳动关系都具有重要意义。

关于《劳动合同法》的适用范围，该法第二条规定："中华人民共和国境内的企业、个体经济组织、民办非企业单位等组织（以下称用人单位）与劳动者建立劳动关系，订立、履行、变更、解除或者终止劳动合同，适用本法。国家机关、事业单位、社会团体和与其建立劳动关系的劳动者，订立、履行、变更、解除或者终止劳动合同，依照本法执行。"

2.劳动合同的订立

劳动合同的订立是指劳动者与用人单位之间为建立劳动关系，依法就双方的权利义务协商一致，设立劳动合同关系的法律行为。

（1）劳动合同订立的原则

订立劳动合同应当遵循合法、公平、平等自愿、协商一致、诚实信用原则。

1）合法原则。依法订立劳动合同，必须符合三项要求：当事人必须具备合法的资格、劳动合同内容合法、订立劳动合同的形式和程序合法。

2）公平原则。公平原则源于民事活动的基本原则。我国《民法典》规定"当事人应当遵循公平原则确定各方的权利和义务"。公平原则是对契约自由原则的完善和补充，遵循公平原则，兼顾各方的利益。劳动合同是劳动关系双方当事人就明确各自的劳动权利和劳动义务关系达成的协议，直接涉及劳动者与用人单位之间利益的协调与平衡问题，因此应当把公平作为《劳动合同法》的基本原则。

3）平等自愿原则。平等是指当事人双方的法律地位平等，双方当事人都以平等的身份订立劳动合同；自愿是指订立劳动合同完全出于当事人自己的意志，任何一方不得将自己的意志强加给对方，也不允许第三者进行非法干预。

4）协商一致原则。协商一致是指当事人双方在充分表达自己意思的基础上，经过平等协商，取得一致意见，签订劳动合同。劳动合同是双方合同，只有双方当事人对合同的内容有一致见解，并且有共同建立劳动合同关系的意愿后才能成立生效。

5）诚实信用原则。诚实信用原则是道德规范在法律上的表现。在劳动合同的订立与履行中，要求双方诚实守信地订立和履行劳动合同，例如用人单位招用劳动者时，应当如实告知劳动者工作内容、工作条件、工作地点、职业危害、安全生产状况、劳动报酬，以及劳动者要求了解的其他情况；用人单位有权了解劳动者与劳动合同直接相关的基本情况，劳动者应当如实说明。

（2）订立劳动合同的要求

1）当事人具有合法的资格。首先，用人单位必须是中国境内的企业、个体经济组织、民办非企业单位、国家机关、事业单位、社会团体等符合《劳动合同法》要求的主体。其次，劳动者也必须是具备《劳动合同法》当事人资格的自然人。

2）劳动合同内容合法。劳动合同的内容是指劳动合同双方当事人协商达成的劳动权利义务的具体规定。它表现为合同条款，各项条款必须符合法律、行政法规的规定。《劳动合同法》规定，劳动合同应当具备以下条款：① 用人单位的名称、住所和法定代表人或者主要负责人；② 劳动者的姓名、住址和居民身份证或者其他有效身份证件号码；③ 劳动合同期限；④ 工作内容和工作地点；⑤ 工作时间和休息休假；⑥ 劳动报酬；⑦ 社会保险；⑧ 劳动保护、劳动条件和职业危害防护；⑨ 法律、法规规定应当纳入劳动合同的其他事项。劳动合同除上述规定的必备条款外，用人单位与劳动者可以约定试用期、培训、保守秘密、补充保险和福利待遇等其他事项。

3）订立劳动合同的形式和程序合法。劳动合同形式是指订立劳动合同的方式。劳动合同形式分为书面和口头两种。根据《劳动合同法》的相关规定，除非全日制用工可以订立口头劳动协议外，劳动合同的形式依法应当采用书面形式订立。劳动合同的签订程序必须符合法律规定。

（3）劳动合同的分类

以劳动合同期限为依据，劳动合同分为固定期限劳动合同、无固定期限劳动合同和以完成一定工作任务为期限的劳动合同。

1）固定期限劳动合同，是指用人单位与劳动者约定合同终止时间的劳动合同。

2）无固定期限劳动合同，是指用人单位与劳动者约定无确定终止时间的劳动合同。用人单位与劳动者协商一致，可以订立无固定期限劳动合同。有下列情形之一，劳动者提出或者同意续订、订立劳动合同的，除劳动者提出订立固定期限劳动合同外，应当订立无固定期限劳动合同：① 劳动者在该用人单位连续工作满 10 年的；② 用人单位初次实行劳动合同制度或者国有企业改制重新订立劳动合同时，劳动者在该用人单位连续工作满 10 年且距法定退休年龄不足 10 年的；③ 连续订立两次固定期限劳动合同，且劳动者没有《劳动合同法》关于用人单位依法解除劳动合同情形，续订劳动合同的。用人单位自用工之日起满 1 年不与劳动者订立书面劳动合同的，视为用人单位与劳动者已订立无固定期限劳动合同。

3）以完成一定工作任务为期限的劳动合同，是指用人单位与劳动者约定以某项工作的完成为合同期限的劳动合同。

【案例 10-1】

背景：2008 年 5 月，某公司有 3 名员工已在该企业工作满 10 年，需要续签新的劳动合同，但该公司不打算再与其续签劳动合同。该公司人力资源部向 3 位员工下发了到期不再续签劳动合同的书面通知。但 3 位员工不服，认为在该公司工作了这么多年，公司不应该这样做，于是他们向有关人员进行咨询。

问题：

（1）该 3 位员工坚决要求续签劳动合同，并且要求签订无固定期限劳动合同，依据《劳动合同法》的规定，是否应当续签无固定期限劳动合同？

（2）在公司不同意的情况下，是否可以续签无固定期限劳动合同？

【评析】

（1）依据《劳动合同法》第十四条第二款的规定，劳动者在该用人单位连续工作满 10 年的，劳动者提出或者同意续订、订立劳动合同的，应当订立无固定期限劳动合同。本案中，3 位员工已经在该公司工作了 10 年，依据《劳动合同法》的规定，该公司必须与 3 位员工续签无固定期限劳动合同。

（2）3 位员工要求续签无固定期限劳动合同，尽管公司单方面不同意，依据上述规定，公司也必须与其续签无固定期限劳动合同，否则将构成违法。

（4）劳动合同的试用期和服务期

1）试用期。《劳动合同法》规定，劳动合同期限 3 个月以上不满 1 年的，试用期不得超过 1 个月；劳动合同期限 1 年以上不满 3 年的，试用期不得超过 2 个月；3 年以上固定期限和无固定期限的劳动合同，试用期不得超过 6 个月。

同一用人单位与同一劳动者只能约定一次试用期。以完成一定工作任务为期限的劳动合同或者劳动合同期限不满 3 个月的，不得约定试用期。试用期包含在劳动合同期限内。劳动合同仅约定试用期的，试用期不成立，该期限为劳动合同期限。

劳动者在试用期的工资不得低于本单位相同岗位最低档工资或者劳动合同约定工资的 80%，并不得低于用人单位所在地的最低工资标准。在试用期中，除劳动者有《劳动合同法》第三十九条和第四十条第 1 项、第 2 项规定的情形外，用人单位不得解除劳动合同。用人单位在试用期解除劳动合同的，应当向劳动者说明理由。

2）服务期。《劳动合同法》规定，用人单位为劳动者提供专项培训费用，对其进行专业技术培训的，可以与该劳动者订立协议，约定服务期。

劳动者违反服务期约定的，应当按照约定向用人单位支付违约金。违约金的数额不得超过用人单位提供的培训费用。用人单位要求劳动者支付的违约金不得超过服务期尚未履行部分所应分摊的培训费用。

用人单位与劳动者约定服务期的，不影响按照正常的工资调整机制提高劳动者在服务期的劳动报酬。

3. 劳动合同的效力

（1）劳动合同的成立和生效

建立劳动关系应当订立书面劳动合同。劳动关系是用人单位与劳动者之间关于劳动权利和义务的法律关系，这种劳动关系的建立是双方意思表示一致的结果。通常来说，用人单位与劳动者之间建立劳动关系应当签订书面的劳动合同，以证明双方建立劳动关系的事实以及双方权利、义务的具体内容。然而，现实中很多用人单位并不愿意与劳动者签订书面劳动合同。在《劳动合同法》中，为保障劳动者权益，特别规定用人单位与劳动者之间在实际用工之日就建立受劳动法保护的劳动关系。已建立劳动关系，未同时订立书面劳动合同的，用人单位应当自用工之日起 1 个月内订立书面劳动合同。用人单位与劳动者在用工前订立劳动合同的，劳动关系自用工之日起建立。

劳动合同由用人单位与劳动者协商一致，并经用人单位与劳动者在劳动合同文本上签字或者盖章生效。

【案例 10-2】

背景：某建筑公司的一位老会计因故离职，该建筑公司聘请徐女士于 2012 年 9 月 15 日接替原会计的工作。9 月 30 日，徐女士与该建筑公司签订了劳动合同。由于徐女士的会计职称级别与原会计相同，双方在商签劳动合同时对工资数额发生分歧，便在劳动合同中约定徐女士工资暂定每月 3000 元，待年底视公司效益情况，再酌情给予一定的奖励。2012 年底，徐女士要求公司按照约定向其发放奖金，但公司说效益不好，不能发放徐女士的奖金。后徐女士提出，劳动合同中对其工资的约定不明确，应当按照同样工作岗位的员工工资补齐其差额部分，并应补发其劳动合同签订前自 2012 年 9 月 15 日 ~29 日的工资。

问题：徐女士的要求是否合法？

【评析】

徐女士的要求是合法的。《劳动合同法》第七条规定："用人单位自用工之日起即与劳动者建立劳动关系"。徐女士在 2012 年 9 月 15 日虽然还没有和公司签订书面劳动合同，但从这一天起，徐女士就已经同该公司建立了劳动关系，用人单位应当以建立劳动关系的时间为工资发放的起始时间，即向徐女士补发劳动合同签订前自 2012 年 9 月 15 日 ~29 日的工资。

《劳动合同法》第十一条还规定："用人单位未在用工的同时订立书面劳动合同，与劳动者约定的劳动报酬不明确的，新招用的劳动者的劳动报酬按照集体合同规定的标准执行；没有集体合同或者集体合同未规定的，实行同工同酬。"据此，由于徐女士与该公司在劳动合同中关于工资待遇的规定不明确，作为同会计职称级别的徐女士，应当享受原会计或者该公司同岗位人员的工资报酬待遇。

（2）劳动合同的无效

无效的劳动合同是指当事人违反法律、行政法规的规定，订立的不具有法律效力的劳动合同。《劳动合同法》规定，下列劳动合同无效或者部分无效：

1）以欺诈、胁迫的手段或者乘人之危，使对方在违背真实意思的情况下订立或者变更劳动合同的；

2）用人单位免除自己的法定责任、排除劳动者权利的；

3）违反法律、行政法规强制性规定的。

对劳动合同的无效或者部分无效有争议的，由劳动争议仲裁机构或者人民法院确认。劳动合同部分无效，不影响其他部分效力的，其他部分仍然有效。

劳动合同被确认无效，劳动者已付出劳动的，用人单位应当向劳动者支付劳动报酬。劳动报酬的数额，参照本单位相同或者相近岗位劳动者的劳动报酬确定。

4. 劳动合同的履行

（1）劳动合同履行的含义

劳动合同履行是指双方当事人按照劳动合同规定的条件，履行自己所应承担义务的行为。《劳动法》规定，劳动合同依法订立即具有法律约束力，当事人必须履行劳动合同规定的义务。用人单位与劳动者应当按照劳动合同的约定，全面履行各自的义务。劳动合同的履行并不是当事人一方所能完成的，必须由当事人双方共同完成。只有当事人双方各自履行自己所应承担的义务，才能保证劳动合同的履行。

（2）履行劳动合同的原则

根据劳动法律关系的特点，履行劳动合同应当遵循以下几项原则：

1）亲自履行原则。亲自履行是指劳动合同当事人自己履行劳动合同规定的义务的行为。劳动法律关系是劳动者与用人单位依法形成的权利义务关系。劳动者提供劳动力，用人单位使用劳动者提供的劳动力，劳动者与用人单位提供的生产资料相结合，这就决定了劳动合同双方当事人享有的权利必须亲自行使而不得转让，义务必须亲自履行而不得代行或转移。因此，劳动合同双方当事人必须亲自履行劳动合同规定的义务。

2）权利义务相统一原则。劳动合同双方当事人互为权利、义务主体，其权利、义务是在劳动过程中实现的。这就决定了当事人的权利、义务具有不可分割的统一性。不能只享受权利而不履行义务，也不能只尽义务而不享受权利。劳动合同当事人双方互有请求权，以保证劳动合同规定的双方的权利、义务得以实现。因此，当事人双方必须按照权利义务相统一的原则履行劳动合同。

3）全面履行原则。劳动合同规定的各项条款是有其内在联系的、不能割裂的统一整体。当事人任何一方不得分割履行某些条款规定的义务或者不按合同约定履行。当事人双方必须按合同约定的时间、地点和方式，全面履行劳动合同规定的各项义务。只有当事人双方全面履行自己的义务，才能保证劳动合同得以全部履行。

4）协作履行原则。协作履行是指当事人双方相互协作，共同完成劳动合同规定的任务。协作履行原则是根据劳动合同客体特征提出的。劳动法律关系的客体是劳动行为，而劳动行为是在运用劳动能力、实现劳动过程中发生的行为，只有当事人双方协作才能完成劳动合同规定的任务。因此，协作履行是履行劳动合同的必然要求。

（3）劳动合同履行的相关规定

1）用人单位应当按照劳动合同约定和国家规定，向劳动者及时足额支付劳动报酬。用人单位拖欠或者未足额支付劳动报酬的，劳动者可以依法向当地人民法院申请支付令，人民法院应当依法发出支付令。

2）用人单位应当严格执行劳动定额标准，不得强迫或者变相强迫劳动者加班。用人单位安排加班的，应当按照国家有关规定向劳动者支付加班费。

3）劳动者拒绝用人单位管理人员违章指挥、强令冒险作业的，不视为违反劳动合同。劳动者对危害生命安全和身体健康的劳动条件，有权对用人单位提出批评、检举和控告。

5. 劳动合同的变更

劳动合同变更是指劳动关系双方当事人就已订立的劳动合同的部分条款达成修改、补充或者废止协定的法律行为。

劳动合同的变更，是因发生一定的法律事实而对依法成立的劳动合同，在劳动法律法规允许的范围内变更。根据《劳动合同法》的规定，用人单位与劳动者协商一致，可以变更劳动合同约定的内容。变更劳动合同，应当采用书面形式。

（1）用人单位变更名称、法定代表人、主要负责人或者投资人等事项，不影响劳动合同的履行。

（2）用人单位发生合并或者分立等情况，原劳动合同继续有效，劳动合同由承继其权利和义务的用人单位继续履行。

变更后的劳动合同文本由用人单位和劳动者各执一份。

6. 劳动合同的解除

（1）劳动合同解除的含义

劳动合同解除是指当事人双方提前终止劳动合同的法律效力，解除双方的权利义务关系。它是在劳动合同订立后，尚未全部履行以前，由于某种原因导致劳动合同一方或双方当事人提前消灭劳动关系的法律行为。

（2）劳动合同解除的分类

劳动合同解除分为法定解除和协商解除两种。法定解除是指因发生法律、法规或劳动合同规定的情况，提前终止劳动合同的法律效力。协商解除是指当事人双方因某种原因，协商同意提前终止劳动合同的法律效力。《劳动合同法》中关于合同解除的规定主要有：

1）用人单位与劳动者协商一致，可以解除劳动合同。

2）劳动者提前30日以书面形式通知用人单位，可以解除劳动合同。劳动者在试用期内提前3日通知用人单位，可以解除劳动合同。

3）用人单位有下列情形之一的，劳动者可以解除劳动合同：① 未按照劳动合同约定提供劳动保护或者劳动条件的；② 未及时足额支付劳动报酬的；③ 未依法为劳动者缴纳社会保险费的；④ 用人单位的规章制度违反法律、法规的规定，损害劳动者权益的；⑤ 以欺诈、胁迫的手段或者乘人之危，使对方在违背真实意思的情况下订立或者变更劳动合同致使劳动合同无效的；⑥ 法律、行政法规规定劳动者可以解除劳动合同的其他情形。

用人单位以暴力、威胁或者非法限制人身自由的手段强迫劳动者劳动的，或者用人单位违章指挥、强令冒险作业危及劳动者人身安全的，劳动者可以立即解除劳动合同，不需要事先告知用人单位。

4）劳动者有下列情形之一的，用人单位可以解除劳动合同：① 在试用期间被证明不符合录用条件的；② 严重违反用人单位的规章制度的；③ 严重失职，营私舞弊，给用人单位造成重大损害的；④ 劳动者同时与其他用人单位建立劳动关系，对完成本单位的工作任务造成严重影响，或者经用人单位提出，拒不改正的；⑤ 以欺诈、胁迫的手段或者乘人之危，使对方在违背真实意思的情况下订立或者变更劳动合同致使劳动合同无效的；⑥ 被依法追究刑事责任的。

5）有下列情形之一的，用人单位提前30日以书面形式通知劳动者本人或者额外支付劳动者1个月工资后，可以解除劳动合同：① 劳动者患病或者非因工负伤，在规定的医疗期满后不能从事原工作，也不能从事由用人单位另行安排的工作的；② 劳动者不能胜任工作，经过培训或者调整工作岗位，仍不能胜任工作的；③ 劳动合同订立时所依据的客观情况发生重大变化，致使劳动合同无法履行，经用人单位与劳动者协商，未能就变更劳动合同内容达成协议的。

6）劳动者有下列情形之一的，用人单位不得解除劳动合同：① 从事接触职业病危害作业的劳动者未进行离岗前职业健康检查，或者疑似职业病病人在诊断或者医学观察期间的；② 在本单位患职业病或者因工负伤并被确认丧失或者部分丧失劳动能力的；③ 患病或者非因工负伤，在规定的医疗期内的；④ 女职工在孕期、产期、哺乳期的；⑤ 在本单位连续工作满 15 年，且距法定退休年龄不足 5 年的；⑥ 法律、行政法规规定的其他情形。

用人单位单方解除劳动合同，应当事先将理由通知工会。用人单位违反法律、行政法规规定或者劳动合同约定的，工会有权要求用人单位纠正。用人单位应当研究工会的意见，并将处理结果书面通知工会。

（3）劳动合同解除与劳动合同订立和变更的关系

劳动合同解除与劳动合同的订立或变更不同。订立或变更劳动合同是当事人双方的法律行为，必须经双方协商一致才能成立；劳动合同解除可以是双方的法律行为，也可以是单方的法律行为，即可以由当事人双方协商一致而解除劳动合同，也可以由当事人一方依法提出解除劳动合同。

【案例 10-3】

背景：2008 年 5 月，小张大学毕业后，通过人才市场被一家设备公司聘用。小张所从事的工作技术含量较高，经过一段时间的实践他不能胜任所从事的工作，于是公司决定解除与小张的劳动合同。但是，小张不同意解除合同。公司便不再分派小张任何工作，也停发了小张的工资，单方解除了与小张的劳动合同。

问题：

（1）该设备公司是否违反了《劳动合同法》的有关规定？

（2）该设备公司应当承担哪些责任？

【评析】

（1）该设备公司违反了《劳动合同法》的规定。《劳动合同法》第四十条规定，有下列情形之一的，用人单位提前 30 日以书面形式通知劳动者本人或者额外支付劳动者 1 个月工资后，可以解除劳动合同：……② 劳动者不能胜任工作，经过培训或者调整工作岗位，仍不能胜任工作的；……。"据此，该公司认为小张不能胜任本职工作，应当对他进行培训或者调整工作岗位，如还不能胜任工作的，方可在提前 30 日以书面形式通知小张本人或者额外支付劳动者 1 个月工资后，才能解除劳动合同。此外，该公司单方解除劳动合同，还应当按照《劳动合同法》第四十三条的规定，事先将理由通知工会。

（2）该设备公司应当承担向小张支付经济补偿的责任。《劳动合同法》第四十六条规定，用人单位依照《劳动合同法》第四十条的规定解除劳动合同的，用人单位应当向劳动者支付经济补偿。第四十七条规定，经济补偿按劳动者在本单位工作的年限，每满1年支付1个月工资的标准向劳动者支付。6个月以上不满1年的，按1年计算；不满6个月的，向劳动者支付半个月工资的经济补偿。

7. 劳动合同的终止

劳动合同终止是指终止劳动合同的法律效力。劳动合同订立后，双方当事人不得随意终止劳动合同。只有法律规定或当事人约定的情况出现，当事人才能终止劳动合同。凡有下列情形之一的，劳动合同终止：

（1）劳动合同期满的；

（2）劳动者开始依法享受基本养老保险待遇的；

（3）劳动者死亡，或者被人民法院宣告死亡或者宣告失踪的；

（4）用人单位被依法宣告破产的；

（5）用人单位被吊销营业执照、责令关闭、撤销或者用人单位决定提前解散的；

（6）法律、行政法规规定的其他情形。

8.《劳动合同法》关于劳动合同的特别规定

《劳动合同法》第五章对一些特殊劳动合同作了规定，其中与建设工程关系较为密切的条文包括：

（1）集体合同

企业职工一方与用人单位通过平等协商，可以就劳动报酬、工作时间、休息休假、劳动安全卫生、保险福利等事项订立集体合同。集体合同草案应当提交职工代表大会或者全体职工讨论通过。集体合同由工会代表企业职工一方与用人单位订立；尚未建立工会的用人单位，由上级工会指导劳动者推举的代表与用人单位订立。

企业职工一方与用人单位可以订立劳动安全卫生、女职工权益保护、工资调整机制等专项集体合同。在县级以下区域内，建筑业、采矿业、餐饮服务业等行业可以由工会与企业方面代表订立行业性集体合同，或者订立区域性集体合同。

集体合同订立后，应当报送劳动行政部门；劳动行政部门自收到集体合同文本之日起15日内未提出异议的，集体合同即行生效。依法订立的集体合同对用人单位和劳动者具有约束力。行业性、区域性集体合同对当地本行业、本区域的用人单位和劳动者具有约束力。集体合同中劳动报酬和劳动条件等标准不得低于当地人民政府规定的最低标准；用人单位与劳动者订立的劳动合同中劳动报酬和劳动条件等标准不得低于集体合同规定的标准。

（2）劳务派遣

经营劳务派遣业务，应当向劳动行政部门依法申请行政许可；经许可的，依法办理相应的公司登记。未经许可，任何单位和个人不得经营劳务派遣业务。劳务派遣单位应当依照公司法有关的规定设立，注册资本不得少于 200 万元。

劳务派遣单位应当履行用人单位对劳动者的义务。劳务派遣单位与被派遣劳动者订立的劳动合同，应当载明被派遣劳动者的用工单位以及派遣期限、工作岗位等情况。

劳务派遣单位应当与被派遣劳动者订立 2 年以上的固定期限劳动合同，按月支付劳动报酬；被派遣劳动者在无工作期间，劳务派遣单位应当按照所在地人民政府规定的最低工资标准，向其按月支付报酬。

劳务派遣单位派遣劳动者应当与接受以劳务派遣形式用工的单位（以下称用工单位）订立劳务派遣协议。劳务派遣协议应当约定派遣岗位和人员数量、派遣期限、劳动报酬和社会保险费的数额与支付方式以及违反协议的责任。用工单位应当根据工作岗位的实际需要与劳务派遣单位确定派遣期限，不得将连续用工期限分割订立数个短期劳务派遣协议。

劳务派遣单位应当将劳务派遣协议的内容告知被派遣劳动者。劳务派遣单位不得克扣用工单位按照劳务派遣协议支付给被派遣劳动者的劳动报酬。劳务派遣单位和用工单位不得向被派遣劳动者收取费用。劳务派遣单位跨地区派遣劳动者的，被派遣劳动者享有的劳动报酬和劳动条件，按照用工单位所在地的标准执行。

用工单位应当履行下列义务：① 执行国家劳动标准，提供相应的劳动条件和劳动保护；② 告知被派遣劳动者的工作要求和劳动报酬；③ 支付加班费、绩效奖金，提供与工作岗位相关的福利待遇；④ 对在岗被派遣劳动者进行工作岗位所必需的培训；⑤ 连续用工的，实行正常的工资调整机制。

用工单位不得将被派遣劳动者再派遣到其他用人单位。

10.1.3　劳动保护

劳动保护是国家为劳动者在生产过程中的安全与健康采取的各项保护措施，是保证职工肌体不受伤害，保持和提高劳动者持久的劳动能力的组织和技术措施的总称。我国《劳动法》对劳动者的工作时间、休息休假、工资、劳动安全卫生、女职工和未成年工特殊保护、社会保险和福利等作了明确规定。

1. 劳动者工作时间和休息休假

《劳动法》对劳动者的工作时间（也称劳动时间）和休息休假作出规定，主要内容如下：

（1）国家实行劳动者每日工作时间不超过 8 小时、平均每周工作时间不超过 44 小时的工时制度。对实行计件工作的劳动者，用人单位应当根据《劳动法》第三十六条规定的工时制度合理确定其劳动定额和计件报酬标准。用人单位应当保证劳动者每周至少休息 1 日。

（2）用人单位在下列节日期间应当依法安排劳动者休假：① 元旦；② 春节；③ 国际劳动节；④ 国庆节；⑤ 法律、法规规定的其他休假节日。

（3）用人单位由于生产经营需要，经与工会和劳动者协商后可以延长工作时间，一般每日不得超过 1 小时；因特殊原因需要延长工作时间的，在保障劳动者身体健康的条件下延长工作时间每日不得超过 3 小时，但是每月不得超过 36 小时。

（4）有下列情形之一的，用人单位应当按照下列标准支付高于劳动者正常工作时间工资的工资报酬：① 安排劳动者延长时间的，支付不低于工资的 150% 的工资报酬；② 休息日安排劳动者工作又不能安排补休的，支付不低于工资的 200% 的工资报酬；③ 法定休假日安排劳动者工作的，支付不低于工资的 300% 的工资报酬。

（5）国家实行带薪年休假制度。劳动者连续工作 1 年以上的，享受带薪年休假。具体办法由国务院规定。

2. 劳动者的工资

工资是指用人单位依据国家有关规定和劳动关系双方的约定，以货币形式支付给劳动者的劳动报酬，如计时工资、计件工资、奖金、津贴和补贴等。《劳动法》对劳动者的工资原则性规定如下：

（1）工资分配应当遵循按劳分配原则，实行同工同酬。工资水平在经济发展的基础上逐步提高。国家对工资总量实行宏观调控。

（2）用人单位根据本单位的生产经营特点和经济效益，依法自主确定本单位的工资分配方式和工资水平。

（3）国家实行最低工资保障制度。最低工资的具体标准由省、自治区、直辖市人民政府规定，报国务院备案。

（4）工资应当以货币形式按月支付给劳动者本人。不得克扣或者无故拖欠劳动者的工资。劳动者在法定休假日和婚丧假期间以及依法参加社会活动期间，用人单位应当依法支付工资。

3. 劳动安全卫生

《劳动法》规定，用人单位必须建立、健全劳动卫生制度，严格执行国家劳动安全卫生规程和标准，对劳动者进行劳动安全卫生教育，防止劳动过程中的事故，减少职业危害。

劳动安全卫生设施必须符合国家规定的标准。新建、改建、扩建工程的劳动安全卫生设施必须与主体工程同时设计、同时施工、同时投入生产和使用。

用人单位必须为劳动者提供符合国家规定的劳动安全卫生条件和必要的劳动防护用品，对从事有职业危害作业的劳动者应当定期进行健康检查。

从事特种作业的劳动者必须经过专门培训并取得特种作业资格。劳动者在劳动过程中必须严格遵守安全操作规程。

劳动者对用人单位管理人员违章指挥、强令冒险作业，有权拒绝执行；对危害生命安全和身体健康的行为，有权提出批评、检举和控告。

国家建立伤亡和职业病统计报告和处理制度。县级以上各级人民政府劳动行政部门、有关部门和用人单位应当依法对劳动者在劳动过程中发生的伤亡事故和劳动者的职业病状况，进行统计、报告和处理。

4. 女工和未成年工特殊保护

国家对女职工和未成年工实行特殊劳动保护。其是我国劳动立法的一项重要内容，充分体现了社会主义制度的优越性。

（1）女职工的特殊保护

禁止安排女职工从事矿山井下、国家规定的第四级体力劳动强度的劳动和其他禁忌从事的劳动。不得安排女职工在经期从事高处、低温、冷水作业和国家规定的第三级体力劳动强度的劳动。不得安排女职工在怀孕期间从事国家规定的第三级体力劳动强度的劳动和孕期禁忌从事的劳动。对怀孕 7 个月以上的女职工，不得安排其延长工作时间和夜班劳动。女职工生育享受不少于 90 天的产假。不得安排女职工在哺乳未满 1 周岁的婴儿期间从事国家规定的第三级体力劳动强度的劳动和哺乳期禁忌从事的其他劳动，不得安排其延长工作时间和夜班劳动。

（2）未成年工的特殊保护

《劳动法》规定，未成年工是指年满 16 周岁未满 18 周岁的劳动者。不得安排未成年工从事矿山井下、有毒有害、国家规定的第四级体力劳动强度的劳动和其他禁忌从事的劳动。用人单位应当对未成年工定期进行健康检查。

5. 劳动者的社会保险与福利

《劳动法》规定，国家发展社会保险，建立社会保险制度，设立社会保险基金，使劳动者在年老、患病、工伤、失业、生育等情况下获得帮助和补偿。社会保险水平应当与社会经济发展水平和社会承受能力相适应。社会保险基金按照保险类型确定资金来源，逐步实行社会统筹。用人单位和劳动者必须依法参加社会保险，缴纳社会保险费。2010年颁布后于 2018 年修改的《中华人民共和国社会保险法》(以下简称《社会保险法》)规定，国家建立基本养老保险、基本医疗保险、工伤保险、失业保险、生育保险等社会保险制度，保障公民在年老、疾病、工伤、失业、生育等情况下依法从国家和社会获得物质帮助的权利。

（1）基本养老保险

《社会保险法》规定，职工应当参加基本养老保险，由用人单位和职工共同缴纳基本养老保险费。

基本养老保险实行社会统筹与个人账户相结合。基本养老保险基金由用人单位和个人缴费以及政府补贴等组成。用人单位应当按照国家规定的本单位职工工资总额的比例缴纳基本养老保险费，记入基本养老保险统筹基金。职工应当按照国家规定的本人工资的比例缴纳基本养老保险费，记入个人账户。

基本养老金由统筹养老金和个人账户养老金组成。基本养老金根据个人累计缴费年限、缴费工资、当地职工平均工资、个人账户金额、城镇人口平均预期寿命等因素确定。

参加基本养老保险的个人,达到法定退休年龄时累计缴费满15年的,按月领取基本养老金。

个人跨统筹地区就业的,其基本养老保险关系随本人转移,缴费年限累计计算。个人达到法定退休年龄时,基本养老金分段计算、统一支付。

（2）基本医疗保险

《社会保险法》规定,职工应当参加职工基本医疗保险,由用人单位和职工按照国家规定共同缴纳基本医疗保险费。个人跨统筹地区就业的,其基本医疗保险关系随本人转移,缴费年限累计计算。

参加职工基本医疗保险的个人,达到法定退休年龄时累计缴费达到国家规定年限的,退休后不再缴纳基本医疗保险费,按照国家规定享受基本医疗保险待遇;未达到国家规定年限的,可以缴费至国家规定年限。

（3）工伤保险

《社会保险法》规定,职工应当参加工伤保险,由用人单位缴纳工伤保险费,职工不缴纳工伤保险费。此外,《建筑法》还规定,建筑施工企业应当依法为职工参加工伤保险,缴纳工伤保险费。鼓励企业为从事危险作业的职工办理意外伤害保险,支付保险费。

（4）失业保险

《社会保险法》规定,职工应当参加失业保险,由用人单位和职工按照国家规定共同缴纳失业保险费。职工跨统筹地区就业的,其失业保险关系随本人转移,缴费年限累计计算。

失业人员符合下列条件的,从失业保险基金中领取失业保险金:① 失业前用人单位和本人已经缴纳失业保险费满1年的;② 非因本人意愿中断就业的;③ 已经进行失业登记,并有求职要求的。

失业人员失业前用人单位和本人累计缴费满1年不足5年的,领取失业保险金的期限最长为12个月;累计缴费满5年不足10年的,领取失业保险金的期限最长为18个月;累计缴费10年以上的,领取失业保险金的期限最长为24个月。重新就业后,再次失业的,缴费时间重新计算,领取失业保险金的期限与前次失业应当领取而尚未领取的失业保险金的期限合并计算,最长不超过24个月。

（5）生育保险

《社会保险法》规定,职工应当参加生育保险,由用人单位按照国家规定缴纳生育保险费,职工不缴纳生育保险费。用人单位已经缴纳生育保险费的,其职工享受生育保险待遇;职工未就业配偶按照国家规定享受生育医疗费用待遇。所需资金从生育保险基金中支付。

生育保险待遇包括生育医疗费用和生育津贴。生育医疗费用包括下列各项:① 生育的医疗费用;② 计划生育的医疗费用;③ 法律、法规规定的其他项目费用。职工有下列情形之一的,可以按照国家规定享受生育津贴:① 女职工生育享受产假;② 享受计划生育手术休假;③ 法律、法规规定的其他情形。生育津贴按照职工所在用人单位上年度职工月平均工资计发。

（6）福利

《劳动法》规定，国家发展社会福利事业，兴建公共福利设施，为劳动者休息、休养和疗养提供条件。

用人单位应当创造条件，改善集体福利，提高劳动者的福利待遇。

10.1.4　劳动争议

1. 劳动争议的范围

为了公正及时解决劳动争议，保护当事人合法权益，促进劳动关系和谐稳定，2007年12月《中华人民共和国劳动争议调解仲裁法》（以下简称《劳动争议调解仲裁法》）颁布，自2008年5月1日起施行。该法第二条规定，中华人民共和国境内的用人单位与劳动者发生的下列劳动争议，适用本法：

（1）因确认劳动关系发生的争议；

（2）因订立、履行、变更、解除和终止劳动合同发生的争议；

（3）因除名、辞退和辞职、离职发生的争议；

（4）因工作时间、休息休假、社会保险、福利、培训以及劳动保护发生的争议；

（5）因劳动报酬、工伤医疗费、经济补偿或者赔偿金等发生的争议；

（6）法律、法规规定的其他劳动争议。

2006年8月发布的《最高人民法院关于审理劳动争议案件适用法律若干问题的解释（二）》规定，下列纠纷不属于劳动争议：① 劳动者请求社会保险经办机构发放社会保险金的纠纷；② 劳动者与用人单位因住房制度改革产生的公有住房转让纠纷；③ 劳动者对劳动能力鉴定委员会的伤残等级鉴定结论或者对职业病诊断鉴定委员会的职业病诊断鉴定结论的异议纠纷；④ 家庭或者个人与家政服务人员之间的纠纷；⑤ 个体工匠与帮工、学徒之间的纠纷；⑥ 农村承包经营户与受雇人之间的纠纷。

2. 劳动争议的解决方式

《劳动法》规定，用人单位与劳动者发生劳动争议，当事人可以依法申请调解、仲裁、提起诉讼，也可以协商解决。调解原则适用于仲裁和诉讼程序。解决劳动争议，应当根据合法、公正、及时处理的原则，依法维护劳动争议当事人的合法权益。

（1）和解

发生劳动争议，劳动者可以与用人单位协商，也可以请工会或者第三方共同与用人单位协商，达成和解协议。

（2）调解

发生劳动争议，当事人不愿协商、协商不成或者达成和解协议后不履行的，可以向调解组织申请调解。

在用人单位内，可以设立劳动争议调解委员会。劳动争议调解委员会由职工代表、用人单位代表和工会代表组成。劳动争议调解委员会主任由工会代表担任。劳动争议经调解达成协议的，当事人应当履行。

（3）仲裁

调解不成，当事人一方要求仲裁的，可以向劳动争议仲裁委员会申请仲裁。当事人一方也可以直接向劳动争议仲裁委员会申请仲裁。

劳动争议仲裁委员会由劳动行政部门代表、同级工会代表、用人单位代表方面的代表组成。劳动争议仲裁委员会主任由劳动行政部门代表担任。

提出仲裁要求的一方应当自劳动争议发生之日起 60 日内向劳动争议仲裁委员会提出书面申请。仲裁裁决一般应在收到仲裁申请的 60 日内作出。对仲裁裁决无异议的，当事人必须履行。

（4）诉讼

《劳动法》规定，劳动争议当事人对仲裁裁决不服的，可以自收到仲裁裁决书之日起 15 日内向人民法院提起诉讼。一方当事人在法定期限内不起诉又不履行仲裁裁决的，另一方当事人可以申请强制执行。因履行集体合同发生争议，当事人协商解决不成的，可以向劳动争议仲裁委员会申请仲裁；对仲裁裁决不服的，可以自收到仲裁裁决书之日起 15 日内向人民法院提起诉讼。

需要注意的是，我国劳动争议实行"先裁后审"制度，即发生劳动争议后应当先通过仲裁解决，对裁决不服的才可以提起诉讼。这与民事纠纷的"或裁或审"制度不同，民事纠纷解决方式中，当事人可以选择仲裁或者诉讼，选择仲裁同时排除了法院的管辖权，当事人不得就同一事由再提起诉讼，即所谓仲裁的"一裁终局制"。

10.2　建设工程消防法律制度

《中华人民共和国消防法》（以下简称《消防法》）在 1998 年 4 月 29 日第九届全国人民代表大会常务委员会第二次会议通过，2008 年 10 月 28 日第十一届全国人民代表大会常务委员会第五次会议第一次修订；2019 年 4 月 23 日第十三届全国人民代表大会常务委员会第十次会议第二次修订；2021 年 4 月 29 日第十三届全国人民代表大会常务委员会第二十八次会议通过《全国人民代表大会常务委员会关于修改〈中华人民共和国道路交通安全法〉等八部法律的决定》第三次修正。依据《建筑法》《消防法》和《建设工程质量管理条例》，2020 年 4 月 1 日《建设工程消防设计审查验收管理暂行规定》（住房和城乡建设部令第 51 号）发布，自 2020 年 6 月 1 日起施行。

《消防法》规定，消防工作贯彻预防为主、防消结合的方针，按照政府统一领导、部门依法监管、单位全面负责、公民积极参与的原则，实行消防安全责任制，建立健全社会化的消防工作网络。任何单位和个人都有维护消防安全、保护消防设施、预防火灾、报告火警的义务。任何单位和成年人都有参加有组织的灭火工作的义务。

10.2.1　与建设工程有关的消防法规定

1. 建设工程消防设计审查验收制度

（1）对按照国家工程建设消防技术标准需要进行消防设计的建设工程，实行建设工程消防设计审查验收制度。

（2）国务院住房和城乡建设主管部门规定的特殊建设工程，建设单位应当将消防设计文件报送住房和城乡建设主管部门审查，住房和城乡建设主管部门依法对审查的结果负责。

上述规定以外的其他建设工程，建设单位申请领取施工许可证或者申请批准开工报告时应当提供满足施工需要的消防设计图纸及技术资料。

（3）特殊建设工程未经消防设计审查或者审查不合格的，建设单位、施工单位不得施工；对于其他建设工程，建设单位未提供满足施工需要的消防设计图纸及技术资料的，有关部门不得发放施工许可证或者批准开工报告。

（4）国务院住房和城乡建设主管部门规定应当申请消防验收的建设工程竣工，建设单位应当向住房和城乡建设主管部门申请消防验收。上述规定以外的其他建设工程，建设单位在验收后应当报住房和城乡建设主管部门备案，住房和城乡建设主管部门应当进行抽查。

（5）依法应当进行消防验收的建设工程，未经消防验收或者消防验收不合格的，禁止投入使用；其他建设工程经依法抽查不合格的，应当停止使用。

2. 火灾预防

（1）公众聚集场所投入使用、营业前消防安全检查实行告知承诺管理。建设单位或者使用单位应当向场所所在地的县级以上地方人民政府消防救援机构申请消防安全检查，作出场所符合消防技术标准和管理规定的承诺。申请人选择不采用告知承诺方式办理的，消防救援机构应当自受理申请之日起10个工作日内，根据消防技术标准和管理规定，对该场所进行检查。经检查符合消防安全要求的，应当予以许可。公众聚集场所未经消防救援机构许可的，不得投入使用、营业。

（2）禁止在具有火灾、爆炸危险的场所吸烟、使用明火。因施工等特殊情况需要使用明火作业的，应当按照规定事先办理审批手续，采取相应的消防安全措施；作业人员应当遵守消防安全规定。进行电焊、气焊等具有火灾危险作业的人员和自动消防系统的操作人员，必须持证上岗，并遵守消防安全操作规程。

（3）建筑构件、建筑材料和室内装修、装饰材料的防火性能必须符合国家标准；没有国家标准的，必须符合行业标准。人员密集场所室内装修、装饰，应当按照消防技术标准的要求，使用不燃、难燃材料。

（4）任何单位、个人不得损坏、挪用或者擅自拆除、停用消防设施、器材，不得埋压、圈占、遮挡消火栓或者占用防火间距，不得占用、堵塞、封闭疏散通道、安全出口、消防车通道。人员密集场所的门窗不得设置影响逃生和灭火救援的障碍物。

3.机关、团体、企业、事业等单位的消防安全职责

（1）落实消防安全责任制，制定本单位的消防安全制度、消防安全操作规程，制定灭火和应急疏散预案。

（2）按照国家标准、行业标准配置消防设施、器材，设置消防安全标志，并定期组织检验、维修，确保完好有效。

（3）对建筑消防设施每年至少进行一次全面检测，确保完好有效，检测记录应当完整准确，存档备查。

（4）保障疏散通道、安全出口、消防车通道畅通，保证防火防烟分区、防火间距符合消防技术标准。

（5）组织防火检查，及时消除火灾隐患。

（6）组织进行有针对性的消防演练。

（7）法律、法规规定的其他消防安全职责。

单位的主要负责人是本单位的消防安全责任人。

10.2.2　建设工程消防设计、施工质量责任和义务

《消防法》规定，建设工程的消防设计、施工必须符合国家工程建设消防技术标准。建设、设计、施工、工程监理等单位依法对建设工程的消防设计、施工质量负责。《建设工程消防设计审查验收管理暂行规定》进一步规定，建设单位依法对建设工程消防设计、施工质量负首要责任。设计、施工、工程监理、技术服务等单位依法对建设工程消防设计、施工质量负主体责任。建设、设计、施工、工程监理、技术服务等单位的从业人员依法对建设工程消防设计、施工质量承担相应的个人责任。

1.建设单位消防设计、施工质量责任和义务

（1）不得明示或者暗示设计、施工、工程监理、技术服务等单位及其从业人员违反建设工程法律法规和国家工程建设消防技术标准，降低建设工程消防设计、施工质量。

（2）依法申请建设工程消防设计审查、消防验收，办理备案并接受抽查。

（3）实行工程监理的建设工程，依法将消防施工质量委托监理。

（4）委托具有相应资质的设计、施工、工程监理单位。

（5）按照工程消防设计要求和合同约定，选用合格的消防产品和满足防火性能要求的建筑材料、建筑构配件和设备。

（6）组织有关单位进行建设工程竣工验收时，对建设工程是否符合消防要求进行查验。

（7）依法及时向档案管理机构移交建设工程消防有关档案。

2.设计单位消防设计、施工质量责任和义务

（1）按照建设工程法律法规和国家工程建设消防技术标准进行设计，编制符合要求的消防设计文件，不得违反国家工程建设消防技术标准强制性条文。

（2）在设计文件中选用的消防产品和具有防火性能要求的建筑材料、建筑构配件和设备，应当注明规格、性能等技术指标，符合国家规定的标准。

（3）参加建设单位组织的建设工程竣工验收，对建设工程消防设计实施情况签章确认，并对建设工程消防设计质量负责。

3. 施工单位消防设计、施工质量责任和义务

（1）按照建设工程法律法规、国家工程建设消防技术标准，以及经消防设计审查合格或者满足工程需要的消防设计文件组织施工，不得擅自改变消防设计进行施工，降低消防施工质量。

（2）按照消防设计要求、施工技术标准和合同约定检验消防产品和具有防火性能要求的建筑材料、建筑构配件和设备的质量，使用合格产品，保证消防施工质量。

（3）参加建设单位组织的建设工程竣工验收，对建设工程消防施工质量签章确认，并对建设工程消防施工质量负责。

4. 工程监理单位消防设计、施工质量责任和义务

（1）按照建设工程法律法规、国家工程建设消防技术标准，以及经消防设计审查合格或者满足工程需要的消防设计文件实施工程监理。

（2）在消防产品和具有防火性能要求的建筑材料、建筑构配件和设备使用、安装前，核查产品质量证明文件，不得同意使用或者安装不合格的消防产品和防火性能不符合要求的建筑材料、建筑构配件和设备。

（3）参加建设单位组织的建设工程竣工验收，对建设工程消防施工质量签章确认，并对建设工程消防施工质量承担监理责任。

5. 技术服务机构消防设计、施工质量责任和义务

提供建设工程消防设计图纸技术审查、消防设施检测或者建设工程消防验收现场评定等服务的技术服务机构，应当按照建设工程法律法规、国家工程建设消防技术标准和国家有关规定提供服务，并对出具的意见或者报告负责。

10.2.3 消防设计审查和消防验收

《消防法》规定，对按照国家工程建设消防技术标准需要进行消防设计的建设工程，实行建设工程消防设计审查验收制度。《建设工程消防设计审查验收管理暂行规定》进一步规定，国务院住房和城乡建设主管部门负责指导监督全国建设工程消防设计审查验收工作。县级以上地方人民政府住房和城乡建设主管部门（以下简称消防设计审查验收主管部门）依职责承担本行政区域内建设工程的消防设计审查、消防验收、备案和抽查工作。跨行政区域建设工程的消防设计审查、消防验收、备案和抽查工作，由该建设工程所在行政区域消防设计审查验收主管部门共同的上一级主管部门指定负责。

1. 特殊建设工程的消防设计审查

《建设工程消防设计审查验收管理暂行规定》规定，对特殊建设工程实行消防设计审

查制度。特殊建设工程的建设单位应当向消防设计审查验收主管部门申请消防设计审查，消防设计审查验收主管部门依法对审查的结果负责。特殊建设工程未经消防设计审查或者审查不合格的，建设单位、施工单位不得施工。

同时规定，具有下列情形之一的建设工程是特殊建设工程：

（1）总建筑面积大于 2 万 m^2 的体育场馆、会堂，公共展览馆、博物馆的展示厅；

（2）总建筑面积大于 1.5 万 m^2 的民用机场航站楼、客运车站候车室、客运码头候船厅；

（3）总建筑面积大于 1 万 m^2 的宾馆、饭店、商场、市场；

（4）总建筑面积大于 2500m^2 的影剧院，公共图书馆的阅览室，营业性室内健身、休闲场馆，医院的门诊楼，大学的教学楼、图书馆、食堂，劳动密集型企业的生产加工车间，寺庙、教堂；

（5）总建筑面积大于 1000m^2 的托儿所、幼儿园的儿童用房，儿童游乐厅等室内儿童活动场所，养老院、福利院，医院、疗养院的病房楼，中小学校的教学楼、图书馆、食堂，学校的集体宿舍，劳动密集型企业的员工集体宿舍；

（6）总建筑面积大于 500m^2 的歌舞厅、录像厅、放映厅、卡拉 OK 厅、夜总会、游艺厅、桑拿浴室、网吧、酒吧，具有娱乐功能的餐馆、茶馆、咖啡厅；

（7）国家工程建设消防技术标准规定的一类高层住宅建筑；

（8）城市轨道交通、隧道工程，大型发电、变配电工程；

（9）生产、储存、装卸易燃易爆危险物品的工厂、仓库和专用车站、码头，易燃易爆气体和液体的充装站、供应站、调压站；

（10）国家机关办公楼、电力调度楼、电信楼、邮政楼、防灾指挥调度楼、广播电视楼、档案楼；

（11）设有上述第 1 项至第 6 项所列情形的建设工程；

（12）上述第 10 项、第 11 项规定以外的单体建筑面积大于 4 万 m^2 或者建筑高度超过 50m 的公共建筑。

建设单位申请消防设计审查，应当提交下列材料：

（1）消防设计审查申请表；

（2）消防设计文件；

（3）依法需要办理建设工程规划许可的，应当提交建设工程规划许可文件；

（4）依法需要批准的临时性建筑，应当提交批准文件。

消防设计审查验收主管部门收到建设单位提交的消防设计审查申请后，对申请材料齐全的，应当出具受理凭证；申请材料不齐全的，应当一次性告知需要补正的全部内容。消防设计审查验收主管部门应当自受理消防设计审查申请之日起 15 个工作日内出具书面审查意见。需要组织专家评审的，专家评审时间不超过 20 个工作日。

2. 特殊建设工程的消防验收

《建设工程消防设计审查验收管理暂行规定》规定，对特殊建设工程实行消防验收制度。特殊建设工程竣工验收后，建设单位应当向消防设计审查验收主管部门申请消防验收；未经消防验收或者消防验收不合格的，禁止投入使用。

建设单位组织竣工验收时，应当对建设工程是否符合下列要求进行查验：

（1）完成工程消防设计和合同约定的消防各项内容；

（2）有完整的工程消防技术档案和施工管理资料（含涉及消防的建筑材料、建筑构配件和设备的进场试验报告）；

（3）建设单位对工程涉及消防的各分部分项工程验收合格；施工、设计、工程监理、技术服务等单位确认工程消防质量符合有关标准；

（4）消防设施性能、系统功能联调联试等内容检测合格。

经查验不符合上述规定的建设工程，建设单位不得编制工程竣工验收报告。

建设单位申请消防验收，应当提交消防验收申请表、工程竣工验收报告、涉及消防的建设工程竣工图纸等材料。消防设计审查验收主管部门收到建设单位提交的消防验收申请后，对申请材料齐全的，应当出具受理凭证；申请材料不齐全的，应当一次性告知需要补正的全部内容。

消防设计审查验收主管部门受理消防验收申请后，应当按照国家有关规定，对特殊建设工程进行现场评定。现场评定包括对建筑物防（灭）火设施的外观进行现场抽样查看；通过专业仪器设备对涉及距离、高度、宽度、长度、面积、厚度等可测量的指标进行现场抽样测量；对消防设施的功能进行抽样测试、联调联试消防设施的系统功能等内容。

消防设计审查验收主管部门应当自受理消防验收申请之日起15日内出具消防验收意见。对符合下列条件的，应当出具消防验收合格意见：

（1）申请材料齐全、符合法定形式；

（2）工程竣工验收报告内容完备；

（3）涉及消防的建设工程竣工图纸与经审查合格的消防设计文件相符；

（4）现场评定结论合格。

对不符合上述规定条件的，消防设计审查验收主管部门应当出具消防验收不合格意见，并说明理由。

3. 其他建设工程的消防设计、备案与抽查

其他建设工程，建设单位申请施工许可或者申请批准开工报告时，应当提供满足施工需要的消防设计图纸及技术资料。未提供满足施工需要的消防设计图纸及技术资料的，有关部门不得发放施工许可证或者批准开工报告。

对其他建设工程实行备案抽查制度。其他建设工程经依法抽查不合格的，应当停止使用。

其他建设工程竣工验收合格之日起5个工作日内，建设单位应当报消防设计审查验收主管部门备案。建设单位办理备案，应当提交下列材料：

（1）消防验收备案表；

（2）工程竣工验收报告；

（3）涉及消防的建设工程竣工图纸。

特殊建设工程建设单位竣工验收消防查验的规定，适用于其他建设工程。

消防设计审查验收主管部门收到建设单位的备案材料后，对备案材料齐全的，应当出具备案凭证；备案材料不齐全的，应当一次性告知需要补正的全部内容。

消防设计审查验收主管部门应当对备案的其他建设工程进行抽查。抽查工作推行"双随机、一公开"制度，随机抽取检查对象，随机选派检查人员。抽取比例由省、自治区、直辖市人民政府住房和城乡建设主管部门，结合辖区内消防设计、施工质量情况确定，并向社会公示。

消防设计审查验收主管部门应当自其他建设工程被确定为检查对象之日起 15 个工作日内，按照建设工程消防验收有关规定完成检查，制作检查记录。检查结果应当通知建设单位，并向社会公示。建设单位收到检查不合格整改通知后，应当停止使用建设工程，并组织整改，整改完成后，向消防设计审查验收主管部门申请复查。消防设计审查验收主管部门应当自收到书面申请之日起 7 个工作日内进行复查，并出具复查意见。复查合格后方可使用建设工程。

10.3　建设工程环境保护法律制度

环境保护法是调整因保护环境和自然资源、防治污染和其他公害而产生的各种社会关系的法律规范的总称。我国非常重视环境保护立法工作，《宪法》明确规定："国家保护和改善生活环境和生态环境，防治污染和其他公害"。《刑法》将严重危害自然环境、破坏野生动植物资源的行为定为危害公共安全罪和破坏社会主义经济秩序罪。

1989 年 12 月 26 日第七届全国人民代表大会常务委员会第十一次会议通过了《中华人民共和国环境保护法》（以下简称《环境保护法》）。中华人民共和国第十二届全国人民代表大会常务委员会第八次会议于 2014 年 4 月 24 日通过修订后的《环境保护法》，自 2015 年 1 月 1 日起施行。自 1982 年以后，全国人民代表大会常务委员会先后通过了《中华人民共和国海洋环境保护法》《中华人民共和国水污染防治法》《中华人民共和国大气污染防治法》《中华人民共和国环境噪声污染防治法》和《中华人民共和国固体废物污染防治法》。

2002 年 10 月 28 日第九届全国人民代表大会常务委员会第三十次会议通过《中华人民共和国环境影响评价法》（以下简称《环境影响评价法》），于 2016 年 7 月进行了修正。

另外，国务院还颁布了系列保护环境、防治污染及其他公害的行政法规。

10.3.1　环境保护的基本制度

环境保护的基本制度是指为实现环境保护的目的、任务，依据环境保护的基本原则制定的调整某一类或者某一方面环境保护法律关系的法律规范的总称。我国环境保护的基本制度主要有：环境影响评价制度、"三同时"制度、排污收费制度、重点污染物排放总量控制制度、排污许可制度、环境保护目标责任制和考核评价制度。

1. 环境影响评价制度

环境影响评价是指对规划和建设项目实施后可能造成的环境影响进行分析、预测和评估，提出预防或者减轻不良环境影响的对策和措施、进行跟踪监测的方法与制度。

《环境保护法》规定，编制有关开发利用规划，建设对环境有影响的项目，应当依法进行环境影响评价。未依法进行环境影响评价的开发利用规划，不得组织实施；未依法进行环境影响评价的建设项目，不得开工建设。

《环境影响评价法》规定，国家对建设项目的环境影响评价实行分类管理。建设单位应当按照下列规定组织编制环境影响报告书、环境影响报告表或者填报环境影响登记表（统称为环境影响评价文件）：

（1）可能造成重大环境影响的，应当编制环境影响报告书，对产生的环境影响进行全面评价；

（2）可能造成轻度环境影响的，应当编制环境影响报告表，对产生的环境影响进行分析或者专项评价；

（3）对环境影响很小、不需要进行环境影响评价的，应当填报环境影响登记表。

建设项目的环境影响评价分类管理名录，由国务院环境保护行政主管部门制定并公布。

《环境影响评价法》同时还规定，建设项目的环境影响报告书应当包括下列内容：① 建设项目概况；② 建设项目周围环境现状；③ 建设项目对环境可能造成影响的分析、预测和评估；④ 建设项目环境保护措施及其技术、经济论证；⑤ 建设项目对环境影响的经济损益分析；⑥ 对建设项目实施环境监测的建议；⑦ 环境影响评价的结论。环境影响报告表和环境影响登记表的内容和格式，由国务院环境保护行政主管部门制定。

接受委托为建设项目环境影响评价提供技术服务的机构，应当经国务院环境保护行政主管部门考核审查合格后，颁发资质证书，按照资质证书规定的等级和评价范围，从事环境影响评价服务，并对评价结论负责。为建设项目环境影响评价提供技术服务的机构的资质条件和管理办法，由国务院环境保护行政主管部门制定。国务院环境保护行政主管部门对已取得资质证书的为建设项目环境影响评价提供技术服务的机构的名单，应当予以公布。为建设项目环境影响评价提供技术服务的机构，不得与负责审批建设项目环境影响评价文件的环境保护行政主管部门或者其他有关审批部门存在任何利益关系。环境影响评价文件中的环境影响报告书或者环境影响报告表，应当由具有相应环境影响评价资质的机构编制。任何单位和个人不得为建设单位指定对其建设项目进行环境影响评价的机构。

建设项目的环境影响评价文件，由建设单位按照国务院的规定报有审批权的环境保护行政主管部门审批；建设项目有行业主管部门的，其环境影响报告书或者环境影响报告表应当经行业主管部门预审后报有审批权的环境保护行政主管部门审批。审批部门应当自收到环境影响报告书之日起 60 日内，收到环境影响报告表之日起 30 日内，收到环境影响登记表之日起 15 日内，分别作出审批决定并书面通知建设单位。预审、审核、审批建设项目环境影响评价文件，不得收取任何费用。

建设项目的环境影响评价文件经批准后，建设项目的性质、规模、地点、采用的生产工艺或者防治污染、防止生态破坏的措施发生重大变动的，建设单位应当重新报批建设项目的环境影响评价文件。建设项目的环境影响评价文件自批准之日起超过 5 年，方决定该项目开工建设的，其环境影响评价文件应当报原审批部门重新审核；原审批部门应当自收到建设项目环境影响评价文件之日起 10 日内，将审核意见书面通知建设单位。建设项目的环境影响评价文件未经法律规定的审批部门审查或者审查后未予批准的，该项目审批部门不得批准其建设，建设单位不得开工建设。建设项目建设过程中，建设单位应当同时实施环境影响报告书、环境影响报告表以及环境影响评价文件审批部门审批意见中提出的环境保护对策措施。

在项目建设、运行过程中产生不符合经审批的环境影响评价文件的情形的，建设单位应当组织环境影响的后评价，采取改进措施，并报原环境影响评价文件审批部门和建设项目审批部门备案；原环境影响评价文件审批部门也可以责成建设单位进行环境影响的后评价，采取改进措施。环境保护行政主管部门应当对建设项目投入生产或者使用后所产生的环境影响进行跟踪检查，对造成严重环境污染或者生态破坏的，应当查清原因、查明责任。对属于为建设项目环境影响评价提供技术服务的机构编制不实的环境影响评价文件的，依照法律的规定追究其法律责任；属于审批部门工作人员失职、渎职，对依法不应批准的建设项目环境影响评价文件予以批准的，依照法律的规定追究其法律责任。

2. "三同时"制度

"三同时"制度是指对环境有影响的一切建设项目，必须依法执行环境保护设施与主体工程同时设计、同时施工、同时投产使用的制度，简称"三同时"制度。"三同时"制度是我国环境保护管理的一项基本制度，是控制新污染源的产生、实现预防为主原则的一条重要途径。《环境保护法》规定，建设项目中防治污染的设施必须与主体工程同时设计、同时施工、同时投产使用。防治污染的设施应当符合经批准的环境影响评价文件的要求，不得擅自拆除或者闲置。

"三同时"制度的主要内容包括：① 建设项目的初步设计应当按照环境保护设计规范的要求，编制环境保护篇章；② 建设项目的环境保护设施必须与主体工程同时施工；③ 建设项目的主体工程完工后，需要进行试生产，其配套建设的环境保护设施必须与主体工程同时投入试运行；④ 建设项目竣工后，建设单位应当向审批该项目环境影响报告书和登记表的环境保护行政主管部门，申请该项目需要配套建设的环境保护设施竣工验收，并应与主体工程竣工验收同时进行；⑤ 建设项目需要配套建设的环境保护设施经验收合格，该建设项目方可正式投入生产或者使用。

3. 排污收费制度

排污收费制度是指向环境排放污染物或超过规定的标准排放污染物的排污者，依照国家法律和有关规定按标准缴纳费用的制度。

《环境保护法》规定，排放污染物的企事业单位和其他生产经营者，应当按照国家有关规定缴纳排污费。排污费应当全部专项用于环境污染防治，任何单位和个人不得截留、挤占或者挪作他用。依照法律规定征收环境保护税的，不再征收排污费。

征收排污费是为了促使排污者加强经营管理，节约和综合利用资源，治理污染，改善环境。排污收费制度是"污染者付费"原则的体现，可以使污染防治责任与排污者的经济利益直接挂钩，促进经济效益、社会效益和环境效益的统一。

4. 重点污染物排放总量控制制度

国家实行重点污染物排放总量控制制度。重点污染物排放总量控制指标由国务院下达，省、自治区、直辖市人民政府分解落实。企事业单位在执行国家和地方污染物排放标准的同时，应当遵守分解落实到本单位的重点污染物排放总量控制指标。

对超过国家重点污染物排放总量控制指标或者未完成国家确定的环境质量目标的地区，省级以上人民政府环境保护主管部门应当暂停审批其新增重点污染物排放总量的建设项目环境影响评价文件。

5. 排污许可制度

《环境保护法》规定，国家依照法律规定实行排污许可管理制度。实行排污许可管理的企事业单位和其他生产经营者应当按照排污许可证的要求排放污染物；未取得排污许可证的，不得排放污染物。

排放污染物的单位必须在指定时间内向当地环境保护行政主管部门办理排污申报登记手续，并提供有关资料。排污单位必须如实填写申报登记表，经本单位主管部门核实后，报当地环境保护行政主管部门审批。环境保护行政主管部门收到排污单位填报的《排污申报登记表》后，应当对其申报登记的内容进行审查、核实。对不超过排污总量控制指标的排污单位，颁发《排放许可证》；对超出排污总量控制指标的排污单位，颁发《临时排放许可证》，并限期削减排放量。《排放许可证》的有效期限最长不得超过5年；《临时排放许可证》的有效期限最长不得超过2年。

排污单位必须严格按照排污许可证的规定排放污染物，必须按规定向当地环境保护行政主管部门报告本单位的排污情况。持有《临时排放许可证》的单位，必须定期向当地环境保护行政主管部门报告削减排放量的进度情况，经削减达到排污总量控制指标的单位，可向当地环境保护行政主管部门申请《排放许可证》。

6. 环境保护目标责任制和考核评价制度

国家实行环境保护目标责任制和考核评价制度。县级以上人民政府应当将环境保护目标完成情况纳入对本级人民政府负有环境保护监督管理职责的部门及其负责人和下级人民政府及其负责人的考核内容，作为对其考核评价的重要依据。考核结果应当向社会公开。

县级以上人民政府应当每年向本级人民代表大会或者人民代表大会常务委员会报告环境状况和环境保护目标完成情况，对发生的重大环境事件应当及时向本级人民代表大会常务委员会报告，依法接受监督。

10.3.2　水污染防治法律制度

广义的水污染防治法是指国家为防治水环境的污染而制定的各项法律法规及有关法律规范的总称。狭义的水污染防治法是指国家为防止陆地水（不包括海洋）污染而制定的法律法规及有关法律规范的总称。《中华人民共和国水污染防治法》（以下简称《水污染防治法》）于 1984 年 5 月通过，1996 年 5 月第一次修正，2008 年 2 月修订，2017 年 6 月第二次修正。

1. 水污染防治原则

水污染防治应当坚持预防为主、防治结合、综合治理的原则，优先保护饮用水水源，严格控制工业污染、城镇生活污染，防治农业面源污染，积极推进生态治理工程建设，预防、控制和减少水环境污染和生态破坏。

县级以上人民政府应当将水环境保护工作纳入国民经济和社会发展规划。县级以上地方人民政府应当采取防治水污染的对策和措施，对本行政区域的水环境质量负责。国家实行水环境保护目标责任制和考核评价制度，将水环境保护目标完成情况作为对地方人民政府及其负责人考核评价的内容。

2. 水污染防治的标准和规划

国务院环境保护主管部门制定国家水环境质量标准。省、自治区、直辖市人民政府可以对国家水环境质量标准中未作规定的项目制定地方标准，并报国务院环境保护主管部门备案。国务院环境保护主管部门会同国务院水行政主管部门和有关省、自治区、直辖市人民政府，可以根据国家确定的重要江河、湖泊流域水体的使用功能以及有关地区的经济、技术条件，确定该重要江河、湖泊流域的省界水体适用的水环境质量标准，报国务院批准后施行。国务院环境保护主管部门根据国家水环境质量标准和国家经济、技术条件，制定国家水污染物排放标准。省、自治区、直辖市人民政府对国家水污染物排放标准中未作规定的项目，可以制定地方水污染物排放标准；对国家水污染物排放标准中已作规定的项目，可以制定严于国家水污染物排放标准的地方水污染物排放标准。地方水污染物排放标准须报国务院环境保护主管部门备案。

防治水污染应当按流域或者按区域进行统一规划。国家确定的重要江河、湖泊的流域水污染防治规划，由国务院环境保护主管部门会同国务院经济综合宏观调控、水行政等部门和有关省、自治区、直辖市人民政府编制，报国务院批准。上述规定外的其他跨省、自治区、直辖市江河、湖泊的流域水污染防治规划根据国家确定的重要江河、湖泊的流域水污染防治规划和本地实际情况，由有关省、自治区、直辖市人民政府环境保护主管部门会同同级水行政等部门和有关市、县人民政府编制，经有关省、自治区、直辖市人民政府审核，报国务院批准。省、自治区、直辖市内跨县江河、湖泊的流域水污染防治规划，根据国家确定的重要江河、湖泊的流域水污染防治规划和本地实际情况，由省、自治区、直辖市人民政府环境保护主管部门会同同级水行政等部门编制，报省、自治区、直辖市人民政府批准，并报国务院备案。

3. 水污染防治的监督管理

（1）新建、改建、扩建直接或者间接向水体排放污染物的建设项目和其他水上设施，应当依法进行环境影响评价。

（2）建设单位在江河、湖泊新建、改建、扩建排污口的，应当取得水行政主管部门或者流域管理机构同意；涉及通航、渔业水域的，环境保护主管部门在审批环境影响评价文件时，应当征求交通、渔业主管部门的意见。

（3）建设项目的水污染防治设施，应当与主体工程同时设计、同时施工、同时投入使用。水污染防治设施应当经过环境保护主管部门验收，验收不合格的，该建设项目不得投入生产或者使用。

（4）国家对重点水污染物排放实施总量控制制度。

（5）国家实行排污许可制度。

（6）国家建立水环境质量监测和水污染物排放监测制度。

4. 水污染防治措施的一般规定

（1）禁止向水体排放油类、酸液、碱液或者剧毒废液。禁止在水体清洗装贮过油类或者有毒污染物的车辆和容器。

（2）禁止向水体排放、倾倒放射性固体废物或者含有高放射性和中放射性物质的废水。向水体排放含低放射性物质的废水，应当符合国家有关放射性污染防治的规定和标准。

（3）向水体排放含热废水，应当采取措施，保证水体的水温符合水环境质量标准。

（4）含病原体的污水应当经过消毒处理，符合国家有关标准后，方可排放。

（5）禁止向水体排放、倾倒工业废渣、城镇垃圾和其他废弃物。禁止将含有汞、镉、砷、铬、铅、氰化物、黄磷等的可溶性剧毒废渣向水体排放、倾倒或者直接埋入地下。存放可溶性剧毒废渣的场所，应当采取防水、防渗漏、防流失的措施。

（6）禁止在江河、湖泊、运河、渠道、水库最高水位线以下的滩地和岸坡堆放、存贮固体废弃物和其他污染物。

（7）禁止利用渗井、渗坑、裂隙和溶洞排放、倾倒含有毒污染物的废水、含病原体的污水和其他废弃物。

（8）禁止利用无防渗漏措施的沟渠、坑塘等输送或者存贮含有毒污染物的废水、含病原体的污水和其他废弃物。

（9）多层地下水的含水层水质差异大的，应当分层开采；对已受污染的潜水和承压水，不得混合开采。

（10）兴建地下工程设施或者进行地下勘探、采矿等活动，应当采取防护性措施，防止地下水污染。

（11）人工回灌补给地下水，不得恶化地下水质。

水污染防治措施除上述一般规定外，《水污染防治法》还分别就工业水污染防治、城镇水污染防治、农业和农村水污染防治、船舶水污染防治等方面进行了专门规定。

【案例 10-4】

背景：南方某市突降大雨，生态环境局执法人员巡查发现市区某路段有大面积积水，便及时上报该局。不久，市政部门派人来疏通管道，从管道中清出大量的泥沙、水泥块，还发现井口内有一个非市政部门设置的排水口，其方向紧靠某工地一侧。经执法人员调查确认，该工地的排水管道是工地施工打桩时铺设，工地内没有任何污水处理设施，其施工废水直接排放到工地外。工地的排污口通向该路段一侧的雨水井。

问题：

（1）本案中，施工单位向道路雨水井排放施工废水的行为是否构成水污染违法行为？

（2）施工单位向道路雨水井排放施工废水的行为应受到何种处罚？

【评析】

（1）施工单位向道路雨水井排放施工废水的行为构成了水污染违法行为。《水污染防治法》第三十七条规定："禁止向水体排放、倾倒工业废渣、城镇垃圾和其他废弃物。"本案中的施工单位向雨水井中排放的施工废水中含有大量的泥沙、水泥块等废弃物。

（2）根据《水污染防治法》第八十四条第二款的规定，市生态环境局应当责令该施工单位限期改正，限期拆除私自设置的排污口，并可对该施工单位处 2 万元以上 10 万元以下的罚款；逾期不拆除的，强制拆除，所需费用由违法者承担，处 10 万元以上 50 万元以下的罚款；情节严重的，可以责令停产整治。

10.3.3　大气污染防治法律制度

《中华人民共和国大气污染防治法》（以下简称《大气污染防治法》）于 1987 年 9 月通过，1995 年、2000 年、2015 年和 2018 年分别进行了修正或修订。2018 年最新修正的《大气污染防治法》共 8 章 129 条，对大气污染防治标准和限期达标规划、大气污染防治的监督管理、大气污染防治措施、重点区域大气污染联合防治、重污染天气应对、法律责任等均作了较为明确、具体的规定。

1. 大气污染防治标准和限期达标规划

（1）国务院生态环境主管部门或者省、自治区、直辖市人民政府制定大气环境质量标准，应当以保障公众健康和保护生态环境为宗旨，与经济社会发展相适应，做到科学合理。国务院生态环境主管部门或者省、自治区、直辖市人民政府制定大气污染物排放标准，应当以大气环境质量标准和国家经济、技术条件为依据。制定大气环境质量标准、大气污染物排放标准，应当组织专家进行审查和论证，并征求有关部门、行业协会、企事业单位和公众等方面的意见。

（2）未达到国家大气环境质量标准城市的人民政府应当及时编制大气环境质量限期达标规划，并采取措施，按照国务院或者省级人民政府规定的期限达到大气环境质量标准。编制城市大气环境质量限期达标规划，应当征求有关行业协会、企事业单位、专家和公众等方面的意见。城市大气环境质量限期达标规划应当向社会公开。直辖市和设区的市的大气环境质量限期达标规划应当报国务院生态环境主管部门备案。

2. 大气污染防治的监督管理

（1）企事业单位和其他生产经营者建设对大气环境有影响的项目，应当依法进行环境影响评价、公开环境影响评价文件；向大气排放污染物的，应当符合大气污染物排放标准，遵守重点大气污染物排放总量控制要求。

（2）企事业单位和其他生产经营者向大气排放污染物的，应当依照法律法规和国务院生态环境主管部门的规定设置大气污染物排放口。禁止通过偷排、篡改或者伪造监测数据、以逃避现场检查为目的的临时停产、非紧急情况下开启应急排放通道、不正常运行大气污染防治设施等逃避监管的方式排放大气污染物。

（3）国家对重点大气污染物排放实行总量控制。重点大气污染物排放总量控制目标，由国务院生态环境主管部门在征求国务院有关部门和各省、自治区、直辖市人民政府意见后，会同国务院经济综合主管部门报国务院批准并下达实施。省、自治区、直辖市人民政府应当按照国务院下达的总量控制目标，控制或者削减本行政区域的重点大气污染物排放总量。国家逐步推行重点大气污染物排污权交易。

（4）国务院生态环境主管部门负责制定大气环境质量和大气污染源的监测和评价规范，组织建设与管理全国大气环境质量和大气污染源监测网，组织开展大气环境质量和大气污染源监测，统一发布全国大气环境质量状况信息。县级以上地方人民政府生态环境主管部门负责组织建设与管理本行政区域大气环境质量和大气污染源监测网，开展大气环境质量和大气污染源监测，统一发布本行政区域大气环境质量状况信息。

（5）国家对严重污染大气环境的工艺、设备和产品实行淘汰制度。国务院经济综合主管部门会同国务院有关部门确定严重污染大气环境的工艺、设备和产品淘汰期限，并纳入国家综合性产业政策目录。生产者、进口者、销售者或者使用者应当在规定期限内停止生产、进口、销售或者使用列入上述规定目录中的设备和产品。工艺的采用者应当在规定期限内停止采用列入上述规定目录中的工艺。被淘汰的设备和产品，不得转让给他人使用。

（6）国务院生态环境主管部门会同有关部门，建立和完善大气污染损害评估制度。生态环境主管部门及其环境执法机构和其他负有大气环境保护监督管理职责的部门，有权通过现场检查监测、自动监测、遥感监测、远红外摄像等方式，对排放大气污染物的企事业单位和其他生产经营者进行监督检查。被检查者应当如实反映情况，提供必要的资料。实施检查的部门、机构及其工作人员应当为被检查者保守商业秘密。

3. 大气污染防治措施

《大气污染防治法》按照燃煤和其他能源污染防治、工业污染防治、机动车船等污染防治、扬尘污染防治、农业和其他污染防治分别用专章对防治措施作了规定。其中，与建设工程关系比较密切的主要是扬尘污染防治措施，主要内容介绍如下：

（1）地方各级人民政府应当加强对建设施工和运输的管理，保持道路清洁，控制料堆和渣土堆放，扩大绿地、水面、湿地和地面铺装面积，防治扬尘污染。住房和城乡建设、市容环境卫生、交通运输、国土资源等有关部门，应当根据本级人民政府确定的职责，做好扬尘污染防治工作。

（2）建设单位应当将防治扬尘污染的费用列入工程造价，并在施工承包合同中明确施工单位的扬尘污染防治责任。施工单位应当制定具体的施工扬尘污染防治实施方案。

（3）从事房屋建筑、市政基础设施建设、河道整治以及建筑物拆除等的施工单位，应当向负责监督管理扬尘污染防治的主管部门备案。

（4）施工单位应当在施工工地设置硬质围挡，并采取覆盖、分段作业、择时施工、洒水抑尘、冲洗地面和车辆等有效防尘降尘措施。建筑土方、工程渣土、建筑垃圾应当及时清运；在场地内堆存的，应当采用密闭式防尘网遮盖。工程渣土、建筑垃圾应当进行资源化处理。

（5）施工单位应当在施工工地公示扬尘污染防治措施、负责人、扬尘监督管理主管部门等信息。

（6）暂时不能开工的建设用地，建设单位应当对裸露地面进行覆盖；超过三个月的，应当进行绿化、铺装或者遮盖。

（7）运输煤炭、垃圾、渣土、砂石、土方、灰浆等散装、流体物料的车辆应当采取密闭或者其他措施防止物料遗撒造成扬尘污染，并按照规定路线行驶。装卸物料应当采取密闭或者喷淋等方式防治扬尘污染。

（8）市政河道以及河道沿线、公共用地的裸露地面以及其他城镇裸露地面，有关部门应当按照规划组织实施绿化或者透水铺装。

（9）贮存煤炭、煤矸石、煤渣、煤灰、水泥、石灰、石膏、砂土等易产生扬尘的物料应当密闭；不能密闭的，应当设置不低于堆放物高度的严密围挡，并采取有效覆盖措施防治扬尘污染。

（10）码头、矿山、填埋场和消纳场应当实施分区作业，并采取有效措施防治扬尘污染。

（11）禁止在人口集中地区和其他依法需要特殊保护的区域内焚烧沥青、油毡、橡胶、塑料、皮革、垃圾以及其他会产生有毒有害烟尘和恶臭气体的物质。

【案例 10-5】

背景：甲建筑公司在工地堆放的大量沙石、灰土等物料及建筑垃圾，由于天气干燥经风吹尘土飞扬，而且该地交通繁忙，车辆经过时激起大量扬尘。同时，屋面防水工程使用的沥青，在熬制过程中没有采取任何防护措施，大量刺激性气体直接挥发到空气中，对周围小区居民生活造成了严重影响，该小区居民向市环保局进行了投诉，市环保局接到投诉后，要求该施工单位进行限期整改。但是，甲建筑公司未采取任何整改措施，依然照常进行施工作业。

问题：分析甲建筑公司的违法行为。

【评析】

甲建筑公司违反了《大气污染防治法》和《环境保护法》。

（1）根据《大气污染防治法》第六十九条第三款规定："施工单位应当在施工工地设置硬质围挡，并采取覆盖、分段作业、择时施工、洒水抑尘、冲洗地面和车辆等有效防尘降尘措施。建筑土方、工程渣土、建筑垃圾应当及时清运；在场地内堆存的，应当采用密闭式防尘网遮盖。工程渣土、建筑垃圾应当进行资源化处理。"本案中的甲建筑公司违反了此项规定，没有对施工中建筑垃圾采取及时清运或覆盖等除尘措施，导致产生大量粉尘污染环境。

《大气污染防治法》第八十条规定："企业事业单位和其他生产经营者在生产经营活动中产生恶臭气体的，应当科学选址，设置合理的防护距离，并安装净化装置或者采取其他措施，防止排放恶臭气体。"第八十二条规定："禁止在人口集中地区和其他依法需要特殊保护的区域内焚烧沥青、油毡、橡胶、塑料、皮革、垃圾以及其他产生有毒有害烟尘和恶臭气体的物质。"本案中的甲建筑公司违反法律规定，导致沥青在熬制过程中挥发出的大量刺激性气体，对小区居民生活造成了严重影响。

（2）根据《大气污染防治法》第一百一十五条、第一百一十七条、第一百一十九条规定，该市住房和城乡建设、环境保护等主管部门应当按照职责责令施工单位改正，处1万元以上10万元以下的罚款；拒不改正的，责令停工整治。此外，《环境保护法》第五十九条还规定："企业事业单位和其他生产经营者违法排放污染物，受到罚款处罚，被责令改正，拒不改正的，依法作出处罚决定的行政机关可以自责令改正之日的次日起，按照原处罚数额按日连续处罚。"

10.3.4 环境噪声污染防治法律制度

《中华人民共和国环境噪声污染防治法》（以下简称《环境噪声污染防治法》）由第八届全国人民代表大会常务委员会第二十二次会议于1996年10月29日通过，自1997年3月1日起施行。2018年12月29日，第十三届全国人民代表大会常务委员会第七次会议通过对《环境噪声污染防治法》作出的修改。

环境噪声是指在工业生产、建筑施工、交通运输和社会生活中所产生的干扰周围生活环境的声音。环境噪声污染是指所产生的环境噪声超过国家规定的环境噪声排放标准，并干扰他人正常生活、工作和学习的现象。

国务院环境保护行政主管部门对全国环境噪声污染防治实施统一监督管理。县级以上地方人民政府环境保护行政主管部门对本行政区域内的环境噪声污染防治实施统一监督管理。各级公安、交通、铁路、民航等主管部门和港务监督机构，根据各自的职责，对交通运输和社会生活噪声污染防治实施监督管理。任何单位和个人都有保护声环境的义务，并有权对造成环境噪声污染的单位和个人进行检举和控告。

1. 环境噪声污染防治的监督管理

（1）环境保护行政主管部门区分不同的功能区，制定国家声环境质量标准。县级以上地方人民政府根据国家声环境质量标准，划定本行政区域内各类声环境质量标准的适用区域，并进行管理。国务院环境保护行政主管部门根据国家声环境质量标准和国家经济、技术条件，制定国家环境噪声排放标准。

（2）城市规划部门在确定建设布局时，应当依据国家声环境质量标准和民用建筑隔声设计规范，合理划定建筑物与交通干线的防噪声距离，并提出相应的规划设计要求。

（3）新建、改建、扩建的建设项目，必须遵守国家有关建设项目环境保护管理的规定。建设项目可能产生环境噪声污染的，建设单位必须提出环境影响报告书，规定环境噪声污染的防治措施，并按照国家规定的程序报环境保护行政主管部门批准。环境影响报告书中，应当有该建设项目所在地单位和居民的意见。

（4）建设项目的环境噪声污染防治设施必须与主体工程同时设计、同时施工、同时投产使用。建设项目在投入生产或者使用之前，其环境噪声污染防治设施必须经原审批环境影响报告书的环境保护行政主管部门验收；达不到国家规定要求的，该建设项目不得投入生产或者使用。

（5）产生环境噪声污染的企事业单位，必须保持防治环境噪声污染的设施的正常使用；拆除或者闲置环境噪声污染防治设施的，必须事先报经所在地的县级以上地方人民政府环境保护行政主管部门批准。

（6）产生环境噪声污染的单位，应当采取措施进行治理，并按照国家规定缴纳超标准排污费。征收的超标准排污费必须用于污染的防治，不得挪作他用。

（7）对于在噪声敏感建筑物集中区域内造成严重环境噪声污染的企事业单位，限期治理。

（8）国家对环境噪声污染严重的落后设备实行淘汰制度。国务院经济综合主管部门应当会同国务院有关部门公布限期禁止生产、禁止销售、禁止进口的环境噪声污染严重的设备名录。

（9）在城市范围内从事生产活动确需排放偶发性强烈噪声的，必须事先向当地公安机关提出申请，经批准后方可进行。当地公安机关应当向社会公告。

（10）国务院环境保护行政主管部门应当建立环境噪声监测制度，制定监测规范，并会同有关部门组织监测网络。环境噪声监测机构应当按照国务院环境保护行政主管部门的规定报送环境噪声监测结果。

（11）县级以上人民政府环境保护行政主管部门和其他环境噪声污染防治工作的监督管理部门、机构，有权依据各自的职责对管辖范围内排放环境噪声的单位进行现场检查。被检查的单位必须如实反映情况，并提供必要的资料。检查部门、机构应当为被检查的单位保守技术秘密和业务秘密。检查人员进行现场检查，应当出示证件。

2. 工业噪声污染防治

工业噪声是指在工业生产活动中使用固定的设备时产生的干扰周围生活环境的声音。对工业噪声的污染防治主要包括以下措施：

（1）在城市范围内向周围生活环境排放工业噪声的，应当符合国家规定的工业企业厂界环境噪声排放标准。

（2）在工业生产中因使用固定的设备造成环境噪声污染的工业企业，必须按照国务院环境保护行政主管部门的规定，向所在地的县级以上地方人民政府环境保护行政主管部门申报拥有的造成环境噪声污染的设备的种类、数量以及在正常作业条件下所发出的噪声值和防治环境噪声污染的设施情况，并提供防治噪声污染的技术资料。造成环境噪声污染的设备的种类、数量、噪声值和防治设施有重大改变的，必须及时申报，并采取应有的防治措施。

（3）产生环境噪声污染的工业企业，应当采取有效措施，减轻噪声对周围生活环境的影响。

（4）国务院有关主管部门对可能产生环境噪声污染的工业设备，应当根据声环境保护的要求和国家的经济、技术条件，逐步在依法制定的产品的国家标准、行业标准中规定噪声限值。

3. 建筑施工噪声污染防治

建筑施工噪声是指在建筑施工过程中产生的干扰周围生活环境的声音。对建筑施工噪声的污染防治主要包括以下措施：

（1）在城市市区范围内向周围生活环境排放建筑施工噪声的，应当符合国家规定的建筑施工场界环境噪声排放标准。

所谓噪声排放，是指噪声声源向周围生活环境辐射噪声。2011年12月经修改后公布的《建筑施工场界环境噪声排放标准》GB 12523—2011规定，建筑施工过程中场界环境噪声不得超过规定的排放限值。建筑施工场界环境噪声排放限值，昼间70dB（A），夜间55dB（A）。夜间噪声最大声级超过限值的幅度不得高于15dB（A）。"昼间"是指6：00至22：00之间的时段；"夜间"是指22：00至次日6：00之间的时段。dB是噪声分贝单位，（A）是指频率加权特性为A，A计权声级是目前世界上噪声测量中应用最广泛的一种。

（2）在城市市区范围内，建筑施工过程中使用机械设备，可能产生环境噪声污染的施工单位必须在工程开工15日以前向工程所在地县级以上地方人民政府环境保护行政主管部门申报该工程的项目名称、施工场所和期限、可能产生的环境噪声值以及所采取的环境噪声污染防治措施的情况。

（3）在城市市区噪声敏感建筑物集中区域内，禁止夜间进行产生环境噪声污染的建筑施工作业，但抢修、抢险作业和因生产工艺上要求或者特殊需要必须连续作业的除外。因特殊需要必须连续作业的，必须有县级以上人民政府或者其有关主管部门的证明。符合规定的夜间作业，必须公告附近居民。

所谓噪声敏感建筑物集中区域，是指医疗区、文教科研区和以机关或者居民住宅为主的区域。所谓噪声敏感建筑物，是指医院、学校、机关、科研单位、住宅等需要保持安静的建筑物。

【案例10-6】

背景：某日23时，某市生态环境主管部门接到居民投诉，称某项目工地有夜间施工噪声扰民情况。执法人员立刻赶赴施工现场，并在施工场界进行了噪声测量。经现场勘查：施工噪声源主要是推土机、挖掘机、打桩机等设备的施工作业噪声，施工场界噪声经测试为65.4dB（A）。通过调查，执法人员核实了此次夜间施工作业不属于抢修、抢险作业，也不属于因生产工艺要求必须进行的连续作业，并无有关主管部门出具的相关证明。

问题：

（1）本案中，施工单位的夜间施工作业行为是否合法？如违法说明理由。

（2）对本案中施工单位的夜间施工作业行为应如何处理？

【评析】

（1）本案中，施工单位的夜间施工作业行为构成了环境噪声污染违法行为。《环境噪声污染防治法》第三十条规定，"在城市市区噪声敏感建筑物集中区域内，禁止夜间进行产生环境噪声污染的建筑施工作业，但抢修、抢险作业和因生产工艺上要求或者特殊需要必须连续作业的除外。因特殊需要必须连续作业的，必须有县级以上人民政府或者其有关主管部门的证明。前款规定的夜间作业，必须公告附近居民。"经执法人员核实，该施工单位夜间作业既不属于抢修、抢险作业，也不属于因生产工艺上要求必须进行的连续作业，并无有关主管部门出具的因特殊需要必须连续作业的证明。同时，该法第二十八条规定："在城市市区范围内向周围生活环境排放建筑施工噪声的，应当符合国家规定的建筑施工场界环境噪声排放标准。"经检测，该施工场界噪声为65.4dB（A），超过了《建筑施工场界环境噪声排放标准》中关于夜间噪声最大声级超过限值的标准。

（2）依据《环境噪声污染防治法》第五十六条的规定，在城市市区噪声敏感建筑物集中区域内，夜间进行禁止进行的产生环境噪声污染的建筑施工作业的，由工程所在地县级以上地方人民政府生态环境主管部门责令改正，可以并处罚款。据此，对该施工单位应由市生态环境主管部门依法责令改正，还可以并处罚款。

10.3.5　固体废物污染防治法律制度

《中华人民共和国固体废物污染环境防治法》（以下简称《固体废物污染环境防治法》）由 1995 年 10 月 30 日第八届全国人民代表大会常务委员会第十六次会议通过，后经 2004 年 12 月第一次修订，2013 年 6 月第一次修正，2015 年 4 月第二次修正，2016 年 11 月第三次修正，2020 年 4 月第二次修订。

1. 固体废物污染环境防治的一般规定

（1）国家推行绿色发展方式，促进清洁生产和循环经济发展。国家倡导简约适度、绿色低碳的生活方式，引导公众积极参与固体废物污染环境防治。

（2）固体废物污染环境防治坚持减量化、资源化和无害化的原则。任何单位和个人都应当采取措施，减少固体废物的产生量，促进固体废物的综合利用，降低固体废物的危害性。

（3）固体废物污染环境防治坚持污染担责的原则。产生、收集、贮存、运输、利用、处置固体废物的单位和个人，应当采取措施，防止或者减少固体废物对环境的污染，对所造成的环境污染依法承担责任。

（4）国家推行生活垃圾分类制度。生活垃圾分类坚持政府推动、全民参与、城乡统筹、因地制宜、简便易行的原则。

（5）地方各级人民政府对本行政区域固体废物污染环境防治负责。国家实行固体废物污染环境防治目标责任制和考核评价制度，将固体废物污染环境防治目标完成情况纳入考核评价的内容。

2. 与建设工程相关的固体废物污染防治规定

（1）建设产生、贮存、利用、处置固体废物的项目，应当依法进行环境影响评价，并遵守国家有关建设项目环境保护管理的规定。

（2）建设项目的环境影响评价文件确定需要配套建设的固体废物污染环境防治设施，应当与主体工程同时设计、同时施工、同时投入使用。建设项目的初步设计，应当按照环境保护设计规范的要求，将固体废物污染环境防治内容纳入环境影响评价文件，落实防治固体废物污染环境和破坏生态的措施以及固体废物污染环境防治设施投资概算。建设单位应当依照有关法律法规的规定，对配套建设的固体废物污染环境防治设施进行验收，编制验收报告，并向社会公开。

（3）收集、贮存、运输、利用、处置固体废物的单位和其他生产经营者，应当加强对相关设施、设备和场所的管理和维护，保证其正常运行和使用。

（4）产生、收集、贮存、运输、利用、处置固体废物的单位和其他生产经营者，应当采取防扬散、防流失、防渗漏或者其他防止污染环境的措施，不得擅自倾倒、堆放、丢弃、遗撒固体废物。

禁止任何单位或者个人向江河、湖泊、运河、渠道、水库及其最高水位线以下的滩地和岸坡以及法律法规规定的其他地点倾倒、堆放、贮存固体废物。

（5）在生态保护红线区域、永久基本农田集中区域和其他需要特别保护的区域内，禁止建设工业固体废物、危险废物集中贮存、利用、处置的设施、场所和生活垃圾填埋场。

（6）转移固体废物出省、自治区、直辖市行政区域贮存、处置的，应当向固体废物移出地的省、自治区、直辖市人民政府生态环境主管部门提出申请。移出地的省、自治区、直辖市人民政府生态环境主管部门应当及时商经接受地的省、自治区、直辖市人民政府生态环境主管部门同意后，在规定期限内批准转移该固体废物出省、自治区、直辖市行政区域。未经批准的，不得转移。

转移固体废物出省、自治区、直辖市行政区域利用的，应当报固体废物移出地的省、自治区、直辖市人民政府生态环境主管部门备案。移出地的省、自治区、直辖市人民政府生态环境主管部门应当将备案信息通报接受地的省、自治区、直辖市人民政府生态环境主管部门。

（7）禁止中华人民共和国境外的固体废物进境倾倒、堆放、处置。

3. 建筑垃圾污染防治

（1）县级以上地方人民政府应当加强建筑垃圾污染环境的防治，建立建筑垃圾分类处理制度。县级以上地方人民政府应当制定包括源头减量、分类处理、消纳设施和场所布局及建设等在内的建筑垃圾污染环境防治工作规划。

（2）国家鼓励采用先进技术、工艺、设备和管理措施，推进建筑垃圾源头减量，建立建筑垃圾回收利用体系。县级以上地方人民政府应当推动建筑垃圾综合利用产品应用。

（3）县级以上地方人民政府环境卫生主管部门负责建筑垃圾污染环境防治工作，建立建筑垃圾全过程管理制度，规范建筑垃圾产生、收集、贮存、运输、利用、处置行为，推进综合利用，加强建筑垃圾处置设施、场所建设，保障处置安全，防止污染环境。

（4）工程施工单位应当编制建筑垃圾处理方案，采取污染防治措施，并报县级以上地方人民政府环境卫生主管部门备案。工程施工单位应当及时清运工程施工过程中产生的建筑垃圾等固体废物，并按照环境卫生主管部门的规定进行利用或者处置。工程施工单位不得擅自倾倒、抛撒或者堆放工程施工过程中产生的建筑垃圾。

【案例 10-7】

背景：某工地的一车建筑垃圾被倾倒在某市大街的道路两侧，污染面积 75m^2，被该市有关执法人员当场查获。经查，该工地已依法办理渣土消纳许可证，施工单位与某运输公司签订了建筑垃圾运输合同，约定由该运输公司按照渣土消纳许可证的要求，负责该工地的建筑垃圾渣土清运处置，在垃圾渣土清运过程中出现的问题由运输公司全权负责。但是，该运输公司没有取得从事建筑垃圾运输的核准证件。

问题：

（1）如何确定该建筑垃圾污染事件的责任主体？

（2）运输公司与施工单位分别应受到何种处罚？

【评析】

（1）《固体废物污染环境防治法》第二十条第一款规定，"产生、收集、贮存、运输、利用、处置固体废物的单位和其他生产经营者，应当采取防扬散、防流失、防渗漏或者其他防止污染环境的措施，不得擅自倾倒、堆放、丢弃、遗撒固体废物。"《城市建筑垃圾管理规定》第十三条规定，"施工单位不得将建筑垃圾交给个人或者未经核准从事建筑垃圾运输的单位运输。"第十四条规定，"处置建筑垃圾的单位在运输建筑垃圾时，应当随车携带建筑垃圾处置核准文件，按照城市人民政府有关部门规定的运输路线、时间运行，不得丢弃、遗撒建筑垃圾，不得超出核准范围承运建筑垃圾。"

本案中，施工单位作为建筑垃圾的产生单位，已经依法办理了渣土消纳许可证，并要求运输公司按照渣土消纳许可证的要求，负责工地产生的建筑垃圾渣土的清运处置。运输公司违法将一车建筑垃圾倾倒在道路两侧，应当为建筑垃圾污染事件的责任主体。

（2）《固体废物污染环境防治法》第一百一十一条规定，违反本法规定，有下列行为之一，由县级以上地方人民政府环境卫生主管部门责令改正，处以罚款，没收违法所得：……工程施工单位擅自倾倒、抛撒或者堆放工程施工过程中产生的建筑垃圾，或者未按照规定对施工过程中产生的固体废物进行利用或者处置的；……单位有前款第2项、第3项、第4项、……行为之一，处10万元以上100万元以下的罚款……。《城市建筑垃圾管理规定》第二十二条第二款规定，"施工单位将建筑垃圾交给个人或者未经核准从事建筑垃圾运输的单位处置的，由城市人民政府市容环境卫生主管部门责令限期改正，给予警告，处1万元以上10万元以下罚款。"

据此，对擅自倾倒建筑垃圾问题，市环境卫生主管部门应当责令运输公司改正，没收违法所得，处10万元以上100万元以下的罚款；对施工单位将建筑垃圾交给未经核准而从事运输单位的问题，市环境卫生主管部门应当责令施工单位限期改正，给予警告，处1万元以上10万元以下罚款。

10.4 建设工程节约能源法律制度

10.4.1 建设工程节能概述

1. 节能和建筑节能的含义

节约能源是指加强用能管理，采取技术上可行、经济上合理以及环境和社会可以承受的措施，从能源生产到消费的各个环节，降低消耗、减少损失和污染物排放、制止浪费，有效、合理地利用能源。节约资源是我国的基本国策。国家实施节约与开发并举、把节约放在首位的能源发展战略。

建设工程节约能源，主要包括建筑节能和施工节能两个方面。建筑节能是指建筑在规划、设计、建造和使用过程中，通过采用节能型材料和技术，加强用能管理，在保证建筑节能和室内环境质量的前提下，降低建筑能源消耗。目前，建筑能源消耗约占全球能源消耗的40%，而在我国既有建筑约430亿 m² 中，仅有4%的建筑采用了先进的能源效率改进措施。建筑节能对促进我国能源的节约与合理利用，实现国家节能规划目标，保持经济与社会的可持续发展具有重要意义。施工节能则是要解决施工过程中的节约能源问题，如《绿色施工导则》规定，绿色施工是指工程建设中，在保证质量、安全等基本要求的前提下，通过科学管理和技术进步，最大限度地节约资源与减少对环境产生负面影响的施工活动，实现四节一环保（节能、节地、节水、节材和环境保护）。

2. 建筑工程节能的立法现状

随着建筑能耗与工业能耗、交通能耗并列成为中国能源消耗的三个耗能大户，我国关于建筑节能方面的立法也在不断加强。我国目前尚未对建筑节能进行专门立法，现行的与建筑节能有关的法律主要包括：《中华人民共和国节约能源法》（1997年通过，2007年、2016年、2018年分别修正，以下简称《节约能源法》）、《中华人民共和国循环经济促进法》（2008年通过，以下简称《循环经济促进法》）。此外，《建筑法》《城乡规划法》的部分条文也涉及建筑节能方面的管理规定。

与建筑节能有关的行政法规主要包括：《民用建筑节能条例》（国务院令第530号，自2008年10月1日起施行）、《公共机构节能条例》（国务院令第531号，自2008年10月1日起施行）。

与建筑节能有关的部门规章主要包括：《民用建筑节能管理规定》（建设部令第143号，自2006年1月1日起施行）、《民用建筑工程节能质量监督管理办法》（建质〔2006〕192号）、《绿色施工导则》（建质〔2007〕223号）。

此外，还有大量与建筑节能相关的标准规范，如《民用建筑节能设计标准（采暖居住建筑部分）》JGJ 26—95、《公共建筑节能设计标准》GB 50189—2015、《民用建筑太阳能热水系统应用技术标准》GB 50364—2018、《绿色建筑评价标准》GB/T 50378—2019、《建筑节能工程施工质量验收标准》GB 50411—2019、《夏热冬冷地区居住建筑节能设计标准》JGJ 134—2010等。

3. 节能管理的基本思路

（1）编制节能计划

国务院和县级以上地方各级人民政府应当将节能工作纳入国民经济和社会发展规划、年度计划，并组织编制和实施节能中长期专项规划、年度节能计划。国务院和县级以上地方各级人民政府每年向本级人民代表大会或者其常务委员会报告节能工作。

（2）节能目标责任制和节能考核评价制度

国家实行节能目标责任制和节能考核评价制度，将节能目标完成情况作为对地方人民政府及其负责人考核评价的内容。省、自治区、直辖市人民政府每年向国务院报告节能目标责任的履行情况。

（3）节能产业政策

国家实行有利于节能和环境保护的产业政策，限制发展高耗能、高污染行业，发展节能环保型产业。国务院和省、自治区、直辖市人民政府应当加强节能工作，合理调整产业结构、企业结构、产品结构和能源消费结构，推动企业降低单位产值能耗和单位产品能耗，淘汰落后的生产能力，改进能源的开发、加工、转换、输送、储存和供应，提高能源利用效率。国家鼓励、支持开发和利用新能源、可再生能源。

（4）节能技术创新与进步

国家鼓励、支持节能科学技术的研究、开发、示范和推广，促进节能技术创新与进步。国家开展节能宣传和教育，将节能知识纳入国民教育和培训体系，普及节能科学知识，增强全民的节能意识，提倡节约型的消费方式。

（5）节能监督

国务院管理节能工作的部门主管全国的节能监督管理工作。国务院有关部门在各自的职责范围内负责节能监督管理工作，并接受国务院管理节能工作的部门的指导。县级以上地方各级人民政府管理节能工作的部门负责本行政区域内的节能监督管理工作。县级以上地方各级人民政府有关部门在各自的职责范围内负责节能监督管理工作，并接受同级管理节能工作的部门的指导。

10.4.2 《节约能源法》的主要内容

《节约能源法》对节能管理、合理使用和节约能源、节能技术进步、激励措施作了一系列规定，与建筑节能相关的主要规定介绍如下。

1. 节能管理一般规定

（1）国务院标准化主管部门和国务院有关部门依法组织制定并适时修订有关节能的国家标准、行业标准，建立健全节能标准体系。国务院标准化主管部门会同国务院管理节能工作的部门和国务院有关部门制定强制性的用能产品、设备能源效率标准和生产过程中耗能高的产品的单位产品能耗限额标准。国家鼓励企业制定严于国家标准、行业标准的企业节能标准。

（2）建筑节能的国家标准、行业标准由国务院建设主管部门组织制定，并依照法定程序发布。省、自治区、直辖市人民政府建设主管部门可以根据本地实际情况，制定严于国家标准或者行业标准的地方建筑节能标准，并报国务院标准化主管部门和国务院建设主管部门备案。

（3）国家实行固定资产投资项目节能评估和审查制度。不符合强制性节能标准的项目，建设单位不得开工建设；已经建成的，不得投入生产、使用。政府投资项目不符合强制性节能标准的，依法负责项目审批的机关不得批准建设。具体办法由国务院管理节能工作的部门会同国务院有关部门制定。

（4）国家对落后的耗能过高的用能产品、设备和生产工艺实行淘汰制度。淘汰的用能产品、设备、生产工艺的目录和实施办法，由国务院管理节能工作的部门会同国务院有关部门制定并公布。生产过程中耗能高的产品的生产单位，应当执行单位产品能耗限额标准。对超过单位产品能耗限额标准用能的生产单位，由管理节能工作的部门按照国务院规定的权限责令限期治理。对高耗能的特种设备，按照国务院的规定实行节能审查和监管。

（5）禁止生产、进口、销售国家明令淘汰或者不符合强制性能源效率标准的用能产品、设备；禁止使用国家明令淘汰的用能设备、生产工艺。

（6）用能单位应当加强能源计量管理，按照规定配备和使用经依法检定合格的能源计量器具。用能单位应当建立能源消费统计和能源利用状况分析制度，对各类能源的消费实行分类计量和统计，并确保能源消费统计数据真实、完整。

（7）能源生产经营单位不得向本单位职工无偿提供能源。任何单位不得对能源消费实行包费制。

2. 建筑节能规定

（1）国务院建设主管部门负责全国建筑节能的监督管理工作。县级以上地方各级人民政府建设主管部门负责本行政区域内建筑节能的监督管理工作。县级以上地方各级人民政府建设主管部门会同同级管理节能工作的部门编制本行政区域内的建筑节能规划。建筑节能规划应当包括既有建筑节能改造计划。

（2）建筑工程的建设、设计、施工和监理单位应当遵守建筑节能标准。不符合建筑节能标准的建筑工程，建设主管部门不得批准开工建设；已经开工建设的，应当责令停止施工、限期改正；已经建成的，不得销售或者使用。建设主管部门应当加强对在建建筑工程执行建筑节能标准情况的监督检查。

（3）房地产开发企业在销售房屋时，应当向购买人明示所售房屋的节能措施、保温工程保修期等信息，在房屋买卖合同、质量保证书和使用说明书中载明，并对其真实性、准确性负责。

（4）国家采取措施，对实行集中供热的建筑分步骤实行供热分户计量、按照用热量收费的制度。新建建筑或者对既有建筑进行节能改造，应当按照规定安装用热计量装置、室内温度调控装置和供热系统调控装置。具体办法由国务院建设主管部门会同国务院有关部门制定。

（5）县级以上地方各级人民政府有关部门应当加强城市节约用电管理，严格控制公用设施和大型建筑物装饰性景观照明的能耗。

（6）国家鼓励在新建建筑和既有建筑节能改造中使用新型墙体材料等节能建筑材料

和节能设备，安装和使用太阳能等可再生能源利用系统。

10.4.3 民用建筑节能条例主要内容

根据《民用建筑节能条例》，民用建筑是指居住建筑、国家机关办公建筑和商业、服务业、教育、卫生等其他公共建筑。所谓的民用建筑节能，是指在保证民用建筑使用功能和室内热环境质量的前提下，降低其使用过程中能源消耗的活动。

1. 民用建筑节能一般规定

（1）国家鼓励和扶持在新建建筑和既有建筑节能改造中采用太阳能、地热能等可再生资源。在具备太阳能利用条件的地区，有关地方人民政府及其部门应当采取有效措施，鼓励和扶持单位、个人安装使用太阳能热水系统、照明系统、供热系统、采暖制冷系统等太阳能利用系统。

（2）国家建立健全民用建筑节能标准体系。国家民用建筑节能标准由国务院建设主管部门负责组织制定，并依照法定程序发布。国家鼓励制定、采用优于国家民用建筑节能标准的地方民用建筑节能标准。

（3）国家积极推进供热体制改革，完善供热价格形成机制，鼓励发展集中供热，逐步实行按照用热量收费制度。

2. 新建建筑节能

（1）国家推广使用民用建筑节能的新技术、新工艺、新材料和新设备，限制使用或者禁止使用能源消耗高的技术、工艺、材料和设备。国务院节能工作主管部门、建设主管部门应当制定、公布并及时更新推广使用、限制使用、禁止使用目录。国家限制进口或者禁止进口能源消耗高的技术、材料和设备。建设单位、设计单位、施工单位不得在建筑活动中使用列入禁止使用目录的技术、工艺、材料和设备。

（2）编制城市详细规划、镇详细规划，应当按照民用建筑节能的要求，确定建筑的布局、形状和朝向。城乡规划主管部门依法对民用建筑进行规划审查，应当就设计方案是否符合民用建筑节能强制性标准征求同级建设主管部门的意见；建设主管部门应当自收到征求意见材料之日起 10 日内提出意见。征求意见时间不计算在规划许可的期限内。对不符合民用建筑节能强制性标准的，不得颁发建设工程规划许可证。

（3）施工图设计文件审查机构应当按照民用建筑节能强制性标准对施工图设计文件进行审查；经审查不符合民用建筑节能强制性标准的，县级以上地方人民政府建设主管部门不得颁发施工许可证。

（4）建设单位不得明示或者暗示设计单位、施工单位违反民用建筑节能强制性标准进行设计、施工，不得明示或者暗示施工单位使用不符合施工图设计文件要求的墙体材料、保温材料、门窗、采暖制冷系统和照明设备。按照合同约定由建设单位采购墙体材料、保温材料、门窗、采暖制冷系统和照明设备的，建设单位应当保证其符合施工图设计文件要求。

（5）设计单位、施工单位、工程监理单位及其注册执业人员，应当按照民用建筑节能强制性标准进行设计、施工、监理。

（6）施工单位应当对进入施工现场的墙体材料、保温材料、门窗、采暖制冷系统和照明设备进行查验；不符合施工图设计文件要求的，不得使用。

（7）工程监理单位发现施工单位不按照民用建筑节能强制性标准施工的，应当要求施工单位改正；施工单位拒不改正的，工程监理单位应当及时报告建设单位，并向有关主管部门报告。墙体、屋面的保温工程施工时，监理工程师应当按照工程监理规范的要求，采取旁站、巡视和平行检验等形式实施监理。未经监理工程师签字，墙体材料、保温材料、门窗、采暖制冷系统和照明设备不得在建筑上使用或者安装，施工单位不得进行下一道工序的施工。

（8）建设单位组织竣工验收，应当对民用建筑是否符合民用建筑节能强制性标准进行查验；对不符合民用建筑节能强制性标准的，不得出具竣工验收合格报告。

（9）实行集中供热的建筑应当安装供热系统调控装置、用热计量装置和室内温度调控装置；公共建筑还应当安装用电分项计量装置。居住建筑安装的用热计量装置应当满足分户计量的要求。计量装置应当依法检定合格。

（10）房地产开发企业销售商品房，应当向购买人明示所售商品房的能源消耗指标、节能措施和保护要求、保温工程保修期等信息，并在商品房买卖合同和住宅质量保证书、住宅使用说明书中载明。

（11）在正常使用条件下，保温工程的最低保修期限为 5 年。保温工程的保修期，自竣工验收合格之日起计算。保温工程在保修范围和保修期内发生质量问题的，施工单位应当履行保修义务，并对造成的损失依法承担赔偿责任。

【案例 10-8】

背景：某住宅小区 1 期工程完成设计，次年开始施工。按当地规定，所有新建、改建、扩建的住宅建设项目，必须按照《夏热冬冷地区居住建筑节能设计标准》的要求进行建筑节能设计、施工。在施工过程中，建设单位按设计图纸规定的规格、数量采购了墙体材料、保温材料、采暖制冷系统等，并声称是优质产品；施工单位在以上材料设备进入施工现场后，便直接用于该项目的施工并形成工程实体，导致 1 期工程验收不合格。经有关部门检验，建设单位购买的墙体材料、保温材料、采暖制冷系统存在严重质量问题，根本不符合该项目设计图纸的质量要求。

问题：

（1）施工单位的行为是否违法？

（2）施工单位应承担哪些法律责任？

【评析】

（1）《民用建筑节能条例》第十六条规定："施工单位应当对进入施工现场的墙体材料、保温材料、门窗、采暖制冷系统和照明设备进行查验；不符合施工图设计文件要求的，不得使用。"本案中，施工单位未对进入施工现场的墙体材料、保温材料、采暖制冷系统等进行查验，导致不符合施工图设计文件要求的墙体材料等用于该项目的施工，构成了违法行为。

（2）《民用建筑节能条例》第四十一条规定，施工单位有下列行为之一的，由县级以上地方人民政府建设主管部门责令改正，处10万元以上20万元以下的罚款；情节严重的，由颁发资质证书的部门责令停业整顿，降低资质等级或者吊销资质证书；造成损失的，依法承担赔偿责任：① 未对进入施工现场的墙体材料、保温材料、门窗、采暖制冷系统和照明设备进行查验的；② 使用不符合施工图设计文件要求的墙体材料、保温材料、门窗、采暖制冷系统和照明设备的；……。据此，当地建设主管部门应当依法责令该施工单位改正，处10万元以上20万元以下的罚款。

3. 既有建筑节能

《民用建筑节能条例》所称既有建筑节能改造，是指对不符合民用建筑节能强制性标准的既有建筑的围护结构、供热系统、采暖制冷系统、照明设备和热水供应设施等实施节能改造的活动，具体规定如下：

（1）县级以上地方人民政府建设主管部门应当对本行政区域内既有建筑的建设年代、结构形式、用能系统、能源消耗指标、寿命周期等组织调查统计和分析，制订既有建筑节能改造计划，明确节能改造的目标、范围和要求，报本级人民政府批准后组织实施。中央国家机关既有建筑的节能改造，由有关管理机关事务工作的机构制订节能改造计划，并组织实施。

（2）实施既有建筑节能改造，应当符合民用建筑节能强制性标准，优先采用遮阳、改善通风等低成本改造措施。既有建筑围护结构的改造和供热系统的改造，应当同步进行。

（3）对实行集中供热的建筑进行节能改造，应当安装供热系统调控装置和用热计量装置；对公共建筑进行节能改造，还应当安装室内温度调控装置和用电分项计量装置。

10.4.4 施工节能与绿色施工

《循环经济促进法》规定，建筑设计、建设、施工等单位应当按照国家有关规定和标准，对其设计、建设、施工的建筑物及构筑物采用节能、节水、节地、节材的技术工艺和小型、轻型、再生产品。有条件的地区，应当充分利用太阳能、地热能、风能等可再生能源。

所谓绿色施工，是指工程建设中，在保证质量、安全等基本要求的前提下，通过科学管理和技术进步，最大限度地节约资源与减少对环境有负面影响的施工活动，实现节能、节地、节水、节材和环境保护。绿色施工应符合国家法律、法规及相关的标准规范，实现经济效益、社会效益和环境效益的统一。实施绿色施工，应依据因地制宜的原则，贯彻执行国家、行业和地方相关的技术经济政策。

绿色施工是建筑全寿命周期中的一个重要阶段。实施绿色施工,应进行总体方案优化。在规划、设计阶段,应充分考虑绿色施工的总体要求,为绿色施工提供基础条件。实施绿色施工,应对施工策划、材料采购、现场施工、工程验收等各阶段进行控制,加强对整个施工过程的管理和监督。

1. 节材与材料资源利用

《绿色施工导则》规定,图纸会审时,应审核节材与材料资源利用的相关内容,达到材料损耗率比定额损耗率降低 30%;根据施工进度、库存情况等合理安排材料的采购、进场时间和批次,减少库存;现场材料堆放有序;储存环境适宜,措施得当;保管制度健全,责任落实;材料运输工具适宜,装卸方法得当,防止损坏和遗洒;根据现场平面布置情况就近卸载,避免和减少二次搬运;采取技术和管理措施提高模板、脚手架等的周转次数;优化安装工程的预留、预埋、管线路径等方案;应就地取材,施工现场500km 以内生产的建筑材料用量占建筑材料总重量的 70% 以上。

2. 节水与水资源利用

《循环经济促进法》规定,国家鼓励和支持使用再生水。企业应当发展串联用水系统和循环用水系统,提高水的重复利用率。企业应当采用先进技术、工艺和设备,对生产过程中产生的废水进行再生利用。

《绿色施工导则》进一步对提高用水效率、非传统水源利用和安全用水作出规定。

(1)提高用水效率:①施工中采用先进的节水施工工艺;②施工现场喷洒路面、绿化浇灌不宜使用市政自来水;③施工现场供水管网应根据用水量设计布置,管径合理、管路简捷,采取有效措施减少管网和用水器具的漏损;④现场机具、设备、车辆冲洗用水必须设立循环用水装置;⑤施工现场建立可再利用水的收集处理系统,使水资源得到梯级循环利用;⑥施工现场分别对生活用水与工程用水确定用水定额指标,并分别计量管理;⑦大型工程的不同单项工程、不同标段、不同分包生活区,凡具备条件的应分别计量用水量;⑧对混凝土搅拌站点等用水集中的区域和工艺点进行专项计量考核。

(2)非传统水源利用:①优先采用中水搅拌、中水养护,有条件的地区和工程应收集雨水养护;②处于基坑降水阶段的工地,宜优先采用地下水作为混凝土搅拌用水、养护用水、冲洗用水和部分生活用水;③现场机具、设备、车辆冲洗、喷洒路面、绿化浇灌等用水,优先采用非传统水源,尽量不使用市政自来水;④大型施工现场,尤其是雨量充沛地区的大型施工现场建立雨水收集利用系统,充分收集自然降水用于施工和生活中适宜的部位;⑤力争施工中非传统水源和循环水的再利用量大于 30%。

(3)用水安全:在非传统水源和现场循环再利用水的使用过程中,应制定有效的水质检测与卫生保障措施,确保避免对人体健康、工程质量以及周围环境产生不良影响。

3. 节能与能源利用

《绿色施工导则》对节能措施,机械设备与机具,生产、生活及办公临时设施,施工用电及照明分别作出规定。

（1）节能措施：①制定合理的施工能耗指标，提高施工能源利用率；②优先使用国家、行业推荐的节能、高效、环保的施工设备和机具；③施工现场分别设定生产、生活、办公和施工设备的用电控制指标，定期进行计量、核算、对比分析，并有预防与纠正措施；④在施工组织设计中，合理安排施工顺序、工作面，以减少作业区域的机具数量，相邻作业区充分利用共有的机具资源；⑤根据当地气候和自然资源条件，充分利用太阳能、地热等可再生能源。

（2）机械设备与机具：①建立施工机械设备管理制度，开展用电、用油计量，完善设备档案，及时做好维修保养工作，使机械设备保持低耗、高效的状态；②选择功率与负载相匹配的施工机械设备，避免大功率施工机械设备低负载长时间运行；③合理安排工序，提高各种机械的使用率和满载率，降低各种设备的单位耗能。

（3）生产、生活及办公临时设施：①利用场地自然条件，合理设计生产、生活及办公临时设施的体形、朝向、间距和窗墙面积比，使其获得良好的日照、通风和采光。南方地区可根据需要在其外墙窗设遮阳设施；②临时设施宜采用节能材料，墙体、屋面使用隔热性能好的材料，减少夏天空调、冬天取暖设备的使用时间及耗能量；③合理配置采暖、空调、风扇数量，规定使用时间，实行分段分时使用，节约用电。

（4）施工用电及照明：①临时用电优先选用节能电线和节能灯具，临电线路合理设计、布置，临电设备宜采用自动控制装置。采用声控、光控等节能照明灯具；②照明设计以满足最低照度为原则，照度不应超过最低照度的20%。

4. 节地与施工用地保护

（1）临时用地指标：①根据施工规模及现场条件等因素合理确定临时设施；②要求平面布置合理、紧凑，在满足环境、职业健康与安全及文明施工要求的前提下尽可能减少废弃地和死角，临时设施占地面积有效利用率大于90%。

（2）临时用地保护：①应对深基坑施工方案进行优化，减少土方开挖和回填量，最大限度地减少对土地的扰动，保护周边自然生态环境；②红线外临时占地应尽量使用荒地、废地，少占用农田和耕地；③利用和保护施工用地范围内原有绿色植被。

（3）施工总平面布置：①施工总平面布置应做到科学、合理，充分利用原有建筑物、构筑物、道路、管线为施工服务；②施工现场搅拌站、仓库、加工厂、作业棚、材料堆场等布置应尽量靠近已有交通线路或即将修建的正式或临时交通线路，缩短运输距离；③临时办公和生活用房应采用经济、美观、占地面积小、对周边地貌环境影响较小，且适合于施工平面布置动态调整的多层轻钢活动板房、钢骨架水泥活动板房等标准化装配式结构。生活区与生产区应分开布置，并设置标准的分隔设施；④施工现场围墙可采用连续封闭的轻钢结构预制装配式活动围挡，减少建筑垃圾，保护土地；⑤施工现场道路按照永久道路和临时道路相结合的原则布置；⑥临时设施布置应注意远近结合（本期工程与下期工程），努力减少和避免大量临时建筑拆迁和场地搬迁。

10.5 建设工程文物保护法律制度

文物是指人类在历史发展过程中遗留下来的遗物、遗迹，是人类宝贵的历史文化遗产。为了加强对文物的保护，继承中华民族优秀的历史文化遗产，在工程建设过程中，应特别注意对文物的保护。为此，我国相继颁布了《中华人民共和国文物保护法》（1982 年颁布，经 1991 年、2002 年、2007 年、2013 年、2017 年五次修正，以下简称《文物保护法》）、《中华人民共和国水下文物保护管理条例》（1989 年颁布，经 2011 年、2022 年两次修订）、《中华人民共和国文物保护法实施条例》（2003 年颁布，2013 年修正）、《历史文化名城名镇名村保护条例》等法律、行政法规。

10.5.1 国家所有的文物保护范围

中华人民共和国境内地下、内水和领海中遗存的一切文物，属于国家所有。国有文物所有权受法律保护，不容侵犯。

1. 属于国家所有的不可移动文物范围

古文化遗址、古墓葬、石窟寺属于国家所有。国家指定保护的纪念建筑物、古建筑、石刻、壁画、近代现代代表性建筑等不可移动文物，除国家另有规定的以外，属于国家所有。

2. 属于国家所有的可移动文物范围

（1）中国境内出土的文物，国家另有规定的除外；

（2）国有文物收藏单位以及其他国家机关、部队和国有企业、事业组织等收藏、保管的文物；

（3）国家征集、购买的文物；

（4）公民、法人和其他组织捐赠给国家的文物；

（5）法律规定属于国家所有的其他文物。

3. 属于国家所有的水下文物范围

《水下文物保护管理条例》规定，遗存于中国内水、领海内的一切起源于中国的、起源国不明的和起源于外国的文物，以及遗存于中国领海以外依照中国法律由中国管辖的其他海域内的起源于中国的和起源国不明的文物，属于国家所有，国家对其行使管辖权。

遗存于外国领海以外的其他管辖海域以及公海区域内的起源于中国的文物，国家享有辨认器物物主的权利。

10.5.2 发现文物报告和保护的规定

《文物保护法》规定，地下埋藏的文物，任何单位或者个人都不得私自发掘。考古发掘的文物，任何单位或者个人不得侵占。

在进行建设工程或者在农业生产中，任何单位或个人发现文物，应当保护现场，立即报告当地文物行政部门，文物行政部门接到报告后，如无特殊情况，应当在 24 小时内赶赴现场，并在 7 日内提出处理意见。

依照上述规定发现的文物属于国家所有，任何单位或者个人不得哄抢、私分、藏匿。

【案例 10-9】

背景：铲车司机贾某在工地施工时发现古墓，私自开挖，挖出部分文物，随之出现民工滥挖哄抢。该市文物局接到举报后，立刻赶往现场，经查情况属实。

问题：贾某的行为是否构成违法？其他施工人员的行为是否违法？

【评析】

根据《文物保护法》第三十二条规定："在进行建设工程或者在农业生产中，任何单位或者个人发现文物，应当保护现场，立即报告当地文物行政部门。任何单位或者个人不得哄抢、私分、藏匿。"本案中，贾某在工地挖出古墓葬和部分文物时，不仅没有依法及时报告，而且滥挖和哄抢文物，造成了文物破坏。施工人员的哄抢、滥挖行为以及不及时上报文物行政部门的行为，违反了《文物保护法》的规定。

根据《文物保护法》第三十二条规定，在施工过程中发现文物时，首先应当保护现场，停止施工，立即报告当地文物行政部门；其次，配合考古发掘单位，保护出土文物或者遗迹的安全，在发掘未结束前不得继续施工。依据《文物保护法》第六十四条、第六十五条规定，对于盗窃、哄抢、私分或者非法侵占国有文物的，构成犯罪的，依法追究刑事责任；造成文物灭失、损毁的，依法承担民事责任；构成违反治安管理行为的，由公安机关依法给予治安管理处罚。

10.5.3　文物保护单位保护范围和建设控制地带的规定

1. 文物保护单位保护范围的规定

（1）文物保护单位的保护范围，是指对文物保护单位本体及周围一定范围实施重点保护的区域。文物保护单位的保护范围，应当根据文物保护单位的类别、规模、内容以及周围环境的历史和现实情况合理划定，并在文物保护单位本体之外保持一定的安全距离，确保文物保护单位的真实和完整性。

（2）全国重点文物保护单位和省级文物保护单位自核定公布之日起 1 年内，由省、自治区、直辖市人民政府划定必要的保护范围，作出标志说明，建立记录档案，设置专门机构或者指定专人负责管理。设区的市、自治州级和县级文物保护单位自核定公布之日起 1 年内，由核定公布该文物保护单位的人民政府划定保护范围，作出标志说明，建立记录档案，设置专门机构或者指定专人负责管理。

（3）文物保护单位的标志说明，应当包括文物保护单位的级别、名称、公布机关、公布日期、立标机关、立标日期等内容。民族自治地区的文物保护单位的标志说明，应当同时用规范汉字和当地通用的少数民族文字书写。

2. 文物保护单位建设控制地带的规定

（1）文物保护单位的建设控制地带，是指在文物保护单位的保护范围外，为保护文物保护单位的安全、环境、历史风貌，对建设项目加以限制的区域。文物保护单位的建设控制地带，应当根据文物保护单位的类别、规模、内容以及周围环境的历史和现实情况合理划定。

（2）全国重点文物保护单位的建设控制地带，经省、自治区、直辖市人民政府批准，由省、自治区、直辖市人民政府的文物行政主管部门会同城乡规划行政主管部门划定并公布。

（3）省级、设区的市、自治州级和县级文物保护单位的建设控制地带，经省、自治区、直辖市人民政府批准，由核定公布该文物保护单位的人民政府的文物行政主管部门会同城乡规划行政主管部门划定并公布。

3. 历史文化名城名镇名村的规定

《文物保护法》规定，保存文物特别丰富并且具有重大历史价值或者革命纪念意义的城市，由国务院核定公布为历史文化名城。

保存文物特别丰富并且具有重大历史价值或者革命纪念意义的城镇、街道、村庄，由省、自治区、直辖市人民政府核定公布为历史文化街区、村镇，并报国务院备案。

历史文化名城和历史文化街区、村镇所在地的县级以上地方人民政府应当组织编制专门的历史文化名城和历史文化街区、村镇保护规划，并纳入城市总体规划。

4. 在文物保护单位保护范围和建设控制地带进行建设活动的规定

（1）在文物保护单位的保护范围和建设控制地带内，不得建设污染文物保护单位及其环境的设施，不得进行可能影响文物保护单位安全及其环境的活动。对已有的污染文物保护单位及其环境的设施，应当限期治理。

（2）承担文物保护单位的修缮、迁移、重建工程的单位，应当同时取得文物行政主管部门发给的相应等级的文物保护工程资质证书和建设行政主管部门发给的相应等级的资质证书。其中，不涉及建筑活动的文物保护单位的修缮、迁移、重建，应当由取得文物行政主管部门发给的相应等级的文物保护工程资质证书的单位承担。

申领文物保护工程资质证书，应当具备下列条件：① 有取得文物博物专业技术职务的人员；② 有从事文物保护工程所需的技术设备；③ 法律、行政法规规定的其他条件。

（3）文物保护单位的保护范围内不得进行其他建设工程或者爆破、钻探、挖掘等作业。但是，因特殊情况需要在文物保护单位的保护范围内进行其他建设工程或者爆破、钻探、挖掘等作业的，必须保证文物保护单位的安全，并经核定公布该文物保护单位的人民政府批准，在批准前应当征得上一级人民政府文物行政部门同意；在全国重点文物保护单位的保护范围内进行其他建设工程或者爆破、钻探、挖掘等作业的，必须经省、自治区、直辖市人民政府批准，在批准前应当征得国务院文物行政部门同意。

（4）有文物保护单位的建设控制地带内进行建设工程，不得破坏文物保护单位的历史风貌；工程设计方案应当根据文物保护单位的级别，经相应的文物行政部门同意后，报城乡建设规划部门批准。

（5）在历史文化名城名镇名村保护范围内禁止进行下列活动：① 开山、采石、开矿等破坏传统格局和历史风貌的活动；② 占用保护规划确定保留的园林绿地、河湖水系、道路等；③ 修建生产、储存爆炸性、易燃性、放射性、毒害性、腐蚀性物品的工厂、仓库等；④ 在历史建筑上刻画、涂污。

（6）在历史文化名城、名镇、名村保护范围内进行下列活动，应当保护其传统格局、历史风貌和历史建筑；制定保护方案，经城市、县人民政府城乡规划主管部门会同同级文物主管部门批准，并依照有关法律、法规的规定办理相关手续：① 改变园林绿地、河湖水系等自然状态的活动；② 在核心保护范围内进行影视摄制、举办大型群众性活动；③ 其他影响传统格局、历史风貌或者历史建筑的活动。

复习思考题

1. 简述劳动合同的类型、试用期和服务期的法律规定。
2. 简述劳动合同解除的法律规定。
3. 简述建设工程消防设计审查验收制度的基本内容。
4. 我国的环境保护基本制度有哪些？
5. 环境影响评价的分类管理制度是什么？
6. 民用建筑节能主体有哪些？各有什么节能义务？
7. 什么是文物保护单位保护范围和建设控制地带？
8. 在文物保护单位保护范围和建设控制地带进行建设活动有哪些规定？

第 11 章　建设工程纠纷解决法律制度

11.1　建设工程纠纷种类和法律解决途径

建设工程纠纷是指公民、法人、其他组织之间因建设工程法律关系所发生的以权利义务为内容的对抗冲突（或者争议），主要包括民事纠纷、行政纠纷、刑事纠纷。

民事纠纷是平等主体间的有关人身、财产权的纠纷。工程咨询、工程交易、工程合同等法律法规的大部分内容属于民事法律关系的范畴，与这些内容有关的纠纷大多属于民事纠纷；行政纠纷是行政机关之间或行政机关同公民、法人和其他组织之间由于行政行为而产生的纠纷。建筑许可、城乡规划、建设用地、工程质量安全管理、环境保护、消防审核与验收、文物保护等内容属于行政法律关系的范畴，与这些内容有关的纠纷大多属于行政纠纷。需要说明的是，由于工程建设法律关系本身就是民事法律关系和行政法律关系的混合，因此上述划分只是总体上的划分，并不是绝对的。如工程质量、工程安全等，实践中既有民事纠纷又有行政纠纷。刑事纠纷是因犯罪而产生的纠纷，诉讼过程由专门的司法机关对案件侦查、审查起诉、审判等，由于其案件数量少，工程专业人士接触得较少。因此，本章主要介绍建设工程民事纠纷和行政纠纷。

11.1.1　建设工程民事纠纷和行政纠纷

1. 建设工程民事纠纷

建设工程民事纠纷是指参与建设工程勘察、设计、施工等建设过程的公民、法人、其他组织等平等的民事主体之间产生的纠纷。建设工程民事纠纷与一般民事纠纷之间存在特殊性和普遍性的关系，因此建设工程民事纠纷具有一般民事纠纷的特点。

民事纠纷的特点与民事法律关系的特点具有密切联系。由于民事法律关系是平等主体之间的法律关系、民事法律关系是以民事权利义务为内容的法律关系、民事权利具有可处分性等，同样的，民事纠纷也具备主体平等、以权利义务为内容、可处分性等特点。一般的民事纠纷分为人身关系的民事纠纷和财产关系的民事纠纷，理论上建设工程领域的民事纠纷也可以进行这样的分类。

从建设工程民事法律关系的体系来看，它是以合同为核心形成的法律关系体系，合同关系主要是财产关系，因此建设工程民事纠纷以合同纠纷为主。由于在合同体系里，建设工程施工合同在实施过程中最容易发生争议，因此建设工程民事纠纷在实践中突出表现为建设工程施工合同纠纷。在合同纠纷的数量方面，最多的是工程款结算纠纷，其他还有工程款优先受偿纠纷、合同解除权纠纷、合同效力纠纷、工期延误纠纷和工程质量缺陷纠纷等。由于建设工程合同纠纷的案件数量较多、案件复杂，最高人民法院于2020年发布了《最高人民法院关于审理建设工程施工合同纠纷案件适用法律问题的解释（一）》，该司法解释是人民法院审理建设工程施工合同纠纷案件的重要依据。

除了建设工程施工合同纠纷以外，建设工程民事纠纷还包括其他类型的民事纠纷，如因工程安全事故、工程质量事故形成的民事侵权纠纷，因劳务关系形成的劳务纠纷，与工程设计有关的知识产权纠纷，因技术合同形成的商业秘密侵权纠纷等。实践中这些纠纷的数量远低于建设工程合同纠纷。

2. 建设工程行政纠纷

（1）行政纠纷

行政纠纷是行政主体（国家行政机关或其委托的组织）在对行政相对人（公民、法人和其他组织）的行政管理活动中产生的纠纷。它的特点包括：

1）其是行政法律关系的再平衡过程。行政纠纷以行政法律关系的存在为条件，而行政法律关系是国家行政机关在对社会生活的控制、管理过程中形成的法律关系。由于行政机关掌握了较多的社会资源、行政权力具有强制性等特点，使得行政权力在行使过程中容易被不当利用，而行政纠纷的产生则是对这种不当利用的反映，它实际上是行政法律关系的再平衡过程。

2）其是公民行使对国家行政机关监督权的表现。我国宪法确认了公民对于任何国家机关和国家机关工作人员的失职行为都有监督的权利，行政纠纷也是一种监督形式。行政纠纷的产生有的是因为行政机关违法行使职权造成的，有的则是由于行政相对人的错误认知形成的。但不论哪种情况，行政相对人都有基于自己对国家行政机关的监督权提出自己诉求的权利。

3）行政纠纷解决过程体现了权力体系的监督关系。我国宪法确立了行政机关上下级之间的领导监督关系，也确立了人民法院独立行使审判权的原则。行政纠纷的解决过程事实上是行政相对人利用这种权力体系的监督关系实现自身利益的过程。从行政纠纷解决的途径来看，行政复议过程是利用上下级的领导监督关系来解决纠纷，而行政诉讼则是利用人民法院的司法审判权来解决纠纷。

4）行政纠纷的数量反映了依法治国的效果。依法治国首先要依法行政，行政纠纷的解决过程是国家行政机关在治理国家过程中纠正偏差的过程。行政纠纷数量较少，说明行政机关能够严格依法行政，依法治国效果良好；行政纠纷数量较多，说明行政机关未能严格依法行政，依法治国效果不够理想。在工程建设领域，土地、房屋征收、城市规划方面的行政纠纷较多。

（2）建设工程行政纠纷

建设工程行政纠纷是在建设工程活动中行政机关之间或行政机关同公民、法人和其他组织之间由于行政行为引起的纠纷。其中行政机关之间的纠纷属于内部行政行为引起的纠纷，与行政相对人无关。更多的建设工程行政纠纷主要是指建设行政管理主体同公民、法人和其他组织之间由于行政行为引起的纠纷。

行政机关的行政行为具有以下特征：① 行政行为是执行法律的行为。任何行政行为均需有法律根据，具有从属法律性，没有法律的明确规定或授权，行政机关不得做出任何行政行为。② 行政行为具有一定的裁量性。这是由立法技术本身的局限性和行政管理的广泛性、复杂性所决定的。③ 行政机关在实施行政行为时具有单方意志性，不必与行政相对方协商或征得其同意，便可依法自主做出。④ 行政行为是以国家强制力保障实施的，具有强制性。行政相对方必须服从并配合行政行为，否则行政机关将予以制裁或强制执行。⑤ 行政行为以无偿为原则，以有偿为例外。只有当特定行政相对人承担了特别公共负担，或者分享了特殊公共利益时，方可为有偿。

组成各级政府的部门中有很多职能都与建设工程有关。政府部门在行使建设工程管理职权时就形成了建设工程行政法律关系，一旦政府权力未能正确行使就会产生争议，这就是建设工程行政纠纷。在建设工程领域，引起行政纠纷的行政行为有如下几种：

1）行政许可。即公民、法人和其他组织向国家行政机关申请从事相关工程建设的活动，包括主体资格许可和行为许可。前者主要是工程企业及工程技术人员的资格许可，后者主要是与建设工程有关的国有土地使用许可、建设用地规划许可、建设工程规划许可、建筑工程施工许可等。当申请人的申请被拒绝而不服时则会产生行政许可纠纷。

2）行政处罚。即行政机关对于在建设工程活动中有违法行为的公民、法人和其他组织依照职权进行的处罚。《建筑法》《城乡规划法》《招标投标法》《建设工程质量管理条例》《建设工程安全生产管理条例》等法律法规均赋予建设行政主管部门行政处罚权，常见的如罚款、没收违法所得、降低资质等级等。当受到行政处罚的相对人对行政机关的行政决定不服时就会产生纠纷。

3）行政强制。其包括行政强制措施和行政强制执行，前者是指行政机关在行政管理过程中为制止违法行为、防止证据损毁、避免危害发生、控制危险扩大等所采取的措施，一般发生在行政执法调查过程中，如对质量、安全事故调查的过程遇到当事人阻挠的情形；后者是指行政机关对不履行行政决定的公民、法人或其他组织采取的强制措施，如房屋征收过程中的强制拆迁行为。

4）行政裁决。即行政机关或法定授权的组织对于特定的民事纠纷作出裁决的行政行为，可以行政裁决的案件一般由法律规定，如特定的侵权纠纷、损害赔偿纠纷、集体土地使用权纠纷、劳动工资、经济补偿纠纷等，当事人对于裁决不服则会引发行政纠纷。

11.1.2 建设工程民事纠纷的解决方式

一般的民事纠纷解决方式包括和解、调解、仲裁及诉讼。

1. 和解

和解是民事纠纷的当事人对于已经发生的争议纠纷，根据法律规定和合同约定在自愿的基础上，友好协商解决争议的一种方式。和解是民事行为，需要遵循合法、自愿、平等的原则。

和解本质上是对自己的民事权利的处分行为，通常是当事人综合考虑自己的利益后作出的妥协。因此和解是双方行为，各方均认真综合考虑自己的利益而后作出决定；和解谈判的目的不在于查清事实、确定责任，而在于达成共识；和解谈判的时间、地点、程序非常灵活；和解协议的内容具有任意性，完全是当事人自由意志的体现；和解协议没有强制执行力。

对于建设工程纠纷来讲，工程实施过程中常见的和解事项有：设计费、监理费、工程进度款、材料款、工人工资等费用支付不及时；发包人原因造成进度违约、分包商进度违约、轻微的安全事故、分包商质量违约等纠纷。这些纠纷一旦发生，由于各方均不愿激化矛盾，往往通过协商解决，有些情况下会形成书面协议，但有时只是口头承诺。

民事纠纷说到底是当事人之间的纠纷，只要当事人自己能够解决，则不受他人约束。因此，和解可以发生在纠纷解决的任何阶段。通常情况下，将和解分为申请仲裁和诉讼前的和解、申请仲裁和诉讼过程中的和解、执行过程中的和解。

（1）申请仲裁和诉讼前的和解。这种和解是指发生争议后，当事人基于纠纷解决成本的考虑，认为通过协商能够解决纠纷，因此不提起仲裁或者诉讼，通过协商解决争议的方式。这种和解能够为当事人节省仲裁或者诉讼费用，而且能够很快解决纠纷。不足之处是由于没有第三方参与，各方都从自身利益出发考虑问题，在认识方面可能有局限，有时不易达成一致意见。

（2）申请仲裁和诉讼过程中的和解。这种和解是指发生争议后，当事人依法申请仲裁或者诉讼以后，在案件审理过程中形成的和解。一般来说，纠纷发生后当事人都会进行沟通协商，只是由于分歧过大难以达成一致意见，才迫于无奈申请仲裁或提起诉讼。但由于民事权利的可处分性，当事人同意和解，作为第三方的仲裁机构或人民法院也乐见其成。仲裁过程中达成和解协议的，可以请求仲裁庭根据和解协议作出裁决书，也可以撤回仲裁申请；诉讼过程中和解的，由原告申请撤诉，法院裁定撤诉后诉讼终结。达成和解的，仲裁费和诉讼费均可减半收取。

（3）执行过程中的和解。这种和解是在仲裁机构作出裁决或者人民法院作出判决、裁定以后，当事人申请人民法院强制执行过程中，当事人在判决书确定的权利义务的基础上进行和解。这种和解具有结束法院执行程序的法律效果。如果一方当事人不履行达成的和解协议或者反悔的，另一方可以重新申请强制执行。

2. 调解

调解是指民事纠纷当事人以外的第三方应当事人请求，以法律、法规、政策、道德等为依据，对当事人进行劝解，居中调停，促使当事人达成调解协议的一种纠纷解决方式。

调解也是民事行为，应当遵循自愿、平等、合法等原则。

与和解相比，调解是在当事人以外的第三方参与下进行的。调解与和解一样可以贯穿于仲裁和诉讼过程中。调解是充分发挥第三方知识水平和智慧的过程，其依据可以是法律、合同、政策、道德、风俗习惯等，只要不违背法律和道德，同时有利于双方达成一致，调解的依据可以多种多样。

我国目前的调解类型包括民间调解、行政调解、仲裁调解和诉讼调解，其中民间调解又可以分为人民调解、行业调解、专业机构调解等。

（1）民间调解。民间调解是指当事人选择国家行政机关、司法机关和仲裁机构以外的公民、法人或者其他组织对民事纠纷进行的调解。根据纠纷的性质不同，调解第三方也不同。一般的民间纠纷会选择双方都比较信任的有威望的人进行调解，但涉及专业性的纠纷则由行业机构或者专业机构调解，如工程造价协会调解。建设工程施工过程中发生纠纷，监理工程师进行的协调调解属于专业调解。民间调解由于调解的主体不是专门的司法机关和仲裁机构，其调解协议书对当事人不具有强制执行效力，不能申请法院强制执行，但违反当事人签字的调解协议书属于违约行为。

（2）行政调解。行政调解是在国家行政机关的主持下，根据法律、行政法规、国家政策等进行的调解。行政调解往往是针对行政案件中的国家赔偿部分进行的调解。行政调解属于诉讼外调解，达成的调解协议同样不具有强制执行效力，不能申请法院强制执行。

（3）仲裁调解和诉讼调解。在仲裁和诉讼过程中，如果当事人同意调解，仲裁庭或者法庭可以根据所了解到的事实情况，以及当事人的意见进行调解。一般由当事人各方提出调解方案，仲裁庭或者法庭针对不同调解方案的差异部分提出意见，获得各方认可后可形成最终调解方案。调解成功后仲裁机构或者人民法院应当制作调解书，争议各方当事人签收后，即发生法律效力。调解书与仲裁裁决书、法院判决书具有同等法律效力，一方不履行可以向法院申请强制执行。调解未达成协议或者调解书签收前一方反悔的，申请仲裁的，仲裁庭应当及时作出裁决；提起诉讼的，人民法院应当及时判决。

3. 仲裁

仲裁是指当事人根据合同约定的仲裁条款或者发生争议后达成的仲裁协议，自愿将纠纷提交仲裁机构（仲裁委员会）作出裁决，纠纷各方都有义务执行该裁决的一种纠纷解决方式。仲裁机构通常是民间团体的性质，其受理案件的管辖权来自双方协议，没有仲裁协议就无权受理仲裁。有效的仲裁协议可以排除法院的管辖权，纠纷发生后，一方当事人提起仲裁的，另一方应当通过仲裁程序解决纠纷。

根据《中华人民共和国仲裁法》（以下简称《仲裁法》）规定，仲裁的调整范围仅限于具有财产性质的民商事仲裁，即"平等主体的公民、法人和其他组织之间发生的合同纠纷和其他财产权纠纷"。而对于人身关系纠纷，如收养、继承、婚姻等则无权仲裁，劳动争议仲裁和农业集体经济组织内部的农业承包合同纠纷的仲裁也不受《仲裁法》的调整。对于建设工程纠纷而言，常见的是合同纠纷。

仲裁的基本特点如下：

（1）自愿性。自愿性是仲裁最突出的特点，是指当事人以仲裁作为解决纠纷方式的选择是自愿的。当事人对于民事纠纷可以自愿选择仲裁或者诉讼，还可以自愿选择仲裁委员会、仲裁庭的组成方式、仲裁员、仲裁审理方式、开庭形式等。仲裁是最能充分体现当事人"意思自治"原则的争议解决方式。

（2）专业性。专家裁案，是民商事仲裁的重要特点之一。民商事仲裁往往涉及不同行业的专业知识，如建设工程纠纷的处理不仅涉及与工程建设有关的法律法规，还常常需要运用大量的工程造价、工程质量方面的专业知识，以及熟悉建筑业特有的交易习惯和行业惯例。根据我国《仲裁法》的规定，仲裁机构的仲裁员必须是来自各行业具有一定专业水平的专家，包括律师、审判员、法学教授、具有法律知识的其他行业高级职称者等，并且要有多年从业经验。他们精通专业知识、熟悉行业规则，对公正高效处理纠纷，确保仲裁结果的专业性和公正性具有关键作用。

（3）独立性。独立性是指仲裁委员会独立于行政机关、司法机关以及其他仲裁委员会，仲裁委员会与行政机关没有隶属关系，仲裁委员会之间也没有隶属关系。在仲裁过程中，仲裁庭独立进行仲裁，不受任何行政机关、社会团体和个人的干涉，也不受其他仲裁机构的干涉，具有独立性。虽然我国法律也赋予人民法院撤销仲裁裁决的权力，但是仅限于仲裁庭违背法定程序等极为特殊的情况。

（4）保密性。保密性是指仲裁事项、仲裁内容等不为当事人以外的人所知。仲裁以不公开审理为原则，我国《仲裁法》规定，除了当事人要求的以外，仲裁不公开进行。

（5）快捷性。快捷性是指仲裁能够快速便捷地解决争议纠纷。仲裁实行一裁终局制，仲裁裁决一经作出即发生法律效力。当事人对仲裁裁决不服的，不能再提起诉讼，这使得当事人之间的纠纷能够迅速得以解决。

（6）国际性。国际性是指仲裁裁决可以在国际上得到承认和执行。我国于 1987 年 1 月 22 日加入《承认和执行外国仲裁裁决公约》，该公约在世界上绝大部分国家和地区都得到承认，因此仲裁裁决具有国际性。

4. 民事诉讼

民事诉讼是指人民法院在当事人和其他诉讼参与人的参加下，依照法定程序以审理、裁判、执行等方式解决民事纠纷的活动，以及由此产生的各种诉讼关系的总和。诉讼参与人包括原告、被告、第三人、代理人、证人、翻译人、鉴定人、勘验人等。

2021 年 12 月经修改后公布的《中华人民共和国民事诉讼法》（以下简称《民事诉讼法》）是调整和规范法院及诉讼参与人的各种民事诉讼活动的基本法律。民事诉讼的基本特点如下：

（1）公权性。公权性是指民事诉讼是由人民法院代表国家意志行使司法审判权，通过司法手段解决民事主体之间纠纷的活动，是国家司法机关应民事纠纷当事人的请求而行使国家司法权的活动，其本质是民事纠纷无力通过民间力量来解决，需要国家的公权力介入而实施的行为。

（2）强制性。强制性是公权力的重要属性。民事诉讼的强制性既表现在案件的受理上，又反映在裁判的执行上。只要原告起诉符合法定条件，人民法院就应该启动民事诉讼程序，并不需要征得被告同意。诉讼程序一旦启动就要按照法定程序进行，诉讼过程以人民法院为主导，诉讼结果必须以事实为依据，以法律为准绳，而不取决于当事人的意志。法院的裁判具有强制执行的效力，一方当事人不履行生效的判决或裁定，另一方当事人可以申请人民法院强制执行。

（3）程序性。程序性是指民事诉讼是依照法定程序进行的诉讼活动。我国《民事诉讼法》对民事诉讼程序作了严格的规定，无论是法院还是当事人和其他诉讼参与人，都需要严格按照法律规定的程序和方式实施诉讼行为，违反诉讼程序常常会引起一定的法律后果或者达不到诉讼目的，如法院的裁判被上级法院撤销，当事人失去行使某种诉讼权利等。

民事诉讼主要分为一审程序、二审程序和执行程序三大诉讼阶段，但并非每个案件都要经过这三个阶段。

11.1.3　建设工程行政纠纷的解决方式

建设工程行政纠纷是行政主体和行政相对人之间的纠纷，由于其中一方是行使公权力的国家机关，国家权力不能自由处分，其纠纷不能由民间机构解决。因此，建设工程行政纠纷的解决途径主要有行政复议和行政诉讼两类。

1. 行政复议

行政复议是指行政相对人（公民、法人或其他组织）认为行政机关的具体行政行为侵害其合法权益，依法向行政复议机关申请审查该行政行为的适当性、合法性，行政复议机关依法对其进行审查并作出行政复议决定的法律制度。

其中提出申请的公民、法人或其他组织在行政法律关系中是行政相对人，而在行政复议法律关系中是申请人；做出具体行政行为的行政机关在行政法律关系中是行政人，而在行政复议法律关系中是被申请人。行政复议机关通常是被申请人的上一级行政机关或者同级人民政府，如对市级住房和城乡建设部门的行政行为不服，应当向省级住房和城乡建设部门或者市级人民政府提出行政复议。

行政复议的特点如下：

（1）行政性。行政复议是国家行政机关在公民行使对国家机关监督权的基础上纠正自身错误的活动，在本质上属于国家行政体系内部的纠偏活动。

行政复议解决的是行政纠纷，作出行政复议决定的行政复议机关是做出行政行为的上级机关而不是司法机关。行政复议案件不像民事案件那样可以调解，被申请人承担主要举证责任，而不像民事案件根据"谁主张谁举证"的原则分配举证责任。行政复议不仅要审查具体行政行为的合法性，而且要审查具体行政行为的合理性、适当性，除了法律另有规定以外，对行政复议决定不服的，仍然可以提起行政诉讼。

（2）准司法性。行政复议的准司法性是指它解决纠纷的程序类似于司法程序，但比司法程序简略。行政复议在程序方面包括申请、复议、决定等内容，这些内容类似于诉讼中的起诉、庭审、作出判决等程序。行政复议也要根据证据和法律作出决定，也有受理范围和期限方面的要求，行政复议决定一经作出即发生法律效力，这些都使其具有跟司法程序类似的性质。但是由于行政复议在性质上属于行政体系的自身监督行为，具有行政权的属性，它在处理社会关系方面以追求效率和社会稳定为目的，关注点并不在于个案的正义。因此行政复议的程序并没有司法程序那样复杂、严格，申请人对于行政复议决定不服的，仍然可以提起行政诉讼。

（3）可选择性。行政复议的可选择性是指公民、法人和其他组织在行政争议发生时，既可以选择行政复议，又可以选择行政诉讼，还可以先进行行政复议，对行政复议结果不服而后再提起行政诉讼。既可以选择向上级国家行政机关申请行政复议，又可以选择向同级人民政府申请行政复议。

行政复议的可选择性表明公民对国家行政权的监督具有多种途径，体现了兼顾效率和公平的原则。由于行政复议的期限较短，对于明显违法或者不适当的行政行为提起行政复议，能够快速解决行政纠纷；而对于相对复杂的行政纠纷，行政复议可能无法最终解决，因此将行政诉讼作为最终的行政纠纷解决途径。

2. 行政诉讼

行政诉讼是指行政相对人（公民、法人或者其他组织）对行政机关做出的具体行政行为不服，向人民法院提起行政诉讼，人民法院对行政机关行政行为的合法性进行审查并依法裁判的法律制度。

在行政法律关系中，公民、法人或者其他组织被称为行政相对人，行政机关被称为行政主体；而在行政诉讼关系中，公民、法人或者其他组织被称为原告，行政机关被称为被告。

行政诉讼具有如下特点：

（1）行政诉讼的被告与原告是恒定的，即被告只能是行政机关，原告则是作为行政行为相对人的公民、法人或其他组织。

（2）行政诉讼的可诉对象仅限于具体行政行为。行政行为分为抽象行政行为和具体行政行为。所谓抽象行政行为，是指由行政主体针对不特定行政相对人做出的具有普遍约束力的行政行为，如发布的行政法规、行政规章、土地房屋征收公告等。所谓具体行政行为，是指针对特定相对人就特定事项做出的行政行为，如行政许可、行政处罚、房屋征收决定等。近年来有学者主张抽象行政行为也应当作为被审查的对象，但仍属于理论探讨的范畴。

（3）行政诉讼主要审查行政行为的合法性。行政诉讼的目的主要是对行政权力行使过程是否合法进行监督。但行政权与司法权同属国家权力体系，各自有权力边界。行政权的作用要求其具有适应不断变化的社会生活的性质，因此具有灵活性；除了考虑法律以外还要考虑社会稳定、国家政策等内容，但必须在法律允许的范围内；司法权的性质要求其严格按照具有相对稳定性的法律作为判决依据。同时，司法机关不同于行政机关，它没有行政管理职能，因此，行政诉讼只审查行政行为的合法性，不审查行政行为的适当性，即只要行政行为不违法就可确认行政机关的行为合法。

（4）被告承担举证责任。民事诉讼以"谁主张谁举证"为举证原则，举证不能则承担不利后果。但行政诉讼的目的在于审查行政行为的合法性，基于依法行政的要求，行政机关在做出行政行为时，就应当确保自己的行为符合法律规定。因此，被告行政主体在行政诉讼过程中应当负责举证，证明自己做出的行政行为符合法律规定，否则将承担举证不能的后果。

【案例11-1】

背景：某市小区靠近河堤，河堤上正在建设加油站，工程建设手续齐全。但小区居民认为该位置属于城市绿地，不应该建设加油站。

问题：该纠纷属于何种纠纷，应如何处理？

【评析】

该项目手续齐全，因此该小区居民与加油站建设单位之间不存在民事纠纷。小区居民认为不应该建设加油站，应该从《城乡规划法》《河道管理条例》等与工程有关的行政法律法规入手，判断工程规划的合法性，从行政纠纷的角度提起行政复议或者行政诉讼。

11.2　民事诉讼制度

民事诉讼制度是人民法院审理民事纠纷案件所遵循的程序，同时也是民事纠纷当事人、诉讼参与人所必须遵循的程序。民事诉讼过程是对已经存在的民事法律关系进行调查、分析、评价、处置的过程，它审理的对象是已经存在的民事法律关系。因此，切不可将民事诉讼法律关系与民事法律关系割裂开来。

就民事诉讼法律关系的主体而言，它包括法院、当事人和其他诉讼参与人，确定民事诉讼法律关系主体的制度包括管辖制度、民事诉讼当事人和代理制度；就民事诉讼法律关系的客体而言，它要解决的是已经存在的民事法律关系的争议，这在民事诉讼法中体现为证据制度；就民事诉讼法律关系的内容而言，它是人民法院审理民事纠纷案件的活动，在民事诉讼法中体现为诉讼时效、审判程序、执行程序。

最新修正的《中华人民共和国民事诉讼法》（以下简称《民事诉讼法》）是根据2021年12月24日第十三届全国人民代表大会常务委员会第三十二次会议《关于修改〈中华人民共和国民事诉讼法〉的决定》第四次修正，自2022年1月1日起施行。《民事诉讼法》

共 4 编 27 章 291 条，是我国社会和经济生活中常用的一部基本法律。

11.2.1 民事诉讼的法院管辖

民事诉讼管辖是指各级人民法院和同级人民法院之间受理第一审民事案件的分工和权限。民事诉讼管辖包括级别管辖、地域管辖、移送管辖和指定管辖 4 种。分别适用于不同的情况。人民法院受理案件后，当事人有权针对人民法院对案件是否有管辖权提出管辖权异议，这是当事人的一项诉讼权利。

1. 级别管辖

级别管辖是指不同级别的人民法院之间对于一审案件的管辖权确定。我国法院共有四个级别，分别是基层人民法院、中级人民法院、高级人民法院以及最高人民法院。

基层人民法院（县级、不设区的市级、市辖区的法院）管辖第一审民事案件，法律另有规定的除外。这就是说，一般民事案件都由基层法院管辖，或者说除了法律规定由中级人民法院、高级人民法院、最高人民法院管辖的第一审民事案件外，其余一切民事案件都由基层法院管辖。

中级人民法院管辖重大涉外案件、在本辖区内有重大影响的案件以及最高人民法院确定由中级人民法院管辖的第一审民事案件。

高级人民法院管辖在本辖区内有重大影响的第一审民事案件。

最高人民法院管辖在全国范围内有重大影响的案件以及它认为应当由自己审理的案件。所谓在全国有重大影响的案件，是指在全国范围内案件性质比较严重、案情特别复杂、影响重大的案件，这类案件为数极少；所谓最高人民法院认为因当由本院审理的案件，是指只要最高人民法院认为某一案件应当由其审理，不论该案属于哪一级、哪一个法院管辖，它都有权对案件提审，从而取得对案件的管辖权。这是法律赋予最高审判机关在管辖上的特殊权力。但应明确的是，由最高人民法院作为第一审管辖的民事案件实行一审终审，不能上诉。

根据《最高人民法院关于调整高级人民法院和中级人民法院管辖第一审民事案件标准的通知》（法发〔2019〕14 号）、《最高人民法院关于调整高级人民法院和中级人民法院管辖第一审民商事案件标准的通知》（法发〔2015〕7 号）、《最高人民法院关于调整部分高级人民法院和中级人民法院管辖第一审民商事案件标准的通知》（法发〔2018〕13 号）等文件的规定，有关法院级别管辖的标准如下：

（1）高级人民法院管辖诉讼标的额 50 亿元（人民币）以上（包含本数）或者其他在本辖区有重大影响的第一审民事案件。

（2）中级人民法院管辖的诉讼标的额则根据地区不同而有所差异：

1）北京、上海、江苏、浙江、广东所辖中级人民法院管辖诉讼标的额 1 亿元以上 50 亿元以下的第一审民商事案件，若当事人一方住所地不在受理案件的法院所处省级辖区的，则为 5000 万元以上 50 亿元以下。

2）天津、河北、山西、内蒙古、辽宁、安徽、福建、山东、河南、湖北、湖南、广西、海南、四川、重庆所辖中级人民法院管辖诉讼标的额3000万元以上50亿元以下的第一审民商事案件，若当事人一方住所地不在受理案件的法院所处省级辖区的，则为2000万元以上50亿元以下。

3）贵州、陕西、甘肃、青海、宁夏、新疆和新疆建设兵团分院所辖中级人民法院管辖诉讼标的额2000万元以上50亿元以下的第一审民商事案件，若当事人一方住所地不在受理案件的法院所处省级辖区的，则为1000万元以上50亿元以下。

4）吉林、黑龙江、江西、云南所辖中级人民法院管辖诉讼标的额1000万元以上50亿元以下的第一审民商事案件。

5）西藏自治区所辖中级人民法院管辖诉讼标的额500万元以上50亿元以下的第一审民商事案件。

2. 地域管辖

地域管辖是指按照各法院的辖区和民事案件的隶属关系，划分同级法院受理第一审民事案件的分工和权限。地域管辖实际上是以法院与当事人、诉讼标的以及法律事实之间的隶属关系和关联关系来确定的，主要包括一般地域管辖、特殊地域管辖、专属管辖3种情况。

（1）一般地域管辖

一般地域管辖是以当事人与法院的隶属关系来确定诉讼管辖，适用于多数情况，通常实行"原告就被告"原则，即由被告所在地或者经常居住地法院管辖。根据《民事诉讼法》《最高人民法院关于适用〈中华人民共和国民事诉讼法〉若干问题的解释》（以下简称《民事诉讼法解释》），一般地域管辖包括以下几种情况：

1）对公民提起的民事诉讼，由被告住所地人民法院管辖，被告住所地与经常居住地不一致的，由经常居住地人民法院管辖。被告住所地是指公民户籍所在地。经常居住地是指公民离开住所地至起诉时已连续居住满1年的地方，但公民住院就医的地方除外。

2）对法人或其他组织提起的民事诉讼，由被告住所地人民法院管辖。被告住所地是指法人或者其他组织的主要办事机构所在地；主要办事机构所在地不能确定的，其注册地或登记地为被告住所地。

3）同一诉讼的几个被告住所地、经常居住地在两个以上人民法院辖区的，原告可以向任何一个被告住所地或经常居住地人民法院起诉。

4）对没有办事机构的个人合伙、合伙型联营体提起的诉讼，由被告注册登记地法院管辖，没有注册登记的，任一合伙人所在地法院都有管辖权。

5）两个以上人民法院都有管辖权的诉讼，原告可以向其中一个人民法院起诉；原告向两个以上有管辖权的人民法院起诉的，由最先立案的人民法院管辖。

（2）特殊地域管辖

特殊地域管辖是为了适应民商事纠纷具有多个活动地点的特点作出的规定，《民事诉讼法》规定了 11 种特殊地域管辖，包括原告住所地、合同履行地、标的物所在地、法律事实所在地等。

建设工程纠纷大多是合同纠纷，《民事诉讼法》规定，因合同纠纷提起的诉讼，由被告住所地或合同履行地人民法院管辖。根据《民事诉讼法解释》规定，合同约定履行地点的，以约定的履行地点为合同履行地。合同对履行地点没有约定或者约定不明确，争议标的为给付货币的，接收货币一方所在地为合同履行地；交付不动产的，不动产所在地为合同履行地；其他标的，履行义务一方所在地为合同履行地。即时结清的合同，交易行为地为合同履行地。合同没有实际履行，当事人双方住所地都不在合同约定的履行地的，由被告住所地人民法院管辖。

对于合同纠纷，《民事诉讼法》还规定了协议管辖制度。所谓协议管辖，是指合同当事人可以在纠纷发生前后，在法律允许的范围内，可以书面协议选择被告住所地、合同履行地、合同签订地、原告住所地、标的物所在地等与争议有实际联系的地点的人民法院管辖，但不得违反级别管辖和专属管辖的规定。

（3）专属管辖

专属管辖是指法律规定对于某些特殊类型案件专门由特定的法院管辖。专属管辖是排他性管辖，凡法律规定为专属管辖的诉讼，均适用专属管辖，不适用一般地域管辖和特殊地域管辖。专属管辖的案件主要适用于不动产纠纷、港口作业、遗产继承 3 类案件。

《民事诉讼法》规定，因不动产纠纷提起的诉讼，由不动产所在地人民法院管辖；因港口作业中发生纠纷提起的诉讼，由港口所在地人民法院管辖；因继承遗产纠纷提起的诉讼，由被继承人死亡时住所地或者主要遗产所在地人民法院管辖。

《民事诉讼法解释》还规定，不动产纠纷是指因不动产的权利确认、分割、相邻关系等引起的物权纠纷，农村土地承包经营合同纠纷、房屋租赁合同纠纷、建设工程施工合同纠纷、政策性房屋买卖合同纠纷，按照不动产纠纷确定管辖。不动产已登记的，以不动产登记簿记载的所在地为不动产所在地；不动产未登记的，以不动产实际所在地为不动产所在地。

3. 移送管辖和指定管辖

（1）移送管辖

人民法院发现已受理的案件不属于本院管辖的，应当移送有管辖权的人民法院。受移送的人民法院应当受理。受移送的人民法院认为受移送的案件依照规定不属于本院管辖的，应当报请上级人民法院指定管辖，不得再自行移送。

（2）指定管辖

有管辖权的人民法院由于特殊原因，不能行使管辖权的，由上级人民法院指定管辖。人民法院之间因管辖权发生争议，由争议双方协商解决；协商解决不了的，报请它们的共同上级人民法院指定管辖。

4. 管辖权异议

管辖权异议是指民事诉讼当事人（通常是被告）认为受理案件的人民法院没有管辖权而提出异议，人民法院应当认真核实处理。

根据《民事诉讼法》《最高人民法院关于审理民事级别管辖异议案件若干问题的规定》，人民法院受理案件后，当事人对管辖权有异议的，应当在提交答辩状期间提出。人民法院应当审查，异议成立的，裁定将案件移送有管辖权的人民法院；异议不成立的，裁定驳回。

5. 管辖权转移

《民事诉讼法》规定，上级人民法院有权审理下级人民法院管辖的第一审民事案件；确有必要将本院管辖的第一审民事案件交下级人民法院审理的，应当报请其上级人民法院批准。下级人民法院对它所管辖的第一审民事案件，认为需要由上级人民法院审理的，可以报请上级人民法院审理。

管辖权转移不同于移送管辖：① 移送管辖是没有管辖权的法院把案件移送给有管辖权的法院审理，而管辖权转移是有管辖权的法院把案件转移给原来没有管辖权的法院审理；② 移送管辖可能在上下级法院之间或者在同级法院之间发生，而管辖权转移仅限于上下级法院之间。

11.2.2　民事诉讼的当事人和代理人

1. 民事诉讼当事人

民事诉讼当事人是指因民事权利义务发生争议，以自己的名义参加诉讼的公民、法人或其他组织。通常包括原告和被告，有时还有共同诉讼人、第三人。

（1）原告和被告

原告是指以自己的名义提起诉讼，从而引起民事诉讼程序的当事人。被告是指原告诉称侵犯原告民事权益而由法院通知其应诉的当事人。原告可以放弃或者变更诉讼请求。被告可以承认或者反驳诉讼请求，有权提起反诉。

《民事诉讼法》规定，公民、法人和其他组织可以作为民事诉讼的当事人。法人由其法定代表人进行诉讼，其他组织由其主要负责人进行诉讼。

（2）共同诉讼人

共同诉讼人是指当事人一方或双方为 2 人或 2 人以上，诉讼标的是共同的，或者诉讼标的是同一种类、人民法院认为可以合并审理并经当事人同意一同在人民法院进行诉讼的人，如建设工程中因拖欠建筑工人工资引起的诉讼。

（3）第三人

第三人是指对他人争议的诉讼标的有独立的请求权，或者虽无独立的请求权，但案件的处理结果与其存在法律上的利害关系，可以申请参加诉讼或者由法院通知参加诉讼的人。第三人的利益依附于原告或者被告，如因总包商未及时向分包商支付工程款使其无法向实际施工人支付，实际施工人对总包商提起代位权诉讼，则分包商可以作为第三人参加诉讼。

2. 民事诉讼代理人

民事诉讼代理人是指根据法律规定或者当事人委托，代理当事人进行民事诉讼活动的人。与代理分为法定代理、委托代理和指定代理一样，诉讼代理人通常也可分为法定诉讼代理人、委托诉讼代理人和指定诉讼代理人。在建设工程纠纷中，最常见的是委托诉讼代理人。

《民事诉讼法》规定，当事人、法定代理人可以委托 1~2 人作为诉讼代理人。下列人员可以被委托为诉讼代理人：① 律师、基层法律服务工作者；② 当事人的近亲属或者工作人员；③ 当事人所在社区、单位以及有关社会团体推荐的公民。

委托他人代为诉讼，必须向人民法院提交由委托人签名或者盖章的授权委托书。授权委托书必须载明委托事项和权限。诉讼代理人代为承认、放弃、变更诉讼请求，进行和解，提起反诉或者上诉，必须有委托人的特别授权。针对实践中经常出现的授权委托书仅写"全权代理"而无具体授权的情形，最高人民法院还特别规定，在这种情况下不能认定为诉讼代理人已获得特别授权，即诉讼代理人无权代为承认、放弃、变更诉讼请求，进行和解，提起反诉或者上诉。

11.2.3　民事诉讼的证据规则

证据是指能在诉讼中证明案件真实情况的各种资料。《民事诉讼法》第七条规定："人民法院审理民事案件，必须以事实为根据，以法律为准绳。"民事诉讼遵循"谁主张谁举证"的原则，当事人要证明自己提出的主张，需要向法院提供相应的证据资料，否则将承担举证不能的不利法律后果。由于证据对于民事诉讼非常重要，因此《民事诉讼法》《最高人民法院关于民事诉讼证据的若干规定》（法释〔2019〕19 号，2020 年 5 月 1 日起施行，以下简称《民事诉讼证据规定》）、《最高人民法院关于适用〈关于民事诉讼证据的若干规定〉中有关举证时限规定的通知》等都对民事诉讼证据作了非常严格的规定，大体上包含证据的种类和标准、证据保全、证据的认定程序几个方面。

1. 证据的种类和标准

根据表现形式的不同，《民事诉讼法》把证据划分为 8 种类型：当事人的陈述、书证、物证、视听资料、电子数据、证人证言、鉴定意见、勘验笔录。

（1）书证和物证

书证是指以所载文字、符号或图案等方式所表达的思想内容来证明案件事实的书面材料或者其他物品。书证在民事诉讼和仲裁中普遍存在、大量运用，一般表现为各种书面形式文件或纸质文字材料。在建设工程领域，合同文件、信函、会议记录、工程图纸、施工日志、监理日志、验收记录、各种往来文件等都可以作为书证。

物证是指能够证明案件事实的物品及其痕迹，凡是以其存在的外形、重量、性状、质地、规格等物体的内部或者外部特征来证明待证事实的物品及痕迹，均属于物证范畴。在建设工程领域，对建筑材料、设备以及工程质量进行鉴定的过程中所涉及的各种证据，往往表现为物证这种形式，如力学试验的钢筋、混凝土试件等都具备物证的特征。

《民事诉讼法》规定，书证应当提交原件，物证应当提交原物。提交原件或者原物确有困难的，可以提交复制品、照片、副本、节录本。根据《民事诉讼证据规定》的相关规定，当事人"如需自己保存证据原件、原物或者提供原件、原物确有困难的，可以提供经人民法院核对无异的复制件或者复制品"。但是，无法与原件、原物核对的复印件、复制品，不能单独作为认定案件事实的依据。

（2）视听资料

视听资料是指利用录音、录像等技术手段反映的声音、图像以及电子计算机储存的数据证明案件事实的证据。常见的视听资料包括录像带、录音带、胶卷、电话录音、雷达扫描资料以及储存于软盘、硬盘或光盘中的电脑数据等。工程实践中，在项目部设置录音电话、工地现场设置视频录制设备等均可以以视听资料的方式进行取证。

视听资料虽然具有易于保存、生动逼真等优点，但也有容易通过技术手段被篡改的缺点。因此，《民事诉讼证据规定》中规定，存有疑点的视听资料，不能单独作为认定案件事实的依据。

此外，对于未经对方当事人同意私自录制其谈话取得的资料，根据《民事诉讼证据规定》，只要不是以侵害他人合法权益（如侵害隐私）或者违反法律禁止性规定的方法（如窃听）取得的，仍可以作为认定案件事实的依据。

（3）证人证言和当事人陈述

证人证言是指证人就其所了解的案件情况向法院或者仲裁机构所作的陈述，这种陈述可以是书面形式、口头形式或其他形式。《民事诉讼法》规定，凡是知道案件情况的单位和个人，都有义务出庭作证。有关单位的负责人应当支持证人作证。不能正确表达意思的人，不能作证。同时规定，证人应当出庭作证，确因健康原因、交通不便、不可抗力等情况不能出庭作证的，经人民法院许可，可以通过书面证言、视听传输技术或者视听资料等方式作证。与一方当事人或者其代理人有利害关系的证人出具的证言，以及无正当理由未出庭作证的证人证言，不能单独作为认定案件事实的依据。

当事人陈述是指当事人就案件的事实向法院或仲裁机构所作的陈述。《民事诉讼法》规定，人民法院对当事人的陈述，应当结合本案的其他证据，审查确定能否作为认定事实的根据。当事人拒绝陈述的，不影响人民法院根据证据认定案件事实。《民事诉讼证据规定》还规定，当事人对自己的主张，只有本人陈述而不能提出其他相关证据的，其主张不予支持，但对方当事人认可的除外。

（4）鉴定意见和勘验笔录

鉴定意见是指各行业的专家对案件中的专门性问题所出具的专门性意见，在建设工程领域常见的是工程造价鉴定和工程质量鉴定等。通常情况下由法院或仲裁机构委托具有相应资格的专业鉴定机构进行鉴定，并出具鉴定意见。对于争议较大的工程造价、工程质量问题，人民法院对事实的认定通常以鉴定意见作为重要依据。

《民事诉讼证据规定》规定，当事人申请鉴定，应当在举证期限内提出。对需要鉴定的事项负有举证责任的当事人，在人民法院指定的期限内无正当理由不提出鉴定申请或者不预交鉴定费用或者拒不提供相关材料，致使对案件争议的事实无法通过鉴定结论予以认定的，应当对该事实承担举证不能的法律后果。当事人申请鉴定经人民法院同意后，由双方当事人协商确定有鉴定资格的鉴定机构、鉴定人员，协商不成的，由人民法院指定。

勘验笔录是指人民法院为了查明案件事实，指派勘验人员对案件争议有关的现场、物品或物体进行查验、拍照、测量，并将查验情况与结果制作成笔录。勘验物证或者现场，勘验人必须出示人民法院证件，并邀请当地基层组织或者当事人所在单位派人参加。当事人或者当事人的成年家属应当到场，拒不到场的，不影响勘验进行。勘验笔录应当由勘验人、当事人和被邀请的人签名或盖章。

（5）电子数据

电子数据是指与案件事实有关的电子邮件等以电子形式存在的证据。常见的有电子邮件、电子聊天记录、电子数据交换、电子公告牌记录、电子资金划拨和电子签章等。可以电子编辑的移动通信通话记录、短信也属于电子数据。电子证据作为证据使用通常以其派生物形式存在，如经打印机输出的电子数据的计算机截屏图纸质打印件。

2. 证据保全

解决纠纷的过程就是证明的过程。在诉讼或仲裁中，哪些事实需要证据证明，哪些无需证明；哪些事实由谁证明；靠什么证明；怎么证明；证明到什么程度，这五个问题构成了证据应用的全部内容，即证明对象、举证责任、证据收集、证明过程、证明标准。证据保全是重要的证据固定措施。

（1）证据保全的概念

证据保全是指在证据可能发生毁损、灭失或者以后难以取得的情况下，法院根据申请人的申请或者依职权对证据加以固定和保护的制度。

启动证据保全有两种情形，即当事人或者利害关系人申请，或者人民法院根据情况主动采取证据保全措施。证据保全可以在提起诉讼或者仲裁前向证据所在地、被申请人所在地或者对案件有管辖权的人民法院申请。

（2）证据保全的申请

当事人申请证据保全的，人民法院可以要求提供担保；利害关系人申请证据保全的，则必须提供担保。不提供担保的，裁定驳回申请。人民法院接受申请后，对情况紧急的，必须在48小时内作出裁定；裁定采取保全措施的，应当立即开始执行。申请人在人民法院采取保全措施30日内不提起诉讼或者申请仲裁的，人民法院应当解除保全措施。申请错误的，申请人应当赔偿被申请人因保全所遭受的损失。

《仲裁法》也规定，在证据可能灭失或者以后难以取得的情况下，当事人可以申请证据保全。当事人申请证据保全的，仲裁委员会应当将当事人的申请提交证据所在地的基层人民法院。

（3）证据保全措施

人民法院对证据保全，可以根据具体情况采用查封、扣押、拍照、录音、录像、复制、鉴定、勘验、制作笔录等方法。人民法院对证据进行保全，可以要求当事人或者诉讼代理人到场。

3. 证据的认定程序

证据必须经过法院认定才能作为认定案件事实的依据，而根据《民事诉讼证据规定》，诉讼过程中，一方当事人对另一方当事人陈述的案件事实明确表示承认的，另一方当事人无需举证。因此通常情况下，各方当事人能够形成一致意见的证据，人民法院将按照当事人的意见进行认定；对于不能形成一致意见的证据则由双方针对证据的真实性、合法性、关联性提出意见，法院根据法律规定的认证规则进行认定。从程序上看主要包括举证、证据交换、质证、认证几个阶段。其中举证和证据交换是质证和认证的前提，而质证是指对方当事人对于证据进行质疑，认证则是法院对于有争议的证据作出判断。

（1）举证

举证即当事人向法院提交证据。举证应当在法院确定的期限内提交。法院根据当事人的主张和案件审理情况，确定当事人应当提供的证据及期限。当事人在举证期限内提交证据确有困难的，可以向人民法院申请延期，人民法院根据当事人申请适当延长。当事人逾期举证的，人民法院应当责令其说明理由，拒不说明理由或者理由不成立的，人民法院根据不同情形可以不予采纳该证据，或者采纳该证据但给予训诫、罚款。

《民事诉讼法解释》中规定，第一审程序举证期限不少于15日，当事人提供新证据的，第二审程序举证期限不少于10日。

（2）证据交换

证据交换是指在开庭审理前，各方当事人在法院主持下，互相明示其持有证据的过程。证据交换有利于明确案件焦点，确定当事人争议的主要问题。

简单的民事案件的证据交换通常在开庭当日进行，复杂的民事案件的证据交换可以在答辩期届满后、开庭审理前进行。当事人申请延期举证经法院准许的，证据交换日顺延。证据交换过程中，对于各方当事人无异议的事实、证据由审判人员记录在卷，对于有异议的则分门别类进行记载，便于后续工作。

（3）质证

质证是指各方当事人在法庭的主持下，对有异议的证据的真实性、合法性、关联性进行质疑、说明、辩驳的过程。根据《民事诉讼法》和《民事诉讼证据规定》的规定，证据应当在法庭上出示，由当事人质证。对于涉及国家秘密、商业秘密和个人隐私的证据应当保密，需要在法庭出示的，不得在公开开庭时出示。未经质证的证据，不能作为认定案件事实的依据。

1）书证、物证、视听资料的质证。通常情况下当事人有权要求出示证据原件或者原物，但有下列情形之一的除外：① 出示原件或者原物确有困难并经法院准许出示复制件或者复制品；② 原件或原物已经不存在，但有证据证明复制件、复制品与原件或原物一致的。

2）证人、鉴定人和勘验人的质证。《民事诉讼证据规定》中规定，证人应当出庭作证，确有困难不能出庭作证的，经法院许可，证人可以提交书面证言或者视听资料或者通过双向视听传输技术手段作证。审判人员和当事人可以对证人进行询问。证人不得旁听法庭审理；询问证人时，其他证人不得在场。法院认为有必要的，可以让证人进行对质。

鉴定人应当出庭接受当事人询问。鉴定人确因特殊原因无法出庭的，经法院准许，可以书面答复当事人的质询。经法庭许可，当事人可以向证人、鉴定人、勘验人发问。

（4）认证

认证即证据的审核认定，是指法院对经过质证或当事人在证据交换过程中认可的各种证据材料作出判断，确认其能否作为认定案件事实的根据，其内容是确认证据是否具有证明力及证明力的大小。其规则包括：

1）审判人员对单一证据可以从下列方面进行审核认定：① 证据是否原件、原物；复印件、复制品与原件、原物是否相符；② 证据与本案事实是否相关；③ 证据的形式、来源是否符合法律规定；④ 证据的内容是否真实；⑤ 证人或者提供证据的人与当事人有无利害关系。审判人员对案件的全部证据，应当从各证据与案件事实的关联程度、各证据之间的联系等方面进行综合审查判断。

2）下列证据不能单独作为认定案件事实的依据：① 当事人的陈述；② 无民事行为能力人或者限制民事行为能力人所作的与其年龄、智力状况或者精神健康状况不相当的证言；③ 与一方当事人或者其代理人有利害关系的证人陈述的证言；④ 存有疑点的视听资料、电子数据；⑤ 无法与原件、原物核对的复制件、复制品。

3）公文书证的制作者根据文书原件制作的载有部分或者全部内容的副本，与正本具有相同的证明力。在国家机关存档的文件，其复制件、副本、节录本经档案部门或者制作原本的机关证明其内容与原本一致的，该复制件、副本、节录本具有与原本相同的证明力。

4）私文书证的真实性，由主张以私文书证证明案件事实的当事人承担举证责任。私文书证由制作者或者其代理人签名、盖章或捺印的，推定为真实。私文书证上有删除、涂改、增添或者其他形式瑕疵的，人民法院应当综合案件的具体情况判断其证明力。

5）人民法院对于电子数据的真实性，应当结合下列因素综合判断：① 电子数据的生成、存储、传输所依赖的计算机系统的硬件、软件环境是否完整、可靠；② 电子数据的生成、存储、传输所依赖的计算机系统的硬件、软件环境是否处于正常运行状态，或者不处于正常运行状态时对电子数据的生成、存储、传输是否有影响；③ 电子数据的生成、存储、传输所依赖的计算机系统的硬件、软件环境是否具备有效地防止出错的监测、核查手段；④ 电子数据是否被完整地保存、传输、提取，保存、传输、提取的方法是否可靠；⑤ 电子数据是否在正常的往来活动中形成和存储；⑥保存、传输、提取电子数据的主体是否适当；⑦影响电子数据完整性和可靠性的其他因素。人民法院认为有必要的，可以通过鉴定或者勘验等方法，审查判断电子数据的真实性。

6）电子数据存在下列情形的，人民法院可以确认其真实性，但有足以反驳的相反证据的除外：①由当事人提交或者保管的于己不利的电子数据；②由记录和保存电子数据的中立第三方平台提供或者确认的；③在正常业务活动中形成的；④以档案管理方式保管的；⑤以当事人约定的方式保存、传输、提取的。电子数据的内容经公证机关公证的，人民法院应当确认其真实性，但有相反证据足以推翻的除外。

7）一方当事人控制证据无正当理由拒不提交，对待证事实负有举证责任的当事人主张该证据的内容不利于控制人的，人民法院可以认定该主张成立。

8）人民法院认定证人证言，可以通过对证人的智力状况、品德、知识、经验、法律意识和专业技能等的综合分析作出判断。

【案例 11-2】

背景：A、B、C三公司因建设工程价款结算问题提起民事诉讼，证据包括《建设工程施工合同》《工程质量验收报告》《工程图纸会审和设计交底记录》《地基与基础工程质量评定表》《地基隐蔽工程验收记录》《钎探结论》《造价鉴定报告书》《工程结算审核报告》。

问题：上述证据分别属于什么证据类型？

【评析】

上述证据都是用文字、符号或图画所表达的思想内容来证明案件事实的证据，属于书证的范畴。其中《造价鉴定报告书》由法院委托第三方鉴定，属于鉴定意见；《工程结算审核报告》属于单方制作的证据，证明力较小；《建设工程施工合同》《工程质量验收报告》《工程图纸会审和设计交底记录》《地基与基础工程质量评定表》《地基隐蔽工程验收记录》《钎探结论》都属于原始证据。

11.2.4 诉讼时效

1. 诉讼时效的概念

诉讼时效是指当事人的诉讼权利必须在民事权利受到侵害后一定期限内行使，超过法律规定的期限则胜诉权消灭的制度。

《民法典》规定，诉讼时效期间届满的，义务人可以提出不履行义务的抗辩。诉讼时效期间届满后，义务人同意履行的，不得以诉讼时效期间届满为由抗辩；义务人已经自愿履行的，不得请求返还。但是，人民法院不得主动适用诉讼时效的规定。

超过诉讼时效并不消灭起诉权而是消灭胜诉权，也就是说超过诉讼时效期限的当事人仍可以向人民法院提起民事诉讼，符合起诉条件的法院仍然应当受理。依照2020年12

月发布的《最高人民法院关于审理民事案件适用诉讼时效制度若干问题的规定》（法释〔2020〕17号，以下简称《适用诉讼时效的规定》），当事人未提出诉讼时效抗辩的，人民法院不应对诉讼时效问题进行释明。当事人在一审期间未提出诉讼时效抗辩，在二审期间提出的，人民法院不予支持，但其基于新的证据能够证明对方当事人的请求权已过诉讼时效期间的情形除外。当事人未按照上述规定提出诉讼时效抗辩，以诉讼时效期间届满为由申请再审或者提出再审抗辩的，人民法院不予支持。

2. 不适用诉讼时效的规定

《民法典》规定，下列请求权不适用诉讼时效的规定：① 请求停止侵害、排除妨碍、消除危险；② 不动产物权和登记的动产物权的权利人请求返还财产；③ 请求支付抚养费、赡养费或者扶养费；④ 依法不适用诉讼时效的其他请求权。

《适用诉讼时效的规定》同时规定，当事人可以对债权请求权提出诉讼时效抗辩，但对下列债权请求权提出诉讼时效抗辩的，人民法院不予支持：① 支付存款本金及利息请求权；② 兑付国债、金融债券以及向不特定对象发行的企业债券本息请求权；③ 基于投资关系产生的缴付出资请求权；④ 其他依法不适用诉讼时效规定的债权请求权。

3. 诉讼时效期间的种类

根据《民法典》及有关法律的规定，诉讼时效期间，即当事人向人民法院请求保护民事权利的期间，通常可以划分为3类：

（1）普通诉讼时效。《民法典》规定，向人民法院请求保护民事权利的诉讼时效期间为3年。法律另有规定的，依照其规定。

（2）特殊诉讼时效。特殊诉讼时效是由特别法规定的诉讼时效。例如，《民法典》第五百九十四条规定，因国际货物买卖合同和技术进出口合同争议提起诉讼或者申请仲裁的期限为4年；《中华人民共和国海商法》规定，海上货物运输向承运人要求赔偿的请求权，时效期间为1年。

（3）权利的最长保护期。诉讼时效期间自权利人知道或者应当知道权利受到损害以及义务人之日起计算。但是，自权利受到损害之日起超过20年的，人民法院不予保护；有特殊情况的，人民法院可以根据权利人的申请决定延长。

4. 诉讼时效期间的起算

《民法典》规定，诉讼时效期间自权利人知道或者应当知道权利受到损害以及义务人之日起计算。同时还规定：

（1）当事人约定同一债务分期履行的，诉讼时效期间自最后一期履行期限届满之日起计算。

（2）无民事行为能力人或者限制民事行为能力人对其法定代理人请求权的诉讼时效期间，自该法定代理终止之日起计算。

（3）未成年人遭受性侵害的损害赔偿请求权的诉讼时效期间，自受害人年满18周岁之日起计算。

另外,《适用诉讼时效的规定》还规定,一些特殊情况的诉讼时效期间起算方法如下:

(1)未约定履行期限的合同,依照《民法典》第五百一十条、第五百一十一条的规定,可以确定履行期限的,诉讼时效期间从履行期限届满之日起计算;不能确定履行期限的,诉讼时效期间从债权人要求债务人履行义务的宽限期届满之日起计算,但债务人在债权人第一次向其主张权利之时明确表示不履行义务的,诉讼时效期间从债务人明确表示不履行义务之日起计算。

(2)享有撤销权的当事人一方请求撤销合同的,应适用《民法典》关于除斥期间的规定。对方当事人对撤销合同请求权提出诉讼时效抗辩的,人民法院不予支持。

(3)合同被撤销,返还财产、赔偿损失请求权的诉讼时效期间从合同被撤销之日起计算。

(4)返还不当得利请求权的诉讼时效期间,从当事人一方知道或者应当知道不当得利事实及对方当事人之日起计算。

(5)管理人因无因管理行为产生的给付必要管理费用、赔偿损失请求权的诉讼时效期间,从无因管理行为结束并且管理人知道或者应当知道本人之日起计算。本人因不当无因管理行为产生的赔偿损失请求权的诉讼时效期间,从其知道或者应当知道管理人及损害事实之日起计算。

5.诉讼时效的中止

诉讼时效中止,即诉讼时效期间暂时停止计算。在导致诉讼时效中止的原因消除后,也就是权利人可以行使请求权时起诉讼时效继续计算。《民法典》规定,在诉讼时效期间的最后 6 个月内,因下列障碍,不能行使请求权的,诉讼时效中止:

(1)不可抗力;

(2)无民事行为能力人或者限制民事行为能力人没有法定代理人,或者法定代理人死亡、丧失民事行为能力、丧失代理权;

(3)继承开始后未确定继承人或者遗产管理人;

(4)权利人被义务人或者其他人控制;

(5)其他导致权利人不能行使请求权的障碍。

自中止时效的原因消除之日起满 6 个月,诉讼时效期间届满。

6.诉讼时效的中断

诉讼时效中断是指因提起诉讼、当事人一方提出要求或者同意履行义务而中断。从中断时起,诉讼时效期间重新计算。《民法典》第一百九十五条规定,有下列情形之一的,诉讼时效中断,从中断、有关程序终结时起,诉讼时效期间重新计算:

(1)权利人向义务人提出履行请求。《适用诉讼时效的规定》进一步规定,具有下列情形之一的,应当认定为《民法典》第一百九十五条规定的"权利人向义务人提出履行请求",产生诉讼时效中断的效力:①当事人一方直接向对方当事人送交主张权利文书,对方当事人在文书上签名、盖章、按指印或者虽未签名、盖章、按指印但能够以其他方式证明该文书到达对方当事人的；② 当事人一方以发送信件或者数据电文方式主张权利，信件或者数据电文到达或者应当到达对方当事人的；③ 当事人一方为金融机构，依照法律规定或者当事人约定从对方当事人账户中扣收欠款本息的；④ 当事人一方下落不明，对方当事人在国家级或者下落不明的当事人一方住所地的省级有影响的媒体上刊登具有主张权利内容的公告的，但法律和司法解释另有特别规定的，适用其规定；⑤ 权利人对同一债权中的部分债权主张权利，诉讼时效中断的效力及于剩余债权，但权利人明确表示放弃剩余债权的情形除外；⑥ 债权转让的，应当认定诉讼时效从债权转让通知到达债务人之日起中断。债务承担情形下，构成原债务人对债务承认的，应当认定诉讼时效从债务承担意思表示到达债权人之日起中断。

（2）义务人同意履行义务。《适用诉讼时效的规定》进一步规定，义务人作出分期履行、部分履行、提供担保、请求延期履行、制定清偿债务计划等承诺或者行为的，应当认定为《民法典》第一百九十五条规定的"义务人同意履行义务"。

（3）权利人提起诉讼或者申请仲裁。《适用诉讼时效的规定》进一步规定：① 当事人一方向人民法院提交起诉状或者口头起诉的，诉讼时效从提交起诉状或者口头起诉之日起中断；② 权利人向人民调解委员会以及其他依法有权解决相关民事纠纷的国家机关、事业单位、社会团体等社会组织提出保护相应民事权利的请求，诉讼时效从提出请求之日起中断；③ 权利人向公安机关、人民检察院、人民法院报案或者控告，请求保护其民事权利的，诉讼时效从其报案或者控告之日起中断。上述机关决定不立案、撤销案件、不起诉的，诉讼时效期间从权利人知道或者应当知道不立案、撤销案件或者不起诉之日起重新计算；刑事案件进入审理阶段，诉讼时效期间从刑事裁判文书生效之日起重新计算；④ 对于连带债权人中的一人发生诉讼时效中断效力的事由，应当认定对其他连带债权人也发生诉讼时效中断的效力；对于连带债务人中的一人发生诉讼时效中断效力的事由，应当认定对其他连带债务人也发生诉讼时效中断的效力；⑤ 债权人提起代位权诉讼的，应当认定对债权人的债权和债务人的债权均发生诉讼时效中断的效力。

（4）与提起诉讼或者申请仲裁具有同等效力的其他情形。《适用诉讼时效的规定》进一步规定，下列事项之一，人民法院应当认定与提起诉讼具有同等诉讼时效中断的效力：① 申请支付令；② 申请破产、申报破产债权；③ 为主张权利而申请宣告义务人失踪或死亡；④ 申请诉前财产保全、诉前临时禁令等诉前措施；⑤ 申请强制执行；⑥ 申请追加当事人或者被通知参加诉讼；⑦ 在诉讼中主张抵销；⑧ 其他与提起诉讼具有同等诉讼时效中断效力的事项。

11.2.5 民事诉讼审判程序

民事诉讼审判程序即人民法院审理民事案件所遵循的步骤、经历的阶段及其具体要求。我国实行两审终审制，即人民法院作出判决或者裁定以后，如果当事人对一审判决或者裁定不服，可以向上一级人民法院提起上诉，上诉被称为二审，二审判决或者裁定是最终发生法律效力的判决或者裁定。如果在上诉期限内，当事人均不上诉，则上诉期结束后一审判决或者裁定发生法律效力。除此之外，对于已经发生法律效力的判决或者裁定，如果确有错误，人民法院、当事人、人民检察院则可以提起审判监督程序再审。因此，我国《民事诉讼法》规定的诉讼程序可以分为一审程序、二审程序和审判监督程序。

1. 一审程序

一审程序包括普通程序和简易程序。普通程序是当事人进行第一审民事诉讼和人民法院审理第一审民事案件适用的诉讼程序。简易程序适用于事实清楚、权利义务关系明确、争议不大、标的额较小的简单民事案件。建设工程纠纷通常适用普通程序。根据《民事诉讼法》的规定，人民法院适用普通程序审理的案件，应当在立案之日起 6 个月内审结；有特殊情况需要延长的，经本院院长批准可以延长 6 个月；还需要延长的，报请上级人民法院批准。人民法院适用简易程序审理的案件，应当在立案之日起 3 个月内审结。有特殊情况需要延长的，经本院院长批准，可以延长 1 个月。

一审普通程序大体上包括起诉、受理、开庭审理 3 个阶段。

（1）起诉

起诉即当事人提起民事诉讼，必须符合下列条件：① 原告是与本案有直接利害关系的公民、法人和其他组织；② 有明确的被告；③ 有具体的诉讼请求和事实、理由；④ 属于人民法院受理民事诉讼的范围和受诉人民法院管辖。

起诉通常需要以书面形式提起，应当提交起诉状，并按照被告人数提交副本。书写起诉状确有困难的，可以口头起诉，由人民法院记入笔录，并告知对方当事人。《民事诉讼法》规定，起诉状应当记明下列事项：① 原告的姓名、性别、年龄、民族、职业、工作单位、住所、联系方式，法人或者其他组织的名称、住所和法定代表人或者主要负责人的姓名、职务、联系方式；② 被告的姓名、性别、工作单位、住所等信息，法人或者其他组织的名称、住所等信息；③ 诉讼请求和所根据的事实与理由；④ 证据和证据来源，证人姓名和住所。

（2）受理

受理即人民法院对当事人提交的材料进行审查，符合条件的予以登记立案，同时做好开庭前的准备工作。《民事诉讼法》规定，人民法院应当保障当事人依照法律规定享有的起诉权利。对符合本法第一百一十九条的起诉，必须受理。符合起诉条件的，应当在 7 日内立案，并通知当事人；不符合起诉条件的，应当在 7 日内作出裁定书，不予受理；原告对裁定不服的，可以提起上诉。

立案由当事人或者委托诉讼代理人到人民法院的立案庭登记立案。开庭前的准备工作如下：

1）送达起诉状副本和提出答辩状

《民事诉讼法》规定，人民法院应当在立案之日起 5 日内将起诉状副本发送被告，被告应当在收到之日起 15 日内提出答辩状。答辩状是对原告在起诉状里的内容进行反驳的书面材料。人民法院应当在收到答辩状之日起 5 日内将答辩状副本发送原告。被告不提出答辩状的，不影响人民法院审理。

诉讼文书的送达必须有送达回证，由受送达人在送达回证上记明收到日期，签名或者盖章。受送达人在送达回证上的签收日期为送达日期。人民法院送达文书的方式包括直接送达；留置送达；经受送达人同意，法院可以对除判决书、裁定书、调解书以外的诉讼文书采用传真、电子邮件等能够确认其收悉的方式送达；委托送达、邮件送达以及公告送达。

2）告知当事人的权利义务及组成合议庭

人民法院对决定受理的案件，应当在受理案件通知书和应诉通知书中向当事人告知有关的诉讼权利义务，或者口头告知。人民法院适用普通程序审理的案件应当组成合议庭，合议庭人数通常为 3 人，合议庭组成人员确定后，应当在 3 日内告知当事人。

3）开庭当日的准备程序

在开庭当日，正式开庭前，人民法院要进一步了解各方当事人的争议程度，分别处理：① 当事人没有争议，符合督促程序规定条件的，可以转入督促程序；② 开庭前可以调解的，采取调解方式及时解决纠纷；③ 根据案件情况，确定适用简易程序或者普通程序；④ 需要开庭审理的，通过要求当事人交换证据等方式，明确争议焦点。

（3）开庭审理

1）开庭审理方式

开庭审理根据是否向社会公开，分为公开审理和不公开审理。其中公开审理是原则，不公开审理是例外。《民事诉讼法》规定，人民法院审理民事案件，除涉及国家秘密、个人隐私或者法律另有规定的以外，应当公开进行。离婚案件，涉及商业秘密的案件，当事人申请不公开审理的，可以不公开审理。

2）法庭调查

法庭调查是指在法庭上出示证据并对证据进行质证的过程。法庭调查顺序如下：① 当事人陈述；② 告知证人的权利义务，证人作证，宣读未到庭的证人证言；③ 出示书证、物证、视听资料和电子数据；④ 宣读鉴定意见；⑤ 宣读勘验笔录。

3）法庭辩论

法庭辩论是当事人及其诉讼代理人针对有争议的事实和法律问题进行辩论的程序，即针对对方不符合真实性、关联性、合法性的证据以及不符合法律规定的意见提出反驳意见，或者对于对方关于证据的观点进行解释说明。目的在于通过各方当事人及其诉讼代理人的辩论，尽可能全面地查清事实和正确地适用法律。其程序如下：① 原告及其诉讼代理人发言；② 被告及其诉讼代理人答辩；③ 第三人及其诉讼代理人发言或者答辩；④ 互相辩论。

法庭辩论终结，由审判长按照原告、被告、第三人的先后顺序征询各方最后意见。

4）法庭笔录

法庭笔录由书记员记录，审判人员和书记员签名。法庭笔录由当事人和其他诉讼参与人签名或者盖章。拒绝签名盖章的，记明情况附卷。

5）宣判

宣判即人民法院对所审理的案件作出判决或裁定，并将法律文书送达当事人及时公示。其中判决适用于对实体性权利的处理，裁定适用于对程序性权利的处理。

法庭辩论终结，应当依法作出判决。判决前能够调解的，还可以进行调解；调解不成的，应当及时判决。调解书经各方当事人签收后即具有法律效力。调解不成未达成协议或者调解书送达前一方反悔的，法院应当及时判决。

原告经传票传唤，无正当理由拒不到庭的，或者未经法庭许可中途退庭的，可以按撤诉处理；被告反诉的，可以缺席判决。被告经传票传唤，无正当理由拒不到庭的，或者未经法庭许可中途退庭的，可以缺席判决。

人民法院对公开审理或者不公开审理的案件，一律公开宣告判决。当庭宣判的，应当在 10 日内发送判决书；定期宣判的，宣判后立即发给判决书。宣告判决时，必须告知当事人上诉权利、上诉期限和上诉的法院。根据《最高人民法院关于人民法院在互联网公布裁判文书的规定》，除了涉及国家秘密、婚姻家庭、未成年人犯罪、调解结案以及人民法院认为不宜在互联网公布的其他情形的，裁判文书都应在中国裁判文书网上进行公布。

2. 二审程序

二审程序即上诉程序或终审程序，是指由于当事人不服一审判决或裁定，在法定上诉期限内向上一级人民法院提起上诉所适用的程序。我国实行两审终审制，上诉案件经二审法院审理后作出的判决、裁定为终审的判决、裁定，一经送达即发生法律效力。

（1）上诉期间

《民事诉讼法》规定，当事人不服地方人民法院第一审判决的，有权在判决书送达之日起 15 日内向上一级人民法院提起上诉。当事人不服地方人民法院第一审裁定的，有权在裁定书送达之日起 10 日内向上一级人民法院提起上诉。

（2）上诉状

上诉状的作用类似于一审的起诉状，但内容主要针对一审判决，除了起诉状要求写明的内容外，还应当记明原审人民法院名称、案件的编号和案由、上诉的请求和理由等。上诉状应当通过原审人民法院提出，并按照对方当事人或者代表人的人数提出副本。当事人直接向第二审人民法院上诉的，第二审人民法院应当在 5 日内将上诉状移交原审人民法院。

（3）二审法院的审理

二审法院审理上诉案件，除有特别规定的以外，适用第一审普通程序。第二审的上诉审查仅限于当事人上诉请求的范围，不对案件进行全面审查。《民事诉讼法》规定，第二审人民法院应当对上诉请求的有关事实和适用法律进行审查。第二审人民法院对上诉案件，应当组成合议庭，开庭审理。经过阅卷、调查和询问当事人，对没有提出新的事实、证据或者理由，人民法院认为不需要开庭审理的，可以不开庭审理。

第二审人民法院对上诉案件，经过审理，按照下列情形，分别处理：

1）原判决、裁定认定事实清楚，适用法律正确的，以判决、裁定方式驳回上诉，维持原判决、裁定；

2）原判决、裁定认定事实错误或者适用法律错误的，以判决、裁定方式依法改判、撤销或者变更；

3）原判决认定基本事实不清的，裁定撤销原判决，发回原审人民法院重审，或者查清事实后改判；

4）原判决遗漏当事人或者违法缺席判决等严重违反法定程序的，裁定撤销原判决，发回原审人民法院重审。

原审人民法院对发回重审的案件作出判决后，当事人提起上诉的，第二审人民法院不得再次发回重审。

第二审人民法院的判决、裁定，是终审的判决、裁定。

3. 审判监督程序

（1）审判监督程序的概念

审判监督程序也称再审程序，是指由有审判监督权的法定机关和人员提起，或由当事人申请，由人民法院对发生法律效力的判决、裁定、调解书再次审理的程序。

（2）审判监督程序的提起

1）人民法院提起再审

人民法院提起再审，必须是已经发生法律效力的判决或者裁定确有错误。《民事诉讼法》规定，各级人民法院院长对本院已经发生法律效力的判决、裁定、调解书，发现确有错误，认为需要再审的，应当提交审判委员会讨论决定。最高人民法院对地方各级人民法院已经发生法律效力的判决、裁定、调解书，上级人民法院对下级人民法院已经发生法律效力的判决、裁定、调解书，发现确有错误的，有权提审或者指令下级人民法院再审。

人民法院按照审判监督程序再审的案件，发生法律效力的判决、裁定是由第一审法院作出的，按照第一审程序审理，所作的判决、裁定，当事人可以上诉；发生法律效力的判决、裁定是由第二审法院作出的，按照第二审程序审理，所作的判决、裁定，是发生法律效力的判决、裁定；上级人民法院按照审判监督程序提审的，按照第二审程序审理，所作的判决、裁定是发生法律效力的判决、裁定。人民法院审理再审案件，应当另行组成合议庭。

2）当事人申请再审

当事人申请不一定引起审判监督程序，需要符合规定的条件。当事人对已经发生法律效力的判决、裁定，认为有错误的，可以向上一级人民法院申请再审；当事人一方人数众多或者当事人双方为公民的案件，也可以向原审人民法院申请再审。当事人申请再审的，不停止判决、裁定的执行。

《民事诉讼法》规定，当事人的申请符合下列情形之一的，人民法院应当再审：① 有新的证据，足以推翻原判决、裁定的；② 原判决、裁定认定的基本事实缺乏证据证明的；③ 原判决、裁定认定事实的主要证据是伪造的；④ 原判决、裁定认定事实的主要证据未经质证的；⑤ 对审理案件需要的主要证据，当事人因客观原因不能自行收集，书面申请人民法院调查收集，人民法院未调查收集的；⑥ 原判决、裁定适用法律确有错误的；⑦ 审判组织的组成不合法或者依法应当回避的审判人员没有回避的；⑧ 无诉讼行为能力人未经法定代理人代为诉讼，或者应当参加诉讼的当事人因不能归责于本人或者其诉讼代理人的事由，未参加诉讼的；⑨ 违反法律规定，剥夺当事人辩论权利的；⑩ 未经传票传唤，缺席判决的；⑪ 原判决、裁定遗漏或者超出诉讼请求的；⑫ 据以作出原判决、裁定的法律文书被撤销或者变更的；⑬ 审判人员审理该案件时有贪污受贿、徇私舞弊、枉法裁判行为的。

当事人申请再审，应当在判决、裁定发生法律效力后 6 个月内提出；有上述第 1 项、第 3 项、第 12 项、第 13 项规定情形的，自知道或者应当知道之日起 6 个月内提出。申请再审期间不适用中止、中断和延长的规定。

3）人民检察院抗诉

抗诉是指人民检察院对人民法院发生法律效力的判决、裁定，发现有提起抗诉的法定情形，提请人民法院对案件重新审理。

最高人民检察院对各级人民法院已经发生法律效力的判决、裁定，上级人民检察院对下级人民法院已经发生法律效力的判决、裁定，发现有符合当事人可以申请再审情形之一的，或者发现调解书损害国家利益、社会公共利益的，应当提出抗诉。地方各级人民检察院对同级人民法院已经发生法律效力的判决、裁定，发现有符合当事人可以申请再审情形之一的，或者发现调解书损害国家利益、社会公共利益的，可以向同级人民法院提出检察建议，并报上级人民检察院备案；也可以提请上级人民检察院向同级人民法院提出抗诉。

11.2.6　民事诉讼执行程序

民事诉讼审判程序和执行程序是并列的独立程序。审判程序是产生裁判书的过程，执行程序是实现裁判书的过程。

1. 执行程序的概念

执行程序是指人民法院的执行机构依照法定程序，对发生法律效力并具有给付内容的法律文书，以国家强制力为后盾，依法采取强制措施，迫使具有给付义务的当事人履行义务的行为。

执行应当具备以下条件：① 执行以生效的法律文书为根据；② 执行根据必须具备给

付内容；③执行必须以负有义务的一方当事人无故拒不履行义务为前提。

2. 执行根据

执行根据是当事人申请执行、人民法院移交执行以及人民法院采取强制措施的依据。执行根据是执行程序发生的基础，没有执行根据，当事人不能向人民法院申请执行，人民法院也不得采取强制措施。

执行根据主要有：①人民法院制作的发生法律效力的民事判决书、裁定书及生效的调解书等；②人民法院作出的具有财产给付内容的发生法律效力的刑事判决书、裁定书；③仲裁机构制作的依法由人民法院执行的生效仲裁裁决书、仲裁调解书；④公证机关依法作出的赋予强制执行效力的公证债权文书；⑤人民法院作出的先予执行的裁定、执行回转的裁定，以及承认并协助执行外国判决、裁定或裁决的裁定；⑥行政机关作出的法律明确规定由人民法院执行的行政决定；⑦人民法院依督促程序发布的支付令等。

3. 执行案件的管辖

发生法律效力的民事判决、裁定，以及刑事判决、裁定中的财产部分，由第一审人民法院或者与第一审人民法院同级的被执行的财产所在地人民法院执行。法律规定由人民法院执行的其他法律文书，由被执行人住所地或者被执行的财产所在地人民法院执行。

人民法院受理执行申请后，当事人对管辖权有异议的，应当自收到执行通知书之日起 10 日内提出。

4. 执行程序

（1）当事人申请执行

发生法律效力的民事判决、裁定，当事人必须履行。一方拒绝履行的，对方当事人可以向人民法院申请执行，也可以由审判员移送执行员执行。调解书和其他应当由人民法院执行的法律文书，当事人必须履行。一方拒绝履行的，对方当事人可以向人民法院申请执行。

申请执行的期间为 2 年。申请执行时效的中止、中断，适用法律有关诉讼时效中止、中断的规定。期间从法律文书规定履行期间的最后一日起计算；法律文书规定分期履行的，从规定的每次履行期间的最后一日起计算；法律文书未规定履行期间的，从法律文书生效之日起计算。

人民法院自收到申请执行书之日起超过 6 个月未执行的，申请执行人可以向上一级人民法院申请执行。上一级人民法院经审查，可以责令原人民法院在一定期限内执行，也可以决定由本院执行或者指令其他人民法院执行。

（2）执行立案

根据《最高人民法院关于执行案件立案、结案若干问题的意见》规定，执行案件统一由人民法院立案机构进行审查立案，人民法庭经授权执行自审案件的，可以自行审查立案；法律、司法解释规定可以移送执行的，相关审判机构可以移送立案机构办理立案登记手续。立案机构立案后，应当依照法律、司法解释的规定向申请人发出执行案件受理通知书。人民法院对符合法律、司法解释规定的立案标准的执行案件，应当予以立案，并纳入审判和执行案件统一管理体系。人民法院不得有审判和执行案件统一管理体系之外的执行案件。任何案件不得以任何理由未经立案即进入执行程序。

（3）执行结案

根据《最高人民法院关于执行案件立案、结案若干问题的意见》规定，除执行财产保全裁定、恢复执行的案件外，其他执行实施类案件的结案方式包括执行完毕、终结本次执行程序、终结执行、销案、不予执行和驳回申请。

5. 执行中的其他问题

由于社会生活的复杂性，执行过程中会遇到一些特殊问题，法律对于特殊情况作了规定。

（1）委托执行

委托执行是指有些情况下，被执行人的财产不在受理执行案件的人民法院的辖区内，则需要委托财产所在地的人民法院执行。

《民事诉讼法》规定，被执行人或者被执行的财产在外地的，可以委托当地人民法院代为执行。受委托人民法院收到委托函件后，必须在15日内开始执行，不得拒绝。执行完毕后，应当将执行结果及时函复委托人民法院；在30日内如果还未执行完毕，也应当将执行情况函告委托人民法院。受委托人民法院自收到委托函件之日起15日内不执行的，委托人民法院可以请求受委托人民法院的上级人民法院指令受委托人民法院执行。

（2）执行异议

执行异议是指在执行过程中，当事人、利害关系人或案外人认为执行违反法律规定而向人民法院提出异议。

1）当事人、利害关系人提出异议

当事人、利害关系人认为执行行为违反法律规定的，可以向负责执行的人民法院提出书面异议。当事人、利害关系人提出书面异议的，人民法院应当自收到书面异议之日起15日内审查，理由成立的，裁定撤销或者改正；理由不成立的，裁定驳回。当事人、利害关系人对裁定不服的，可以自裁定送达之日起10日内向上一级人民法院申请复议。执行异议审查和复议期间，不停止执行。被执行人、利害关系人提供充分、有效的担保请求停止相应处分措施的，人民法院可以准许；申请执行人提供充分、有效的担保请求继续执行的，应当继续执行。

2）案外人提出异议

执行过程中，案外人对执行标的提出书面异议的，人民法院应当自收到书面异议之日起15日内审查，理由成立的，裁定中止对该标的的执行；理由不成立的，裁定驳回。案外人、当事人对裁定不服，认为原判决、裁定错误的，依照审判监督程序办理；与原判决、裁定无关的，可以自裁定送达之日起15日内向人民法院提起诉讼。案外人提起诉讼，对执行标的主张实体权利，并请求对执行标的停止执行的，应当以申请执行人为被告；

被执行人反对案外人对执行标的所主张的实体权利的，应当以申请执行人和被执行人为共同被告。该诉讼由执行法院管辖，诉讼期间不停止执行。

（3）执行和解

在执行中，双方当事人自行和解达成协议的，执行员应当将协议内容记入笔录，由双方当事人签字或盖章。申请执行人因受欺诈、胁迫与被执行人达成和解协议，或者当事人不履行和解协议的，人民法院可以根据当事人的申请，恢复对原生效法律文书的执行。

6. 执行措施

执行措施是指人民法院依照法定程序强制执行生效法律文书的方法和手段，在执行中，执行措施和执行程序是辩证统一的，执行程序是执行措施的规范化，执行措施是执行程序的载体。执行员接到申请执行书或者移交执行书，应当向被执行人发出执行通知，并可以立即采取强制执行措施。

（1）基本的执行措施

基本的执行措施主要有：① 查封、扣押、冻结、划拨、变价被执行人的存款、债券、股票、基金份额等财产；② 扣留、提取被执行人的收入；③ 查封、扣押、拍卖变卖被执行人的财产；④ 对被执行人及其住所或财产隐匿地点进行搜查；⑤ 强制被执行人和有关单位、公民交付法律文书指定的财物或票证；⑥ 强制被执行人迁出房屋或退出土地；⑦ 强制被执行人履行法律文书指定的行为；⑧ 办理财产权证照转移手续；⑨ 强制被执行人支付迟延履行期间的加倍债务利息或迟延履行金；⑩ 依申请人申请，通知对被执行人负有到期债务的第三人申请执行人履行债务。

（2）近年来的新措施

随着社会生活的复杂化，最高人民法院通过司法解释的方法又增加了一些执行措施，主要包括以下几类：

1）要求被执行人书面报告当前以及收到执行通知前 1 年的财产情况，具体包括：① 收入、银行存款、现金、有价证券；② 土地使用权、房屋等不动产；③ 交通运输工具、机器设备、产品、原材料等动产；④ 债权、股权、投资权益、基金、知识产权等财产性权利；⑤ 其他应当报告的财产。被执行人报告财产后，其财产情况发生变动影响申请执行人债权实现的，应当自财产变动之日起 10 日内向法院补报。申请执行人请求查询的，人民法院应当准许。对被执行人报告的财产，法院可以依申请执行人的申请或依职权核实。

2）人民法院对被执行人采取或者通知有关单位协助采取限制其出境，在征信系统记录、通过媒体公布不履行义务信息以及法律规定的其他措施。

3）将性质恶劣的被执行人纳入失信被执行人名单，依法对其进行信用惩戒，主要包括：① 有履行能力而拒不履行生效法律文书确定义务的；② 以伪造证据、暴力、威胁等方法妨碍、抗拒执行的；③ 以虚假诉讼、虚假仲裁或者以隐匿、转移财产等方法规避执行的；④ 违反财产报告制度的；⑤ 违反限制消费令的；⑥ 无正当理由拒不履行和解协议的。被执行人具有第 2 项至第 6 项规定情形的，纳入失信被执行人名单的期限为 2 年。被执行人以暴力、威胁方法妨碍、抗拒执行情节严重或具有多项失信行为的，可以延长 1~3 年。

4）限制消费的措施，被执行人为自然人的，采取限制消费措施后，不得有以下高消费及非生活和工作必需的消费行为：① 乘坐交通工具时，选择飞机、列车软卧、轮船二等以上舱位；② 在星级以上宾馆、酒店、夜总会、高尔夫球场等场所进行高消费；③ 购买不动产或者新建、扩建、高档装修房屋；④ 租赁高档写字楼、宾馆、公寓等场所办公；⑤ 购买非经营必需车辆；⑥ 旅游、度假；⑦ 子女就读高收费私立学校；⑧ 支付高额保费购买保险理财产品；⑨ 乘坐 G 字头动车组列车全部座位、其他动车组列车一等以上座位等其他非生活和工作必需的消费行为。

被执行人为单位的，被采取限制消费措施后，被执行人及其法定代表人、主要负责人、影响债务履行的直接责任人员、实际控制人不得实施上述规定的行为。因私消费以个人财产实施上述规定行为的，可以向执行法院提出申请。执行法院审查属实的，应予准许。

5）通过金融机构网络查询、冻结存款。人民法院已经与金融机构建立网络执行查控机制，可以查询、冻结被执行人存款。

7. 执行中止和终结

（1）执行中止

执行中止是指在执行过程中发生特殊情况需要暂时停止执行程序。《民事诉讼法》规定，有下列情形之一的，人民法院应裁定中止执行：① 申请人表示可以延期执行的；② 案外人对执行标的提出确有理由的异议的；③ 作为一方当事人的公民死亡，需要等待继承人继承权利或者承担义务的；④ 作为一方当事人的法人或者其他组织终止，尚未确定权利义务承受人的；⑤ 人民法院认为应当中止执行的其他情形。中止的情形消失后，恢复执行。

（2）执行终结

在执行过程中，由于特殊情况使得执行工作无法继续进行或没必要继续进行的，结束执行程序。《民事诉讼法》规定，有下列情形之一的，人民法院应裁定终结执行：① 申请人撤销申请的；② 据以执行的法律文书被撤销的；③ 作为被执行人的公民死亡，无遗产可供执行，又无义务承担人的；④ 追索赡养费、扶养费、抚养费案件的权利人死亡的；⑤ 作为被执行人的公民因生活困难无力偿还借款，无收入来源，又丧失劳动能力的；⑥ 人民法院认为应当终结执行的其他情形。

11.3 仲裁制度

仲裁是解决民商事纠纷的重要方式之一，我国解决仲裁纠纷的法律依据是《中华人民共和国仲裁法》（最新为 2017 年 9 月修正，2018 年 1 月 1 日起施行，以下简称《仲裁法》）、《关于适用〈中华人民共和国仲裁法〉若干问题的解释》（2005 年 12 月最高人民法院发布，以下简称《仲裁法解释》）以及《民事诉讼法》和相关司法解释等。此外，《承认和执行外国仲裁裁决公约》是有关仲裁裁决的国际公约，该公约为各缔约国家、地区承认，为执行外国仲裁裁决提供了保证和便利，使仲裁具有国际法效力。

《仲裁法》规定，平等主体的公民、法人和其他组织之间发生的合同纠纷和其他财产权益纠纷，可以仲裁，但下列纠纷不能仲裁：① 婚姻、收养、监护、扶养、继承纠纷；② 依法应当由行政机关处理的行政争议。仲裁有下列三项基本制度：

（1）协议仲裁制度。仲裁协议是当事人仲裁自愿的体现，当事人申请仲裁，仲裁委员会受理仲裁、仲裁庭对仲裁案件的审理和裁决，都必须以当事人依法订立的仲裁协议为前提。《仲裁法》规定，没有仲裁协议，一方申请仲裁的，仲裁委员会不予受理。

（2）或裁或审制度。仲裁和诉讼是两种不同的争议解决方式，当事人只能选择其中的一种。《仲裁法》规定，当事人达成仲裁协议，一方向人民法院起诉的，人民法院不予受理，但仲裁协议无效的除外。由此可见，有效的仲裁协议可以排除法院对案件的司法管辖权。

（3）一裁终局制度。仲裁实行一裁终局制。裁决作出后，当事人就同一纠纷再申请仲裁或者向人民法院起诉的，仲裁委员会或者人民法院不予受理。但是，裁决被人民法院依法撤销或者不予执行的，当事人就该纠纷可以根据双方重新达成的仲裁协议申请仲裁，或者向人民法院起诉。

11.3.1 仲裁协议

仲裁协议是指当事人之间达成的、将已经发生或者将来可能发生的争议，提交仲裁机构裁决的书面协议。《仲裁法》规定，当事人采用仲裁方式解决纠纷，应当双方自愿，达成仲裁协议。没有仲裁协议，一方申请仲裁的，仲裁委员会不予受理。

1. 仲裁协议的形式

《仲裁法》规定，仲裁协议包括合同中订立的仲裁条款和以其他书面方式在纠纷发生前或者纠纷发生后达成的请求仲裁的协议。因此仲裁协议应当采用书面形式，口头方式达成的仲裁意思表示无效。仲裁协议既可以是当事人在合同的"争议解决方式"条款下约定的仲裁内容，也可以是在合同之外另行签订的仲裁协议。实践中，合同中的仲裁条款是最常见的仲裁协议形式。

最高人民法院《仲裁法解释》进一步明确仲裁协议的形式包括"以合同书、信件和数据电文（包括电报、电传、传真、电子数据交换和电子邮件）等形式达成的请求仲裁的协议"。另外，《中华人民共和国电子签名法》还规定，能够有效地表现所载内容并可供随时调取查用的数据电文，视为符合法律、法规要求的书面形式，可靠的电子签名与手写签名或盖章具有同等法律效力。但电子签名需以当事人约定使用电子签名、数据电文为条件。

2. 仲裁协议的内容

仲裁协议应具有下列内容：

（1）请求仲裁的意思表示。其是指仲裁协议或者仲裁条款中必须有"仲裁"两字，表明当事人仲裁的意愿。仲裁的意思表示应该是明确的，不能模糊。如果当事人约定既可以申请仲裁又可以提起诉讼，则仲裁协议无效。

（2）仲裁事项。其是指当事人提交仲裁解决的争议事项，既可以是合同中的一切争议，也可以是合同中某一特定问题的争议，还可以是合同履行过程中与合同有关的争议；既可以是事实问题的争议，也可以是法律问题的争议，其范围取决于当事人的约定。

（3）选定的仲裁委员会。仲裁委员会的选定完全根据当事人的意愿，不受地域约束。但选定的仲裁委员会名称应准确，选定的仲裁委员会名称不准确但能根据名称确定仲裁机构的，应认定选定了仲裁委员会。仲裁协议约定了两个以上的仲裁机构的，当事人可以协议选择其中一个仲裁机构申请仲裁，不能达成一致的则仲裁协议无效。仲裁协议约定某地的仲裁机构且当地仅有一个仲裁机构的，该仲裁机构视为约定的仲裁机构；当地有两个以上的仲裁机构的，当事人可以协议选择其中一个仲裁机构申请仲裁，不能达成一致的，仲裁协议无效。

3. 仲裁协议的效力

（1）对当事人的效力。仲裁协议一经生效，即对当事人产生法律约束力。发生纠纷后，当事人只能向仲裁协议约定的仲裁机构申请仲裁，而不能向人民法院提起诉讼。

（2）对法院的效力。有效仲裁协议具有排除司法管辖权的效力。《仲裁法》规定，当事人达成仲裁协议，一方向人民法院起诉未声明有仲裁协议，人民法院受理后，另一方在首次开庭前提交仲裁协议的，人民法院应当驳回起诉，但仲裁协议无效的除外。

（3）对仲裁机构的效力。仲裁协议是仲裁委员会受理仲裁案件的基础，是仲裁庭审理和裁决案件的依据。没有有效的仲裁协议，仲裁委员会就不能获得仲裁案件管辖权。同时，仲裁委员会只能对当事人在仲裁协议中约定的事项进行仲裁，对超出仲裁范围的其他争议无权仲裁。

（4）仲裁协议的独立性。仲裁协议独立存在，合同变更、解除、中止或者无效，以及合同成立后未生效、被撤销等，均不影响仲裁协议或者仲裁条款的效力。当事人在订立合同时就争议解决达成仲裁协议的，合同未成立也不影响仲裁协议的效力。

（5）仲裁协议无效的情形。有下列情形之一的，仲裁协议无效：① 口头形式的仲裁协议；② 约定的仲裁事项超出法律规定的仲裁范围的，根据法律规定，婚姻、收养、监护、继承纠纷以及依法应当由行政机关处理的行政争议不能仲裁；③ 无民事行为能力人或者限制民事行为能力人订立的仲裁协议；④ 一方采取胁迫手段，迫使对方订立仲裁协议的；⑤ 仲裁协议对仲裁事项或者仲裁委员会没有约定或者约定不明确的，当事人可以补充协议，达不成补充协议的，仲裁协议无效。

仲裁协议无效，当事人之间的纠纷既可以通过诉讼方式解决，也可以重新达成仲裁协议以仲裁的方式解决。对于法院来说，仲裁协议无效使得法院重新获得了管辖权；仲裁机构则因为协议无效而无权对案件进行审理和裁决。

（6）仲裁协议效力的确认。当事人对仲裁协议的效力有异议的，可以请求仲裁委员会作出决定或者请求人民法院作出裁定。一方请求仲裁委员会作出决定，另一方请求人民法院作出裁定的，由人民法院裁定。当事人对仲裁协议的效力有异议，应当在仲裁庭首次开庭前提出。

当事人向人民法院申请确认仲裁协议效力的案件，由仲裁协议约定的仲裁机构所在地的中级人民法院管辖；仲裁协议约定的仲裁机构不明确的，由仲裁协议签订地或者被申请人住所地的中级人民法院管辖。

当事人在仲裁庭首次开庭前没有对仲裁协议的效力提出异议，而后向人民法院申请确认仲裁协议无效的，人民法院不予受理。仲裁机构对仲裁协议的效力作出决定后，当事人向人民法院申请确认仲裁协议效力或者申请撤销仲裁机构决定的，人民法院不予受理。

【案例 11-3】

背景：甲房地产开发公司与乙房地产开发公司签订的某项目合作开发合同中约定：双方合作开发某项目，乙公司在项目申请报告被批复后 10 日内向甲公司支付补偿金 3000 万元，如乙公司不能按时付款，本合同即作废，乙公司应向甲公司支付 500 万元违约金。合同还约定：因本合同引起的或与本合同有关的任何争议，均提请 A 仲裁委员会仲裁。仲裁裁决对双方均有约束力。因乙公司在取得项目批复文件后未支付补偿金，甲公司通知解除合同并向 A 仲裁委员会申请仲裁。乙公司在收到 A 仲裁委员会的仲裁通知及相关资料后提出了管辖权异议，称合同中虽然有仲裁条款，但合同已经解除，A 仲裁委员会没有管辖权。甲公司认为乙公司的抗辩理由不成立。A 仲裁委员会根据合同中的仲裁条款作出裁决。为此，乙公司以 A 仲裁委员会对本案无管辖权为由向人民法院提出撤销该裁决的申请。

问题：本案中的 A 仲裁委员会对此案是否具有管辖权？

【评析】

《仲裁法》第十九条规定："仲裁协议独立存在，合同的变更、解除、终止或者无效，不影响仲裁协议的效力。"因此，虽然双方已解除合同，但并不影响合同中仲裁条款的效力。人民法院在《民事裁定书》中认定：A 仲裁委员会有权根据仲裁条款对所涉及的双方争议进行仲裁，乙公司的主张不能成立。人民法院最终驳回乙公司的请求。

11.3.2 仲裁的申请和受理

1. 提出仲裁申请

仲裁申请的作用类似于起诉状，当事人申请仲裁应当符合下列条件：① 有仲裁协议；② 有具体的仲裁请求和事实、理由；③ 属于仲裁委员会的受理范围。当事人申请仲裁，应当向仲裁委员会递交仲裁协议、仲裁申请书及副本。

仲裁申请书应当载明下列事项：①当事人的姓名、性别、年龄、职业、工作单位和住所，法人或者其他组织的名称、住所和法定代表人或者主要负责人的姓名、职务；②仲裁请求和所根据的事实、理由；③证据和证据来源、证人姓名和住所。

2. 受理仲裁申请

仲裁委员会收到仲裁申请书之日起 5 日内，认为符合受理条件的，应当受理，并通知当事人；认为不符合受理条件的，应当书面通知当事人不予受理，并说明理由。

仲裁委员会受理仲裁申请后，应当在仲裁规则规定的期限内将仲裁规则和仲裁员名册送达申请人，并将仲裁申请书副本和仲裁规则、仲裁员名册送达被申请人。被申请人收到仲裁申请书副本后，应当在仲裁规则规定的期限内向仲裁委员会提交答辩书。仲裁委员会收到答辩书后，应当在仲裁规则规定的期限内将答辩书副本送达申请人。被申请人未提交答辩书的，不影响仲裁程序的进行。

3. 财产保全

一方当事人因另一方当事人的行为或者其他原因，可能使裁决不能执行或者难以执行的，可以申请财产保全。当事人申请财产保全的，仲裁委员会应当将当事人的申请依照《民事诉讼法》的有关规定提交人民法院。申请有错误的，申请人应当赔偿被申请人因财产保全所遭受的损失。

11.3.3 仲裁的开庭和裁决

1. 仲裁庭的组成

仲裁庭的组成形式包括合议制和独任制两种，前者由 3 名仲裁员组成，后者由 1 名仲裁员组成。

（1）合议仲裁庭。当事人约定由 3 名仲裁员组成仲裁庭的，应当各自选定或者各自委托仲裁委员会主任指定 1 名仲裁员，第三名仲裁员由当事人共同选定或者共同委托仲裁委员会主任指定。第三名仲裁员是首席仲裁员。

（2）独任仲裁庭。当事人约定由 1 名仲裁员成立仲裁庭的，应当由当事人共同选定或者共同委托仲裁委员会主任指定仲裁员。当事人没有在仲裁规则规定的期限内约定仲裁庭的组成方式或者选定仲裁员的，由仲裁委员会主任指定。

（3）仲裁员的回避。仲裁员有下列情形之一的，必须回避，当事人也有权提出回避申请：①是本案当事人或者当事人、代理人的近亲属；②与本案有利害关系；③与本案当事人、代理人有其他关系，可能影响公正仲裁的；④私自会见当事人、代理人，或者接受当事人、代理人的请客送礼的。

当事人提出回避申请，应当说明理由，在首次开庭前提出。回避事由在首次开庭后知道的，可以在最后一次开庭终结前提出。

2. 开庭和审理

仲裁开庭和审理的程序与民事诉讼类似，但比民事诉讼更为灵活。仲裁审理分为开庭审理和书面审理两种方式。开庭审理是主要方式，与民事诉讼开庭审理过程类似，但是仲裁开庭审理不公开进行。当事人协议公开的可以公开审理，但涉及国家秘密、商业秘密的除外。当事人协议不开庭的，仲裁庭可以根据当事人提供的仲裁申请、答辩书及其他书面材料作出裁决，即书面审理。

仲裁委员会应当在仲裁规则规定的期限内将开庭日期通知双方当事人。当事人有正当理由的，可以在仲裁规则规定的期限内请求延期开庭。是否延期，由仲裁庭决定。

申请人经书面通知，无正当理由不到庭或者未经仲裁庭许可中途退庭的，可以视为撤回仲裁申请。被申请人经书面通知，无正当理由不到庭或者未经仲裁许可中途退庭的，可以缺席裁决。

3. 仲裁中的和解、调解

当事人申请仲裁后，可以自行和解。达成和解协议的，可以请求仲裁庭根据和解协议作出裁决书，也可以撤回仲裁申请。当事人达成和解协议，撤回仲裁申请后反悔的，仍可以根据仲裁协议申请仲裁。

仲裁庭在作出裁决前，可以先行调解。当事人自愿调解的，仲裁庭应当调解。调解不成的，应当及时作出裁决。调解达成协议的，仲裁庭应当制作调解书或者根据协议的结果制作裁决书。调解书与裁决书具有同等法律效力。调解书经双方当事人签收后，即发生法律效力。在调解书签收前当事人反悔的，仲裁庭应当及时作出裁决。

4. 仲裁裁决

仲裁裁决是仲裁庭对当事人申请的仲裁事项作出的法律文书，类似于人民法院的判决书。独任仲裁庭审理的案件由独任仲裁员作出仲裁裁决，合议庭仲裁员由3名仲裁员依照少数服从多数的原则作出仲裁裁决，少数仲裁员的不同意见可以记入笔录。仲裁庭不能形成多数意见时，按照首席仲裁员的意见作出。仲裁裁决书由仲裁员签名，加盖仲裁委员会印章。对裁决持不同意见的仲裁员可以签名，也可以不签名。裁决书自作出之日起发生法律效力。

裁决书效力：① 裁决书一裁终局，当事人不得就已经裁决的事项再申请仲裁，也不得就此提起诉讼；② 仲裁裁决具有强制执行力，一方当事人不履行的，对方当事人可以申请人民法院强制执行；③ 仲裁裁决在所有《承认和执行外国仲裁裁决公约》缔约国（或地区）可以得到承认和执行。

11.3.4 仲裁裁决的执行和撤销

1. 仲裁裁决的执行

仲裁裁决作出后，当事人应当履行裁决。一方当事人不履行的，另一方当事人可以依照《民事诉讼法》的有关规定，向被执行人所在地或被执行财产所在地中级人民法院申请执行。受申请的人民法院应当执行。

仲裁裁决强制执行必须在法律规定的期限内提出，申请仲裁裁决强制执行的期限为

2年，自仲裁裁决书规定的履行期限或仲裁机构的仲裁规则规定的履行期间的最后1日起计算。仲裁裁决书规定分期履行的，依规定的每次履行期间的最后1日起计算；仲裁裁决书未规定履行期间的，从仲裁裁决书生效之日起计算。申请执行时效的中止、中断，适用法律有关诉讼时效的中止、中断的规定。

2. 仲裁裁决的不予执行和撤销

《民事诉讼法》对不予执行仲裁裁决的事由与《仲裁法》撤销仲裁裁决的事由进行了统一。

《民事诉讼法》规定，被申请人提出证据证明仲裁裁决有下列情形之一的，经人民法院组成合议庭审查核实，裁定不予执行：① 当事人在合同中没有仲裁条款，也没有仲裁协议的；② 裁决的事项不属于仲裁协议的范围或者仲裁委员会无权仲裁的；③ 仲裁庭的组成或者仲裁的程序违反法定程序的；④ 裁决所根据的证据是伪造的；⑤ 对方当事人向仲裁委员会隐瞒了足以影响公正裁决的证据的；⑥ 仲裁员在仲裁该案时有索贿受贿、徇私舞弊、枉法裁决行为的；⑦ 人民法院认定执行该裁决违背社会公共利益的。

仲裁裁决被人民法院裁定不予执行的，当事人可以根据双方达成的书面仲裁协议重新申请仲裁，也可以向人民法院起诉。

《仲裁法》规定，当事人提出证据证明裁决有上述情形之一的，可以向仲裁委员会所在地的中级人民法院申请撤销裁决。当事人申请撤销裁决的，应当自收到裁决书之日起6个月内提出。仲裁裁决被人民法院撤销后，当事人就该纠纷可以根据双方重新达成的仲裁协议申请仲裁，也可以向人民法院起诉。

11.4 行政复议和行政诉讼制度

行政复议和行政诉讼都是解决行政争议，但二者又有明显区别。行政复议是指行政机关根据上级行政机关对下级行政机关的监督权，在当事人的申请和参与下，按照行政复议程序对具体行政行为进行合法性和适当性审查，并作出决定以解决行政争议的活动。行政诉讼是指人民法院应当事人的请求，通过审查具体行政行为合法性的方式，解决特定范围内行政争议的活动。行政诉讼和民事诉讼、刑事诉讼构成我国的基本诉讼制度。

此外，行政复议以具体行政行为为审查对象，但可应当事人的申请，依法附带审查该具体行政行为所依据的行政机关相关规定（即抽象行政行为）的合法性，而行政诉讼只对具体行政行为进行审查；行政复议不仅审查具体行政行为的合法性，也审查具体行政行为的适当性，行政诉讼只审查具体行政行为的合法性；具体行政行为经行政复议后，对行政复议不服的，绝大多数情况下还可依法再提起行政诉讼，但不允许经行政诉讼裁判生效后就同一行政纠纷再提起行政复议。

与建设工程密切相关且容易引发争议的具体行政行为是行政许可、行政处罚和行政强制。

11.4.1 行政行为的种类及法定程序

行政行为主要包括行政许可、行政处罚、行政强制三种类型。

1. 行政许可的性质及法定程序

行政许可是指行政机关根据公民、法人或者其他组织的申请，经依法审查，准予其从事特定活动的行为。行政许可只能由行政机关作出，且只能依申请而发生，不能主动作出；其往往赋予申请人一定权利而产生收益，但是一般也附加一定的条件或义务；其应遵循法定程序，并以正规的文书等形式作出批准或认可。建设工程行政许可，如国有土地使用权证、建设工程规划许可证等都具有这样的性质。

（1）可以设定行政许可的事项

2019年4月修改的《中华人民共和国行政许可法》（以下简称《行政许可法》）规定，下列事项可以设定行政许可：① 直接涉及国家安全、公共安全、经济宏观调控、生态环境保护以及直接关系人身健康、生命财产安全等特定活动，需要按照法定条件予以批准的事项；② 有限自然资源开发利用、公共资源配置以及直接关系公共利益的特定行业的市场准入等，需要赋予特定权利的事项；③ 提供公众服务并且直接关系公共利益的职业、行业，需要确定具备特殊信誉、特殊条件或者特殊技能等资格、资质的事项；④ 直接关系公共安全、人身健康、生命财产安全的重要设备、设施、产品、物品，需要按照技术标准、技术规范，通过检验、检测、检疫等方式进行审定的事项；⑤ 企业或者其他组织的设立等，需要确定主体资格的事项；⑥ 法律、行政法规规定可以设定行政许可的其他事项。

以上所列事项，通过下列方式能够予以规范的，可以不设行政许可：① 公民、法人或者其他组织能够自主决定的；② 市场竞争机制能够有效调节的；③ 行业组织或者中介机构能够自律管理的；④ 行政机关采用事后监督等其他行政管理方式能够解决的。

（2）行政许可的设定权限

《行政许可法》规定，法律可以设定行政许可。尚未制定法律的，行政法规可以设定行政许可。必要时，国务院可以采用发布决定的方式设定行政许可。实施后，除临时性行政许可事项外，国务院应当及时提请全国人民代表大会及其常务委员会制定法律，或者自行制定行政法规。

尚未制定法律、行政法规的，地方性法规可以设定行政许可；尚未制定法律、行政法规和地方性法规的，因行政管理的需要，确需立即实施行政许可的，省、自治区、直辖市人民政府规章可以设定临时性的行政许可。临时性的行政许可实施满1年需要继续实施的，应当提请本级人民代表大会及其常务委员会制定地方性法规。地方性法规和省、自治区、直辖市人民政府规章，不得设定应当由国家统一确定的公民、法人或者其他组织的资格、资质的行政许可；不得设定企业或者其他组织的设立登记及其前置性行政许可。其设定的行政许可，不得限制其他地区的个人或者企业到本地区从事生产经营和提供服务，不得限制其他地区的商品进入本地区市场。除了以上规定外，其他规范性文件一律不得设定行政许可。

行政法规可以在法律设定的行政许可事项范围内，对实施该行政许可作出具体规定。地方性法规可以在法律、行政法规设定的行政许可事项范围内，对实施该行政许可作出具体规定。规章可以在上位法设定的行政许可事项范围内，对实施该行政许可作出具体规定。法规、规章对实施上位法设定的行政许可作出的具体规定，不得增设行政许可；对行政许可条件作出的具体规定，不得增设违反上位法的其他条件。

（3）行政许可的实施程序

法定的行政许可实施程序是规范行政许可行为，防止权力滥用，保证行政权力正确实施的重要环节。行政许可实施的一般程序包括申请与受理、审查与决定、期限、听证、变更与延续。

1）申请与受理

《行政许可法》规定，公民、法人或者其他组织从事特定活动，依法需要取得行政许可的，应当向行政机关提出申请。申请书需要采用格式文本的，行政机关应当向申请人提供行政许可申请书格式文本。

行政机关应当将法律、法规、规章规定的有关行政许可的事项、依据、条件、数量、程序、期限以及需要提交的全部材料的目录和申请书示范文本等在办公场所公示。申请人要求行政机关对公示内容予以说明、解释的，行政机关应当说明、解释，提供准确、可靠的信息。

申请人申请行政许可，应当如实向行政机关提交有关材料和反映真实情况，并对其申请材料实质内容的真实性负责。行政机关不得要求申请人提交与其申请的行政许可事项无关的技术资料和其他材料。

行政机关对申请人提出的行政许可申请，应当根据下列情况分别作出处理：① 申请事项依法不需要取得行政许可的，应当即时告知申请人不受理；② 申请事项依法不属于本行政机关职权范围的，应当即时作出不予受理的决定，并告知申请人向有关行政机关申请；③ 申请材料存在可以当场更正的错误的，应当允许申请人当场更正；④ 申请材料不齐全或者不符合法定形式的，应当当场或者在5日内一次告知申请人需要补正的全部内容，逾期不告知的，自收到申请材料之日起即为受理；⑤ 申请事项属于本行政机关职权范围，申请材料齐全、符合法定形式，或者申请人按照本行政机关的要求提交全部补正申请材料的，应当受理行政许可申请。行政机关受理或者不予受理行政许可申请，应当出具加盖本行政机关专用印章和注明日期的书面凭证。

2）审查与决定

申请人的申请符合法定条件、标准的，行政机关应当依法作出准予行政许可的书面决定。行政机关依法作出不予行政许可的书面决定的，应当说明理由，并告知申请人享有依法申请行政复议或者提起行政诉讼的权利。行政机关作出的准予行政许可决定，应当予以公开，公众有权查阅。法律、行政法规设定的行政许可，其适用范围没有地域限制的，申请人取得的行政许可在全国范围内有效。

3）期限

申请人提交的申请材料齐全、符合法定形式，行政机关能够当场作出决定的，应当当场作出书面的行政许可决定。除可以当场作出行政许可决定的外，行政机关应当自受理行政许可申请之日起 20 日内作出行政许可决定。20 日内不能作出决定的，经本行政机关负责人批准，可以延长 10 日，并应当将延长期限的理由告知申请人。但是，法律、法规另有规定的，依照其规定。

行政许可采取统一办理或者联合办理、集中办理的，办理的时间不得超过 45 日；45 日内不能办结的，经本级人民政府负责人批准，可以延长 15 日，并应当将延长期限的理由告知申请人。

行政机关作出准予行政许可的决定，应当自作出决定之日起 10 日内向申请人颁发、送达行政许可证件，或者加贴标签、加盖检验、检测、检疫印章。行政机关作出行政许可决定，依法需要听证、招标、拍卖、检验、检测、检疫、鉴定和专家评审的，所需时间不计算在上述规定的期限内。行政机关应当将所需时间书面告知申请人。

4）听证

法律、法规、规章规定实施行政许可应当听证的事项，或者行政机关认为需要听证的其他涉及公共利益的重大行政许可事项，行政机关应当向社会公告，并举行听证。

行政许可直接涉及申请人与他人之间重大利益关系的，行政机关在作出行政许可决定前，应当告知申请人、利害关系人享有要求听证的权利；申请人、利害关系人在被告知听证权利之日起 5 日内提出听证申请的，行政机关应当在 20 日内组织听证。申请人、利害关系人不承担行政机关组织听证的费用。

5）变更与延续

被许可人要求变更行政许可事项的，应当向作出行政许可决定的行政机关提出申请；符合法定条件、标准的，行政机关应当依法办理变更手续。

被许可人需要延续依法取得的行政许可的有效期的，应当在该行政许可有效期届满 30 日前向作出行政许可决定的行政机关提出申请。但是，法律、法规、规章另有规定的，依照其规定。行政机关应当根据被许可人的申请，在该行政许可有效期届满前作出是否准予延续的决定；逾期未作决定的，视为准予延续。

2. 行政处罚的性质及法定程序

根据 2021 年 1 月最新修订的《中华人民共和国行政处罚法》（以下简称《行政处罚法》），行政处罚是指行政机关依法对违反行政管理秩序的公民、法人或者其他组织，以减损权益或者增加义务的方式予以惩戒的行为。建设工程领域的行政处罚条文大都在相关法律法规中的"法律责任"章节，这些法律责任必须符合《行政处罚法》的原则和规定。

（1）行政处罚的种类和设定权限

行政处罚的种类：①警告、通报批评；②罚款、没收违法所得、没收非法财物；

③暂扣许可证件、降低资质等级、吊销许可证件；④限制开展生产经营活动、责令停产停业、责令关闭、限制从业；⑤行政拘留；⑥法律、行政法规规定的其他行政处罚。

根据《行政处罚法》，行政处罚的设定权限有如下规定：

1）法律可以设定各种行政处罚，且限制人身自由的行政处罚，只能由法律设定。

2）行政法规可以设定除限制人身自由以外的行政处罚。法律对违法行为已经作出行政处罚规定，行政法规需要作出具体规定的，必须在法律规定的给予行政处罚的行为、种类和幅度的范围内规定。法律对违法行为未作出行政处罚规定，行政法规为实施法律，可以补充设定行政处罚。拟补充设定行政处罚的，应当通过听证会、论证会等形式广泛听取意见，并向制定机关作出书面说明。行政法规报送备案时，应当说明补充设定行政处罚的情况。

3）地方性法规可以设定除限制人身自由、吊销营业执照以外的行政处罚。法律、行政法规对违法行为已经作出行政处罚规定，地方性法规需要作出具体规定的，必须在法律、行政法规规定的给予行政处罚的行为、种类和幅度的范围内规定。法律、行政法规对违法行为未作出行政处罚规定，地方性法规为实施法律、行政法规，可以补充设定行政处罚。拟补充设定行政处罚的，应当通过听证会、论证会等形式广泛听取意见，并向制定机关作出书面说明。地方性法规报送备案时，应当说明补充设定行政处罚的情况。

4）国务院部门规章可以在法律、行政法规规定的给予行政处罚的行为、种类和幅度的范围内作出具体规定。尚未制定法律、行政法规的，国务院部门规章对违反行政管理秩序的行为，可以设定警告、通报批评或者一定数额罚款的行政处罚。罚款的限额由国务院规定。

5）地方政府规章可以在法律、法规规定的给予行政处罚的行为、种类和幅度的范围内作出具体规定。尚未制定法律、法规的，地方政府规章对违反行政管理秩序的行为，可以设定警告、通报批评或者一定数额罚款的行政处罚。罚款的限额由省、自治区、直辖市人民代表大会常务委员会规定。

6）国务院部门和省、自治区、直辖市人民政府及其有关部门应当定期组织评估行政处罚的实施情况和必要性，对不适当的行政处罚事项及种类、罚款数额等，应当提出修改或者废止的建议。

7）除法律、法规、规章外，其他规范性文件不得设定行政处罚。

（2）行政处罚的实施机关

行政处罚由具有行政处罚权的行政机关在法定职权范围内实施。具体规定如下：

1）国家在城市管理、市场监管、生态环境、文化市场、交通运输、应急管理、农业等领域推行建立综合行政执法制度，相对集中行政处罚权。国务院或者省、自治区、直辖市人民政府可以决定一个行政机关行使有关行政机关的行政处罚权。限制人身自由的行政处罚权只能由公安机关和法律规定的其他机关行使。

2）法律、法规授权的具有管理公共事务职能的组织可以在法定授权范围内实施行政处罚。

3）行政机关依照法律、法规、规章的规定，可以在其法定权限内书面委托符合《行政处罚法》第二十一条规定条件的组织实施行政处罚。行政机关不得委托其他组织或者个人实施行政处罚。委托书应当载明委托的具体事项、权限、期限等内容。委托行政机关和受委托组织应当将委托书向社会公布。委托行政机关对受委托组织实施行政处罚的行为应当负责监督，并对该行为的后果承担法律责任。受委托组织在委托范围内，以委托行政机关名义实施行政处罚；不得再委托其他组织或者个人实施行政处罚。

《行政处罚法》第二十一条规定，受委托组织必须符合以下条件：① 依法成立并具有管理公共事务职能；② 有熟悉有关法律、法规、规章和业务并取得行政执法资格的工作人员；③ 需要进行技术检查或者技术鉴定的，应当有条件组织进行相应的技术检查或者技术鉴定。

（3）行政处罚的决定

公民、法人或者其他组织违反行政管理秩序的行为，依法应当给予行政处罚的，行政机关必须查明事实；违法事实不清、证据不足的，不得给予行政处罚。行政处罚应当由具有行政执法资格的执法人员实施。执法人员不得少于两人，法律另有规定的除外。执法人员应当文明执法，尊重和保护当事人的合法权益。行政机关在作出行政处罚决定之前，应当告知当事人拟作出的行政处罚内容及事实、理由、依据，并告知当事人依法享有的陈述、申辩、要求听证等权利。当事人有权进行陈述和申辩。行政机关必须充分听取当事人的意见，对当事人提出的事实、理由和证据，应当进行复核；当事人提出的事实、理由或者证据成立的，行政机关应当采纳。行政机关不得因当事人陈述、申辩而给予更重的处罚。

行政处罚决定的程序包括简易程序、普通程序和听证程序。

1）行政处罚的简易程序

违法事实确凿并有法定依据，对公民处以200元以下、对法人或者其他组织处以3000元以下罚款或者警告的行政处罚的，可以当场作出行政处罚决定。法律另有规定的，从其规定。执法人员当场作出行政处罚决定的，应当向当事人出示执法证件，填写预定格式、编有号码的行政处罚决定书，并当场交付当事人。当事人拒绝签收的，应当在行政处罚决定书上注明。上述规定的行政处罚决定书应当载明当事人的违法行为，行政处罚的种类和依据、罚款数额、时间、地点，申请行政复议、提起行政诉讼的途径和期限以及行政机关名称，并由执法人员签名或者盖章。

2）行政处罚的普通程序

除可以按简易程序当场作出的行政处罚外，行政机关发现公民、法人或者其他组织有依法应当给予行政处罚的行为的，必须全面、客观、公正地调查，收集有关证据；必要时，依照法律、法规的规定，可以进行检查。符合立案标准的，行政机关应当及时立案。

执法人员在调查或者进行检查时，应当主动向当事人或者有关人员出示执法证件。当事人或者有关人员有权要求执法人员出示执法证件。执法人员不出示执法证件的，当事人或者有关人员有权拒绝接受调查或者检查。当事人或者有关人员应当如实回答询问，并协助调查或者检查，不得拒绝或者阻挠。询问或者检查应当制作笔录。

行政机关在收集证据时，可以采取抽样取证的方法；在证据可能灭失或者以后难以取得的情况下，经行政机关负责人批准，可以先行登记保存，并应当在7日内及时作出处理决定，在此期间，当事人或者有关人员不得销毁或者转移证据。调查终结，行政机关负责人应当对调查结果进行审查，根据不同情况，分别作出如下决定：① 确有应受行政处罚的违法行为的，根据情节轻重及具体情况，作出行政处罚决定；② 违法行为轻微，依法可以不予行政处罚的，不予行政处罚；③ 违法事实不能成立的，不予行政处罚；④ 违法行为涉嫌犯罪的，移送司法机关；⑤ 对情节复杂或者重大违法行为给予行政处罚，行政机关负责人应当集体讨论决定。

行政机关依照上述规定给予行政处罚，应当制作行政处罚决定书。行政处罚决定书应当载明下列事项：① 当事人的姓名或者名称、地址；② 违反法律、法规、规章的事实和证据；③ 行政处罚的种类和依据；④ 行政处罚的履行方式和期限；⑤ 申请行政复议、提起行政诉讼的途径和期限；⑥ 作出行政处罚决定的行政机关名称和作出决定的日期。行政处罚决定书必须盖有作出行政处罚决定的行政机关的印章。

行政机关应当自行政处罚案件立案之日起90日内作出行政处罚决定。法律、法规、规章另有规定的，从其规定。

3）行政处罚的听证程序

行政机关拟作出下列行政处罚决定，应当告知当事人有要求听证的权利，当事人要求听证的，行政机关应当组织听证：① 较大数额罚款；② 没收较大数额违法所得、没收较大价值非法财物；③ 降低资质等级、吊销许可证件；④ 责令停产停业、责令关闭、限制从业；⑤ 其他较重的行政处罚；⑥ 法律、法规、规章规定的其他情形。当事人不承担行政机关组织听证的费用。

听证应当依照以下程序组织：① 当事人要求听证的，应当在行政机关告知后5日内提出；② 行政机关应当在举行听证的7日前，通知当事人及有关人员听证的时间、地点；③ 除涉及国家秘密、商业秘密或者个人隐私依法予以保密外，听证公开举行；④ 听证由行政机关指定的非本案调查人员主持；当事人认为主持人与本案有直接利害关系的，有权申请回避；⑤ 当事人可以亲自参加听证，也可以委托1~2人代理；⑥ 当事人及其代理人无正当理由拒不出席听证或者未经许可中途退出听证的，视为放弃听证权利，行政机关终止听证；⑦ 举行听证时，调查人员提出当事人违法的事实、证据和行政处罚建议，当事人进行申辩和质证；⑧ 听证应当制作笔录。笔录应当交当事人或者其代理人核对无误后签字或者盖章。当事人或者其代理人拒绝签字或者盖章的，由听证主持人在笔录中注明。

听证结束后，行政机关应当根据听证笔录，依照《行政处罚法》第五十七条的规定，作出决定。

（4）行政处罚的执行

行政处罚决定依法作出后，当事人应当在行政处罚决定的期限内，予以履行。当事人确有经济困难，需要延期或者分期缴纳罚款的，经当事人申请和行政机关批准，可以暂缓或者分期缴纳。当事人逾期不履行行政处罚决定的，作出行政处罚决定的行政机关可以采取下列措施：① 到期不缴纳罚款的，每日按罚款数额的3%加处罚款，加处罚款的数额不得超出罚款的数额；② 根据法律规定，将查封、扣押的财物拍卖、依法处理或者将冻结的存款、汇款划拨抵缴罚款；③ 根据法律规定，采取其他行政强制执行方式；④ 依照《中华人民共和国行政强制法》的规定申请人民法院强制执行。行政机关批准延期、分期缴纳罚款的，申请人民法院强制执行的期限，自暂缓或者分期缴纳罚款期限结束之日起计算。

当事人对行政处罚决定不服，申请行政复议或者提起行政诉讼的，行政处罚不停止执行，法律另有规定的除外。当事人对限制人身自由的行政处罚决定不服，申请行政复议或者提起行政诉讼的，可以向作出决定的机关提出暂缓执行申请。符合法律规定情形的，应当暂缓执行。当事人申请行政复议或者提起行政诉讼的，加处罚款的数额在行政复议或者行政诉讼期间不予计算。

【案例 11-4】

背景：A公司在施工过程中收到建设单位提供的新工程图纸（增加了建筑层数），该图纸盖有施工图审查专用章，A公司按此施工。工程所在地的建设局发出《建设工程停工通知书》，A公司不予理会。建设局再次书面通知，要求立即停止施工并拆除已施工的部分。A公司在停工后，应建设单位要求，又进行施工至工程全部竣工。为此，建设局向A公司作出《行政处罚告知书》，3天后作出《行政处罚听证告知决定书》，7天后又举行了行政处罚听证会，半个月后作出《行政处罚决定书》，认定A公司审图不严谨，在发现施工图纸发生重大变更时，没有按照审查合格的施工图纸施工，没有向相关管理单位提出施工意见和建议，建设局下发停工通知后没有停止施工，形成违法建筑面积12461.96m²，容积率由2.0变更为2.39，违法建筑工程造价为1989.35元/m²，违法建筑工程总价款2479万元。该行为违反了《建设工程质量管理条例》第二十八条的规定，根据该条例第六十四条的规定，决定处以违法工程合同价款4%的罚款99.16万元。

问题：建设局的处罚是否恰当？

【评析】

《建设工程质量管理条例》第十一条规定："施工图设计文件审查的具体办法，由国务院建设行政主管部门会同国务院其他有关部门制定。施工图设计文件未经审查批准的，不得使用。"第二十八条规定："施工单位必须按照工程设计图纸和施工技术标准施工，不得擅自修改工程设计，不得偷工减料。施工单位在施工过程中发现设计文件和图纸有差错的，应当及时提出意见和建议。"第六十四条规定，违反本条例规定，施工单位在施工中偷工减料的，使用不合格的建筑材料、建筑构配件和设备的，或者有不按照工程设计图纸或者施工技术标准施工的其他行为的，责令改正，处工程合同价款2%以上4%以下的罚款；造成建设工程质量不符合规定的质量标准的，负责返工、修理，并赔偿因此造成的损失；情节严重的，责令停业整顿，降低资质等级或者吊销资质证书。从以上规定来看，设计图纸上报审查的责任主体为建设单位。本案中，A公司按照建设单位提供的图纸进行施工，施工过程中并未擅自修改工程设计，也无偷工减料的行为，没有违反《建设工程质量管理条例》第二十八条的规定。本案建设单位向原告提供的图纸，是经过有资质的单位进行审查并加盖印章的，对该图纸的真实性，《建设工程质量管理条例》并未规定施工单位有审核图纸的义务。其责任主体应该是建设单位而非A公司。因此，建设局的行政处罚不恰当，适用主体错误。应该根据《建设工程质量管理条例》对建设单位作出处罚。

3. 行政强制的性质及法定程序

2011年6月颁布的《中华人民共和国行政强制法》（以下简称《行政强制法》）规定，本法所称行政强制，包括行政强制措施和行政强制执行。行政强制措施是指行政机关在行政管理过程中，为制止违法行为、防止证据损毁、避免危害发生、控制危险扩大等情形，依法对公民的人身自由实施暂时性限制，或者对公民、法人或者其他组织的财物实施暂时性控制的行为。行政强制执行是指行政机关或者行政机关申请人民法院，对不履行行政决定的公民、法人或者其他组织，依法强制履行义务的行为。

（1）行政强制措施的种类和执行方式

行政强制措施的种类包括：①限制公民人身自由；②查封场所、设施或者财物；③扣押财物；④冻结存款、汇款；⑤其他行政强制措施。

行政强制执行的方式包括：①加处罚款或者滞纳金；②划拨存款、汇款；③拍卖或者依法处理查封、扣押的场所、设施或者财物；④排除妨碍、恢复原状；⑤代履行；⑥其他强制执行方式。

（2）行政强制的设定

行政强制措施由法律设定。尚未制定法律，且属于国务院行政管理职权事项的，行政法规可以设定除限制公民人身自由、冻结存款汇款和应当由法律规定的行政强制措施以外的其他行政强制措施。尚未制定法律、行政法规，且属于地方性事务的，地方性法规可以设定查封场所、设施或财物，以及扣押财物的行政强制措施。法律、法规以外的其他规范性文件不得设定行政强制措施。

（3）工程行政强制的法定程序

行政强制的法定程序包括行政强制措施实施的法定程序和行政强制执行的法定程序。

1）行政强制措施实施的法定程序

行政强制措施由法律、法规规定的行政机关在法定职权范围内实施，行政强制措施应当由行政机关具备资格的行政执法人员实施，其他人员不得实施。

行政机关实施行政强制措施应当遵守下列规定：①实施前须向行政机关负责人报告并经批准；②由两名以上行政执法人员实施；③出示执法身份证件；④通知当事人到场；⑤当场告知当事人采取行政强制措施的理由、依据以及当事人依法享有的权利、救济途径；⑥听取当事人的陈述和申辩；⑦制作现场笔录；⑧现场笔录由当事人和行政执法人员签名或者盖章，当事人拒绝的，在笔录中予以注明；⑨当事人不到场的，邀请见证人到场，由见证人和行政执法人员在现场笔录上签名或者盖章；⑩法律、法规规定的其他程序。

依照法律规定实施限制公民人身自由的行政强制措施，除应当履行以上规定的程序外，还应当遵守下列规定：①当场告知或者实施行政强制措施后立即通知当事人家属实施行政强制措施的行政机关、地点和期限；②在紧急情况下当场实施行政强制措施的，在返回行政机关后，立即向行政机关负责人报告并补办批准手续；③法律规定的其他程序。实施限制人身自由的行政强制措施不得超过法定期限。实施行政强制措施的目的已经达到或者条件已经消失，应当立即解除。

2）行政强制执行的法定程序

行政强制执行由法律规定。法律没有规定行政机关强制执行的，作出行政决定的行政机关应当申请人民法院强制执行。

①行政机关强制执行程序

行政机关依法作出行政决定后，当事人在行政机关决定的期限内不履行义务的，具有行政强制执行权的行政机关依照《行政强制法》的规定强制执行。

行政机关作出强制执行决定前，应当事先催告当事人履行义务。当事人收到催告书后有权进行陈述和申辩。行政机关应当充分听取当事人的意见，对当事人提出的事实、理由和证据，应当进行记录、复核。当事人提出的事实、理由或者证据成立的，行政机关应当采纳。

经催告，当事人逾期仍不履行行政决定，且无正当理由的，行政机关可以作出强制执行决定。在催告期间，对有证据证明有转移或者隐匿财物迹象的，行政机关可以作出立即强制执行决定。

催告书、行政强制执行决定书应当直接送达当事人。当事人拒绝接收或者无法直接送达当事人的，应当依照《民事诉讼法》的有关规定送达。

实施行政强制执行，行政机关可以在不损害公共利益和他人合法权益的情况下，与当事人达成执行协议。执行协议可以约定分阶段履行；当事人采取补救措施的，可以减免加处的罚款或者滞纳金。执行协议应当履行。当事人不履行执行协议的，行政机关应当恢复强制执行。行政机关不得在夜间或者法定节假日实施行政强制执行。但是，情况紧急的除外。行政机关不得对居民生活采取停止供水、供电、供热、供燃气等方式迫使当事人履行相关行政决定。

对违法的建筑物、构筑物、设施等需要强制拆除的，应当由行政机关予以公告，限期当事人自行拆除。当事人在法定期限内不申请行政复议或者提起行政诉讼，又不拆除的，行政机关可以依法强制拆除。

② 人民法院强制执行程序

当事人在法定期限内不申请行政复议或者提起行政诉讼，又不履行行政决定的，没有行政强制执行权的行政机关可以自期限届满之日起 3 个月内，依照《行政强制法》的规定申请人民法院强制执行。

行政机关申请人民法院强制执行前，应当催告当事人履行义务。催告书送达 10 日后当事人仍未履行义务的，行政机关可以向所在地有管辖权的人民法院申请强制执行；执行对象是不动产的，向不动产所在地有管辖权的人民法院申请强制执行。人民法院发现有明显缺乏事实根据的、明显缺乏法律、法规依据的以及其他明显违法并损害被执行人合法权益的情形的，在作出裁定前可以听取被执行人和行政机关的意见。

因情况紧急，为保障公共安全，行政机关可以申请人民法院立即执行。经人民法院院长批准，人民法院应当自作出执行裁定之日起 5 日内执行。行政机关申请人民法院强制执行，不缴纳申请费。强制执行的费用由被执行人承担。人民法院以划拨、拍卖方式强制执行的，可以在划拨、拍卖后将强制执行的费用扣除。

11.4.2 行政复议的法定程序

1. 行政复议的受案范围

根据 2017 年 9 月修改后的《中华人民共和国行政复议法》（以下简称《行政复议法》）的规定，有下列情形之一的，公民、法人或者其他组织可以依照本法申请行政复议：① 对行政机关作出的警告、罚款、没收违法所得、没收非法财物、责令停产停业、暂扣或者吊销许可证、暂扣或者吊销执照、行政拘留等行政处罚决定不服的；② 对行政机关作出的限制人身自由或者查封、扣押、冻结财产等行政强制措施决定不服的；③ 对行政机关作出的有关许可证、执照、资质证、资格证等证书变更、中止、撤销的决定不服的；④ 对行政机关作出的关于确认土地、矿藏、水流、森林、山岭、草原、荒地、滩涂、海域等自然资源的所有权或者使用权的决定不服的；⑤ 认为行政机关侵犯合法的经营自主权的；⑥ 认为行政机关变更或者废止农业承包合同，侵犯其合法权益的；⑦ 认为行政机关违法集资、征收财物、摊派费用或者违法要求履行其他义务的；⑧ 认为符合法定条件，申请行政机关颁发许可证、执照、资质证、资格证等证书，或者申请行政机关审批、登记有关事项，行政机关没有依法办理的；⑨ 申请行政机关履行保护人身权利、财产权利、受教育权利的法定职责，行政机关没有依法履行的；⑩ 申请行政机关依法发放抚恤金、社会保险金或者最低生活保障费，行政机关没有依法发放的；⑪ 认为行政机关的其他具体行政行为侵犯其合法权益的。

此外，公民、法人或者其他组织认为行政机关的具体行政行为所依据的下列规定不合法，在对具体行政行为申请行政复议时，可以一并向行政复议机关提出对该规定的审查申请：① 国务院部门的规定；② 县级以上地方各级人民政府及其工作部门的规定；③ 乡、镇人民政府的规定。以上所列规定不含国务院部、委员会规章和地方人民政府规章。规章的审查依照法律、行政法规办理。

下列事项应通过其他方式解决，不能提起行政复议：① 不服行政机关作出的行政处分或者其他人事处理决定的，依照有关法律、行政法规的规定提出申诉；② 不服行政机关对民事纠纷作出的调解或者其他处理，依法申请仲裁或者向人民法院提起诉讼。

2. 行政复议的申请和受理

（1）行政复议的申请

公民、法人或者其他组织认为具体行政行为侵犯其合法权益的，可以自知道该具体行政行为之日起 60 日内提出行政复议申请；但是法律规定的申请期限超过 60 日的除外。因不可抗力或者其他正当理由耽误法定申请期限的，申请期限自障碍消除之日起继续计算。

申请行政复议的公民、法人或者其他组织是申请人，作出具体行政行为的行政机关是被申请人。同申请行政复议的具体行政行为有利害关系的其他公民、法人或者其他组织，可以作为第三人参加行政复议。申请人申请行政复议，可以书面申请，也可以口头申请；口头申请的，行政复议机关应当当场记录申请人的基本情况、行政复议请求、申请行政复议的主要事实、理由和时间。

对县级以上地方各级人民政府工作部门的具体行政行为不服的，由申请人选择，可以向该部门的本级人民政府申请行政复议，也可以向上一级主管部门申请行政复议。

公民、法人或者其他组织申请行政复议，行政复议机关已经依法受理的，或者法律、法规规定应当先向行政复议机关申请行政复议、对行政复议决定不服再向人民法院提起行政诉讼的，在法定行政复议期限内不得向人民法院提起行政诉讼。公民、法人或者其他组织向人民法院提起行政诉讼，人民法院已经依法受理的，不得申请行政复议。

（2）行政复议的受理

行政复议机关收到行政复议申请后，应当在 5 日内进行审查，对不符合《行政复议法》规定的行政复议申请，决定不予受理，并书面告知申请人；对符合《行政复议法》规定，但是不属于本机关受理的行政复议申请，应当告知申请人向有关行政复议机关提出。

行政复议期间，行政机关不停止执行该具体行政行为，但是，有下列情形之一的，可以停止执行：① 被申请人认为需要停止执行的；② 行政复议机关认为需要停止执行的；③ 申请人申请停止执行，行政复议机关认为其要求合理，决定停止执行的；④ 法律规定停止执行的。

3. 行政复议决定

行政复议原则上采取书面审查的办法，但是申请人提出要求或者行政复议机关负责法制工作的机构认为有必要时，可以向有关组织和人员调查情况，听取申请人、被申请人和第三人的意见。行政复议决定作出前,申请人要求撤回行政复议申请的,经说明理由,可以撤回;撤回行政复议申请的,行政复议终止。

行政复议机关应当在受理案件之日起 60 日内作出行政复议决定,其主要类型有:

（1）对于具体行政行为认定事实清楚,证据确凿,适用依据正确,程序合法,内容适当的,决定维持;

（2）对于被申请人不履行法定职责的,决定其在一定期限内履行;

（3）对于具体行政行为有下列情形之一的,决定撤销、变更或者确认该具体行政行为违法;决定撤销或者确认该具体行政行为违法的,可以责令被申请人在一定期限内重新做出具体行政行为:① 主要事实不清、证据不足的;② 适用依据错误的;③ 违反法定程序的;④ 超越或者滥用职权的;⑤ 具体行政行为明显不当的。

（4）被申请人未及时提出书面答复、提交当初做出具体行政行为的证据、依据和其他有关材料的,视为该具体行政行为没有证据、依据,决定撤销该具体行政行为。行政复议机关责令被申请人重新做出具体行政行为的,被申请人不得以同一的事实和理由做出与原具体行政行为相同或者基本相同的具体行政行为。

申请人在申请行政复议时可以一并提出行政赔偿请求,行政复议机关对符合国家赔偿法的有关规定应当给予赔偿的,在决定撤销、变更具体行政行为或者确认具体行政行为违法时,应当同时决定被申请人依法给予赔偿。

11.4.3 行政诉讼的法定程序

1. 行政诉讼的受案范围

根据 2014 年 11 月修改后公布的《中华人民共和国行政诉讼法》（以下简称《行政诉讼法》）的规定,下列案件属于行政诉讼受案范围:① 对行政拘留、暂扣或者吊销许可证和执照、责令停产停业、没收违法所得、没收非法财物、罚款、警告等行政处罚不服的;② 对限制人身自由或者对财产的查封、扣押、冻结等行政强制措施和行政强制执行不服的;③ 申请行政许可,行政机关拒绝或者在法定期限内不予答复,或者对行政机关作出的有关行政许可的其他决定不服的;④ 对行政机关作出的关于确认土地、矿藏、水流、森林、山岭、草原、荒地、滩涂、海域等自然资源的所有权或者使用权的决定不服的;⑤ 对征收、征用决定及其补偿决定不服的;⑥ 申请行政机关履行保护人身权、财产权等合法权益的法定职责,行政机关拒绝履行或者不予答复的;⑦ 认为行政机关侵犯其经营自主权或者农村土地承包经营权、农村土地经营权的;⑧ 认为行政机关滥用行政权力排除或者限制竞争的;⑨ 认为行政机关违法集资、摊派费用或者违法要求履行其他义务的;⑩ 认为行政机关没有依法支付抚恤金、最低生活保障待遇或者社会保险待遇的;⑪ 认为行政机关不依法履行、未按照约定履行或者违法变更、解除政府特许经营协议、土地房屋征收补偿协议等协议的;⑫ 认为行政机关侵犯其他人身权、财产权等合法权益的。除上述规定外,人民法院受理法律、法规规定可以提起诉讼的其他行政案件。

但是，人民法院不受理公民、法人或者其他组织对下列事项提起的诉讼：① 国防、外交等国家行为；② 行政法规、规章或者行政机关制定、发布的具有普遍约束力的决定、命令；③ 行政机关对行政机关工作人员的奖惩、任免等决定；④ 法律规定由行政机关最终裁决的行政行为。

2. 行政诉讼的管辖

同民事诉讼一样，行政诉讼也分为级别管辖、地域管辖、指定管辖、移送管辖等，除级别管辖和地域管辖以外，其他的管辖内容与民事诉讼相同。

（1）级别管辖

基层人民法院管辖第一审行政案件。中级人民法院管辖下列第一审行政案件：① 对国务院部门或者县级以上地方人民政府所作的行政行为提起诉讼的案件；② 海关处理的案件；③ 本辖区内重大、复杂的案件；④ 其他法律规定由中级人民法院管辖的案件。

高级人民法院管辖本辖区内重大、复杂的第一审行政案件。最高人民法院管辖全国范围内重大、复杂的第一审行政案件。

（2）地域管辖

行政案件由最初作出行政行为的行政机关所在地人民法院管辖。经复议的案件，复议机关改变原行政行为的，也可以由复议机关所在地人民法院管辖。经最高人民法院批准，高级人民法院可以根据审判工作的实际情况，确定若干人民法院跨行政区域管辖行政案件。对限制人身自由的行政强制措施不服提起的诉讼，由被告所在地或者原告所在地人民法院管辖。因不动产提起的行政诉讼，由不动产所在地人民法院管辖。

两个以上人民法院都有管辖权的案件，原告可以选择其中一个人民法院提起诉讼。原告向两个以上有管辖权的人民法院提起诉讼的，由最先立案的人民法院管辖。

3. 行政诉讼的起诉和受理

（1）起诉

提起诉讼应当符合下列条件：① 原告是行政行为的相对人或者其他与行政行为有利害关系的公民、法人或者其他组织；② 有明确的被告；③ 有具体的诉讼请求和事实根据；④ 属于人民法院受案范围和受诉人民法院管辖。

行政争议未经行政复议，由当事人直接向人民法院提起诉讼的，除法律另有规定的以外，应当自知道或者应当知道作出行政行为之日起 6 个月内提出。经过行政复议但对行政复议决定不服而依法提起行政诉讼的，可以在收到行政复议决定书之日起 15 日内向人民法院提起诉讼。如果行政复议机关逾期不作决定的，除法律另有规定的以外，申请人可以在复议期满之日起 15 日内向人民法院提起诉讼。

（2）受理

人民法院在接到起诉状时对符合法律规定的起诉条件的，应当登记立案。

对当场不能判定是否符合《行政诉讼法》规定的起诉条件的，应当接收起诉状，出具注明收到日期的书面凭证，并在 7 日内决定是否立案。不符合起诉条件的，作出不予立案的裁定。裁定书应当载明不予立案的理由。原告对裁定不服的，可以提起上诉。

起诉状内容欠缺或者有其他错误的，应当给予指导和释明，并一次性告知当事人需要补正的内容。不得未经指导和释明即以起诉不符合条件为由不接收起诉状。

公民、法人或者其他组织认为行政行为所依据的国务院部门和地方人民政府及其部门制定的规范性文件不合法，在对行政行为提起诉讼时，可以一并请求对该规范性文件进行审查。上述规定的规范性文件不含规章。

4. 行政诉讼的审理和判决

（1）审理

人民法院审理行政案件，以法律和行政法规、地方性法规为依据。地方性法规适用于本行政区域内发生的行政案件。人民法院审理民族自治地方的行政案件，并以该民族自治地方的自治条例和单行条例为依据。人民法院审理行政案件，参照规章。

人民法院公开审理行政案件，但涉及国家秘密、个人隐私和法律另有规定的除外。涉及商业秘密的案件，当事人申请不公开审理的，可以不公开审理。

经人民法院传票传唤，原告无正当理由拒不到庭，或者未经法庭许可中途退庭的，可以按照撤诉处理；被告无正当理由拒不到庭，或者未经法庭许可中途退庭的，可以缺席判决。

行政诉讼期间，除法律规定的情形外，不停止行政行为执行。人民法院审理行政案件，不适用调解。但是，行政赔偿、补偿以及行政机关行使法律、法规规定的自由裁量权的案件可以调解。

（2）判决

人民法院审理行政案件针对不同情况分别作出不同的判决：

1）行政行为证据确凿，适用法律、法规正确，符合法定程序的，或者原告申请被告履行法定职责或者给付义务理由不成立的，人民法院判决驳回原告的诉讼请求。

2）行政行为有下列情形之一的，人民法院判决撤销或者部分撤销，并可以判决被告重新做出行政行为：① 主要证据不足的；② 适用法律、法规错误的；③ 违反法定程序的；④ 超越职权的；⑤ 滥用职权的；⑥ 明显不当的。人民法院判决被告重新做出行政行为的，被告不得以同一的事实和理由做出与原行政行为基本相同的行政行为。

3）人民法院经过审理，查明被告不履行法定职责的，判决被告在一定期限内履行。

4）人民法院经过审理，查明被告依法负有给付义务的，判决被告履行给付义务。

5）行政行为有下列情形之一的，人民法院判决确认违法，但不撤销行政行为：① 行政行为依法应当撤销，但撤销会给国家利益、社会公共利益造成重大损害的；② 行政行为程序轻微违法，但对原告权利不产生实际影响的。

6）行政行为有下列情形之一，不需要撤销或者判决履行的，人民法院判决确认违法：① 行政行为违法，但不具有可撤销内容的；② 被告改变原违法行政行为，原告仍要求确认原行政行为违法的；③ 被告不履行或者拖延履行法定职责，判决履行没有意义的。

7）行政行为有实施主体不具有行政主体资格或者没有依据等重大且明显违法情形，原告申请确认行政行为无效的，人民法院判决确认无效。

8）人民法院判决确认违法或者无效的，可以同时判决责令被告采取补救措施；给原告造成损失的，依法判决被告承担赔偿责任。

9）行政处罚明显不当，或者其他行政行为涉及对款额的确定、认定确有错误的，人民法院可以判决变更。人民法院判决变更，不得加重原告的义务或者减损原告的权益。但利害关系人同为原告，且诉讼请求相反的除外。

10）被告不依法履行、未按照约定履行或者违法变更、解除《行政诉讼法》第十二条第一款第 11 项规定的协议的，人民法院判决被告承担继续履行、采取补救措施或者赔偿损失等责任。被告变更、解除本法第十二条第一款第 11 项规定的协议合法，但未依法给予补偿的，人民法院判决给予补偿。

当事人不服人民法院第一审判决的，有权在判决书送达之日起 15 日内向上一级人民法院提起上诉。当事人不服人民法院第一审裁定的，有权在裁定书送达之日起 10 日内向上一级人民法院提起上诉。逾期不提起上诉的，人民法院的第一审判决或者裁定发生法律效力。

第二审判决、裁定是终审判决、裁定，当事人对已经发生法律效力的判决、裁定，认为确有错误的，可以向上一级人民法院申请再审，但判决、裁定不停止执行。

5. 行政诉讼的执行

当事人必须履行人民法院发生法律效力的判决、裁定、调解书。公民、法人或者其他组织拒绝履行判决、裁定、调解书的，行政机关或者第三人可以向第一审人民法院申请强制执行，或者由行政机关依法强制执行。

行政机关拒绝履行判决、裁定、调解书的，第一审人民法院可以采取下列措施：① 对应当归还的罚款或者应当给付的款额，通知银行从该行政机关的账户内划拨；② 在规定期限内不履行的，从期满之日起，对该行政机关负责人按日处 50~100 元的罚款；③ 将行政机关拒绝履行的情况予以公告；④ 向监察机关或者该行政机关的上一级行政机关提出司法建议，接受司法建议的机关，根据有关规定进行处理，并将处理情况告知人民法院；⑤ 拒不履行判决、裁定、调解书，社会影响恶劣的，可以对该行政机关直接负责的主管人员和其他直接责任人员予以拘留；情节严重，构成犯罪的，依法追究刑事责任。

公民、法人或者其他组织对行政行为在法定期限内不提起诉讼又不履行的，行政机关可以申请人民法院强制执行，或者依法强制执行。

11.4.4 行政赔偿责任

公民、法人和其他组织有权因国家行政机关做出的具体行政行为侵犯其合法权益而请求赔偿。公民、法人和其他组织单独就损害赔偿提出请求的，应当先由行政机关解决。对行政机关的处理不服，可以向人民法院提起诉讼。赔偿诉讼可以适用调解。

根据 2012 年 10 月修改后公布的《中华人民共和国国家赔偿法》的规定，行政机关及其工作人员在行使行政职权时有下列侵犯人身权情形之一的，受害人有取得赔偿的权利：① 违法拘留或者违法采取限制公民人身自由的行政强制措施的；② 非法拘禁或者以其他方法非法剥夺公民人身自由的；③ 以殴打、虐待等行为或者唆使、放纵他人以殴打、虐待等行为造成公民身体伤害或者死亡的；④ 违法使用武器、警械造成公民身体伤害或者死亡的；⑤ 造成公民身体伤害或者死亡的其他违法行为。

行政机关及其工作人员在行使行政职权时有下列侵犯财产权情形之一的，受害人有取得赔偿的权利：① 违法实施罚款、吊销许可证和执照、责令停产停业、没收财物等行政处罚的；② 违法对财产采取查封、扣押、冻结等行政强制措施的；③ 违法征收、征用财产的；④ 造成财产损害的其他违法行为。

但是，属于下列情形之一的，国家不承担赔偿责任：① 行政机关工作人员与行使职权无关的个人行为；② 因公民、法人和其他组织自己的行为致使损害发生的；③ 法律规定的其他情形。

复习思考题

1. 建设工程纠纷的解决方式有哪些？各有什么特点？
2. 民事诉讼的管辖有哪些类型？建设工程纠纷适用哪一种？
3. 民事诉讼的证据有哪些种类？
4. 什么是诉讼时效的中止和中断？
5. 简述民事诉讼的一审程序。
6. 对于上诉案件，二审法院处理的原则是什么？
7. 简述仲裁与诉讼相比的主要优缺点。
8. 法律对仲裁庭的组成是如何规定的？
9. 仲裁裁决作出的原则是什么？
10. 行政复议与行政诉讼各有什么特点？

参考文献

[1] 住房城乡建设部高等学校土建学科教学指导委员会 . 建设法规教程 [M]. 4 版 . 北京：中国建筑工业出版社，2018.

[2] 全国一级建造师执业资格考试用书编写委员 . 建设工程法规及相关知识 [M]. 北京：中国建筑工业出版社，2020.

[3] 全国二级建造师执业资格考试用书编写委员 . 建设工程法规及相关知识 [M]. 北京：中国建筑工业出版社，2020.

[4] 朱宏亮 . 建设法规教程 [M]. 2 版 . 北京：中国建筑工业出版社，2019.

[5] 何佰洲 . 工程建设法规教程 [M]. 2 版 . 北京：中国建筑工业出版社，2019.

[6] 马凤玲，刘晓宏 . 建设法规 [M]. 2 版 . 北京：中国建筑工业出版社，2018.

[7] 杨陈慧，杨甲奇 . 建筑工程法规实务 [M]. 2 版 . 北京：北京大学出版社，2017.

[8] 陈东佐 . 建筑法规概论 [M]. 5 版 . 北京：中国建筑工业出版社，2017.

[9] 李永福，史伟利 . 建筑法规 [M]. 3 版 . 北京：中国电力出版社，2016.

[10] 雷明，雷丽华 . 建筑法规 [M]. 北京：清华大学出版社，2016.

[11] 马庆华 . 建设法规 [M]. 北京：北京邮电大学出版社，2014.

[12] 董良峰，姚青 . 建设工程法规 [M]. 北京：中国建筑工业出版社，2017.

[13] 祝连波 . 建设工程法规 [M]. 北京：中国建筑工业出版社，2018.

[14] 孙晶晶，陈灿，马建斌 . 建筑工程法规 [M]. 哈尔滨：哈尔滨工业大学出版社，2017.

[15] 刘红霞，柳立生 . 建设法规 [M]. 北京：北京大学出版社，2016.

[16] 项勇，郝丽花 . 建筑法规 [M]. 北京：机械工业出版社，2017.